BLUE BOOK

权威·前沿·原创

中国信息化形势分析与预测（2010）

ANALYSIS AND FORCAST
ON CHINA'S INFORMATIZATION
(2010)

主　编／周宏仁
副主编／徐　愈

社会科学文献出版社
SOCIAL SCIENCES ACADEMIC PRESS (CHINA)

法律声明

信息化蓝皮书编委会

主编简介

周宏仁　1962年7月毕业于北京航空学院（现北京航空航天大学）自动控制系，1984年6月获得美国明尼苏达大学电机系控制科学博士学位。

1962年9月起，历任中国航空研究院工程师、高级工程师、型号线负责人；1984年10月起，任国家计划委员会委员，经济信息管理办公室主任，国家信息中心常务副主任兼总工程师；负责主持国家经济信息系统建设。其间，曾当选为四川省第六届人大代表、常委，第七届全国人大代表、外事委员会委员。

1990年5月起，任联合国经济与社会事务部跨区域高级顾问。其间，向数十个发展中国家提供过信息化政策、战略、技术和工程咨询，他的战略眼光、专业水平、知识经验以及工作成果受到许多发展中国家政府和联合国有关部门的高度评价和表彰。

2002年2月至今，连续担任国家信息化专家咨询委员会第一届副主任及第二、三、四届常务副主任，专注于国家信息化战略研究，主持了许多重大课题研究，为解决我国信息化推进中面临的前瞻性、战略性、全局性问题出谋划策，作出了重要的贡献。其间，兼任联合国信息通信技术工作组高级顾问，中国信息协会常务副会长，多个省市信息化专家委员会主任或副主任；2008年9月，任北京邮电大学经济管理学院特聘院长。

在近半个世纪的学术和工程生涯中，他出版了11种图书，包括专著、编著、主编和译著（英文3种，中文8种）。其中包括全球第一部全面研究和论述信息化问题的专著《信息化论》，“辉煌历程——庆祝新中国成立60周年重点书系”中的《中国信息化进程》（主编），以及作为“普通高等教育‘十一五’国家级规划教材”的《信息化概论》。

中文摘要

《信息化蓝皮书》是关于中国信息化发展的、具有代表性和权威性的年度研究报告，每年讨论与中国信息化相关的各领域的热门主题，具有很强的前沿性和前瞻性，强调的是对于中国信息化发展状况、政策、战略、重大研究与工程项目的客观、公正、深入的分析、评估和预测。因此，《信息化蓝皮书》的重点在于满足国内外读者了解中国信息化发展状况的深度需求，书中的各种分析、评估、预测和观点，均坚持以数据、信息和事实为基础，使用社会科学研究方法，强调和突出理论性、实证性和实践性。

作为《信息化蓝皮书》系列丛书的第一册，《中国信息化形势分析与预测(2010)》从五个方面向读者分析评估了中国信息化的主要进展并作了趋势预测。

在综述篇，周宏仁总结了中国信息化发展的主要成就，讨论了中国信息化未来的发展环境、面临的挑战、基本的目标以及需要关注的重点领域；张新红指出，在全球金融危机背景下，信息产业是引领经济走出危机的强劲动力，信息化建设是激活内需市场的重要抓手。

在信息技术篇，邬贺铨指出宽带化成为新一轮国际竞争制高点，中国需要尽快制定国家宽带发展战略；李国杰对我国高性能计算机、服务器、桌面电脑近10年来的发展做了历史性的回顾，提出了努力打造自主可控的计算机技术基础平台的战略建议；胡伟武提出中国应抓住当前CPU技术和产业转型的机遇，争取到2020年使国产CPU和操作系统能够初步支撑起中国信息产业的发展；罗文预测了2010年中国信息与通信产业政策的重点，即培育新兴业态、拓展新型消费、大力发展科技金融，提升产业价值链。

在产业发展篇，郭作玉研究了中国农业信息资源与农业网站的发展现状和趋势，提出了一系列进一步加快发展的政策建议；朱森第回顾了中国制造业信息化发展的各个阶段，提出了今后两化融合的推进重点；国家电网公司信息化工作部介绍了国家电网公司提出的加快建设以特高压电网为骨干网架，各级电网协调发展，建设具有信息化、自动化、互动化特征的坚强智能电网的发展目标；戴定一回顾了2009年中国物流业向做大、做专两个方面的发展，讨论了未来中国物流信息化的发展趋势；刘九如、周剑和陈杰构建了中国工业行业企业两化融合发展水平的评估指标体系框架，介绍了与相关行业协会联合开展的对七个重点细分行业的个性化研究和实际测评结果。毛伟和刘冰研究了互联网经济，特别是网络广告、电子商务、域名产业和网络游戏等四大类型在中国经济发展中的地位和影响；梁春晓指出中国电子商务将在未来5~10年继续高速发展并有望领先世界，研究了影响电子商务未来发展的关键因素；贺寿昌指出创意产业将文化创造力与信息化相结合，在我国的经济结构转型过程中被赋予了重要使命，中国已经初步形成六大创意产业集群，成为创意产品的最大出口国，而创意产业增长的速度则远快于中国经济增长的速度。

在信息资源篇，孙九林和冯敏介绍了中国地理与资源领域的信息化进程及其研究和应用体系的形成，探讨了构建全面、综合的地理与资源科学信息化环境的相关问题；李晓波分析了国土资源信息的巨大的开发和利用价值，阐述了中国国土资源信息开发利用的主要进展和工作部署；刘瑞丰讨论了提高地震监测能力和应急反应能力的重要意义，描述了中国地震局开展地震监测系统信息化的探索与实践，介绍了中国的地震监测系统及其总体效能；杨国勋与李小刚介绍了中国海关信息化的发展过程，提出抓住海关构建大监管体系的机遇，在海关信息化现有发展的基础上，实现中国海关信息化的第三次飞跃；冯吉兵回顾了中国教育信息化的开端和发展历程，分析了其发展水平和发展瓶颈，结合《国家中长期教育改革和发展规划纲要》的制定，展望了今后一段时期中国教育信息化的发展前景。

在比较研究篇，张彬和李潇提出并使用具有多级指标体系的信息化水平指标，测度了我国除港、澳、台以外的31个地区2002~2008年信息化发展情况，从技术、经济、政府、教育、社会五个方面对各地区信息化水平进行了全面分析，运用距离测度聚类和相关测度聚类的层次聚类分析方法对我国31个地区2002~2008年的信息化水平指数进行了聚类分析；杨京英、熊友达与姜澍介绍了中国国家统计局从1996年开始，在信息化综合指数测评方面所进行的探索和研究，同时，进行了信息化发展水平的国际比较，包括中国信息化进程的国际比较。

全书共有21篇文章，总的来看，这些文章视野宽阔，观点新颖，内容丰富，数据翔实，可读性很强。

Abstract

The Blue Book of China's Informatization is an annual research report on the development of China's informatization with panoramic perspective and authoritative viewpoints. The Blue Book devotes itself to providing the readers with an overall picture with respect to the status quo of China's informatization, in particular, the hot topics in ICT technologies, industries, and applications in various fields of China's economic, social, political and cultural domains, while putting emphasize on the new frontiers and forward-looking. As distinct from the other annual publications relevant to China's informatization, the Blue Book is characteristic of objectiveness, impartiality, and comprehensiveness when it makes comments on the situation, policies, strategies, research outcomes and critical engineering projects of China's informatization. In fact, the Blue Book aims at the needs of the readers who want to have an in-depth understanding of what is going on with China's informatization.

The year 2010 issue of the Blue Book puts stress on the analysis and forecasting of the development of China's informatization and covers a large number of areas.

As comprehansive studies (Part Ⅰ), Zhou (paper 1) presents an overall picture of the development course of China's informatization over the last 60 years and the outlook of its future, and Zhang (paper 2) carries out a policy study on countermeasures against the global financial crisis by means of informatization.

With regard to China's information technology and industrial development (Part Ⅱ), Wu (paper 3) discusses how to promote broadband development in China with a strategic insight, Li (paper 4) outlines the status and development of computer technologies and industries in China, Hu (paper 5) describes the progress of microprocessor technology in China, and Luo (paper 6) sumerizes the development and prospect of ICT industries in China.

As far as the industries in China (Part Ⅲ) are concerned, Guo (paper 7) analyzes the development of agricultural information resources and website, Zhu (paper 8) discusses the evolution from manufacturing informatization to the integration of informatization and industrialization, the Informatization Office of the State Grid Cooperation (paper 9) introduces the development and prospect of informatization for a

Strong & Smart Grid, Dai (paper 10) presents a review and an outlook on logistics informatization in 2009, and Liu and his colleagues (paper 11) conduct a quantified analysis on the development status and the trends of integration of informatization and industrialization in China's certain industrial sectors, Mao and Liu (paper 12) discuss the relationship between the Internet and the economic development in China, and Liang (paper 13) uses the title of "the spring of e-commerce" to draw an overall picture of the development of e-commerce in China, while He (paper 14) describes the status quo of creative industries in China and forecasts its possible development within the year of 2010.

The development and utilization of information resources (Part IV) has been a long-term concern and emphasis with China's informatization. In this regard, Sun (paper 15) depicts China's informatization in geographic and resources sciences, Li (paper 16) details the development and utilization of national land and resources information, and Liu (paper 17) introduces the exploration and practices of China's earthquake monitoring informatization, Yang and Li (paper 18) assist the readers to understand the development status through an in-depth discussion on the prospect of informatization in China Customs Authority. Feng (paper 19) gives the state-of-the-art and the predication of education informatization in China.

The Blue Book also pays attention to the comparative studies of both domestically and internationally (Part V). Zhang and Li (paper 20) deliver a comparative study on regional development levels of informatization in China, and Yang and her colleagues (paper 21) have carried out a research on international comparison of informatization development measurement.

On the whole, almost all of the 21 papers included in the Blue Book are with broad visual fields, novel view points, rich contents, and full and accurate data, and accordingly, the readability of the Blue Book is obvious.

序

《信息化蓝皮书》在中国信息化进程中应运而生，是关于中国信息化发展的、具有代表性和权威性的年度研究报告。从 2010 年开始，《信息化蓝皮书》拟每年邀请国内各相关领域的专家，就中国信息化发展的热门主题展开研究和讨论，包括中国信息化发展的形势与状况、政策与战略、理论与实践研究的优秀成果、重大工程项目等等，进行客观、公正、深入的分析和评估，以专家的视角、眼光，向国内外读者介绍中国信息化理论和实践研究的成果。我们期望，本书能够以其独具的前沿性和前瞻性，为开阔中国信息化工作者的视野、提高中国信息化研究的水平、推动中国信息化的健康发展服务。

因此，《信息化蓝皮书》出版的重点在于满足国内外读者对于了解中国信息化发展状况的深度需求，与现有的关于中国信息化发展的各种出版物，如《中国信息化发展报告》、《中国信息年鉴》、《电子政务蓝皮书》等，在性质上和内容上并不重复，而是互为补充。《信息化蓝皮书》的各种研究、分析、评估、预测和观点，将坚持以相关的数据、信息和事实为基础，以社会科学研究方法为手段，强调和突出理论性、实证性和实践性，意在使之成为名副其实的学术性出版物。

《信息化蓝皮书》的内容和组稿围绕以下十个部分展开：(1) 综述，包括概况和趋势、主要成就和进展、政策、战略、法律法规、热点、难点、问题；(2) 国家信息基础设施，包括电信网络（固网和移动网、广播电视网络）、互联网络、三网融合；(3) 核心技术与新兴产业发展，包括核心技术与发展前沿、信息技术产业、信息内容产业、信息服务产业、电子商务、网络经济；(4) 传统产业改造，包括农（林牧副渔）业和农村、工业（以制造业和装备制造业为重点）、能源业、采掘业、交通运输业、建筑业、服务业（金融、邮政、旅游）、内外贸、企业信息化；（5）国家基础信息资源开发，包括水文地质、国土资源、大气与气象、地理与地图、空天与海洋、环境、其他国家要素信息资源；（6）电子政务，包括政府核心业务系统建设、决策支持、政府公共服务、廉政建设、公民参与、审计、监察、法院、检察、社会主义民主政治建设；（7）社会建设，包括教育、科研、文化、体育、环境保护、社会保障、医疗卫生、就业服务、食品药品安全、社会公平公正；（8）文化建设，包括数字文明、新文化发展、创意产业；（9）信息化环境建设，包括信息安全、标准规范、法律法规；（10）中国信息化发展的区域和国际比较，包括中国信息化发展总体状况测评、国内区域信息化发展的比较研究、数字鸿沟、国际比较研究、国际评价。

《信息化蓝皮书》作为年度出版物，将根据当年国家信息化发展中的热点和重点问题，从以上的基本内容和结构中选定。当然，每年出版的蓝皮书并非一定要全部覆盖上述内容。借此机会，我们也邀请国内各相关领域的专家学者踊跃投稿，畅舒己见，积极发表自己关于中国信息化研究的成果。

2010年的《信息化蓝皮书》，以对中国信息化进程的分析和预测为重点，主要涉及：综述篇（中国信息化进程回顾与展望、以信息化应对国际金融危机的政策研究）；信息技术篇（从战略高度推动中国宽带化发展、中国计算机技术与产业发展现状及展望、中国微处理器（CPU）技术的进展、中国信息通信技术产业发展现状与展望）；产业发展篇（农业信息资源与农业网站的发展、从制造业信息化到“两化融合”、坚强智能电网信息化发展现状及展望、物流信息化的回顾与展望、工业行业企业信息化与工业化融合发展水平及趋势分析、互联网与中国经济发展、电子商务的春天、我国创意产业发展现状及2010年预测）；信息资源篇（地理与资源科学信息化、国土资源信息开发与利用、中国地震监测系统信息化的探索与实践、中国海关信息化建设展望、中国教育信息化的现状分析和预测），以及比较研究篇（中国信息化发展的区域比较研究、信息化发展水平的国际比较研究）。全书共有文章21篇，总的来看，视野宽阔，观点新颖，内容丰富，数据翔实，可读性很强。特别值得一提的是北京邮电大学张彬、李潇的《中国信息化发展的区域比较研究》一文，首次运用距离测度聚类和相关测度聚类的层次聚类分析方法，对我国31个地区（港、澳、台除外）2002~2008年的信息化水平指数进行了比较深入的聚类分析，值得关心中国区域信息化发展的研究者一读。

本书在组稿、编辑和出版的过程中，得到国家信息化专家咨询委员会秘书处、社会科学文献出版社的大力支持和帮助，也得到各位作者及其所属工作单位的关心、支持和协助，在此，谨代表《信息化蓝皮书》编委会向所有各方表示衷心的感谢！

由于成稿时间仓促，加之水平所限，本书中疏漏、错误之处在所难免，恳请各位读者批评指正并不吝赐教。

周宏仁

2010年6月18日

目 录

综 述 篇

信息技术篇

产业发展篇

信息资源篇

比较研究篇

皮书数据库阅读使用指南

CONTENTS

Part Ⅰ

Part Ⅱ

Part Ⅲ

Part Ⅳ

Part Ⅴ

综 述 篇

PART Ⅰ

中国信息化进程回顾与展望

周宏仁*

摘　要：本文第一部分讨论了中国信息化进程的起点和发展进程中的四个阶段以及各个阶段的主要特点。第二部分结合大量数据从就绪度、应用度、影响度三个方面分析了中国信息化发展的主要成就。第三部分分析了国际、国内信息化发展的主要特点和趋势，讨论了中国信息化未来的发展环境和面临的挑战、基本目标以及需要关注的重点领域。总的来看，推动中国信息化向高端发展，将是未来10年中国信息界重要而基本的任务。

关键词：信息化　发展战略　信息与通信技术　传统产业改造

---

* 周宏仁，1962年毕业于北京航空学院（现北京航空航天大学），1984年获美国明尼苏达大学电机系控制科学博士学位，国家信息化专家咨询委员会常务副主任，研究员，主要研究专业和方向为国家信息化战略、信息化与经济社会转型、电子政务、信息化管理。

20世纪40年代，有两件大事影响了人类文明发展的历程。一件是发生在中国的社会主义革命，以1949年中华人民共和国的成立为标志，开启了中国和平崛起的进程；1978年邓小平倡导的“改革开放”，则大大地加快了这个进程。另一件是发生在美国，以1946年第一台电子数字计算机的发明为标志的、当代的信息革命；1971年第一个微处理器芯片的发明和1990年代互联网在全球的普及应用，则大大地加速了这场革命。

60多年来，我们生活的这个时代是以这两个具有重大历史意义的事件为特征的。显然，这两个重大的历史事件具有紧密的相关性。因为，一方面，中国的和平发展必须抓住当代信息革命所提供的机遇，才有可能加快经济社会的转型，实现一种跨越式的发展；另一方面，只有占全球人口五分之一的中国的加入和贡献，当代的信息革命及其所带来的经济社会成果才有可能变得更加灿烂辉煌。紧紧抓住这两个重大历史事件的相关性及其所具有的基本特征的所有方面，使其相互促进、相得益彰，就是中国信息化的全部精髓。过去的60年，以及未来的数十年甚至上百年，中国信息化的发展都将佐证这一点。

一　中国信息化发展过程回顾

当代信息革命的发生，源于现代信息技术的发明和发展。1949年新中国成立以后，百废待兴。但是，对于世界上第一台电子数字计算机的诞生及其对人类社会可能产生的重要影响，中国人并没有视而不见。1952年，中国科学院近代物理研究所已经有一些归国学者着手计算机的研究；1953年，中国科学院数学研究所成立了计算机研究小组。

（一）中国信息化进程的起点

就研究中国信息化而言，中国的信息化进程是从什么时候开始的，是一个很重要的问题。显然，正确地回答这个问题，与我们对当代信息革命和信息化的认识有关。当代信息革命以电子数字计算机的发明为标志，由此而引发了全球信息化进程；就全球而言，这个进程首先从美国开始。

1956年，周恩来在一次会议上说：“由于电子学和其他科学技术的进步而产生的电子自动控制器，已经可以有条件地替代一部分特定的脑力劳动。”同年，在他亲自主持制订的中国《1956～1967年科学技术发展远景规划纲要》（以下简称“十二年科学规划”）中，将原子能、喷气技术、计算机、半导体、电子学和自动化等六项列为该规划的重点。表现了对电子计算机、半导体和电子学的高度重视，因为，其中后四项与信息革命和信息化密切相关。在制订这个规划的过程中，关于中国科学技术发展的重点是应该放在重工业方面，还是以新技术为主，发生了争论。对于这个争论，周恩来明确表示：决定一个国家国势国力的，将是新技术而不是传统技术。表现了一个国家领导人高度的洞察力和远见卓识。

将电子数字计算机的研制作为“十二年科学规划”的战略重点，揭开了中国应对当代信息革命的挑战的序幕。因此，中国的信息化进程应该以1956年的这个“十二年科学规划”为起点。从这一点看，中国着手抓住当代信息革命的机遇，与其他国家比较，并不算太晚；虽然晚于美国、苏联、英国，却与日本、法国、德国相差不远。

新中国成立60多年来，特别是改革开放30多年来，中国的信息化与中国的经济和社会发展一样，取得了举世瞩目的辉煌成就。总体而言，中国的信息化水平已经超过了世界的平均水平，基本上达到了世界中等发达国家的水平；而在中国的一些经济比较发达的城市和地区，信息化的水平已经可以和发达国家的发达地区一较短长。

（二）中国信息化的发展阶段

迄今为止，中国信息化进程，大致可以分为四个阶段。第一个阶段是艰苦中创业的阶段，从中国“十二年科学规划”的制订至“文化大革命”前夕（1956～1966年）；第二个阶段是劫难中曲折发展的阶段，从“文化大革命”开始至改革开放前夕（1966～1978年）；第三个阶段是改革开放开创新局的阶段，从改革开放至中共中央十五届五中全会（1978～2000年）；第四个阶段是全方位高效益推进的阶段，从中共中央十五届五中全会直到今天（2000年～）。

回顾过去54年来中国信息化的发展，1956年周恩来亲自主持制订的“十二年科学规划”，1984年邓小平关于“计算机的普及要从娃娃抓起”和为《经济参考》题的“开发信息资源、服务四化建设”，以及2000年党的十五届五中全会通过的《中共中央关于制定国民经济和社会发展第十个五年计划的建议》（以下简称“建议”），在中国信息化的进程中都具有里程碑意义。

特别是“建议”所强调的“大力推进国民经济和社会信息化，是覆盖现代化建设全局的战略举措”，以及关于信息化的论述，是中国对于当代信息革命和信息化的认识的一次飞跃。“以信息化带动工业化”，成为引领中国工业化、信息化、现代化建设的基本战略方针，对中国的信息化进程产生了极其深远的影响。

各个阶段的主要特征、成就和基本情况可以概述如下①。

1. 第一阶段：艰苦中创业

随着1956年“十二年科学规划”的制订和实施，中国计算机技术和产业的发展开始起步。1946年第一台电子计算机在美国问世以后，1949年和1950年，英国和苏联先后制成了本国的第一台计算机；日本也开始关注计算机的研制。到了1953年，世界上大约已经有100台电子数字计算机在运转。

1958年8月1日，中国成功仿制了苏联M－3小型电子管计算机，即DJS－1（简称为103机），开始有了自己的计算机。103机为二进制30位，运算速度每秒30次，以容量为1K的磁鼓作为内存储器，全机700多个电子管；用了3个大机柜，机房占地约40平方米。1959年10月，中国第一台大型通用电子计算机——104机试制成功。全机含4200个电子管，4000个晶体二极管，用了22个大机柜，机房占地约200平方米，另有200平方米的电机组机房。与国际上同期的电子计算机相比，这台机器的性能指标已相当先进：字长39位，每秒运算1万次，功能设备比较齐全。

此后，103机共生产了36台，104机共生产了7台。1960年代中期，中国已经生产出441B机、121机（DJS－21）、108乙机、112（DJS－5）机、X－2等五种晶体管计算机。

1957年11月，中国制出了第一个锗晶体管。1959年和1962年，中国成功研制出硅单晶和砷化镓晶体材料。1965年，中国自己研发的第一块集成电路（DTL型数字逻辑集成电路）问世。1964年，中国第一个ALGOL语言编译系统在国产J501计算机上成功应用；1966年初，国产103机配上了ALGOL语言。

这一阶段，中国电子计算机的应用，以科学计算为主要内容。主要包括：人

① 关于中国信息化进程的发展阶段和主要成就，请参见周宏仁主编《中国信息化进程》，人民出版社，2009。

造地球卫星运行轨道的计算，导弹研制、发射和制导的计算和数据处理，原子能反应堆设计计算，等等。

20世纪50年代末期，中国开展了数控机床和仪表数字化技术的研究。20世纪60年代，中国晶体管工业控制机发展较快。

2. 第二阶段："文化大革命"中曲折发展

"文化大革命"时期是中国电子计算机和通信技术所经历的曲折的、极为困难的发展阶段。但是，中国计算机的研制与生产依然推进到了第三代，并开始了系列机的研制与生产，以及微型机的研制与应用开发。中国的计算机技术和产业虽说有所发展，但与国际水平相比，原来已经缩小的差距又拉大了。

1973年，中国完成了较高水平的150机（字长48位，每秒运算100万次，主存容量130K）和655机的试制，标志着中国集成电路计算机研制的成功。1973~1981年间，中国相继研制成功四种型号的200系列机，分别配置了ALGOL、FORTRAN、改进型FORTRAN、汇编、COBOL、BASIC、可扩充等7种语言。1974年9月，中国已经累计生产各类计算机600台，百万次的大规模集成电路计算机150机和655机投入生产和使用。1974年，中国开始着手组织微型计算机（微机）的研制工作；1977年4月，DJS 050研制成功。

1970年代中期，中国开始研究和自行设计微机和小型机操作系统，比较有代表性的是：013操作系统、1025操作系统和151机操作系统。1974年9月，"汉字信息处理系统"列入1975年国家科技发展计划（"748"工程），为制定汉字标准交换码奠定了基础，标志着中国汉字信息处理技术的崛起。

1979年，中国开始生产自行设计的高性能4位微处理器和4K动态随机存储器电路，集成度为11000个元件，最小线宽为5~6微米。

1970年代初，中国从光纤原材料、元器件、光纤光缆直到系统设备，全面开始了光纤通信技术的研究。1980年，全国的电话交换机由新中国成立之初的31万门增加至664万门，电话机达到418万部，但每100人的电话机拥有量仅为0.43部。

1973年3月，原国家计委开始筹建电子计算中心，成为中国政府信息化起步的标志。一个覆盖中央、省、地（市）、县4级的政府数据处理系统开始在全国建设。

1973年，中国已经开发了60~70个数控机床品种。1970年代后期，中国引进了微型机数控装置和可编程控制器技术，研制了一批微型工业控制计算机并投入生产。

截至1978年，中国拥有大、中、小型计算机累计1672台，其中，进口计算机143台。计算机应用领域由科研单位和高等院校逐渐向政府机构和企业扩展，虽然仍以科学计算为主，但是，已经逐渐扩展到了数据处理、过程控制等领域。

3. 第三阶段：改革开放开创新局

改革开放加快了技术引进速度，提高了中国技术进步的起点和信息技术的应用水平；国家支持大批留学生在海外广泛学习世界各国的先进技术和管理技术，弥补“文化大革命”所造成的科学、技术、教育差距，为日后中国信息化进程的加速准备了人才条件。中国的信息化进程由此呈现一派蓬勃发展的新局面。

1978年，9亿人口的中国内地只有电话交换机406万门，尚不及当时仅400万人口的香港地区；电话普及率比当时非洲国家的水平还低。1980年，中国的电话主线为214万线，仅占世界总数的0.67%；中国的长途电话电路为2.2万条，而美国是180万条，印度也在中国的5倍以上。1980年，中国拥有的电话机数仅相当于美国1905年、英国1947年、日本1958年的水平。然而，1996年，中国电话主线数迅速攀升至世界第三位；1998年，中国公用固定电话网络已经成为仅次于美国的全球第二大通信网络，全国电话用户达到8735万户，移动电话用户达到2498万户，居世界第三位。

1989年，中国已经开通2000多路卫星电话，建立了卫星通信地面站100多座，卫星接收站15000多个；建成了480路数字微波线路3000公里，广播电视设备已经能够满足国内中档水平需求，电视收看覆盖率由1980年代的29%提高到80%以上。1995年，中国GSM数字电话网正式开通；1996年，移动电话实现全国漫游，并开始提供国际漫游服务。

20世纪末，中国通信工业已经粗具规模。中国的光纤通信技术、数字程控交换机技术、蜂窝移动通信技术等，都取得了突破性进展。

1994年4月20日，中国成为世界上第77个正式真正拥有全功能互联网的国家，翻开了中国互联网发展历史上具有里程碑意义的一页。1997年10月，中国互联网的四大骨干网，即中国公用计算机互联网（CHINANET）、中国科技网（CSTNET）、中国教育和科研计算机网（CERNET）、中国金桥信息网

（ChinaGBN）实现了互联互通。

1999年1月22日，中国电信和国家经贸委等40多个部委（办、局）的信息主管部门，共同倡议发起了“政府上网工程”，在全国引发了一场规模较大的政府信息化普及活动。

截至2000年12月31日，中国的上网计算机数达到892万台，上网用户为2250万人。在.cn下注册的域名数为12万个，WWW站点约26万个。

1983年11月，中国科学院研制成功了每秒运算速度为1000万次的大型向量机——757大型计算机。同年，国防科技大学研制成功银河－I亿次巨型计算机，成为中国高速计算机研制的一个重要里程碑。1997年，银河－III百亿次并行巨型计算机系统研制成功，峰值性能为每秒130亿次浮点运算，综合技术达到1990年代中期的国际先进水平。

中国第四代计算机的研制从微机开始。1985年6月，中国研制成功长城0520CH微机，首年产量突破1万台。2000年，中国计算机市场已达2150亿元。

1984年，中国为彩色电视机配套的集成电路生产线投产。1992年实施的“908”工程将国内集成电路生产技术由2～3微米提高到0.8～1微米。1999年2月，华虹NEC的技术水平提升至0.35～0.24微米，主导产品为64M和128M同步动态存储器（SDRAM），达到了当时的国际主流水准。1990年代末，中国集成电路已经形成了设计业、芯片制造业、后封装业三业并举，相对独立的发展格局。中国集成电路的生产能力约20亿块。

1982年，中文微机操作系统DOS的开发和商品化取得成功。1990年初，中国的软件与信息服务业加在一起，市场估值仅为4.2亿元；1997年，这个数字改写为260亿元。1989年，北京大学开发的华光IV型计算机——激光照排系统，为世界各国广泛采用，是汉字信息处理领域中中国对世界的重要贡献。

改革开放以后，计算机的应用开始从小型、分散、局部的应用，走向大型、集中、系统化的应用，这是中国信息化发展中的一个重要转折点。

1979年，中国进行第三次全国人口普查，首次将普查资料人工汇总方法逐步改为使用电子数字计算机进行处理。1983年10月，国务院批准组建了国家计划委员会经济信息管理办公室，负责制订中国经济信息管理系统的长远建设规划和年度实施计划、信息系统总体技术方案，并展开制订指标体系和统一编码等基础性的工作。1986年2月，国务院确定“七五”期间重点建设国家经济信息管理主系统。1990年底，国家经济信息管理主系统形成了一个由28个省（自治区、直辖市）、14个计划单列市、150个中心城市，以及700个县的信息中心构成的主系统基本框架（西藏和海南尚在建设之中），拥有各类大、中、小型计算机和微机4000余台（套），并形成了一支近万人的初步掌握现代信息技术，能够从事数据处理、软件开发、硬件维护以及经济分析和预测的专业技术队伍。

与此同时，1984～1990年间，国务院先后批准经济、金融、铁道、电力、民航、统计、财税、海关、气象、灾害防御等十多个国家级信息系统的建设。43个部、委（局、总公司）先后成立了信息管理机构，引进大、中、小型计算机1391台，安装微机约6万台，用户终端3万台，开发各类经济信息数据库174个，各类经济信息管理信息系统252个。1993年，中国正式部署了“金桥”、“金卡”、“金关”工程（简称“三金”工程）等金字头系列的重大系统工程。同时，“金税”工程也开始实施。2000年，全国已经基本建成了以国务院办公厅为枢纽，连接各省、自治区、直辖市政府和国务院各部委、各直属机构的全国政府系统办公自动化网络；党委、人大等系统也逐步建设了具有相当规模和水平的办公自动化系统。

4. 第四阶段：全方位高效益推进

进入21世纪以来，中国经济社会持续、快速发展，产生了对于信息化的强烈需求。中国信息化的发展速度远远超过人们的预期，对中国经济与社会发展的影响也日益显现。

（1）信息技术与产业发展

2001年，中科院计算所研制成功中国第一款通用CPU——“龙芯”芯片，2002年成功制造出首枚高性能通用CPU龙芯一号处理器。龙芯处理器与北京大学研发的北大众志－863CPU系统芯片、大唐微电子公司研发的COMIP系统芯片等成果，成为中国高端通用芯片开发中的标志性成果。

2008年11月，在“第32届全球超级计算机前500名排行榜”中，运算速度峰值达到每秒230万亿次的曙光5000A，成为前10名中唯一没有安装在美国的一台超级计算机，中国成为继美国、日本之后世界上第三个高性能超级计算机的研制和生产国。

中国通信技术和产业体系也基本建立，中国主要运营商的综合竞争实力已经跃居世界前列，华为、中兴等通信设备制造商也成为国际电信市场的主流供应商。

2002 年 5 月 17 日，GPRS 系统在全国正式投入商用，使中国真正迈入 2.5G 时代。2000 年 5 月，中国的 TD－SCDMA 正式成为 3G 时代的三大主流国际技术标准之一。2008 年，TD－SCDMA 成功兑现“3G 服务奥运”的承诺。2005 年后，国产自动交换光网络（ASON）设备开始了规模应用。2006 年，中国大容量超长距离传输系统和光纤到户等高水准通信系统设备研制成功，中国光通信研究达到了世界先进水平。

2000 年以来，中国微电子与集成电路产业进入快速成长期，与国外先进水平的差距不断缩小：从改革开放之初的 3 英寸生产线，发展到 12 英寸生产线；IC 加工工艺已达到 80nm；封装测试水平从低端迈向中高端；就 IC 设计能力而言，小于等于 0.5 微米企业的比例已超过 60%，部分企业的设计水平已经达到 90nm 的先进水平；设计能力在百万门规模以上的国内 IC 设计企业比例已上升到 20% 以上，最大设计规模已经超过 5000 万门级。在设备方面，100 纳米等离子刻蚀机和大角度等离子注入机等设备研发成功，并投入生产线使用。在半导体材料方面，成功研发了 8 英寸和 12 英寸硅单晶，硅晶圆和光刻胶的国内生产和供应能力不断增强。

2000 年 6 月，国务院 18 号文件的发布，成为推动中国软件产业发展的一个强有力的引擎。中国的软件产业，开始向着国民经济中的战略性、支柱性产业发展。中文 Linux 操作系统如中科红旗、中标软件等开发成功，为国产应用软件的开发奠定了基础。国产数据库系统（OpenBASE、达梦数据库、人大金仓 Kingbase 等）在政府、医院、制造领域都拥有大量的用户。国产中间件（如东方通科技、中创、金蝶、中关村软件等）已经占有一定份额的国内市场。企业管理软件方面（如用友、金蝶、新中大、浪潮、神州数码等）发展很快。国产嵌入式操作系统和应用软件则种类繁多，对中国的家电、信息产品和制造业的产品升级贡献甚大。中国开发成功的嵌入式电子信息终端中文平台及其“Minitype TM 嵌入式曲线字库技术”，从根本上解决了中国汉字字符、字体生成技术问题，并在嵌入式曲线字库上可以完全替代美国微软、苹果公司的 TTF 技术。国产信息安全产品和服务也得到了较快的发展，瑞星、金山、江民已取得国内杀毒软件市场 70% 的占有率。

软件出口步伐加快，部分自主品牌产品进入国际市场。方正集团的激光照排系统出口美国、日本、英国等国家，占领全球中文报业市场的90%；永中Office产品成功进入日本、北美及非洲市场；用友的管理软件已经进入东南亚市场。

在互联网核心技术方面，中国也取得了重大的进展。2002年，中国成功地研制了IPv4核心路由器，成为中国掌握互联网核心技术过程中的重要里程碑；2004年，中国又进一步研制成功IPv6核心路由器，在攻克下一代互联网关键技术方面取得了重要进展。2008年12月，中国建成了全球最大的IPv6示范网。

（2）电子政务

2001年12月，国家信息化领导小组召开第一次会议，明确了以电子政务带动中国经济、社会信息化发展的基本方针，并将电子政务建设列为国家信息化的首要工作。至此，中国的电子政务建设开始进入全面推进阶段。

一批重点的、支持政府核心业务的电子政务工程和应用系统，如“金税”、“金关”、“金盾”、“金财”、“金审”等项目，已经建成或基本建成，并开始发挥重要作用。根据中国互联网络信息中心（CNNIC）2010年1月的最新报告，在.gov.cn下注册的中国政府部门的网站已经达到49730个，是2000年的21倍。

（3）传统产业的信息化改造

进入新世纪以来，在“政府先行，带动国民经济和社会信息化发展”的方针指引下，中国的信息化与第一、二、三产业的融合发展，使中国传统产业的信息化改造取得了显著的成就。

中国农业、农村信息化的推进，大致沿着两个方向前进。一方面，在农业生产基地和经济比较发达的地区，大力推广和使用最先进的工业化、信息化的农业生产技术，力求在较短的时间之内，赶上发达国家的农业生产水平。另一方面，则是在广大农村，根据现有的农业生产水平和农民的实际需求，在利用现代信息技术推广先进的农业生产技术的同时，以农民喜闻乐见的形式，为农民提供他们所急需的与生产和流通相关的信息服务，同时，提高农村的管理水平。

在机械制造业的信息化改造方面，2002年以来，计算机辅助设计（CAD）在机械企业中已经基本得到普及，重点骨干企业100%甩掉了图板，广泛地应用了三维CAD、计算机辅助工艺过程设计（CAPP）、计算机辅助工程（CAE）、虚拟装配（VA）；部分企业实现了CAD/CAE/VA的集成、少数企业实现了CAD/CAPP/CAM的集成，很多企业实施了企业资源计划（ERP），开展了电子商务，相当多的企业应用了制造资源计划（MRPⅡ）、产品数据管理（PDM）、供应链管理（SCM）、客户关系管理（CRM）、制造执行系统（MES）、产品生命周期管理（PLM）和知识管理（KM）等企业信息化核心业务单元技术。但是，办公自动化（OA）、财务管理系统、CAD 等单元应用仍为主流。一些先进的企业已经可以通过网络对客户所使用的产品进行远程诊断。

在装备制造业的核心技术方面，中国也已经取得显著的进展。2001～2008 年间，中国机床的数控化率由 30.4% 提升至 52.5%；机床的市场占有率由 39.3% 提升至 61.0%；而数控机床的市场占有率则由 29.0% 提升至 53.6%。中国已经可生产具有自主知识产权的工业机器人系列产品，小批试产、完成了一批机器人应用工程，建立了一批机器人产业化基地和科研基地。中国水下机器人技术已经步入世界前列。此外，近年来，中国快速原型制造技术（RPM）与装备发展较快，采用柔性、可重构工具的快速制造技术与装备，金属制件直接快速制造技术与装备均已取得很好的成果。

在利用信息技术、努力降低能源和资源消耗、控制废气废水排放，建设环境监测系统、加大对环境污染的监控，促使钢铁工业向循环经济发展等方面，钢铁行业也已经取得了很大的进展。至 2008 年，中国 58% 的钢铁企业已经对煤气、氧气等重点能源进行了信息化管理。

中国金融信息化的成就也十分显著。“六五”以来，经过 30 余年的探索与实践，金融信息化从无到有，规模从小到大，实现了业务系统的全国联网运行，为客户提供跨行、跨地区完善、方便的服务；互联网金融服务发展迅速，包括网上银行、电话银行、移动银行、自助银行、电子商务网上结算、网上证券、网上保险、移动炒股、客户呼叫中心等安全、便捷的金融服务，金融信息安全保障体系已初步建成。2004 年 1 月，银联网络正式开通香港业务，随后扩展至 60 多个国家和地区。截至 2009 年 6 月，全国银行卡累计发卡量达到 19 亿张，成为全球发卡量最多的国家。中国证券业和保险业的信息化也有了惊人的发展，基本上实现了与国际先进水平的接轨。

此外，中国的石油石化业、交通运输业、民用航空业、铁路运输业、商业与外贸业，以及轻工、纺织、电力、煤炭、建材、汽车、水利、新闻出版、旅游、环保、邮政等行业的信息化都有着惊人的发展。

二　中国信息化发展的主要成就

信息化发展的过程，是一个新的观念和新的技术通过文化而不断扩散的过程。显然，这个过程不是“一蹴而就”的，而是一个“创新扩散”的过程。新中国成立60多年来，特别是改革开放30多年来，中国信息化发展的主要成就可以利用创新扩散的S-曲线①，从准备度（Readiness）、应用度（Intensity）、影响度（Impactiveness）三个方面来观察。

（一）准备度快速提升

准备度，或称就绪度，是对一个国家信息化发展基本环境状况的测度，不仅能反映一个国家当前信息化发展的状况，也对测度一个国家信息化未来发展的潜力具有重要的参考作用。中国的信息化就绪度快速提升，特别是在进入21世纪以后。

1. 信息基础设施

中国已经建成了覆盖全国的高速传输网，广泛采用了SDH和DWDM等先进技术，形成了以光缆为主、其他传输方式为辅的通信传输网络。2009年②，中国光缆线路长度达到826.7万公里。其中，长途光缆线路达到83.7万公里。固定长途电话交换机容量达到1705.9万路端；局用交换机容量（含接入网设备容量）达到49219.4万门。移动电话交换机容量达到142111.2万户。基础电信企业互联网宽带接入端口达到13592.4万个。中国已经形成了世界上最大的传输网络，建成并开通了中日、中韩、亚欧等多条国际陆地、海底光缆。

2009年，中国电话用户总数达到10.61亿户，居全球第一位，电话普及率达到每百人79.9部。移动电话用户所占比重为70.4%。宽带用户总数为1.03亿，宽带普及率达到7.8%。2009年，全国开通电话的行政村和20户以上自然村的比重分别达到99.86%和93.4%；开通互联网的乡镇比重提高到99.3%，开

---

① 参见Rogers, Everett M., *Diffusion of Innovation*, Glence: Free Press, 1962，或周宏仁《信息化论》，人民出版社，2008，第7、16章。

② 中华人民共和国工业和信息化部：《2009年全国电信业统计公报》，2010年2月3日。

通互联网的行政村比重提高到91.5%。

2009年，中国共建设3G基站32.5万个，网络覆盖全国342个地市、2055个县（市）和6000多个乡镇，开创了全球电信发展史上建设规模最大、速度最快的新纪录。截至2009年年底，全国3G用户总数达到1325万，TD用户累计达到551万户①。

2009年3月，全国共有广播电视播出机构2648家；开办节目3999套，广播电视节目制作机构2442家。此外，有付费节目179套。全国广播电视综合人口覆盖率分别达到95.96%和96.95%。目前，广播电视系统拥有卫星上行站34座、卫星收转站3000万座、微波站2749座、发射台和转播台6.6万座。铺设有线电视网络线路300多万公里，有线电视用户达1.64亿户，有线数字电视用户超过5000万户。

2. 计算机拥有量

改革开放以前，中国的电子计算机拥有量十分有限。1970年，中国计算机装机台数仅约500台，1977年则为1672台。改革开放以后，中国的计算机拥有量开始以较快的速度增长。1980年，大中小型计算机约2900多台，微机4000多台；2000年达到2200万台；2009年，中国的计算机拥有量达到2.2亿台，每百人的拥有量达到16.7%②。计算机拥有量增长的速度极为惊人，主要原因是进入21世纪以来，计算机开始大量地进入城市和农村的家庭，当然也与中国信息化的全方位推进关系密切。

相对于计算机（台式机和笔记本电脑）而言，中国的服务器拥有量增长率则较慢。2009年末，中国的服务器拥有量约为1260万台。服务器拥有量增长较慢，说明中国信息化应用系统开发的规模和速度还不够理想，大型或超大型信息系统的建设还有极大的发展空间。

在计算机总量快速增加的同时，城乡居民家庭的电脑拥有量也快速增加。1998年底，中国的计算机普及率约为每千人0.9台；家庭微机拥有量在268万台左右，城市家庭电脑普及率仅为4.2%。1999年，城市和农村的家庭电脑拥有量各为9.7%和0.5%。进入21世纪以后，城乡居民家庭的电脑拥有量直线上升，

---

① 参见本书罗文《中国信息通信技术产业发展现状及展望》一文。

② 中华人民共和国工业和信息化部：《2009年电子信息产业经济运行公报》，2010年2月3日。

2008 年底分别为 61.9% 和 5.2%。目前，在中国比较发达的沿海地区，城市家庭居民的电脑拥有量已经超过 90%；而农民对计算机的需求也呈现强劲增长的态势，成为中国信息化发展的下一个战略空间。

值得一提的是，2009 年，中国家用电视机的总量已经达到 5.6 亿台，较 2008 年的 5.184 亿台增长 8%，平均每百户的拥有量为 132 台。

3. 互联网接入

在中国政府的大力推动之下，2008 年，全国有 27 个省已经实现了"乡乡能上网"，19 个省基本上实现行政村"村村能上网"，全国 98% 的乡镇能上网，95% 的乡镇通宽带，能上网的行政村比例达到 89%。近年来，中国信息化正强力向农村推进。

2008 年年底，中国网民数首次超越美国，位居世界第一。截至 2009 年 12 月底[①]，中国网民规模达到 3.84 亿人，其中宽带网民数达到 3.46 亿，手机网民约 2.33 亿人，拥有博客的网民 2.2 亿人。互联网普及率为 28.9%，超过全球平均水平（25.6%）。更为令人关注的是，2006 年以后，中国的互联网发展呈现急遽增长的态势，每年增加的网民数在 8000 万左右。

值得注意的是，2009 年底，中国农村网民规模达到 1.0681 亿，年增幅为 26.25%；农村手机上网用户约 7189 万人，年增长率为 79.3%；日均访问农业网站的农村网民为 348598 人，较 2009 年初增长 17.0%；2007～2008 年间，农村网民增长率超过 60%，增速远远超过城镇（35.6%）。在中国东中西部地区，西部省份网民增长最快，网民增速达到 52%，远远超过中部（40.6%）和东部（39.3%）地区。

2009 年年底[②]，中国互联网的国际出口带宽达到 866367Mbps，年增长率为 35.3%。中国 IPv4 地址数量已经达到 2.3 亿个，居世界第二。截至 2009 年 12 月，中国域名总数为 1682 万个，其中 CN 域名 1346 万个。中国网站数量为 323 万个，其中 CN 域名下网站数占 78.7%。中国网页总数超过 336 亿个，年增长率为 108.88%。自 2003 年开始，每年中国的网页规模基本翻番增长，反映了中国信息资源开发的力度在不断加大。

---

① 参见本书中毛伟、刘冰《互联网与中国经济发展》。

② 中国互联网络信息中心（CNNIC）：《中国互联网络发展状况统计报告》，2010 年 1 月。

（二）应用度向纵深发展

应用度是对一个国家在信息化过程中信息技术应用的广度和深度状况的测度，反映了信息化对一个国家经济、政治、社会、文化、军事、科技等各个领域的覆盖程度和应用水平。2000 年以后，中国的信息化应用度快速提升，出现了一批高水平的应用成果，为国民经济和社会发展水平的提升作出了不可替代的贡献。目前，各行各业的许多信息系统或信息化工程，已经成为该行业赖以生存和发展的战略要素；中国国民经济和社会系统的正常运行，已经离不开各种各样的信息系统的支持。信息系统在中国国民经济和社会系统中的战略地位已经确立。

1. 传统产业改造

信息化对传统产业的改造，使中国许多传统产业部门的生产和管理活动已经完全建立在“以计算机技术和微电子技术为基础①”之上，成为典型的信息时代的产业部门。其中，令人印象最为深刻的是中国服务业的信息化发展，中国的通信服务业、金融业、民航业等已经成为由信息化派生的新兴产业部门、典型的现代服务业；当然，第一、第二产业也取得了出乎人们意料的发展和进步。

中国通信服务业“脱胎换骨”，已经从传统的语音通信服务业中走出来，发展成为具有国际先进水平的现代通信服务业，各种增值服务令人眼花缭乱。“中国电信”的“号码百事通”业务自推出至今，持续快速发展，年语音搜索量超过 14 亿次，签约企业超过 240 万户。中国移动的“12580”、“手机报”、“手机音乐”、“掌上股市”、“手机动漫”等各类信息服务，广受欢迎。2008 年，“中国移动”全年彩铃订购超过 13.5 亿次，无线音乐俱乐部高级会员达到 5273 万户，全曲下载累计 7600 万次。“手机报”2008 年付费用户达 4149 万户等等。

中国金融业的信息化水平，就基础设施而言，已经接近世界先进水平。以中国建设银行为例，截至 2008 年年底，该行拥有大型计算机 27 台套，小型计算机 2883 台套，PC 服务器 11823 台套，刀片服务器 2966 台套，其他服务器 436 台套，共计 18135 台套。全行重大信息系统群组 43 个，包含 153 个以上的主要应用系统。中国金融业的信息化开始走上整体规划、集约经营的现代化发展道路。对客户而言，现在，在国外银行能够享受到的服务，基本上在中国的各商业银行

① 参见周宏仁《信息化概论》，电子工业出版社，2009，第五章。

也同样能够享受到。

中国民用航空业的信息化也已经与国际接轨。民航信息化建设的全球分销系统、电子政务、空管信息化系统、航空运行管理系统、机场管理系统、物流信息系统、电子票务系统，已经使旅客可以轻松实现网上订票、网上支付、自助值机、自选座位、里程累计；纸质机票已经基本退出历史舞台。

信息化对中国农业和农村发展的影响为许多人所始料未及。在政府的主导和市场的驱动下，中国农业和农村的信息化加速发展。在经济比较发达的地区和大农业生产基地，先进的农业信息技术和农业信息化装备正在得到大规模的推广应用。与此同时，信息化迅速与广大农民结缘。2009 年末，中国开通互联网的乡镇比重提高到99.3%，开通互联网的行政村比重提高到91.5%。早在2005 年，中国各省（自治区、直辖市）、97%的地市、77%的县农业部门设置了农业信息管理和服务机构，47%的乡镇已经成立了信息服务站，发展了近11 万人的农村信息服务员队伍。2007 年，全国7 万多个农业产业化龙头企业、15 万左右农村合作及中介组织、近100 万经营大户以及200 多万农民经纪人能够定期得到农业部门的信息服务。据调查，14.8%的农村网民在过去半年内访问过农村、农业类网站；而网民中的农林牧渔劳动者使用农村、农业类网站的比例为42.7%。

在第二产业方面，中国制造业的信息化也取得了惊人的发展。2004 年，中国制造企业每百人拥有计算机21.83 台，已经超过意大利等国，接近中等发达国家水平。2004 年，中国流程型企业生产过程自动化控制率已经达到40.8%，增长率为71.57%；离散型企业主要产品生产线或关键工序的数控化率为41.53%，增长率达到104.68%。

根据2008 年度中国企业信息化500 强调查报告，中国信息化500 强企业中，34.5%的企业整体信息化水平达到中等发达国家水平，6.4%的企业居于国际领先水平。目前，CAD 应用已遍及29 个省市、4 个行业、600 个示范企业、3000 个重点应用单位、工程设计行业和机械行业的骨干企业，CAD 普及率达90%以上，有10 万家企业和设计院甩掉了图板。全国约80%的大中型企业已经上网，在网上发布产品信息，进行网上洽谈、签约，开展网络经销。52.3%的中小企业已开始不同程度的信息化应用。但是，中小企业核心业务的应用普及率尚低于10%，已经应用ERP 的中小企业仅为4.8%，开展电子商务的中小企业也只有9%。

中国第二产业中的许多行业都在通过信息化进行企业的技术改造，实现对世界先进水平的赶超。如中国石油石化业中的4家中央企业，信息化建设均处于国内先进水平，部分指标已经达到或接近世界先进水平；工程技术和企业经营管理人员人均1台计算机，各类信息系统用户数累计数百万，企业级电子邮件注册用户数超过100万，门户网站数过万；网络节点近百万，核心环网最大带宽达10GB，集中存储能力超过2000TB；信息技术人员达到2万多人，其中从事集团企业统一信息系统建设的专业化支持队伍达5000多人；已经形成了高效、安全、稳定的，以数据中心为核心、网络为纽带、覆盖近百万企业内部用户的信息系统基础设施。

中国钢铁工业信息化的发展成就也十分显著。2008年年底，中国57家重点钢铁企业在用计算机达18万多台套，公司级主干网络线路4万多公里，计算机联网15万台以上；建成了局域网1000多个，视频会议系统340多套，工业电视监控系统1万多套；超过90%的企业建成了采购供应管理、销售管理、财务管理系统和企业网站，一半以上的企业使用了ERP、生产指挥调度、技术质量管理系统和固定资产管理系统。大部分企业面向生产经营的核心业务实现了数字化，纵向贯通主要工艺流程的生产制造执行系统、生产过程控制系统和基础自动化系统，横向覆盖企业的核心业务。钢铁企业的信息化总体上在走向成熟。

2. 电子政务全面推进

30多年来，中国政府信息化的发展从无到有，从小到大，逐步追赶并缩短与世界先进国家的差距，加速了政府经济调节、市场监管、社会管理和公共服务各项能力的提升，大大加快了经济社会发展的步伐，在政府网站、网络基础设施、信息资源、业务系统等方面都取得了令人振奋的成绩。

2008年，中央部委政府网站的普及率达到96.1%，省级政府网站普及率达到100%，地市级政府网站普及率达到99.1%，政府门户网成为发布政府信息的第一平台，沟通政民、汇集民智民意的重要渠道。截至2009年12月，全国“.gov.cn”域名已开通49730个，是1997年10月的153倍。

政府核心业务系统建设取得了重要成果，发挥了显著的经济和社会效益，也涌现出一批具有国际先进水平的重大信息系统工程。中国海关历经30多年的努力，形成了由“电子海关”、“电子口岸”和“电子总署”组成的全方位应用格局。2006年年底，全国2000多万纳税人和3万多亿元税款实现了计算机管理，全国186万户增值税一般纳税人每年4亿份增值税专用发票实现了计算机稽核、网络协查，经济效益显著。“金盾”工程中的八大公安信息资源库已经建成并投入运行，其中全国人口基本信息数据库覆盖12.6亿人，机动车驾驶员数据库涉及3亿人，累计出入境人员数据库原始记录达到20亿条，明显提高了户籍管理、交通管理、出入境管理的工作效率和服务质量。户籍管理、出入境管理、交通管理、刑事侦查等业务工作已经在全国范围实现了业务流程的信息化。“金审”工程的建设，使审计效率普遍提高。目前，中国政府开展的“金”字号电子政务工程数目已达数十个。

政府网站的内容保障机制逐步健全，内容不断丰富，功能逐步增强，整体绩效水平显著提高。许多省市的政府门户网站比较注重面向弱势群体，提供包括公共教育、医疗卫生、劳动就业、社会保障、居民住房、交通出行等方面的服务。各级人才市场招聘信息、社会捐助、退休养老、医疗保险等信息查询，医疗卫生信息查询，网上预约挂号、导医门诊、药品价格查询，房屋租售导航服务、规范房屋交易行为，全国主要城市之间的出行线路、航班查询及订票服务、电子地图与交通路况信息实时查询等等，都是政府网站常见的服务内容。各级政府网站也非常注重面向企业经营管理的各项服务。企业登记注册、纳税申报、国际化经营，跨部门整合，提供涵盖工商、税务、质检等部门的企业登记注册服务，税务登记、纳税申报、地方税务发票在线查询，进出口信息查询和办事服务、中国产品信息查询，国内外进出口厂商信息查询，企业在线通关服务，各国贸易政策、壁垒通报等等，也是许多中央和地方网站的特色。

许多政府网站在规范政府行为、完善干部选拔培训机制、促进政民沟通等三方面发挥了积极作用，对促进政务公开透明具有重要意义。这包括：主动公开政府办事流程和办理结果；主动发布审批机关信息，及时公开审批进度；主动公开办事流程、依据、时限等，便于规范行为和公众监督；主动发布人事信息、干部选拔、任免信息，以方便公众监督；不断完善公众参与渠道，以支持政府决策，保障公众基本政治权利。目前，北京、上海、浙江、天津、广州、深圳、武汉、大连等23家政府网站的办事指南数量已经超过了1300项，表格下载数量超过了900条。政府网站的经济和社会效益日趋显著并获得了广大公民的认同和赞赏。

除此之外，中国政府在完善电子政务发展环境方面做了大量工作，为电子政务健康发展奠定了良好的基础。中国政府正在迈入现代化政府的行列。在“政府先行，带动国民经济和社会信息化发展”方针的指导下，不仅中国的电子政务建设取得了重大的成就，而且，也实现了“政府先行，带动国民经济和社会发展信息化”这一战略方针。进入新世纪以来，中国经济与社会领域信息化的快速发展，事实上与中国政府大力推进电子政务的建设有着密不可分的关系。

3. 社会信息化发展提速

中国的信息化在社会建设领域也取得了巨大的成就。其中，在教育和科学研究方面信息化发展的成就特别值得关注。

中国教育和科研计算机网（CERNET）连接了分布在全国200多个城市的高校、教育机构、科研单位2000多个，用户超过2000万人，已经成为世界上最大的国家学术互联网。中国教育卫星宽带传输网（CEBSat）覆盖全国，每年播出课件5303GB，教育视频9645小时，是中国广大西部及农村偏远地区主要的教育信息化传输体系，也是世界上最大的公益性卫星远程教育专业服务网。

中国绝大多数高校、逾60%的中职学校、70%的普通高中、39%的初中和12%的小学已经建成了不同程度的校园网。70%以上的中职学校建有信息化教学和实习场所。全国每百名学生拥有计算机台数，中职学校和普通高中超过11台，初中超过6台，小学超过4台①。

在教育信息资源开发方面，中国初步建成了国家基础教育资源库、高等教育精品课程资源库、职业教育资源库、高校网络教育课程资源、教师教育课程资源库等。“中国高等教育文献保障系统”成员图书馆超过500家，联合目录数据库数据量达180万条，馆藏总量近700万条。“中国高校人文社会科学文献中心”收录近2800种外文期刊和37万种外文图书，面向全国高校开展文献传递服务。

高校普遍以信息技术改进教学方式。52%的高校、10%的中职学校建有网络教学或辅助教学平台。100%的高中、90%以上的初中、20%左右的中小学开设了信息技术课。2007年，全国高校开设“计算机科学与技术”相关课程的有598所、847个专业点；信息类专业点11280个，其中本科4222个、专科5517个、硕士点1220个、博士点321个。2007年，普通高等教育信息类专业在校生总数已超过278万人。

在科研信息化方面，2002年，科技部启动了国家科技基础条件平台建设，

① 教育部发展规划司：《2008全国教育事业发展简明统计汇编》，2009年3月。

包括自然科技资源共享平台、科学数据共享平台、科技文献共享平台、网络科技环境平台等6个方面。同年启动的“科学数据共享工程”，先后在资源环境、农业、人口与健康、基础与前沿、工程技术、区域综合等6大领域共24个部门开展了科学数据建设与共享工作。截至2005年12月，该工程已经整合、改造了864个数据库，数据表单超过1万个，总数据量约50TB，涉及中国约1/3的公益性、基础性科学数据种类，为国家许多重大科研项目和工程提供了基础数据支撑。

2005年底，中国科学院科学数据库建库单位增加到45个，建成专业数据库503个，总数据量达到16.6TB，并建成中国科学院数据库服务网站（www.csdb.cn）。“十一五”期间，中国科学院建立了由主题库、专题库、参考型数据库和专业库构成的科学数据库体系结构，建库单位增加到62个研究所，可共享的数据量超过40TB，提供基于数据网格的科学数据服务。

在科学数据和信息的获取上，中国也不断取得进步。中国自主研制的对地观测遥感卫星形成了气象、海洋、资源卫星3大系列，并开始建设环境与灾害卫星星座。新型的科研仪器和设备，如巡天天文望远镜、正负电子对撞机、宇宙线观测设施等，直接产生海量的数字数据。在野外观测中，许多新兴的科学数据采集和获取手段，如数字传感器和传感器网络、移动数字终端等，也逐步应用到科学家的科研活动中。此外，在高端计算方面，中国各个领域的科学家也取得了很多重要的成果，如空间天气预报模式、地震模拟模式、海洋灾害预报、基因测序与可视化铸锻技术等。

在社会建设的其他领域，如医疗卫生、社会保障、司法等，信息化的脚步也在不断加快。

4. 文化信息化加快发展

中国政府的全国文化信息资源共享工程，已经初步建成1个国家中心、33个省级分中心、1687个县级支中心、4797个乡镇基层服务点；与农村党员干部现代远程教育工程和农村中小学现代远程教育工程合作，共建村级基层服务点75万个，其中配备文化共享专用设备的有31.5万个。2008年年底，文化信息资源共享工程资源总量达到73.91TB。

2008年年底，国家图书馆数字信息资源总量已超过250TB。其中，自建数字信息资源总量达180TB，包括甲骨、拓片、敦煌文献、地方志、西夏文献、民国图书、民国期刊、博士论文、年画、中文图书、音频资源、在线讲座、在线展览等；外购数据库已达127个，包括中外文期刊、图书、报纸、学位论文、会议论文、多媒体数据库等，其中30个数据库可以通过代理服务器访问，39万册中文电子图书可以通过读者卡远程访问；18个数据库可以通过远程账号访问。

（三）影响日益显著

影响度是对一个国家的信息化推进程度对经济社会发展的影响的测度，反映了信息化对一个国家经济、政治、社会、文化、军事、科技等各个领域的变革和经济社会转型的影响。中国信息化蓬勃发展所产生的巨大需求，不仅推动了中国信息产业的快速发展和产业升级，激励了现代信息技术领域的自主创新，提升了国民经济各个领域的技术水平，而且，大大加快了信息化新兴产业的形成和发展，对中国经济社会的转型和产业结构的调整发挥了极为重要的作用。

1. 信息产业成为国民经济支柱产业

2009年，在全球金融危机的背景下，中国电子信息产业的规模非但没有萎缩，而且继续扩大①。制造业主营业务收入为5.13万亿元。2009年，中国生产计算机18215万台、手机6.19亿部、彩电9899万台、集成电路414亿块，分别占全球的60.9%、49.9%、48.3%、12.9%。电子信息产业收入占全部工业的10.0%，其进出口额占全国外贸额的35.0%。

2009年，全国软件产业实现业务收入9513亿元，同比增长25.6%，是GDP增速的3倍多。软件外包服务出口24亿美元，同比增长15%。2008年，国内软件产业规模占全球软件产业的比重由2000年的1.2%上升到2008年的11.07%。2000年中国软件从业人员仅3万人，2008年则超过了150万人，年均增长63.1%。

2008年，中国信息产业实现销售收入6.3万亿元，是1978年的4000多倍，年均增长超过30%，产业规模已居国内工业部门首位；产业增加值达到1.49万亿元，是1978年的400多倍，年均增长超过20%；产业增加值占全国GDP的比重由1978年的0.8%上升到2008年的5%，在中国的国民经济中继续扮演支柱产业的角色。

---

① 中华人民共和国工业和信息化部：《2009年电子信息产业经济运行公报》，2010年2月3日。

2. 新兴产业异军突起

2009 年，中国电信服务业累计完成电信业务总量 25680.6 亿元，同比增长 14.4%。全国电信营业收入累计完成 8707.3 亿元，同比增长 4.1%，为 1978 年的 686 倍，年均增长超过 20%。各项电信业务中，移动通信网业务收入 5090.9 亿元，同比增长 13.2%；固定本地电话网业务收入 1356.8 亿元，同比下降 14.4%；数据通信网业务收入 994.0 亿元，同比增长 0.3%。

随着中国信息化的迅猛发展，传统电信业务逐步向现代信息服务业转变，增值电信业务成为电信业务新的增长点。2008 年，中国电信非语音收入达到 822.94 亿元，占固定网收入的比重，从 2004 年的 22% 提升到 46.1%；增值及综合信息应用服务收入为 256.58 亿元，其中增值业务收入达到 169.8 亿元。2008 年年底，中国移动的移动增值业务收入达 1134.44 亿元，占总收入的比重，从 2004 年的 15.5% 提升到 27.5%。其中短信业务量从 2000 年的 5 亿条增长到 2008 年的 6071 亿条；彩铃收入 143.8 亿元；WAP 收入 129.91 亿元；彩信收入 28.78 亿元。中国联通的增值业务收入占比也从 2004 年的 10.2% 提升到 2008 年的 24.9%。

近 4 亿网民的存在，为中国网络经济和新兴产业的发展创造了极为有利的环境。2009 年，搜索引擎用户达到 2.8 亿人，网络新闻用户达到 3.0769 亿人，即时通信用户达到 2.7 亿人，博客的用户达到 2.21 亿人，使用社交网站的网民数达到 1.76 亿，网络游戏用户达到 2.65 亿人，网络文学用户达到 1.62 亿人。IPTV 用户数稳步增长，2008 年年底约为 330 万户，同比翻番增长①。

2009 年，网络购物用户 1.08 亿人，网络购物使用率上升到 28.1%；网络购物市场交易规模达到 2500 亿元，较 2008 年增加一倍；旅游预订用户为 3024 万人，年增幅 77.9%；网络炒股用户 5678 万人，年增幅 67%；网上支付用户为 9406 万人，年增幅 80.9%；网上银行用户为 9412 万人；年增幅 62.3%。

2009 年，中国电子商务交易总额达到 3.85 万亿元，占 GDP 总量的 11.48%，年增长率达到 50%；中小企业电子商务规模达到 1.99 万亿元②；截至 2009 年

① 参见中国互联网络信息中心《中国互联网络发展状况统计报告》，2010 年 1 月。

② 《今年中小企业电子商务规模达到 1.99 万亿元》，http://www.joycen.com/plus/view.php?arcID=56171。

底，中国网络购物市场交易达到2500亿元，较2008年增长一倍；网络购物人数达到1.08亿，年增长45.9%。国内知名的购物网站淘宝网，2009年全年交易总额突破2000亿元。受益于网络购物的快速发展，2009年中国网上支付交易额达5766亿元人民币，较2008年增长110.2%。2005~2009年，国内网上支付交易额连续五年增幅超100%，交易规模增长近30倍。电子商务还促进了物流服务业的发展，全国完成的快递业务量由1988年的153万件增加到2008年的15.1亿件，年均增长41.2%。电子商务对创造就业机会贡献极大。仅淘宝网就创造了80万个直接就业机会和近300万个间接就业机会。

互联网应用强有力地推动了中国现代服务业的发展，也大大促进了国民经济其他行业的发展和进步。中国互联网经济增长的速度远远快于中国经济增长速度，对中国国民经济的发展作出了突出的贡献。互联网的广泛应用促进了经济发展方式的转变，信息化新兴产业的发展解决了大量不同技能劳动人群的就业问题。

（四）城乡数字鸿沟开始缩小

随着中国农业与农村信息化的推进，以及全国文化共享工程、党员干部现代远程教育工程以及农村中小学现代远程教育工程的开展，中国城乡的数字鸿沟开始缩小。国家信息中心信息化研究部的研究显示，2007年，中国城乡数字鸿沟指数为0.64，较2002年缩小了13.5%。

2007年起，中国农村网民连年大幅度增加。2009年12月底，中国农村网民数首次超过1亿。互联网在城镇的普及率为44.6%，在农村则为15%，这说明城乡之间的互联网普及水平仍存在很大的差异。农村网民的平均上网时长约16小时/周，与2008年相比，增加了近3小时，互联网在农民的日常生活中逐渐占据重要位置。

在城市家庭计算机拥有率连续几年快速增长的情况下，城乡计算机相对差距指数连续几年稳定在0.95（农村比城市落后95%），2007年还略有缩小（为0.93）。自2009年2月1日起，电脑也正式进入“家电下乡”行列，农民购买电脑与其他家电一样可以获得政策补贴，这促进城乡数字鸿沟进一步缩小。

城乡电话差距进一步缩小。2002年，全国有85.2%的行政村通电话；到2008年年底，通电话的比例已经达到99.7%。城乡电视拥有量的差距也逐年缩

小。农村居民彩电拥有量从2000年的48.76台/百户，增长到2007年的113.89台/百户。城乡相对差距指数由2000年的67.82%下降到2007年的43.51%。

（五）中国信息化的国际比较

根据国家统计局制定的信息化发展指数（IDI_{CN}）进行的测算和比较研究表明，自2006年起，中国已经从信息化发展“中低水平国家”跨入信息化发展“中等水平”国家行列。2007年，中国信息化发展总指数在比较研究的57个国家（地区）中，由2000年的第44位上升至第42位，上升了2位。2000年，中国信息化发展总指数比世界平均水平低17.3%，2007年差距缩小为比世界平均水平低4.1%。

2001～2007年，中国信息化发展总指数年均增长速度为15.52%，居世界第14位，是世界平均增长水平的2倍。中国信息化5个分类指数的年均增长速度多数居世界前列，其中知识指数年均增长速度居所比较国家（地区）的第7位，环境与效果指数年均增长速度居第12位，基础设施指数年均增长速度居第12位，信息消费指数年均增长速度居第13位，使用指数年均增长速度居第14位。2008年中国信息化发展指数继续较快增长，增长速度为14.5%。

从信息化的各个分类指数来看，中国与最高水平国家和地区相比差距较大，其中基础设施指数差距最大，这无疑与中国人口众多密切相关。2007年，中国基础设施指数相当于该分类指数值最高国家瑞典的25%，环境与效果指数相当于瑞典的56%，信息消费指数和使用指数分别相当于挪威的70%和81%，知识指数相当于爱尔兰的88%。中国在整体经济发展实力、研究开发经费投入以及计算机人均拥有率等方面与发达国家比差距仍然较大。

2009年3月，国际电信联盟（ITU）发布的最新的信息化发展指数（IDI）研究报告指出，2002～2007年间，中国信息化发展指数的全球排名从第90名上升到第73名，是全球信息化发展指数增长最快的10个国家之一。中国在互联网可接入性和使用方面，是全球进步最快的国家。同年，世界经济论坛发布了2008/2009年网络就绪指数（NRI）测算研究报告，对全球134个国家信息化发展情况进行了测评和分析。2008年，中国的网络就绪指数全球排名由2001年的第65位升至第46位，首次在“金砖四国”中居于首位。

三　中国信息化前景展望

纵观21世纪前10年全球的发展，一个显著的事实是：信息化仍然是这个新世纪主要的时代特征，仍然是全球范围内推动经济和社会变革的主要力量，仍然是提升国家竞争力的战略重点。信息化与全球化加速推进的趋势不可逆转。

许多国家已经深刻地认识到，在面对全球金融危机，力求短期内刺激、恢复经济增长的同时，更要瞄准未来经济社会发展与全球竞争的制高点，为本国经济的长远、可持续发展打下坚实的基础。信息化作为一个既可照顾眼前，又可兼顾长远的战略举措，因此受到世界各国前所未有的高度重视。

信息与通信技术和当代信息革命的发展，仍在加速进行之中，而且，正在酝酿新的重大突破。我们对于信息化的认识稍有模糊，对于信息化的努力稍有懈怠，都有可能对中国的现代化进程产生极大的消极影响。为此，继续加快中国信息化进程，极为必要。

（一）中国信息化面临的形势

中国信息化所面临的形势，总的来说机遇很大，挑战严峻。面对后金融危机时期更加复杂的国际经济环境，发达国家抓紧布局，把深化信息与通信技术应用作为建立后危机时代国家竞争优势的重中之重。信息与通信技术及其应用正在酝酿新的更大的突破，继续引领着新一轮世界科技革命的发展，我们正处在人类科学技术的更大变革的前夜。

1. 信息化领域的国际竞争

过去几十年，以美国为代表的发达国家占据了信息化这个制高点，在包括信息与通信技术软、硬件和集成应用的所有领域都处于领先地位，利用技术标准话语权和工程经验的优势，从全球化中获取了巨额的市场利益。后金融危机时期，发达国家更重视利用信息与通信技术率先打破困局，加快经济社会发展转型，以继续保持信息与通信技术创新和信息化方面的领先地位，形成新的国家比较优势。

事实上，信息化的国际竞争，主要围绕“三争”展开：第一，争信息化的核心技术和产业；第二，争信息化的新兴产业的发展和经济结构的转型；第三，争信息与通信技术的应用水平及其在全社会普及的程度。这种竞争的结果，实际上将世界各国按信息化推进的程度和性质分为三类：第一类是在信息与通信技术的前沿非常活跃和创新的国家；第二类是依赖于他国研发的先进信息与通信技术，在软硬件产品的生产方面非常活跃的国家；第三类则是利用他国的技术和产品，在应用方面比较活跃的国家。毫无疑问，只有上述第一类国家才能牵住信息化的“牛鼻子”，才有可能引领时代的潮流，从信息化的大潮中获取最大限度的国家利益。

2. 全球信息化向高端发展

近年来，宽带和移动宽带、云计算、传感网、物联网、智慧地球、泛在计算等新概念、新思想、新技术层出不穷，在全球广为传播，充分反映了信息与通信技术及其应用在经过了几十年的发展之后，正在向高端迈进。

信息化向高端发展的主要特征是泛在化、可视化、智能化。信息与通信技术的应用，最初是在一个一个的单位（点）内进行；后来，开始在相关单位之间形成一个系统（线）；现在，则是在区域甚至全球的范围内（面）部署传感器、控制器和信息系统（泛在化，即无处不在）。电信技术早期追求的是在全球任何角落都可以“听得见（打电话）”，现在的目标则是在全球任何角落甚至外层空间都可以“看得见（可视化）”。正是因为这个原因，宽带和移动宽带网络的发展才成为世界各国瞩目的焦点。信息系统早期的目标只是信息的采集和分析处理；现在则力图在这个基础上，利用各种数学模型和算法，实现对对象、目标的智能化控制。

与此同时，微机和超级计算机作为计算机技术发展的两极，性能仍然如摩尔定律所描述的在不断提高。作为二者共同的技术基础，微处理器在自身计算能力不断提高的同时，还在向多核（多处理器）、低能耗方向发展。此外，各种元器件，如传感器（如音敏、热敏传感器，嗅觉、味觉传感器，位置、速度传感器，重力、压力传感器等）、控制器件（电机、电器）、光电器件以及生物逻辑电路等，经由数字化后在芯片上的集成，包括所谓的微电子机械系统，为信息与通信技术未来的发展和应用，为泛在化、可视化、智能化的实现，开辟了无限广阔的、令人难以想象的前景。

3. 中国信息化面临的挑战

据国际电信联盟2009年2月发布的报告，全球范围内信息产业的增加值约占全球 GDP 的 7.5%。这意味着即使是在全球经济低迷的情况下，信息产业增速依然高于经济总量增速。信息产业已经成为中国国民经济的支柱产业，中国也已经被称为全球信息产品制造业大国，但是，2008 年中国电子信息产业的增加值占 GDP 的比重为 5%（约为 1.49 万亿元），只是全球平均水平的 2/3。显然，信息产业对中国经济增长和产业结构调整应有的贡献，还远远没有凸显出来。

21 世纪以来，中国信息化虽然进展很快，但是，应该看到，中国信息与通信技术的应用，大多还停留在发达国家 20 世纪 90 年代的水平，真正能够提高劳动生产率、提高自主创新能力、提高国家竞争力的高端应用，还远没有成为主流。当前，全球信息化向高端发展的趋势，向中国提出了新的挑战。采取正确的战略及时应对，想方设法提升中国信息化的速度和质量，是一个十分艰巨的任务。

中国面临的另一个严峻挑战源自中国信息化核心技术的缺失。迄今为止，不仅各行各业，包括国民经济的许多重要部门，使用的通用计算机 CPU 和基础软件 90% 以上依赖进口；两化融合中企业所需要的许多信息化的专业装备和工业软件，也是 90% 以上依赖进口。虽然中国已经研制出了世界上最先进的千万亿次超级计算机，但是，其中数以万计的微处理器则完全依赖进口；即便是中国出口的数控机床，作为其核心部件的数控系统也仍然是进口的。这种状况，在中国改革开放和发展的过程中是不可避免的，但是，随着中国信息化进程的日益深入，这种状况是不利于可持续发展的。

（二）未来十年中国信息化的目标

全球信息化向高端发展的趋势，以及全球范围内抢占信息化制高点的激励竞争，都说明信息化进程犹如“逆水行舟，不进则退”。中国的信息化虽然在过去的几十年中，特别是在 21 世纪的前十年中取得了突飞猛进的发展，与世界发达国家之间的差距不断缩小，但是，我们仍然没有任何骄傲自满的理由和本钱。在新的国际经济环境和技术背景之下，如果应对不力，中国与发达国家之间已经缩小的差距，有可能再次拉大，不仅影响国家的经济发展，更威胁国家安全。总的来看，竭力推动中国信息化向高端发展，赶超世界先进水平，将是未来十年中国信息化界重要而基本的任务。

下一个五年，是中国实施第十二个五年计划的时期，是中国实现“全面建设小康社会”这一战略目标的关键时期，对于全面贯彻和落实《2006～2020年国家信息化发展战略》也十分关键。虽然我们面临着严峻的挑战，但是，无论国际上流行什么口号和概念，中国的信息化都不应该是技术驱动的，而必须坚持从中国的国情出发，以经济、社会效益为中心，服务于中国的现代化进程。

中国信息化的推进，必须紧紧抓住当代信息革命带来的经济社会转型机遇，积极应对信息化向高端发展带来的挑战，从中国现代化进程的各种重点、难点和紧迫问题出发，全方位、深层次、高效益地推进国家信息化，充分发挥信息化在加快转变经济发展方式、大力促进和谐社会建设、着力提高自主创新能力、精心保障国家安全等方面的巨大潜力，扎扎实实地为解决中国现代化进程中所遇到的各种实际问题服务，为全面完成《2006～2020年国家信息化发展战略》确定的任务奠定坚实的基础。

“十二五”时期，中国信息化进程中需要努力实现以下四个基本目标。

第一，为加快经济发展方式转变作出卓越贡献。特别是在传统产业的信息化改造、发展新兴产业、推动产业结构调整、发展低碳经济、发展农村经济、促进就业等方面，要充分发挥信息化的潜在优势，作出实质性的显著贡献。

第二，发展以改善民生为重点的信息化公益性社会服务，提高政府的决策、社会管理和服务能力。充分利用信息化手段，针对治国理政、社会发展和民生领域的突出问题，全面推进电子政务和社会信息化，特别是在公共服务、廉政建设、社会保障、就业服务、医疗卫生、食品药品管理、全民教育等领域，要取得显著的成效。

第三，发展信息化高端应用，力争在信息化的核心技术方面有所突破。特别是在发展自主可控的国产微机系统，包括CPU芯片、操作系统和配套基础应用软件方面，要有所突破；在嵌入式系统、工业软件和高端计算等方面，要形成具有自主知识产权的特色产品；在科研信息化和利用信息化手段提高自主创新能力方面，要加快发展，取得突破。

第四，逐步完善国家信息安全保障体系，不断增强信息安全保障能力。建设和完善国家信息安全保障体系和基础设施，加快信息安全人才培养和队伍建设。

（三）中国信息化必须关注的重点领域

国际和国内信息化的实践都表明，信息化向任何一个行业或领域的渗透，都会给该行业、该领域带来别开生面的革命性变化。这就是信息革命和信息化的魅力所在。信息化虽然不是万能的，但是，没有信息化则万万不能。因此，中国的“十二五”国民经济和社会发展规划必须更加重视、充分发挥信息化的不可替代的作用。

从中国的经济社会发展的实际情况和当前全球信息化发展的趋势来看，“十二五”时期，中国信息化将主要在以下八个领域加速发展。

1. 推进信息化与工业化融合

通过推进两化融合，加快传统产业技术改造，就短期而言，这是应对国际金融危机、避免重蹈粗放式发展老路的首选策略；就长期而言，则是中国传统产业改造升级的根本途径。两化融合也是当前中国企业极为普遍、极为紧迫的需求，企业对此呼声极大。正如本文前面所介绍的，近年来，中国两化融合发展很快，已经取得了很大的进展。

“两化融合”的重点将继续放在以下五个方面：提高企业的劳动生产率和管理水平，提高企业产品的智能化水平，节能降耗、减污减排，发展生产性服务业，发展现代物流。其中，加快装备制造业的信息化改造尤为突出。加快推进两化融合，一头是抓好国有大中型骨干企业，另一头是搞活量大面广的中小企业。它们各自的特点不同，推进的方式也应有所不同。

国有大中型骨干企业是中国国民经济的脊梁，是加快实现两化融合的战略重点。国家必须全力支持国有大中型骨干企业加快实现两化融合，以最先进的生产力抢占国际竞争的制高点。在两化融合的推进过程中，应该力求打造一大批两化融合的标杆企业，并力争在未来五年左右的时间内，基本上完成国有大中型骨干企业的信息化改造工作。在加大两化融合核心技术自主研发力度的同时，国家还必须制定与引进软、硬件装备相关的消化、吸收、再创新的策略和规划、计划。

加快中国中小企业的信息化改造，对于产业和产品升级、增强人民币升值的抗压性和国际竞争力也非常重要。对于为数巨大的中小企业，国家和地方可以鼓励各方创设大批的、具有各种不同服务内容的“两化融合促进中心”，向中小企业提供收费合理的，或非营利性的信息化技术服务，如精密加工中心（提供数控装备等精密加工服务）、设计（CAD 软件）服务中心、嵌入式系统设计服务中心、工业软件服务中心（CAPP/PDM/MES 等）、ERP 服务中心、数据与系统中心（提供系统、服务器、数据库、门户网站等服务）、电子商务服务中心（供应链与销售服务）、信息系统咨询服务中心、共用技术服务中心、信息化干部和骨干的培训服务（如各种通用工业软件的使用辅导、人才培训）等，既能破解中小企业因资金、人才不足而无力推进两化融合的困局，又为发展中国生产性服务业（包括劳动密集型的服务企业）播下一大批新的种子。

作为工业信息化的重要基础设施之一，可以由政府主管部门牵头，建设若干个国家级的“制造业工程数据中心”，集中开发与各种原材料、工业产品、工业标准和规范、生产企业、内外贸易相关的基础数据和信息资源，向所有工业企业提供信息服务。

2. 加快发展信息化带来的新兴产业

两化融合一定会使制造业的就业人数进一步减少，这是毫无疑义的，它是自动化和智能化以后，劳动生产率显著提高的结果。然而，这并不可怕。因为，信息化最显著的成果之一，就是带动了新兴产业的发展，不仅为国民经济培育出许多新的经济增长点，成为经济增长的绿色发动机，而且可以创造大量的就业机会，特别是大学毕业生和高学历人群的就业机会，加快中国经济发展方式的转变。2000～2008年间，中国软件业从业人员由3万人增加至150万人以上，年均增长率高达63.1%，就是一个最好的说明。显然，大力推进信息化可以为相关新兴产业的发展准备肥沃的土壤。

信息与通信技术是一种通用技术，与之相应，信息产业则是一种基础产业，是信息时代最重要的新兴产业。各国在应对金融危机中的表现，再次说明了信息产业是国民经济发展的倍增器、转换器和助推器，没有信息产业，就没有其他产业部门的信息化和现代化。因此，对信息产业的重要意义不能低估，不能将其与其他产业部门相提并论、等量齐观。“十二五”期间，中国必须继续重视和狠抓信息与通信技术产业的发展，将其置于战略优先的发展地位。

网络经济，包括电子商务，是发展信息化新兴产业的另一个战略重点。过去10年中国信息化的发展，已经迎来了电子商务和网络经济发展的春天。然而，目前中国每4个网民中，仅有约1人在网上购物，而在欧美和韩国等国家，平均每3个网民中就有2人在网上购物。由此可见，中国网络购物潜力还远未被释放。电子商务和网络经济的发展将带动安全认证、信用服务、在线支付、数据加密、物流配送等许多领域的发展，对于经济活动的效率和效益的提高，对于促进就业，潜力十分巨大。

3. 加快建设国家宽带信息基础设施

能够满足用户视频服务需求的固定和移动宽带信息基础设施，成为信息化向高端发展的国际竞争焦点之一。“十二五”期间，中国必须围绕三网融合和移动宽带发展的需要，加快新一代国家宽带基础设施的建设；同时，促进固网与移动网的一体化。2009 年世界银行对 120 多个国家的经济分析表明，宽带服务渗透率每增加 10%，能够带来 1.3% 的经济增长。中国的情况也充分说明，电信设备制造业和电信服务业仍然是最有发展活力的新兴产业之一。

未来 5 年，中国网民数可能增至 5 亿～6 亿，包括物联网在内的各种网络应用将快速发展，而 IPv4 的地址即将用罄。作为全球网民最多的国家，中国目前分配到的 IPv6 地址数（63 块，每块为 2 的 96 次方）排名全球第 18 位，尚不及巴西（6.5 万块）的 1/1000，约为美国（1.5 万块）的 1/238、德国（9800 多块）的 1/155、日本（8300 多块）的 1/131。中国已经建成了目前世界上最大的基于 IPv6 地址的下一代骨干网络。但是，如果不能及时有效应对，中国可能会输在基于 IPv6 地址的下一代互联网的起跑线上。为此，必须加快推进下一代互联网（包括 IPv6）的商用部署和未来网络的发展研究。

4. 夯实“三农”发展基础

过去 10 年，信息化对中国农业和农村发展的影响为许多人所始料未及。在中国经济比较发达地区和大农业生产基地，先进的农业信息技术和农业信息化装备正在得到大规模的推广应用。在广大农村，农民急需的科学种田和农作物市场信息，正在通过各种涉农网站送到农民手中。中国县乡村三级农业信息服务平台及信息服务体系逐步建立。涉农网站发展速度惊人，仅 2009 年初至 10 月，中国农业网站的数量即增长了 40.7%，总数达到 31108 个。网民中的农林牧渔劳动者使用农村、农业类网站的比例已经达到 42.7%。

近年来，农民对计算机的需求呈现强劲增长的态势。1999～2008 年间，中国农村每百户家庭的电脑拥有率由 0.5% 飙升至 5.2%。然而，2008 年，中国城镇居民电脑拥有量已经超过 61.9%，是农村的 12 倍；城市网民占全国网民的 70.5%，仍是农村网民的两倍。由此不难看出，“三农”对于信息产业的各种产品仍有着极大的潜在需求，而农村则是中国信息化发展的下一个战略空间。

“十二五”期间，中国农业、农村信息化的发展需要有一个新的思路，要提升到一个新的高度。在面上继续普及推广农村信息技术应用，利用农业、农村信息化的推进帮助农民增加生产，利用电子商务卖个好价钱，在增收致富的同时更需要将重点转向利用信息化促进农村生产合作组织和各种农民协会的发展，引导家庭生产经营向集约化、订单化的方向发展，培育发展专业化、市场化、信息化的农业社会化服务体系，加快农村的经济社会转型和城镇化的发展。同时，在加强农村公共服务能力建设，改进教育培训、医疗卫生、公共文化服务等方面，也需要有新的突破。

5. 发展电子政务，保障和改善民生

“十二五”期间，中国还需要继续建设一批重要的支持政府核心业务的信息系统。其中，比较急需的有：国家能源综合管理信息系统，全国宗地管理信息系统，房地产和房屋管理信息系统，大气与环境监测信息系统等。

电子政务需要继续向支持政府决策的方向发展。近年来，中央和地方各级政府在电子政务建设的过程中，已经开发和积累了海量的信息资源。如何更好地实现政务信息公开，做到依法治国，以及充分利用这些信息资源，提高政府决策的信息化和科学化水平，为首脑机关和决策部门服务，为经济社会发展的宏观研究和分析服务，也是需要研究的重要问题之一。

过去 10 年间，中国信息化的推进，在经济领域关注较多、投入较大，而对于社会领域，特别是充分利用信息化提供的各种手段，协助解决与老百姓切身利益相关的就业、医疗、社保、教育、住房等民生问题，则显得力度不够。事实上，这些与老百姓切身利益相关的问题和矛盾，利用信息化手段可以在很大程度上较快地得到解决，只是我们对此还缺乏足够的认识而已。社会领域信息化的发展不仅对维护社会稳定、促进社会和谐意义重大，而且，可以刺激信息化新兴产业的发展、创造很多的就业岗位、产生巨大的经济效益。

未来几年，有四个重大的、全国一体化的社会信息系统，即：医疗卫生管理系统、社会保障系统、就业信息服务系统、重要食品和药品管理系统，需要由政府主导，充分利用市场力量，加快发展，以从根本上改善中国社会建设和管理的现状。

6. 推动信息化向高端发展

推动中国信息化向高端发展，对于赶上全球信息化发展的浪潮，提高自主创新能力，意义深远。为此，中国需要在智能电网、智能交通、气象预报、地震监测、国土资源、水资源、环境监测、地理信息、现代物流等领域加快发展传感网、物联网及其他信息化的高端应用技术，既充分开发利用各类信息资源，又为提高国民经济和社会发展的智能化水平服务。

事实上，信息化向高端发展的许多应用，都与高端计算有密切的关系，没有高端计算，就没有科研信息化，也没有智能化的实现。长期以来，中国对于发展超级计算机比较重视，但是，对于发展高端计算，即计算科学，则重视不够。因此，总的说来，超级计算机的应用效率不高。还有一个重要的原因是，中国研究人员缺乏足够的计算科学的高端知识和技能，尚不能将超级计算机直接用于自己的科学研究之中。计算科学是渗透各行各业、各个学科的科学，不只是计算机科学。相应地，中国需要从计算机与信息科学，建模、算法与模拟软件，以及计算基础设施三个方面全面规划中国高端计算和科研信息化的发展。

7. 发展信息化的核心技术

在审视和制定中国核心信息与通信技术和产业发展战略的时候，必须注意到一个大的背景，那就是进入 21 世纪以来，计算机技术的发展，在微机这一头，已经进入了后 PC 时代，就现有的功能及性能而言，微机的操作系统和基础应用软件已经进入了一个相对成熟的稳定期。这就好像汽车一样，4 个轮子加 1 个发动机的基本格局是不太会变了，只是性能有所差异而已。目前，展现出蓬勃发展前景的是计算机技术向手机和多媒体信息终端的渗透。

正是这个背景，为中国发展自主可控的微机系统提供了一个宝贵的缓冲期，一个难得的机遇。我们必须抓住这个机遇，有计划地、稳步地走出发展自己的核心信息与通信技术和产业的路子，特别是国产微机系统，包括 CPU 芯片、操作系统和配套基础应用软件。近年来，中国在 CPU 芯片、操作系统、中间件、基础应用软件方面都有一些接近世界水平的成果，完全可以满足中国政府各部门大量的、基本的信息化需求。这一点，在中央和地方政府部门已经有很多成功应用的实例可以佐证。

三网融合的政策问题解决之后，传统彩电的形态将发生质的变化，新一代多媒体终端和家用数据中心将成为家用电器的核心和主流。2008 年年底，中国的电视机拥有量为 4.5 亿 ~5 亿台，仅此一项更新，即便对于国内市场而言，也是商机无限、意义非凡。因此，需要不失时机地及早开始运筹和研发，在全球范围内抢占这个制高点。

8. 加快改革国民教育体系

近年来，中国教育信息化有了很大的发展。但是，从小学、初中、中职每百名学生拥有的计算机数，以及小学、初中、高中的建网学校比率等来看，普及率依然偏低，广大农村中小学和职业学校信息化的投入仍然偏少。农业、农村信息化的推进需要继续将农村中小学的信息化建设作为战略重点。“十二五”期间，在教育信息化投入需要继续向农村倾斜的同时，更需要大力促进优质教育信息资源的开发和共享。后者不仅使学生受益，更是提高师资水平的重要手段。

中国现有的国民教育体系，基本上还是以工业化和工业社会的需求为依据而设计的。虽然近年来教育部门不断地进行调整和改造，但是，总的来看，这种国民教育体系仍然明显地不能满足信息化发展的人才需求。随着信息化向高端发展，“两张皮”的现象，已经成为中国信息化的主要制约因素之一。许多工业软件和高端计算软件，实际上都不是一般意义的软件，而是科学研究和技术创新成果的软件表现，学术、技术水平很高，没有科学家或技术专家的直接和长期的介入是不可能研发成功的。因此，在各个层次上培养信息化与工业化融合的低、中、高级复合型人才，必须从学校开始，而不是在学生走出校门之后。要将信息化的知识体系从小学开始就全面地融入国民教育体系之中，已经成为教育改革的核心和紧迫的任务之一，也是国家信息化的重大战略之一。为此，中国在“十二五”期间应就国民教育体系的改革问题开展全面的研究，同时，提出改革的具体方案，为中国信息化未来的发展奠定人才基础。

参考文献

江泽民：《抓住大好时机　加快发展电子工业》，1984 年 2 月 10 日《经济日报》。

江泽民：《振兴计算机工业，努力为四化服务》，载于郭平欣主编《中国计算机工业概览》，电子工业出版社，1984。

江泽民：《论中国信息技术产业发展》，上海交通大学出版社、中央文献出版社，2009。

胡锦涛:《在共青团十四届四中全会上的讲话》,2000 年 12 月 21 日《中国青年报》。
胡启立:《中国信息化探索与实践》,电子工业出版社,2001。
吕新奎:《中国信息化》,电子工业出版社,2002。
郭平欣:《中国计算机工业概览》,电子工业出版社,1985。
曲维枝:《中国特色信息化道路探索》,电子工业出版社,2008。
郭作玉:《中国农村市场信息服务概论》,中国农业出版社,2005。
《中国电子工业 50 年》编委会:《中国电子工业 50 年》,电子工业出版社,1999。

以信息化应对国际金融危机的政策研究*

张新红**

摘　要：在金融危机的影响下，我国信息化建设面临着严峻考验和新的机遇。信息产业已成为引领经济走出危机的强劲动力。后危机时代，要实现我国经济社会又好又快发展，必须采取有效措施推动我国信息化发展。

关键词：信息化　金融危机　政策建议

百年一遇的国际金融危机对世界各国产生了重大影响，中国也不例外。就我国信息化建设而言，从信息产业发展到信息技术在各行业各领域的应用，都在不同程度上面临着挑战。但换个角度看，在应对危机、刺激经济发展的过程中，我国的信息化建设同样面临着前所未有的机遇。

历史经验表明，经济危机往往给信息产业及信息技术应用创造了更多的机会，信息化发展在一国应对经济危机的过程中往往扮演着重要角色，1929 年的世界经济危机和 1997 年的亚洲金融危机均是如此。从当前应对金融危机的实践来看，许多国家在刺激经济发展的过程中，都高度重视信息产业发展和信息化应用。信息化与全球化加速推进的趋势不可逆转，许多国家已经深刻地认识到，当前需要的不仅仅是短时期内刺激经济增长，更要瞄准未来经济社会发展与全球竞争的制高点，信息化受到前所未有的高度重视。同时，随着信息化发展向纵深推进，全球经济发展与竞争格局必然发生变化。加快信息化建设，不仅是帮助本国经济走出金融危机的一剂良药，更可为本国经济的长远可持续发展打下坚实的基础。

---

* 本文根据国家信息中心“以信息化应对金融危机的政策研究”课题报告缩改而成，课题组主要成员：张新红、于凤霞、刘厉兵、唐斯斯。

** 张新红，现任国家信息中心信息化研究部副主任（主持工作）、专家委员会和学术委员会成员、国家发改委高级职称（经济系列）评审委员会委员、《中国信息年鉴》社长兼执行主编等职。

一 金融危机给信息化带来的挑战与机遇

在全球金融危机的大背景下，我国电子信息产品制造业生产和出口遭受重创，软件和信息服务业则逆势增长；信息技术在国民经济和社会发展各领域中的应用稳步推进，网络对个人生活的影响日益加深。我国信息化发展中机遇与挑战并存。

（一）金融危机对我国信息产业的影响较为明显

总体上看，电子信息产品制造业受金融危机的影响和冲击很大，但软件行业呈现逆势增长的势头，通信服务业的业务结构出现新的变化，互联网产业整合趋势明显。

世界经济形势不稳定及各种不确定因素增多冲击全球电子信息产品市场，国际贸易保护主义有加剧趋向，导致我国电子信息产品制造业增速放缓。2009 年我国电子制造业增加值同比增长 5.3%，远低于 2008 年的水平。电子信息产品出口显著下降，2009 年进出口总额同比下降 16.7%。企业经济效益显著降低，2009 年 1～8 月规模以上电子信息制造业主营业务收入同比下降 4.8%，实现利润同比下降 21.5%。

软件业强劲增长，软件技术服务业成为重要增长点，行业整合出现新机会。立足于本土市场、“国际化程度不高”的发展模式使得软件行业在这次金融危机中并没有像电子信息产品制造业那样遭受重创。2009 年前 11 个月，软件业业务收入同比增长 21.4%，增速比上年同期低 9.4 个百分点。软件外包业务抓住机遇取得了大发展。2009 年 1～11 月，软件技术服务收入 1849.8 亿元，同比增长 30.3%。

通信服务业发生重大变革，面临新的考验。在全球电信业增速出现下滑的大背景下，我国通信业增速明显放缓，电信主营业务收入累计完成 8424.3 亿元，同比增长 3.9%，低于 2008 年 7.0% 的增长水平。传统固网业务显著下滑，2009 年底全国固定电话用户数 3.1 亿，同比减少 2667.1 万户。移动业务继续保持较快增长，2009 年底移动电话用户达到 7.47 亿户，同比净增 1.06 亿户。宽带和移动增值业务仍然保持较好的增长势头。

互联网企业面临新一轮整合，发展成熟和商业模式新颖的企业趁机努力抢占新的市场，盈利模式不太明确的公司面临巨大的生存压力。业务模式成熟的搜索、门户、网游、招聘网站等互联网企业业绩逆势上扬。商业模式新颖的网络游戏等企业保持快速发展的态势。视频/图片共享网站、专业博客网站和社交网站受金融危机影响最大。

（二）金融危机对我国信息化应用的影响不大

政府信息化建设并未受到金融危机太大的影响。金融危机爆发以来，伴随着国家一系列经济刺激计划的实施，政府行业部门及下属国有企业的信息化建设与应用得到了充分保障，电子政务建设各项工作总体上按照原有规划稳步推进。更重要的是，金融危机对政府自身的信息化建设提出了更高的要求：一是如何推进政务公开，提高公众应对金融危机的信息获取能力；二是如何充分发挥电子政务决策支持系统的作用，提高决策水平，最大限度地防止战略决策失误，加强政府工作的前瞻性。

金融危机对不同行业、不同地区企业的信息化应用的影响不尽相同。多数企业信息化投入没有出现大幅下降。企业 IT 应用软件和系统越来越像基本的生产要素，成为企业生产运营不可或缺的部分，因此已经实施信息化项目的企业多数不会轻易放弃。2008 年我国企业信息化应用不断深入，行业应用软件收入增速超过 30%；有 74% 的企业 2009 年的信息化投入会维持在 2008 年的投入水平上①。中小企业电子商务市场看好。金融危机影响下，许多中小企业既要开源又要节流，发展电子商务成为有效选择。例如，2008 年前三季度在阿里巴巴注册的付费中小企业会员同比增长 40%，网上商铺增长 54%。

金融危机下个人生活方式更依赖于网络，通过网络获取信息、休闲娱乐、购物消费等成为越来越多人的选择。2009 年我国网民规模达 3.84 亿人，同比增长 28.9%；网络游戏用户规模达 2.65 亿人，同比增长 41.5%；网络音乐用户规模同比增长 28.8%。网络购物成为越来越多人的新选择。金融危机不可避免地导致消费者购买力下降，也进一步催热了价廉物美的网络购物。2009 年我国网络购物的用户规模在金融危机中逆势上扬，由 2008 年年底的 7400 万户扩大到 1.08 亿户，年增长 45.9%，网络支付的使用率达到 24.5%②。

---

① 《2009 年中国制造业信息化投资趋势研究报告》，e-works 制造业信息化门户，www.e-works.net.cn。

② 数据来源：中国互联网络信息中心（CNNIC）。

（三）信息化发展面临新的挑战与机遇

金融危机背景下全球经济衰退，信息产业业绩大部分下滑，信息化应用受到阻碍；贸易保护主义的抬头对我国的信息业产品和服务的出口造成了打击，新形势下我国的信息化发展面临着重重挑战；但同时我们要看到危机中潜存的机遇，比如：企业低成本扩张变得更加容易，信息技术创新步伐可能会因此加快，等等。

当前来看，信息化发展面临的挑战包括：一是世界经济未来发展前景仍不明朗，危机对信息产业的影响仍可能进一步深化。根据国际货币基金组织的数据，金融危机给全球带来的损失是4.1万亿美元，而到2009年中，全球金融机构核销的不良资产只有约1.5万亿美元。二是外需不足导致信息产业出口面临巨大压力。IDC等市场咨询机构将2009年全球IT支出增长预期由之前的5%～6%下调至3%以下。三是针对中国的贸易保护主义迹象明显，2009年以来中国遭遇的贸易摩擦案件数量和金额均创历史最高。四是企业融资难问题更加严峻。

同时，信息化发展也面临着新的机遇：一是加快信息产业发展的机遇。《电子信息产业调整和振兴规划》将确保电子信息产业健康快速发展。工业和信息化部的组建、电信重组改革、推进电信基础设施共建共享等配套政策的出台，为我国电信市场格局的优化奠定了基础。国家重大科技专项的快速实施，可以有力地推动电子元器件、集成电路产业的升级，新型显示器件、彩电工业加快转型，软件和新一代宽带无线通信网快速发展。二是进行国际化扩张的机遇。在金融危机冲击下，国际上许多软件、电子制造等优质企业资产大幅缩水，国内企业进行海外收购或参股的成本较低，这给实力较强的中国企业实施跨国并购带来了难得的机遇。2008年10月以来，华为一度暂缓北美市场拓展计划，后来借力华尔街金融风暴成功破冰。三是加快信息技术创新步伐的机遇。危机对企业创新形成了强大的倒逼压力，同时对通过技术创新解决经济发展深层次矛盾提出了更迫切的要求。历史经验表明，每一次危机都孕育着新的技术突破，催生新的产业变革。四是深化信息技术应用的机遇。金融危机背景下，国民经济和社会发展各领域都面临调整与转型，将在很大程度上依赖于对信息技术的深化应用，对此国家已制定相关政策加以推进。

二　后危机时代信息化的作用将更加凸显

在应对金融危机过程中，需要充分发挥信息产业对经济增长的拉动作用，深化信息技术普及应用、扎实推进两化融合、积极促进产业结构优化升级，危中觅机，努力实现“保增长、调结构、扩内需、惠民生”的战略目标，推动我国经济社会又好又快发展。

（一）信息产业将引领经济走出危机

近三十年来，我国信息产业高速发展，产业规模跃居世界前列，综合竞争力不断增强，对经济增长的贡献率稳步提高。信息产业对经济增长的拉动作用主要表现在以下两个方面：信息产业作为国民经济支柱产业，能直接创造社会财富和吸纳就业，推动经济增长。2008 年我国电子信息产业工业增加值占 GDP 比重约 5%，对全国出口增长的贡献率达到 30%，新增从业人员占全国城镇新增就业人员的比重接近 1/20。信息产业还通过其广泛的适应性和极强的渗透力对其他产业产生联动作用，提升其他行业生产效率，即所谓的“外溢效应”。据估算，通信行业的 1% 利润可以拉动其他行业 3% ~7% 的利润①。信息技术在经济社会中广泛应用，可以改变生产要素的投入产出比例和生产运营组织模式，提升其他产业的整体效益。从发展趋势上看，信息产业对经济发展的作用，将由过去主要靠收入增长的“直接贡献”向通过渗透和外溢作用提高国民经济运行质量的“间接贡献”转变。

（二）信息化建设是激活内需市场的重要抓手

在经济企稳复苏过程中，以信息基础设施建设为主的投资需求和以信息产品和服务为主的消费需求，将成为扩大内需的亮点。

首先，信息基础设施建设将带动投资需求。短期内产业链前向拉动作用明显，有效促进电子产品制造等行业的生产与就业，实现经济企稳；中长期产业链后向带动作用明显，便捷、高效、无处不在的信息化基础设施将从根本上改变经

① 宋俊德：《借电子信息产业振兴带动经济发展》，慧聪网。

济社会生产模式和组织运营方式，提高国家未来竞争力。在应对金融危机的过程中，美国、英国、日本、德国、韩国、新加坡等都加大了信息基础设施投入。从我国来看，大力发展3G网络、下一代互联网、数字电视网络等，将对经济复苏起到良好的促进和支撑作用。

其次，信息消费在内需中的地位日趋重要。经济危机会影响到人们对一般商品的消费信心和消费需求，但随着信息技术应用日益广泛，公众的信息需求逐渐刚性化，成为基本需求，抗危机冲击能力较强，而且越是在危机情况下人们对信息的需求越强烈。2009年1～7月份，我国电信业务总量累计完成14403.2亿元，同比增长12.2%。扩大内需应对信息消费需求给予重点关注。

再次，信息化相关领域具有广阔的发展空间。以互联网应用为例，2009年底我国互联网普及率仅为28.9%，远低于同期韩国的77.3%、日本的75.5%、美国的74.1%，市场潜力巨大，据估算我国信息化需求的市场空间至少是千亿级别①。在当前形势下，注重提升企业信息化程度，培育网络动漫、3D影视等新型消费热点，手机、笔记本、上网本等多元上网设备联动发展，有望成为拉动内需的主力。

（三）信息化加快经济发展方式转变步伐

金融危机实际上是对现存发展方式的挑战与否定。要成功实现后危机时代的调整与转型，实现由产业链低端向高附加值环节延伸，由主要依赖消耗资源、以量的扩张实现增长转向主要依赖技术创新、提高劳动者素质，以提高效率来推动企业发展，将在很大程度上依赖于信息化效应的发挥。

目前，信息技术已经成为提升产品附加值和生产效率的重要手段。钢铁、汽车、化工、纺织等传统行业，在产品升级、工业生产管理以及市场销售的各个环节，越来越离不开信息技术的应用。利用信息技术可以大大缩短研发的周期、降低研发成本，能够顺应市场快速变化的需求；通过信息技术与工业技术的整合创新，增加产品中的信息技术含量，提升产品竞争力和附加值，已经成为占领市场的有效方式。信息技术可以促进工业生产的灵活化，新型敏感元器件、微系统传

---

① 参见洪黎明《信息化促内需呈现五大看点》，2009年03月25日《人民邮电报》。

感器、系统芯片、高性能计算机和网络技术将有效拓展工业智能化的范围，提高工业控制的精度。节能减排、实现单位 GDP 能耗水平大幅降低也需要借助信息技术。

（四）信息化促进经济结构调整

当前各国都在科技创新、产品创新、产业创新上大做文章，以适应“后危机时代”的到来，优化经济结构已成为发展共识。相比之下，我国在经济结构尤其是产业结构方面长期以来就存在的问题更加凸显，中国经济也已经到了非调整结构不可的时候了。

从发展趋势上看，做强做大高科技产业、实现传统产业升级改造、大力发展现代服务业，是我国经济结构调整的重要内容。信息产业作为现代高科技的核心产业，本身就是具有广阔市场和旺盛生命力的新的经济增长点，将成为中国今后相当长时期内经济增长和社会发展的主要推动力。可以预见，信息产业在未来国民经济中的地位和贡献将进一步提高，其引领和带动作用将更加凸显。充分利用计算机、网络、通信等现代信息技术，发挥信息技术特有的高度创新性、高度渗透性、高度倍增性和高度带动性，可以有效促进产业的集群化发展和产业链的细分与整合。值得一提的是，信息技术可以为传统产业升级和结构调整提供技术支撑。我国传统产业存在整体素质不高、资源配置效率低、技术创新能力弱等一系列严重不足，解决问题的一个重要途径就是发挥信息技术的渗透性和创新性优势，在生产和服务的各个环节提高自动化、智能化水平和现代化管理水平，提高产品质量和经济效益，从而实现传统产业的升级。基于现代信息技术的金融服务、电子商务、物流配送、咨询服务等现代服务业将迅速崛起，成为新型经济结构的重要支撑。

（五）信息技术深化应用催生新的经济增长点

历史表明，经济危机往往与新兴产业崛起之间存在孪生关系，危机过后通常都会出现科技变革与新兴产业加速发展的情形，从而推动经济复苏和繁荣。1857 年的世界经济危机引发了电气革命，推动电力、钢铁、化工的大发展。1929 年的世界经济危机引发了新一轮技术革命，推动电子、航空航天和核能等新兴产业快速发展。1997 年的东南亚金融危机后，该区域开始发展宽带互联网等信息产业的细分领域。2000 年网络泡沫破灭，强化了宽带技术普及应用的发展趋势。因此，在危机中若能善于抓住发展机遇、积极培育科技创新能力、寻找新的经济增长点，就可以率先实现经济复苏并占据新一轮发展的制高点。

危机以来，全球关于宽带、移动、云计算、物联网等创新应用风起云涌，诸多战略性新兴产业崭露头角；本次金融危机将加速新一波信息技术创新，推动信息产业发展由提升硬件性能向加强普及应用转变。在后危机时代，我国计算机、视听产品等消费类电子产品行业将稳步发展，集成电路升级、显示器件转型等关键技术将焕发产业活力。随着我国 3G 建设的全面铺开，结合移动通信和互联网特点、满足人们在移动过程中高速接入互联网的需求的移动互联网业务将不断细分、创新，井喷式增长指日可待；物联网发展潜力巨大，市场规模广阔，有助于提升国家竞争优势，有望成为后危机时代经济发展的重要增长极；信息技术在机械制造、精密加工、精细化工、食品加工、汽车、钢铁、交通、能源等行业的日益渗透与融合，将不断催生新的经济增长点。

（六）信息化可以有力地促进就业

信息化对劳动者就业的促进作用具体表现在三个方面：创造就业岗位、提高劳动者素质、活跃劳动力市场。首先，信息化的全面推进将创造更多的就业岗位。信息产业直接吸纳就业人数较多且层次较高。据估计①，未来三年我国信息产业新增就业岗位将超过 150 万个，其中新增大学生就业近 100 万人。信息技术在经济社会各领域的广泛渗透将创造大量就业岗位。由于进入门槛较低，网络在创造就业方面发挥了重大作用。2009 年淘宝网直接创造就业岗位 80 万个，带动约 228 万人的间接就业。其次，信息化将全方位提高劳动者素质。现代远程教育的快速发展、优势教育资源的数字化和网络化、教学与培训方式的多样化，有效解决了劳动者在提升知识与技能方面的时间、空间与资源制约，为实现终身学习创造了条件。再次，信息化有利于解决就业领域的信息不对称问题，加速用人单位与劳动者在时间和空间方面的对接，起到活跃劳动力市场的作用，促进充分就业。

---

① 《电子信息产业调整和振兴规划》，中央政府门户网站，2009 年 4 月。

（七）信息化有助于进一步提升政府宏观调控能力

后危机时代宏观调控面对的国际国内形势将更为复杂，对政府决策的科学性、时效性、前瞻性提出了更高的要求，现代信息技术的应用对提高政府宏观调控能力具有重要意义。信息化有助于相关部门及时准确地把握宏观经济运行的相关信息，随时跟踪监测经济运行态势，利用先进技术手段，对信息进行深度加工和分析，增强宏观调控的主动性和科学性，提高管理和决策水平；通过规范政府行政流程，优化宏观经济管理业务程序，强化部门间的业务协同，可有效克服条块分割弊病，有力地促进管理部门职能转变，加快服务型政府建设；借助协同办公、远程会议等信息化手段，可以减少“文山会海”、“公文旅行”等现象，加快部门内部、部门之间和上下级机构之间的信息传递速度，提高工作效率，节约调控成本。

（八）全球性热点问题的解决离不开信息化手段

加强金融监管、应对气候变化等全球性问题的解决都离不开信息化手段。

信息化有助于加强金融监管。伴随信息技术、金融创新的快速发展，以人工监管为主的传统模式在时间和空间上都变得效率极低。通过构建可信和有效的信息化监管平台，依据科学的监管思路，全面审查金融业务行为的可信性、完整性、保密性、有效性、连续性等关键属性，监管机构可以对金融交易实施持续性监管；信息技术在金融监管领域中的应用有利于加强金融监管机构间的协调配合，有利于防范金融信息化和混业经营可能带来的风险，促进金融机构之间以及金融监管机构之间的信息共享；通过电子政务系统实现与其他部门的经济信息共享，可以使金融监管更好地为经济社会全局服务。

在应对气候变化方面，信息产品的广泛应用有助于减少社会经济活动对部分物资的消耗，减少能源消耗；同时，将信息技术作为运营管理的工具应用于其他产业，能为企业和社会的节能减排带来极大帮助。“全球电子可持续发展倡议联盟”于2008年发布的研究报告显示，信息通信技术的充分应用将在2020年使全球温室气体排放量下降15%，有效遏制全球变暖趋势，节约能源价值达9465亿美元。此外，用信息技术改造传统行业，尤其是重点用能行业，能显著降低企业的单位能耗，并提升其生产制造能力和效率。

三　借鉴国际经验，采取有效措施大力推进我国信息化建设

后危机时代，必须从促使经济企稳回升和长远可持续发展的高度，提高对信息化战略意义的认识，采取有效措施推动我国信息化发展。建议高度重视如下工作：落实产业调整振兴政策，大力发展信息产业，培育新的经济增长点；加快信息基础设施建设，引导网络消费健康发展，完善“家电下乡”有关政策，努力扩大国内需求；着力改造传统产业，大力推进“两化融合”，鼓励企业兼并重组，加快经济结构调整；充分利用信息化手段，稳定与扩大社会就业；进一步完善信息化发展环境，提升应用成效。具体建议如下。

（一）大力发展信息产业，培育新的经济增长点

信息产业已经成为我国国民经济的支柱产业，具备了相当的规模和继续发展的良好基础。一方面，受金融危机影响，发达国家市场需求低迷，高科技投资下降，全球信息产业进入深度调整期，我国信息产业发展也受到严重冲击，总体发展速度放缓；另一方面，全球经济结构调整也是产业发展机会，扩大内需也为信息产业发展创造了契机。这就要因势利导、更加坚定不移地大力发展信息产业，充分发挥其对经济增长的倍增作用。

——落实产业调整振兴政策。加大国家鼓励软件产业、集成电路产业和数字电视产业等政策的实施力度，引导社会资金投向信息产业。

——建立与完善信息技术创新机制。借鉴澳大利亚经验，尝试成立国家信息技术创新委员会，加强对信息技术创新的管理和引导，逐步形成以创新型骨干企业为主体、政府主管部门和宏观调控部门等单位积极配合、社会有关方面主动参与的技术研发体系。

——建立人才和创新的有效激励机制。特别需要实施海外高层次人才引进计划，吸引其回国创业。

——着眼于改善民生，大力推广先进的产品和技术，在加强公共服务能力建设的基础上培育新的增长点。在教育、医疗、交通、农业等与公众生活密切相关的领域，选择一些市场前景好的技术和产品，加大支持力度，促进产业化和规模化的应用，惠民生的同时培育新的经济增长点。

（二）加快推动信息化建设，积极扩大国内需求

我国的经济增长一向是以投资、出口、消费来拉动的，在金融危机来临时，外需缩小，直接影响了我国的出口规模，采取有效措施扩大内需就成为拉动我国经济增长的重要途径。在应对金融危机时，不少国家将大力推进信息化建设纳入了经济刺激计划，推进信息化建设，必然将拉动相关的设备投资，带动相关的电子信息产品消费，从而有效扩大内需。

——制定并实施“全国高速宽带规划”。加快3G网络建设，积极发展下一代宽带无线移动通信。积极推动电信业转型，繁荣电信增值业务。培育新一代移动通信、高性能计算机及网络设备产业群，加速产业化进程，提升产业的整体竞争力。大力发展物联网、云计算、智慧城市等创新应用。

——提高信息基础设施使用率。政府可以采取税收、补贴、政策性贷款等措施提高低收入家庭的支付能力，推动光纤到楼入户、进村入院。落实“缩小数字鸿沟行动计划”，借鉴美国、英国等国家的经验，实施困难家庭信息产品专项补助计划，切实缩小城乡间、区域间、不同社会群体间的数字鸿沟。

——完善网络消费环境，引导网络消费健康发展。制定相关法律法规，规范网络消费行为；完善投融资体制，鼓励网络消费平台发展；完善网络信用评价体系，优化物流配套体系建设。

——完善“家电下乡”政策。动态调整下乡产品目录，将电脑、手机、数码相机、可视电话、数字有线电视等信息产品作为必选项纳入其中，放宽最高限价，提高补贴力度。

（三）着力改造传统产业，推动经济结构调整

从发展趋势上看，依靠科技进步促进产业结构优化，是当今世界经济结构重组的基本趋势和显著特点，也是我国转变经济发展方式的根本途径。要积极利用先进技术改造和发展传统产业，促使国民经济向着优质、高效的方向发展，显著提高经济增长的科技含量，实现经济结构优化升级和发展方式的根本转变。

——用先进适用的技术装备和信息技术改造传统产业，发展新型服务业。结合重点产业振兴，推广应用一批能够有效促进产业升级、技术改造和节能减排的自主创新项目，淘汰落后生产能力。继续推动能源、原材料、装备制造、轻工、

纺织等工业领域信息化改造，推进装备数字化。提高大型机电产品和成套设备的研发和产业化能力，促进传统优势产业高端化。推进农业生产流通领域信息化，发展各类涉农信息服务体系，培育现代农业；加快发展电子商务、现代物流、现代金融等新兴生产性服务业。

——引导和鼓励企业并购重组。从金融、财政、税收等方面制定优惠政策，鼓励行业龙头企业和大企业对中小企业进行并购重组，使资源和市场逐步向大型优势企业和地区集中，推动企业产品结构、组织结构和产业结构调整升级。

——总结"两化融合"试点经验，加快推广步伐。由工信部组织实施的"两化融合试点示范工程"已在上海、江苏、内蒙古等地取得了显著成效。应进一步总结试点经验，在更大范围内进行宣传推广。

——拉大推小，促进信息技术深化应用。在大型骨干企业中，试点并推广标杆企业应用信息化改造生产、经营、服务等模式从而提升竞争力的有益做法。制定由政府主导的中小企业信息化规划，引导搭建面向中小企业的信息服务平台，提高其信息化水平。

（四）充分利用信息化手段，稳定与扩大社会就业

一方面，我国社会就业也受到金融危机的严重影响：如经济增长速度趋缓，对就业的拉动作用减弱；外贸出口型企业受到冲击，大量中小企业、劳动密集型企业经营难度加大，导致对劳动力的需求显著减少等。但另一方面，金融危机也为提高劳动者素质、稳定与扩大社会就业提供了新的机遇。如为应对危机而进行的技术创新等活动正在催生着新的就业岗位，危机使得那些素质较低的劳动者在遭遇失业的同时更加重视自身就业能力的提升等。可以充分利用各种信息技术手段，从多个方面稳定与扩大社会就业。

——完善就业信息服务平台。丰富各地劳务服务网站内容，将就业服务平台延伸到社区和村镇，为社会提供便捷的就业信息服务。充分利用信息化手段，加强区域劳务合作，开辟农民工外出务工就业的新渠道。

——推进职业培训信息化建设。利用现代信息技术加强和完善职业培训，加强劳动者新技能培训、转岗培训、再就业培训。扩大国家就业培训基金规模、扩大培训范围，切实增强劳动者就业和再就业能力。坚持开展面向各类社会群体的信息技能培训，提高劳动者的信息能力。

——鼓励网络创业。采取信贷、税收、准入和技术扶持等优惠措施鼓励网络创业，以创业带动就业。加强宣传，转变就业观念，推动就业格局多样化。

（五）完善信息化发展环境，提升信息化应用实效

目前来看，我国信息化发展的外部环境仍有待进一步完善。如受各种因素制约，信息化管理体制尚不完善，电信监管体制改革有待深化，信息化法制建设需要进一步加快，信息安全问题仍比较突出。后危机时代，要大力推进信息化建设，就必须从多个方面完善信息化发展的外部环境。

——加强信息化建设组织领导。借鉴日本、美国等政府做法，建立和完善信息主管制度和体制。国家层面设立专职的副总理级别的信息主管（CIO），负责国家信息化战略的执行，加强在信息化建设方面的横向协调与合作；政府各部门设立专职信息主管，切实提高信息化成效；鼓励有条件的企业建立信息主管制度。

——深化电信体制改革。以发展第三代移动通信为契机，进一步优化电信资源配置，制定出台配套监管政策，加快形成有效的市场竞争格局。加强电信服务质量监管，鼓励运营商开展适度、健康的竞争，在保证信息安全的前提下降低市场准入门槛，逐步取消漫游等不合理资费，丰富电信服务内容和提高服务质量。

——加快“三网融合”步伐。积极推动广电和电信企业的双向进入，确保三网融合尽快取得实质性进展。

——强化信息安全保障。进一步提高信息安全保障工作意识，加强相应的立法工作，抓紧建立和完善国家网络安全法律框架与管理制度。加强技术研发，完善管理，落实网络与信息安全保障措施。

信息技术篇

PART Ⅱ

从战略高度推动中国宽带化发展

邬贺铨*

摘　要：信息通信技术正酝酿深刻变革和重大突破，信息技术的发展为宽带化提供了强有力的支撑，国民经济和社会信息化为宽带应用展示了越来越大的市场，但宽带化的发展仍面临不少挑战，这正是宽带化的创新空间。为应对国际金融危机，不少国家将宽带化作为振兴经济的战略举措，宽带化成为新一轮竞争的制高点。我国在宽带技术与应用的水平上与发达国家相比还有很大差距，当前需要尽快制定国家宽带发展战略，推动我国宽带化发展。

关键词：ICT　信息化　宽带　互联网　发展战略

---

* 邬贺铨，中国工程院副院长，工程院院士，兼任国家信息化专家咨询委员会副主任、中国通信学会和中国电子学会副理事长，研究方向为光纤传输网、下一代互联网、新一代宽带无线移动通信网。

一　信息技术支撑宽带化

50 年前集成电路的发明为现代信息技术奠定了基础，35 年前第一台基于微处理器的 PC 的出现开创了 PC 时代，但信息技术被作为一个重要产业受世人注目是源自 20 年前互联网与移动通信的兴起，信息产业引领高技术产业成为继蒸汽机和电气化后的第三次技术革命的重要推动力。50 年来集成电路上的晶体管数目以大约每两年翻一番的速度增长，曾经有人认为传统微电子技术临近极限，功耗因栅极漏电流增加而上升很快，晶体管尺寸无法再缩小，将预示信息产业开始走下坡路。2007 年 Intel 开发出高 k 栅介质和金属栅极，这一晶体管材料和工艺的创新，使摩尔定律的有效性有望延续十年或更长。2010 年基于 32 纳米技术的 6 核 CPU 有 11.7 亿个晶体管，而每个晶体管的价格不到 1968 年的百万分之一①。微纳技术在重构集成电路产业体系的同时，计算机体系因网络环境下高效能计算的需求而面临重大变革，软件技术加速向开源化、智能化、高可信和服务化方向发展，信息通信技术加快在工业和社会信息化应用中的渗透融合，信息通信技术正酝酿深刻变革和重大创新突破。

信息技术的发展为宽带化提供了强有力的支撑。随着光纤的发明，传输技术从模拟频分复用（FDM）到数字时分复用（TDM）、1990 年代到数字波分复用（WDM），现在商用的密集波分复用（DWDM）系统可达 80 波，每波长为 40Gbps，总容量达到 3.2Tbps，即一对光纤可传送 4000 万话路，相当于 0.005 秒内能传完 30 卷大英百科全书。目前商用系统的传输能力远未达到单根光纤可用传输容量。近年综合利用 DWDM、OFDM（正交频分复用）、PDM（偏振复用）、QPSK（正交相移键控）和相干检测技术，在实验室可实现 160 波 × 160Gbps 即 25.6Tbps 传输容量，一对光纤可同时传输 4 亿电话电路。回顾过去，干线光纤通信容量每 10 年提高 1000 倍。除了大容量以外，干线光纤通信发展的另一个方向是超长距离再生段（ULH）。光纤放大器和色散补偿技术的出现，使光再生距离可延长至几千公里，等效减少了电中继再生节点的数量，大大节约了成本。在解

① 《Intel 32nm Westmere-EP 处理器首发评测》，http://server.zdnet.com.cn/server/2010/0316/1666191.shtml。

决了容量与传输距离之后，配置灵活性成为问题。宽带业务要求网络具有实时动态配置能力，自动交换光网络（ASON）技术应运而生。ASON 的硬件交换平台目前基于 OEO（今后有可能采用全光波长交换）。ASON 与传统静态光交叉连接（OXC）或光分插复用器（OADM）相比具有很强的控制功能，利用信令实现拓扑的自动发现和路由的自动配置。光层业务指配的自动化降低了运维成本，增强了故障自愈能力，便于引入动态波长分配租用业务、光层虚拟专用网（OVPN）等新业务。在干线网宽带化后，城域网的宽带化以及对多业务的支持能力成为运营商建设的重点。基于同步数字系列（SDH）并结合多协议标签（MPLS）等新技术的多业务传送平台（MSTP）能够灵活有效地支持各种数据业务，成为目前城域网的主流。与 SDH 从干线网向城域网领域扩展类似，降低成本的 WDM 技术——粗波分复用（CWDM）技术也已开始在城域网应用。另一方面，原来在局域网使用的以太网技术具有成本低和扩展性好的特点，增加一定的服务质量保证（QoS）能力和网管能力而发展起来的电信级以太网在城域网中有很好的应用前景，可经济地汇聚接入网宽带业务流量和面向大客户提供专线服务。作为宽带化最后瓶颈的接入网在网络中的重要性比以往更为突出。在基于金属线的不对称数字用户系统（ADSL 和 VDSL）之后，点对点的有源光纤接入系统和点到多点的无源光网络（PON）因宽带能力更强而越来越受到重视。基于以太网的无源光网络（EPON）技术简单成熟，但成本还需要进一步降低。具有吉比特传送能力的 GPON 技术传输效率高而且业务适应性强，与 EPON 相比期待其经济性和成熟性进一步改进。广义的 FTTH（光纤到户）包括光纤到大楼（FTTB）和光纤到小区（FTTZ），或统称为光纤到用户所在地（FTTP），目前日本使用 FTTH 的用户数已超过 ADSL，据称由于光电器件和用户光缆及施工的技术进步，一两年后就电话业务而言，FTTH 的成本可与普通电话线相比，届时 FTTH 将会更普及。光纤传输能力的发展使互联网接入速率几乎每十年提高一个数量级，1980 年代还是 100kbps，本世纪开始时已经是 10Mbps，现在韩国等已率先提出家庭要实现 1Gbps 的接入速率。

移动通信与互联网的结合开拓了无线移动通信应用新领域，宽带化已经成为无线移动技术发展演进的重要目标之一。移动通信技术的发展几乎每十年一代，其峰值速率平均每年加倍。现在大量使用的基于时分多址（TDMA，以 GSM 为代表）和码分多址（CDMA）技术的第二代移动通信（2G）的用户平均数据速率仅有几十 Kbps。3G 的 WCDMA 和 CDMA2000 采用 CDMA 体制，中国提议的时分同步码分多址（TD-SCDMA）标准结合了 CDMA 和 TDMA 技术，并采用了时分双工（TDD）模式（传统移动通信使用频分双工 FDD 模式），获得了较高的频谱效率[①]。3G 增强型的系统已在包括中国在内的一些国家投入使用，其运动状态下的数据速率基本达到金属线 ADSL 接入的水平。目前正在进行标准化并有可能在几年后商用的 3G 演进型系统（LTE），其上下行将分别采用单载波频分多址（SC-FDMA）和正交频分多址（OFDMA）技术[②]，最高数据速率将分别接近 50Mbps 和 100Mbps。2007 年的世界无线电大会讨论并基本确定了 4G 的频谱，国际电信联盟在 2009 年 10 月征集 4G 标准，其目标是数据速率在静止环境下为 1Gbps，高速移动环境的上下行分别为 50Mbps 和 100Mbps，OFDMA 和多输入多输出（MIMO）天线以及全 IP 网体制等是 4G 可能采用的技术，中国提交的基于 TDD-LTE 演进技术的方案入选为 4G 候选标准。

在 IP 网的宽带化方面，美国的 GENI 和 FIND 项目都提出了切片化、虚拟化和可编程设计思想，在实体设备中通过逻辑上分离的方式支持不同需求的业务共享物理实体，所谓切片化（Slicing）是将网络节点设备按照需要支持的业务类型虚拟地划分资源和处理能力，通过控制面感受用户业务的质量需求并管理和调配网络资源，即引入等级选路的概念以适应 QoS 的需要。还有一些研究提出了重叠网的概念，一种方案是以 MPLS 承载 IP 并以面向连接的虚电路交换取代 IP 选路，例如中国电信在原有互联网的基础上新建基于 MPLS（多协议标签交换）的互联网 CN2，用于承载需要有 QOS（服务质量）保障的大客户业务。另一种方案是在 IP 之上架构新的网络，即将 IP 作为传输层的虚拟网。与基于分布系统体系的 GENI 计划不同，国际电信联盟（ITU）提出的下一代网（NGN）的特点是传送面与控制面分离，加强控制面功能和网络集中管理。未来的 NGN 可能是多个业务功能子系统的综合，其中 IP 多媒体子系统（IMS）是重要的组成部分[③]。IMS 基于统一控制面保留了传统电信集中管理的设计理念，继承了软交换基于 IP 而且承载与业务分离的思想，但同时借鉴了互联网分布智能化的特点，充分发挥

---

① 李世鹤：《TD-SCDMA 无线传输技术的突出特点》，《现代传输》2006 年第 1 期。

② 曹淑敏：《全球无线移动技术的最新发展趋势》，《网络与信息》2007 年第 4 期。

③ 赵慧玲、董斌：《下一代网络控制技术的核心——IMS 的现状和未来》，《电信科学》2007 年第 3 期。

终端的智能化优势，用分层开放的体系架构使接入方式与承载分离，将可运营可管理与业务开放性有机协调，实现不同网络层面的业务能力共用，方便地支持在数据应用中加入语音和视频服务，支持移动网与固定网的融合。但IMS也面临基于分散控制的对等通信（P2P）类应用（例如文件共享）的挑战。总之，关于网络演进的试验和研究的努力是多方面的，基于宽带的下一代网络的体系创新的探索仍处于起步阶段。

二 宽带化的机遇

美国YouTube网站有600万个容量为10MByte节目，每天接受1.5亿次下载，即每天发出1.5PByte，相当于美国互联网2000年全部流量，亦即目前的10%流量，每天的带宽费用为100万美元。以这样的速度发展，到2010年一个美国典型家庭每月将产生1.1TByte流量，20户家庭产生的流量将多于1995年整个Internet骨干网的流量①。日本有一个统计，日本互联网干线每10年流量是10年前的800~1000倍②。中国的宽带用户已经占到互联网用户的90%以上，每个月都在增加。到2009年底，我国在网上看视频节目的网民比例是62.6%，在网上下载音乐的网民比例是83.5%，使用网络游戏的网民比例是68.9%，中国使用这些业务的网民比例高于美国③。根据DIIC公司2007年的调查，中国大概有78%的网民在网上看电视，但他们通过家里电视机收看电视的只有61%。在我国P2P业务已占干线业务流量的40%以上，在晚上甚至达到80%，P2P方便了视频业务的下载，加快了带宽的消耗，中国互联网国际干线的带宽从1997年末的18.64Mbps发展到2009年的866Gbps，12年增长了4.65万倍。

上述情况主要考虑了娱乐等家庭宽带应用，如果考虑信息化在国民经济和社会上的应用，则带宽的需求还会更大。工业上的虚拟制造和异地协同设计需要宽

---

① Cisco Visual Networking Index: 2008 Year in Review / Video Highlights. Cisco Visual Networking Index: Forecast and Methodology, 2008 - 2013.

② IX Backplane Maximum/Average/Minimum Traffic Volume, http: //www.jpix.ad.jp/jp/techncal/traffic.html.

③ CNNIC:《中国互联网络发展状况统计报告》，2010年1月。

带网支持。医疗信息化是宽带技术的重要应用领域，主要由医院信息系统支撑，医院信息系统包括电子病历、计算机医嘱录入系统、计算机临床决策支持系统、医学图像存档和通信系统、电子医疗仪器和安全的医疗信息交换，其中医学图像的传送需要宽带，例如大脑微米级的高分辨率图像其信息量就高达 PB 量级。美国匹兹堡大学医疗中心（UPMC）的医疗照片的数据每年高达 500TB。伦敦的交通流量的视频监控，有两百个视频监控点，每天就要产生 8TB，一个 TB 是 1000 个 GB①。宽带化在智能交通中应用的效果也很明显，斯德哥尔摩利用激光、摄像和系统技术，自动对车辆进行识别和按不同的时段不同费率收费，使交通流量降低了 25%，交通废气排放量减少了 8% ~14%。宽带化在科学研究中能发挥很大作用，例如瑞士的 CERN 实验室每次实验产生 Terabytes 的数据，要求网络支持海量数据转送和视频会议。为了提高大米的营养，需要研究水稻的蛋白质结构，但水稻有几万种不同的蛋白质结构，通过网格技术将上百万台电脑的闲置处理能力利用起来，才能在两年内完成这一分析工作。网格的基础是宽带化，最近热起来的“云计算”，目标是将计算、服务、数据和程序全部放在网上完成，用户可以获得由数量非常多的服务器联合提供的“云服务”，只要付费就可共享海量数据存储、分析和处理能力，这是继搜索服务之后的新应用模式。“云计算”模式的出现有其原因，其不可缺少的前提是遍布各地可利用的宽带设施以及宽带业务在企业的大量应用。

三　宽带化面临的挑战

（一）可扩展性的挑战

尽管综合利用 OFDM、PDM、DWDM 等多种调制方式和多电平线路编码以及相干检测等技术在实验室可达到单根光纤传输 25.6Tbps（160 波 ×160Gbps），但在长距离传输时的色散补偿和非线性管理仍然困难，离实用仍然较远。据称目前已研制出数十 Tb/s 量级的超大容量的路由器，但由于可靠性和功耗原因，何时

① Phillip B. Gibbons, Data-Rich Computing: Where It's At, http://research.yahoo.com/files/12GibbonsWhereitisat.pdf.

能实用尚难以估计，路由器数量的增加还面临网络扁平化与路由收敛的两难选择。由于没有合适的光存储器件，用光分组交换取代路由器还可望而不可即，光突发交换也有颗粒性的不足，总之，目前还没有理想的光交换设备。

（二）资源方面的挑战

中国目前分到的 IPv4 地址数为 2.32 亿，每个互联网用户平均只有 0.6 个 IPv4 地址，这还未考虑目前使用私有地址的移动互联网用户。据目前 IPv4 地址的分配速度，到 2012 年左右，就没有新的 IPv4 地址可供分配，而且宽带接入往往是永远在线，更加快了对 IP 地址的消耗速度，物联网的推广应用也加大了对地址的需求，转向 IPv6 地址势在必行。IPv6 海量的地址数对路由器的选路协议是严峻挑战，解决地址可扩展性后又面临选路的可扩展性问题。对宽带无线接入和宽带移动通信，频谱也是稀缺的资源，中国城市的中心区移动通信用户密度很高，每平方公里区域内已经达到 12 万 ~ 14 万移动用户规模，假设这些用户在忙时打电话不超过 2 分钟，还假设移动通信蜂窝半径在密集用户区已缩小到 50 米，为支持这些用户的通信，需要 2G 的上下行频谱各 30MHz 以上，还需要 3G 频谱 7 ~ 14MHz①。尽管移动通信的峰值速率差不多每年都在加倍，但仍需要使用多种提高频谱利用率的技术，而且缩小蜂窝半径是不得不考虑的选择，这提高了对基站互联的宽带传输系统的需求。

（三）能耗约束的挑战

ICT 产业已经成为全球第五大耗能产业，ICT 设备的 CO_2 排放占全球 2% ~ 2.5%（其中电信约占 1/4，固网与移动是 3∶2），与全球航空运输业相当。尽管相对于 ICT 对全球 GDP 的贡献（7%）这还不算大，但今后几年 ICT 能耗将年增 5%。Google 公司的搜索引擎需要建立很多数据服务中心，需要使用大量的服务器，Google 公司在美国 Oregon 的数据中心每天的耗电与日内瓦市相当。2008 年思科公司的大容量路由器 CRS－1 容量为 1.2Tbps，功耗为 15KW，到 2018 年互联网的容量可能比 2008 年增加 800 倍，假设我们能够做出同样大容量的路由器，

---

① 周猛、李默芳、黄宇红、丁海煜：《“十五”期间中国移动频谱最小需求预测》，《电信科学》2001 年第 4 期。

容量为920Tbps，功耗10MW，日本估计其全国需要100个这样的路由器，则总功耗为1万兆瓦，相当于一个核电站容量①。可见通信设备本身随着宽带化的发展其能耗非常高，需要开发绿色节能的通信产品，甚至需要在网络体系上进行一些改进和优化，否则的话很难支持未来的宽带化发展。

（四）管理方面的挑战

宽带化使得互联网用户不仅仅是消费者，也是网络内容的生产者，加强视频内容的引导，包括净化网络、保护青少年健康成长，是保证宽带化发展的关键。版权管理问题因宽带化而更突出，这也是对网络内容管理的挑战。互联网的治理需要法律支撑，但目前相关法律缺失。P2P流加快了带宽的消耗，已成为消耗骨干网带宽的最大业务流，运营商承受网络带宽扩容的压力但又难以从这些业务中获利。以美国为例，5%的网民消耗了全美网络50%的带宽，而其中90%是非法下载。值得重视的挑战是三网融合问题，宽带化的重要业务是视频，IPTV本身是可管理IP网上的视频业务，是个性化的点播和与视频相关的交互业务和增值服务，它与传统广播电视业务是互补的，但目前由于电信与广电监管体制问题限制了IPTV的发展，电信运营商部署宽带接入的积极性将因无法获得IPTV业务经营许可而大打折扣，解决由于体制问题对三重服务推广的限制已成当务之急。此外，互联网传统的不合理的结算模式在宽带化上更显不公平，美国主导了沿用至今的国际互联网的资费结算模式，互联网来往于美国的国际流量所需的国际线路费用全由与美国通信的国家承担，宽带化使国际线路流量剧增，费用上的不公平已经到了必须解决的时候了。

（五）服务质量和安全性挑战

以视频为代表的宽带业务对实时性和抖动有严格要求，QoS问题比过去更受关注。目前关于QoS的研究不少，但仍期待突破性的进展。安全性问题也是无法回避的技术挑战，宽带接入的永远在线特征为病毒和黑客的攻击提供了更多机会，在“云计算”时代一旦网络出现故障，将导致大规模的服务瘫痪，目前在

---

① Tomonori Aoyama, A New Generation Network: Beyond NGN, ITU-T Kaleidoscope Academic Conference, May 12, 2008.

互联网接入安全性方面的技术进展还不能令人满意。尽管对互联网局部的网络性能、流量的测量有一些研究，但在整个网络的数学建模研究方面，几乎还是空白。对于一个人类社会高度依赖的系统，没有明确的数学模型，没有系统的性能分析和行为预测，是非常令人担忧的。

（六）数字鸿沟的挑战

通常认为，宽带网的建设是运营商的市场行为，无需政府投资，但运营商出于投资回报考虑不愿意在短期见不到经济效益的地区部署宽带网，特别是在农村地区，运营商对在农村部署宽带网既没有主动性也没感到迫切性，因此宽带化有进一步拉大数字鸿沟的危险。

四　宽带化成为振兴经济的战略举措

法国政府报告指出，基于信息通信技术创造的新经济形态对全球经济增长的贡献可达25%。一些学者对66个发展中国家（地区）和27个发达国家的一项研究表明，互联网用户数每增长一个百分点，出口就增长4.3个百分点①。预计2020年信息通信技术应用可减少全球碳排放15%。根据世界银行最近对120个国家（地区）的计量经济分析，宽带服务每增长10个百分点，会带来1.3个百分点的经济增长②。欧盟的研究表明，宽带化可为制造业和服务业分别提高5%和10%的劳动生产率，对欧盟国家的GDP增长贡献率已达0.71%，每年还能增加10.7万个就业岗位，宽带化对上下游产业就业的拉动作用是传统产业的1.7倍③。2009年1月美国国会备忘录称，在宽带上每投入1美元，能给全社会产

---

① George R. G. Clarke & Scott J. Wallsten, Has the Internet Increased Trade? *Developed and Developing Country Evidence*, *Economic Inquiry*, Oxford University Press, vol. 44 (3), pp. 465 – 484, July. 2006.

② Qiang, Christine Zhen-Wei, and Carlo M. Rossetto. 2009. Economic Impacts of Broadband. In *Information and Communications for Development 2009*: *Extending Reach and Increasing Impact*, pp. 35 – 50. Washington, DC: World Bank.

③ Dr. Martin Fornefeld, Gilles Delaunay, Dieter Elixmann, *The Impact of Broadband on Growth and Productivity*, http://ec.europa.eu/information_society/eeurope/i2010/docs/benchmarking/final_report-micus-broadband_impact.pdf.

生10倍的回报。另据美国布鲁金斯学会的研究，美国每个宽带制造业岗位能够产生2.91个其他新工作岗位，每个宽带服务业岗位将能产生2.52个其他新工作岗位，宽带普及率每增加1个百分点，各州的年就业率就可增长0.2%~0.3%（Brookings Institution, 2007）。据阿里巴巴（中国）网络技术有限公司发布的中国中小企业电子商务发展报告（2009），2009年，我国中小企业通过电子商务创造的新增价值占我国GDP的1.5%，拉动我国GDP增长0.13%。2009年，中小企业电子商务交易规模达1.99万亿元，同比增速达到20.3%。2009年，中小企业通过开展电子商务直接创造的新增就业岗位超过130万，相当于我国2008年全国城镇新增就业岗位的11.7%，每增加1%的中小企业使用电子商务，将带来4万个新增就业机会①。

据统计，在美国宽带技术无论在出口和就业岗位以及风险投资方面仍然是最受关注的领域之一。从全球的角度看，以国际标准数和专利数衡量，宽带技术也是国际知识产权竞争的焦点。鉴于对宽带化市场的预期及产业链的拉动效应，出于对经济复苏引擎的期待和抢占新技术制高点的竞争需要，发达国家纷纷制订新的信息化发展战略，增加巨额预算以推动信息技术开发与应用，其中重要的措施是提高宽带接入能力。在国际金融危机发生之后，一些国家政府更是将宽带化作为振兴经济的重要措施。

美国2002年由思科、微软、英特尔等CEO组成的TechNet协会向联邦政府建议以2010年实现一亿家庭100Mbps（未来还将发展到1Gbps）上网为目标制定国家宽带发展战略，并且提出“宽带化应是国家在本世纪的需要，就像上世纪把人送上月球那样重要”。2004年美国布什总统提出新一代美国创新计划，列出了氢燃料技术、保健信息技术和宽带技术三大主攻目标，要求美国宽带普及率在2007年较2001年提高440%。美国总统奥巴马在上任前的2008年12月6日提出了经济振兴计划，包括五项重点，即大规模改造联邦政府办公楼，使之更加节能；大力投资公路和桥梁建设；大规模改造学校硬件设施，安装节能系统，创造“二十一世纪的学校”；在美国各地推广宽带网络应用，让每个孩子都有机会使用互联网；改善医院等设施，确保这些地方能够运用“前沿科技”。将宽带网建设与传统基础设施建设和节能及医疗信息化排在同等优先位置。在美国的

① 阿里巴巴（中国）网络技术有限公司：《中国中小企业电子商务发展报告（2009）》，2010。

2009年用于经济振兴计划的7870亿美元中，用于宽带激励的为72亿美元，国家所有的补助款最晚于2010年9月到位，在到位两年内必须完成项目。其中47亿美元为宽带技术机会项目（B-TOP），由NTIA咨询FCC来管理，25亿美元为农村宽带化项目。在B-TOP项目中80%为联邦补助款，3.5亿美元为国家宽带网项目，至少2.5亿美元被用于鼓励采用宽带业务的创新项目，1.5亿美元为管理成本（其中1000万美元用于审计和监管），37.5亿美元用于面向社区的网络扩展。在农村宽带化项目中联邦政府以贷款、信贷担保和补助方式拨款，其中75%的费用用于没有足够高速宽带接入的农村地区以促进当地经济发展，支持远程教育、远程医疗和宽带设施建设，改进公共安全①。虽然用于宽带激励的投入不到美国经济振兴计划经费的1%，但基本上是联邦政府的投入，将起到带动社会资本投入的作用。按照美国1亿户家庭100Mbps（未来发展到1Gbps）上网的规划，到2012年需要近千亿美元的投资，美国信息技术与创新基金会（ITIF）建议联邦政府、州政府与运营商各出1/3。美国估计其宽带化激励计划将在今后4年每年创造3.2万个新的工作岗位。美国联邦通信委员会（FCC）在2010年3月15日发布《连接美国——国家宽带计划》，提出国家宽带计划是刺激经济增长、增加投资和创造就业的21世纪路线图。该计划提议设立连接美国基金（CAF）。该计划有6项长期目标：一是至少1亿家庭实现下行大于100Mbps，上行大于50Mbps的宽带接入；二是具备最快和最广泛覆盖的无线网络以确保美国领先全球移动创新；三是每个美国人能用得起宽带服务并具有相应的手段和技能；四是每个社区须通过至少1Gbps宽带接入到学校、医院和政府机构；五是确保美国人民安全，每个急救者必须能够接入全国范围、无线、互通互操作的宽带公共安全网络；六是确保美国能源经济领先全球，每个美国人应该使用宽带来监测和管理其实时能源消耗。该计划指出政府应从以下4个方面营造宽带生态系统：一是设计保证竞争和最大化消费者利益、创新与投资；二是保证有效分配和管理政府所控制或影响的如频谱、杆路和道路等资产以鼓励网络升级和新竞争者进入；三是改革目前的普遍服务机理，支持宽带和话音在高成本地区部署以保证低收入的美国人能用得起宽带，同时支持促进使用的努力；四是

① Stephanie Condon. Stimulus bill includes $ 7.2 billion for broadband, 2009-02-17, http://news.cnet.com/8301-13578_3-10165726-38.html.

改革法律、政策和标准并激励在诸如公共教育、保健和行政等政府所能影响的行业内发挥宽带的最大作用。

e-Europe 2005 的战略要点是建设更快的互联网，以其具竞争性的价格提供广泛可用的宽带接入。欧盟于 2009 年初加快评估和调整欧洲信息社会发展蓝图，并提出立法建议，拟在 2009 年和 2010 年两年内拿出 50 亿欧元，选择重点能源和宽带网设施建设作为短期即可发挥作用的两个经济增长点予以重点支持。其中 10 亿欧元用于宽带网，特别是边缘地区。目标是到 2010 年欧盟互联网实现 100% 高速接入，在两年内连接欧盟目前的宽带空白点（主要在东南欧，大约占农村人口的 30%），以及覆盖欧盟 27 国的 40% 人口。要求成员国和地区必须尽快提出对他们的农村开发项目的改进以便纳入对宽带设施投资的方案。2009 年 2 月 3 日在默克尔总理办公室举行宽带产业峰会，德国政府提出作为经济刺激计划一部分的宽带战略，总投资为 500 亿欧元，目标是到 2010 年，将德国家庭 1Mbps 宽带覆盖率提高到 100%，到 2014 年，将速率达 50Mbps 的宽带覆盖到 75% 的家庭，带来 40 万个新增工作岗位和 GDP 增加 0.49%，到 2018 年 50Mbps 的宽带覆盖 100% 的家庭，到 2020 年 50% 的家庭至少实现 100Mbps 接入，将创造百万工作岗位并带动 GDP 增加 0.6%。主要措施是将大部分的“数字红利频谱（模拟电视转向数字电视后空余的频谱）”用于宽带服务，加快这一频谱的拍卖，推动运营商通过共建基础设施以加强合作，给予其必要的财政支持①。瑞典政府 2001～2007 年提供 8.2 亿美元用于对宽带部署的津贴和税收激励，2008 年又提供 5 亿美元用于农村宽带网部署，相当于总成本的一半。法国宽带激励将投入 100 亿欧元，要求 2010 年底之前全法国可以用得起的价格获得宽带接入，2012 年 FTTH 接入到 400 万法国家庭，而且政府将电视数字化后腾出的 790～862MHz 频段分配给移动通信以服务于有线宽带接入不够经济的农村地区。英国也推出了“数字英国”计划，在宽带方面实施一项为期三年的国家计划，同时国家资助铺设下一代高速光纤网络。在芬兰的国家经济激励计划中，5% 的投入用于宽带网络，其中政府的投资占 1/3，计划 2010 年包括农村在内的每个家庭至少实现 1Mbps 接入，2016 年则升级到 100Mbps。

---

① Information Society Statistical Profiles 2009 Europe，v1.01，http：//www.itu.int/dms_pub/itu-d/opb/ind/D-IND-RPM.EUR-2009-R1-PDF-E.pdf.

日本第一期 e-Japan 计划（2001～2005 年）的目标是在 2005 年建成世界上最先进之一的互联网，3000 万家庭以能承受的价格得到超高速（30～100Mb/s）接入，其后的 u-Japan 计划（2004～2010 年）则使宽带接入泛在化，建设利用 ICT 技术解决日本社会各种问题。日本政府 2009 年推出了“i-Japan 2015”战略，其中的 i 代表创新和包容。该战略要点是大力发展电子政府和电子地方自治体，推动医疗、健康和教育的电子化，发展以绿色信息技术为代表的环境技术和智能交通系统等重大项目，开拓支持日本中长期经济发展的新产业。拥有 NTT 公司 34% 股权的日本政府要求 NTT 公司不管赢利与否都要部署光纤到户，政府提供快速折旧政策和零息贷款，并补助 FTTH 部署成本的 1/3。

韩国宽带普及率已达到 93%，目前平均速率已达 49.5Mbps，但韩国仍然认为需要进一步加大宽带化的力度。2009 年 2 月 1 日，韩国融合监管机构通信委员会宣布，韩国政府和业界计划在 2012 年前共投资 34 万亿韩元，其中中央政府投入 1.3 万亿韩元，在全国建设“IT 大运河”——基于全 IP 的有线、无线宽带汇聚网络（UBcN）。有线网最高传输速度将达到 1Gbps，无线网平均传输速度为 10Mbps，为此计划重新分配 800～900MHz 频段。这项计划五年内将创造 17.7 万亿韩元的附加值和 12 万个工作岗位。此外，澳大利亚推出了 420 亿澳元的国家宽带网（NBN）计划，其中政府投入 47 亿澳元，其余由私营企业投入或政府贷款，要求 2010 年 90% 的家庭能够实现 100Mbps 的接入速率，余下的 10% 的家庭可以无线接入。新西兰政府也推出 8.87 亿美元的宽带化计划。

五　我国宽带化发展中存在的问题

（一）我国宽带用户数居全球首位，但普及率仍低于世界平均水平

2009 年底我国网民 3.84 亿户，其中 90% 为宽带接入，我国宽带用户数为全球之冠，但宽带发展水平较低，人口的宽带普及率仅为经合组织国家（OECD）的 30%，在世界平均水平之下。

（二）上网带宽仍处于低水平，而且资费偏高

中国互联网国际干线的带宽从 1997 年末的 18.64Mbps 发展到 2009 年的

866Gbps，十余年增长了4.65万倍，年均增加249%，这一数字比同期互联网用户的年均增长率106%高一倍多①。但我国网民上网带宽仍然处于低水平，宽带接入平均带宽仅为OECD国家的10%左右，2009年底中国的国际干线带宽平均到内地每个网民为2.25Kbps，而2007年底香港已经是24.5Kbps，内地不及香港水平的1/10。根据Point-Topic对全球住宅用户DSL速率的统计，2008年全球平均水平为5.6Mbps，我国为1.8Mbps，全球平均DSL接入的每Mbps带宽资费为8.83美元/月，我国为13.67美元/月。美国信息技术与创新基金会（ITIF）2008年公布了互联网平均网速领先和费用最低的30个国家，日本和韩国分别以63.6Mbps和49.5Mbps的平均网速位于前列，日本每Mbps带宽的最低月租费0.13美元也是全球最低的，韩国的每Mbps0.37美元也仅次于日、法和瑞典。考虑到在城乡居民可支配收入方面我国与世界平均水平的差距，期待我国宽带资费下降。

（三）宽带发展不平衡，数字鸿沟问题仍然严重

根据CNNIC公布的互联网普及率统计，到2009年底，北京、上海和广东分别为65.1%、62%和50.9%，而贵州、安徽和江西分别仅有15.1%、17.4%和18%。东部地区为40%，中、西部地区为22.2%和21.5%，中、西部约为东部的一半。中国的城镇网民占网民总数72.2%，按照国家统计局2009年9月公布的数据，我国2008年年底的城镇化率为45.68%，参考历年来城镇化率年均提高一个百分点，以2009年年底城镇化率为46.68%可算出我国城镇的互联网普及率是农村的3倍。一些地方的宽带进村使农民足不出户就能及时获得政策、科技和市场信息，拓展了农产品市场，使其收入显著增加。对边远贫困山区来说，只有让传统的农业社会尽快融入以信息化为特征的现代文明，才能促进干部群众思维方式的转变和发展模式的更新，才能推动农村的全面振兴。农村远离宽带接入将阻碍农民脱贫致富，数字鸿沟将阻碍全国宽带化的发展步伐。

（四）宽带应用水平低

美国Business Insider公司在2009年比较了中国CNNIC和美国Pew Research

---

① CNNIC：《中国互联网络发展状况统计报告》（2010年1月）。

Center 的资料，得出中国网民使用在线视频/在线音乐、在线游戏等的比例高于美国，而在使用网上银行、网上支付、旅行预订、电子商务等方面，中国网民使用的比例则低于美国网民。可见我国网民的宽带应用偏重娱乐，而电子商务等生产性应用则普及不够。2008 年中国电子商务交易总额仅占全国商品销售额的 1.2%，而美国为 6%，我国电子商务交易额仅占全球总额的 1.8%，而同期我国 GDP 占全球的 6%。《中国中小企业电子商务发展报告（2009）》指出，在我国通过互联网从事营销推广的中小企业中，熟练使用电子商务的中型企业仅占全部中型企业的 16%，熟练使用电子商务的小型企业仅占全部小型企业的 15%，熟练使用电子商务的微型企业占全部微型企业的 6%。我国使用互联网的企业仅占全部企业的 47.4%，而韩国、巴西、瑞典、德国则均在 94% 以上。

（五）宽带创新能力急待提高

宽带化是信息化发展的重要阶段，是国家创新能力的重要标志。在世界经济论坛发布的 2009 ~ 2010 全球竞争力报告（GCR）和全球信息技术报告（GITR）中，在宽带互联网用户方面排名方面，中国分别名列第 52 位和第 55 位。GCR 发表在 2009 年 9 月，而 GITR 发表在 2010 年 3 月，半年之内中国的排名下降了三位，另外在 GITR 的网络准备度排名中，中国在 133 个国家（地区）中列第 37 位，其中有线宽带用户资费则排在第 55 位，而互联网带宽更是落在第 78 位；在国际电信联盟（ITU）2007 年发布的 2005/2006 年的数字机遇指数（DOI）中，我国在 181 个国家（地区）中排名第 77 位；在 ITU 2009 年发布的 2007 年 ICT 发展指数（IDI）中，我国在 154 个国家（地区）中排名第 73 位；在 IDC 的信息社会指标排名的 53 个国家（地区）中，我国为第 44 名；在美国信息技术与创新基金会（ITIF）的 2008 年宽带排名中，我国无缘前 30 位。这些排名既与我国的宽带普及率、网速、资费有关，也与我国宽带技术创新能力有关。我国的网络宽带化的水平和创新能力仍远低于发达国家和地区，这既表明我国宽带化发展的空间很大，也说明我国宽带化的任务艰巨。

六　制定国家宽带化发展战略，加快我国宽带化发展

我国曾经发布《2006 ~ 2020 年信息化发展战略》，提出要在信息技能教育、

电子商务、电子政务、网络媒体信息资源开发、缩小数字鸿沟和信息技术创新等六方面制定和实施战略行动计划。当前要结合发展形势，从战略高度推动宽带化发展。

（一）以制订国家宽带化发展战略作为推进宽带化的起点

宽带化既是基础设施，也是战略性新兴产业，更是现代服务业，要从战略高度认识宽带化的重要性。我国目前还没有国家的宽带化发展战略及行动计划，少数地方制定了宽带化发展目标。北京市政府2009年6月30号发布《北京信息化基础设施提升计划（2009～2012年）》，提出到2012年年底力争吸引社会滚动投资1000亿元，建设符合首都功能定位，国内领先、国际先进的信息基础设施，在全国率先建成城乡一体化的高速宽带信息网络，到2012年年底，互联网家庭入户带宽超过20Mbps，进入企业的带宽达到100Mbps，中关村企业入户带宽最高达到10Gbps。北京走在全国的前面，但就北京的目标而言，相对于韩国和日本现有水平仍然有很大差距，韩国2012年有线网最高传输速度将达到1Gbps，无线网平均传输速度为10Mbps。建议制定我国宽带发展战略，确定我国宽带化中长期目标和行动计划，包括有线和无线/移动宽带接入的速率目标，引导各省市和有关部门制订相应的发展规划，使全国的宽带化发展有序协调，充分发挥宽带化的效益。

（二）以政策引导作为促进宽带基础设施建设的突破点

为应对国际金融危机，我国政府及时出台了扩大内需、保持经济平稳较快发展的一揽子计划，包括2008～2010年投资4万亿元用于基础设施建设等，其中45%的投资将用到铁路、公路、机场与电网上，但信息基础设施建设的投入却没有列在中央财政的投入预算内。宽带网络建设的重要性不亚于公路、铁路、机场和电网建设，而且宽带网络建设将较传统基础设施建设投资少、见效快，但仅靠运营商的市场行为不足以激发农村地区的宽带网建设，因为短期内难以获得投资回报。农村宽带化有利于推动社会主义新农村建设，在农业现代化、市场化和农村二、三产业的发展，在防灾扶贫、合作医疗、义务教育、文化宣传、劳工培训、科技推广和治安管理等方面都能够发挥不可替代的作用，其社会效益远大于直接经济效益，政府引导投资责无旁贷。日本政府为运营商宽带网建设提供快速折旧政策和零息贷款，并补助农村地区部署成本的经验值得我们借鉴。参考国外设立宽带专项基金的经验，建议制定宽带普遍服务政策或设立基金，明确宽带下乡和到行政村的时间表，鼓励运营商将宽带网建设扩展到农村。此外我国有农机具购置补贴和农业生产资料综合补贴政策，建议将这些优惠政策扩大到电信运营商采购的用于农村宽带网建设的国产电信设备，国家有对广播电视村村通工程收视费和安装费收入三年内免征营业税或企业所得税的政策，建议对农村宽带化工程也同样采用类似的政策。

（三）以下一代互联网作为宽带化战略的亮点

互联网目前的应用已超越了互联网的设计初衷，互联网面临可扩展性、安全性、移动性等挑战。发达国家从十年前就开始探索向下一代互联网演进，可信互联网、移动互联网、支持物联网应用的互联网和支持泛在网应用的互联网成为演进的目标。目前已经提出了一些改良性或革命性的方案，其中地址结构从 IPv4 转到 IPv6 是达成共识的一步，虽然 IPv6 只是下一代互联网的特征之一，但 IPv6 的采用不仅解决了地址可扩展性的问题，而且也为真实源地址溯源提供了可能，有利于推进网络的可信性，IPv6 的采用还将推动选路协议的创新。目前 IPv6 的产品已趋成熟，中国下一代互联网示范工程（CNGI）项目也促进了 IPv6 设备的国产化。宽带网所期待实现的可信可管、服务质量（QoS）等要求与下一代互联网的目标基本一致，在宽带网的规划和建设中需要抓住下一代互联网的发展机遇，目前我国电信运营商在互联网的扩容中已经兼容 IPv6，今后还要密切关注在下一代互联网方面的技术创新。当前需要发挥运营商在向 IPv6 过渡方面的龙头作用，引导 ISP、ICP 支持 IPv6 的应用。

（四）以三网融合作为宽带化战略的切入点

2010 年年初国务院常务会议通过了加快推进三网融合工作的总体方案。三网融合既出于当今技术演进的驱动，也是市场发展的必然要求。三网融合将以内容产业为核心、以服务为纽带、以设备和网络为支撑实现产业群的聚集，实现价值的汇聚和增值。三网融合使网络资源得到充分利用，使用户从所获得的丰富信息内容中体现其宽带接入能力的价值，从而释放了运营商建设宽带网的积极性，电信网和广电网运营商同时致力于实现宽带化和社会信息化的良性循环。参考其他一些国家的做法，为了推动三网融合，建议尽快制定电信法，以消除三网融合的法制障碍，深化体制改革，实现内容管理与传送平台的运营管理分离，并朝着电信与广电传送平台的监管实体合一的方向发展，为数字内容产业和设备制造业各自发展提供开放的环境，为信息产业发展和先进文化传播进一步开拓发展空间。

（五）把提高宽带应用普及率和水平作为宽带化战略的着力点

大力开发互联网和移动互联网应用，重点支持宽带化在生产性服务业中的应用，以物联网示范应用为抓手，推动工业化与信息化融合。建议国家在战略性新兴产业发展规划中设立若干应用示范项目，消除行业壁垒，促进跨行业跨部门的合作，鼓励利用公众的宽带网设施，避免重复建设。鼓励电子商务的发展，对中小企业在宽带应用方面的投入给予税收优惠。对学校、医疗机构、公共图书馆、博物馆、展览馆等公益机构的宽带使用资费给予一定的财政补贴。对农村地区农民使用宽带服务等同家电下乡给予优惠。

（六）把以自主创新技术支持产业发展作为宽带化战略重点

CNGI 示范工程高技术产业化项目和“新一代宽带无线移动通信网”重大专项对我国下一代互联网和以 TD-SCDMA 为基础的新一代移动通信系统的研发起了影响深远的引领作用，提升了我国在这些领域的创新水平，也为产业发展打下了基础。国家应该继续重视并发挥这些项目的作用，同时根据技术的发展，国家应适时安排在宽带方面的其他研发项目，完善和协调基础研究、应用研发和产业化的科研项目的布局。加大力度推动在宽带技术方面的国家工程实验室和国家工程研究中心的建设，政府引导产学研用联合组建宽带产业联盟，促进从器件、设备的研究开发和设计施工到标准和维护规范制定等宽带产业链的形成与发展，提高自主创新能力并加速产业化进程，在核心器件和关键技术上取得突破，加强共性技术的创新，进一步降低宽带化的成本，同时积极参与国际标准化工作，争取在国际下一代互联网等宽带战略制高点竞争中占据主动。国家宽带产业发展战略行动计划需要有政策保障，除了前面提到的一些措施外，需要有类似于 2000 年国务院发布的鼓励软件产业和集成电路产业发展的若干政策，还需要加大政府采购政策对国产宽带产品的支持力度。

结 束 语

宽带化不仅出于国民经济发展的需要，也是社会发展必经的阶段。工业化、信息化、城镇化、市场化、国际化既是对宽带化的需求，也为宽带化创造了条件，宽带化与经济和社会生活的高度融合为其高速发展增添了活力，也开拓了更大的创新空间，同时加剧了国际上对这一战略领域的竞争。很多国家将宽带化作为国家信息化战略的重点，并将其作为国际金融危机后经济复苏的重要举措。我国宽带用户数已居世界首位，但宽带应用的普及率、水平和创新能力仍然较低，当前需要尽快制定我国宽带化发展战略，从多方面落实促进宽带网建设和宽带业务应用的措施，真正做到如温总理所提出的“使信息网络产业成为推动产业升级、迈向信息社会的‘发动机’”。

中国计算机技术与产业发展现状及展望*

李国杰**

摘　要： 本文对我国高性能计算机、服务器、桌面电脑近十年来的发展状况分别做了历史性的回顾，与国外先进水平进行了比较，指出了我国计算机技术与产业发展中存在的问题。通过对我国计算机行业近十年来科技投入和产出（论文、专利、企业利润率）的分析，根据我国计算机领域创新空间受到制约的现状，提出努力打造自主可控的计算机技术基础平台的战略建议。最后本文展望了“十二五”期间和2020年以前我国发展计算机技术与产业的远景。

关键词： 高性能计算机　服务器　桌面电脑　科研投入　基础平台

一　引言

21世纪的前十年是我国计算机产业突飞猛进的十年。1998年全国计算机行业总产值只有1650亿元，到2008年规模以上计算机企业总销售收入已增加到17134亿元，十年增加10倍以上，平均年增长速度超过25%，见图1①。从图1中可以看出，计算机产业近十年的发展速度明显超过20世纪90年代。

根据 Science and Engineering Indicators 2008 提供的数据，1985～2005年，中

---

* 在本文撰写过程中，中科院计算技术研究所的洪学海、刘新宇、王琴等提供了许多统计资料并协助整理文稿，在此表示衷心感谢！

** 李国杰，博士，中国工程院院士，第三世界科学院院士，中国科学院计算技术研究所所长。主要从事计算机体系结构、并行算法、人工智能等方面的研究。

① 2004年以前的数据是总产值，2005～2007年的数据是总营业额，2008年的数据是规模以上计算机企业的总营业额。

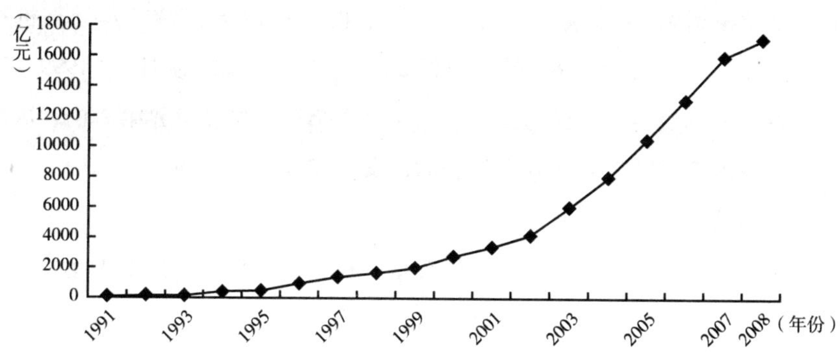

图 1　中国计算机产业总产值（营业额）年度统计

国计算机设备（包括办公设备等）制造业增加值的年均增长率为 35.08%，快于美国（17.23%）等其他各国同期的年均增长率。中国 2005 年计算机产业附加值是 1985 年的 408 倍。中国计算机制造业附加值占世界的份额从 1985 年的 0.5% 增长为 2005 年的 46.0%，位居世界第一位，见图 2。这些数据表明，中国的计算机产业的增加值并不低，那么，我国计算机产业究竟是强还是弱？如果说落后，究竟落后在哪里？

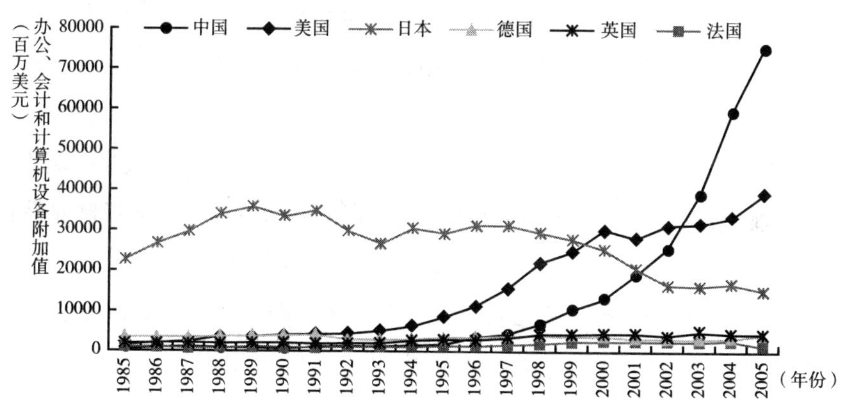

图 2　中国高技术产业与低技术产业增加值增长情况及与国际比较

很多人认为中国的技术落后体现在我们的发明专利和高水平论文少。根据工业和信息化部科技司颁布的《信息技术领域专利态势报告》，2000～2006 年，我国信息技术专利申请每年以 23.67% 的平均增长率成长，信息产业的技术积淀速度明显快于其他行业。截至 2009 年 9 月 30 日，国家知识产权局已公开的信息领域专利申请总量达到98万余件，比2008年增长22%以上。2007年计算机领域国内申请的发明专利已达31945件。根据2010年2月的ESI统计①，1999～2009年我国学者在计算机科学方面总计发表论文2万余篇，排在世界第2位。从数量上看，似乎我国拥有的发明专利和发表的论文已相当可观，为什么我们总是感到没有掌握核心技术？

未来十年，计算机产业将面临新的转型。在这种形势下，未来十年我国计算机产业的发展前景如何？我国发展计算机技术应选择一条什么样的道路？我们如何才能将“自主创新、重点跨越、支撑发展、引领未来”的发展战略落到实处？在21世纪第2个十年刚开始时，我们必须认真考虑这些问题。

本文将计算机技术和产业分成几个大类进行较深入的分析，提出一些个人的见解以供有关部门决策人士参考，希望起到抛砖引玉的作用，引起同行的思考与争鸣。

二　高性能计算机

高性能计算机（HPC）方面是我国科技方面引以为自豪的一个领域。政府工作报告和许多总结我国科技进步的文件中，常常把高性能计算机作为我国重要的科技成就列在航天和杂交水稻之后。从2003年开始，中国软件行业协会数学软件分会（近几年与国家863高性能计算机评测中心以及中国计算机学会高性能计算专业委员会联合）发布的中国高性能计算机TOP100，较全面地反映了我国高性能计算机研制和应用水平。图3对国际上每年超级计算机TOP500第一名的实际性能与我国TOP100第一名进行了比较②。从2009年公布的高性能计算机TOP100来看，列入中国前100名的高性能计算机实际运行的总性能已达到2.2PFlops（每秒2千2百万亿次浮点运算），比2008年增长了2.1倍。中国TOP100计算机的平均Linpack性能为22TFlops（22万亿次），国际上平均性能接近22TFlops的时间是2008年6月。若以此为标志，似乎中国高性能计算机与国

① ESI是美国科学情报研究所（ISI）基于SCI论文统计的基本科学指标。

② 图上的数据是当年最高水平计算机测试的Linpack速度，单位是GFlops，即每秒10亿次浮点运算。Linpack是一组解线性方程组的应用程序，以每秒执行多少浮点计算衡量计算机性能。

际先进水平的差距只有 1 年半。实际上我国在高性能计算机方面，特别是高性能计算机应用上，与国际先进水平的差距远不止 1 年半。

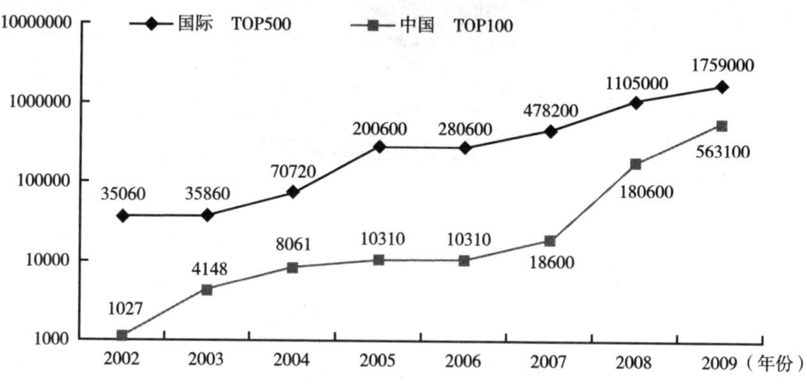

图 3　国际超级计算机 TOP500 与中国 TOP100 的比较

进入 21 世纪，我国高性能计算机的研制和应用取得了不错成绩。近几年内中科院计算所、江南计算所、国防科大和联想集团等分别推出了具有国际先进水平的曙光、神威、银河、深腾系列超级计算机。国产超级计算机在石油勘探、信息内容安全、核模拟等国防科研、水稻和人类基因组测序等方面发挥了不可替代的巨大作用。2004 年和 2008 年，中科院计算所和曙光公司研制的曙光 4000A 和曙光 5000A 两次进入国际超级计算机 TOP500 前十名。2009 年曙光高性能计算机在我国最高性能的前 100 台机器中占 27 台，第一次在 TOP100 中的台数超过 IBM 和 HP 公司，位居第一（见图 4），这说明国产高性能计算机在市场上已真正具有竞争实力。

2009 年由国防科大研制的“天河一号”，采用 6144 颗 Intel 通用处理器（运算能力约为 270TFlops）和 2560 颗 ATI 双核 GPU（运算能力约为 940TFlops），形成峰值计算能力达每秒 1206 万亿次浮点运算的异构型超级计算机，实测 Linpack 性能达到每秒 563 万亿次（效率 46.7%），位居 TOP500 的第五名。天河一号虽然还不是一台商品化的超级计算机，在投入实际应用时还要做一些改进，但天河一号是全世界第一台进入 TOP500 前十名的采用 GPU 的异构型超级计算机（heterogeneous supercomputer），国防科大在发展异构协同计算技术降低超级计算机研制成本等方面做了有价值的探索。今后几年采用 GPU 等高速芯片研制异构

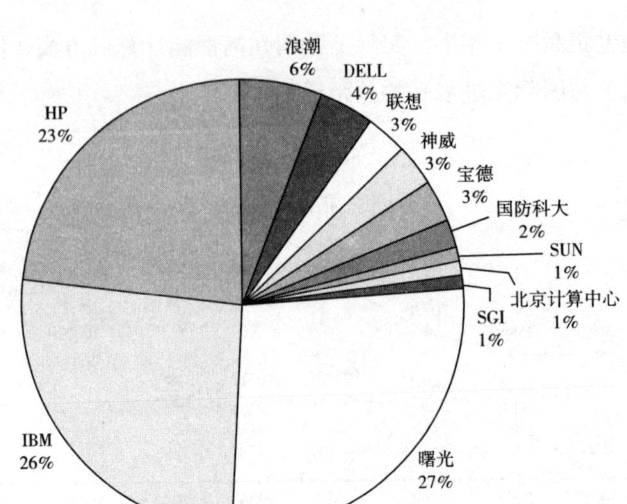

图 4　2009 年中国高性能计算机 TOP100 的制造商分布

资料来源：2009 中国 TOP100，http：//www. samss. org. cn。

型 HPC 将是超级计算机的发展趋势之一。GPU 对分子动力学模拟（molecular dynamics simulations）等高度并行的科学计算有明显加速作用①，但不适合输入输出量大的应用，编程也比较困难，不能替代通用的 CPU。IDC 咨询公司指出，约有 10% 的 HPC 用户准备采用 GPU 等另类处理器。

我国在高性能计算机领域与国外的差距，不仅体现在我们采用的 CPU、GPU 等核心芯片目前还需要从国外进口，更表现在 HPC 的应用上。芯片上的差距估计再经过五年左右的努力可以明显缩小，“核高基”重大专项②支持的龙芯 16 核 CPU 预计 2012 年可投入使用，有望与当时的主流通用 CPU 的性能接近。长期以来，我国在并行算法基础研究、HPC 软件开发和应用方面的投入偏少，行业应用科研人员与高性能计算机研制人员脱节，造成多数计算中心面临“杀鸡用牛刀”的尴尬局面。今后十年一定要改变重硬轻软、把研制 HPC 当成买机器的科技政策，真正在 HPC 新型体系结构、系统软件、并行算法和应用软件的基础研究与工程开发上下工夫。

① 中科院过程工程所在天河一号鉴定以前已安装了曙光和联想公司提供的以 GPU 为主的超级计算机，峰值性能超过一千万亿次，主要用于分子动力学模拟，但没有测试整机 Linpack 性能。

② 指“核心电子器件、高端通用芯片及基础软件产品”国家重大专项。

历史早已证明：世界上不存在对所有的应用领域性能和效率都特别高的万能体系结构。计算机科研人员的一个目标就是在效能和通用之间做权衡。高端集成电路的设计开发成本极高（每一款高性能芯片设计开发需要投入几亿元），使得为每一个应用开发定制芯片不太可能。应用领域的科研人员的职责之一，是尽可能全面准确地提出对计算机系统结构的功能需求，与计算机领域的科研人员密切合作，尽量从应用领域的特殊需求中寻找高性能价格比、高效能功耗比而且容易编程的解决方案，争取创造出一种可复用的设计方法和新颖可定制的体系结构平台，支持不同领域的特定计算。只有一流的计算机科研人员和一流的 HPC 应用科研人员精诚合作，我国的高性能计算机研制和应用才会迅速缩短与国外的差距。

以曙光 5000 为主要平台的上海超级计算中心已经进入良性运行轨道，对我国的超级计算起到了引领作用。未来的一两年内，我国将在深圳、天津等城市建成千万亿次量级的超级计算中心，还有不少省市也在计划建立超级计算中心。我们需要高度重视的是培育高性能计算的用户，真正发挥超级计算中心的能力，解决经济和社会发展中的实际问题，而不是互相攀比，争最高的峰值速度。

三　服务器和云计算

超级计算机主要用于科学计算，尽管高端科学计算能起到引领计算机技术发展的作用，但只占有 10% 左右的高端计算机市场。绝大多数的高端计算机是网络上的各种服务器。根据 IDC 公司的统计，基于 IA（Intel Architecture）架构的国产 PC 服务器大约只占到 1/4 的国内市场，联想、曙光、浪潮等国内公司的市场占有率差不多，每家都不到 10%，IBM、HP 和 DELL 三家跨国公司瓜分了 2/3 以上的国内市场。基本的格局是：金融、电信为代表的强势企业更青睐国际品牌，政府、教育部门优选本土品牌。RISC 服务器（有不少国内用户仍习惯称之为小型计算机）基本上还是国外大公司的天下，可靠性非常高的大型主机系统则主要是 IBM 的垄断领域。

近年来国内公司也有不俗的表现，浪潮 4 路服务器创下了 22 个月销售突破 10000 台的销售纪录①。曙光公司牵头的中国高性能计算机标准工作委员会已制订符合中

① 4 路服务器是指 4 个 CPU 芯片构成的共享存储多处理机系统，目前主流的服务器中一个 CPU 芯片包含 4 个处理器核（core）。

国用户需求的刀片（Blade）服务器系统标准，2009 年曙光公司成为国际 SSI 组织的四个高级会员之一，并在国际上率先开发出符合 SSI 标准的刀片服务器 TC3600。

一方面，服务器市场呈现“小鱼吃大鱼”的局面，基于 X86 结构的 PC 服务器逐步蚕食 RISC 服务器的市场；另一方面，服务器技术逐步从封闭走向开放，基于 Linux 操作系统的服务器的用户越来越多。从 2008 年全球与中国服务器操作系统市场占有率可看出（见表 1）①，Linux 已超过 Unix，已成为全球第二大服务器操作系统。IDC 预测，与 Linux 服务器平台相关的软件收入在 2006 ~ 2011 年间的年复合增长率将达到 35.7%。服务器的多少反映出一个国家的信息化程度的高低，我国的服务器与 PC 等终端数量的比率远远小于先进国家，这也说明我国的服务器市场还有很广阔的发展空间。

表 1　2008 年全球与中国服务器操作系统市场占有率

单位：%

	Windows	Linux	Unix
全球	62	23	15
中国	52	12	36

数据中心的大发展为做大做强服务器产业提供了良好的机遇。据 IDC 的预测，2007 ~ 2013 年中国数据中心的年复合增长率将达到 20%。近两年来，云计算成为计算机领域最热门的话题。云计算强调集中的平台和服务，将推动数据中心中各种服务器的部署和应用变革，大大提高数据中心的效率和可扩展性②，同时明显地降低数据中心的能耗。传统数据中心中，服务器的利用率一般只有 10% ~ 30%，在待机的时候，处理器仍然消耗着 20% 以上的电能。越是低端的服务器，其能效越低。通过服务器的虚拟化技术，可充分利用数据中心的服务器、存储和网络资源，将云服务器的利用率提高到 70% 以上。Gartner 预计，到 2012 年，在全球财富 1000 强企业中，80% 的会通过不同方式使用云计算服务。

2008 年以来，我国一些企业和政府部门已开始建设各种云计算中心。曙光公司在成都建立了商业化运营的云计算中心，它同时也是为政务应用和科学计算

① 陆首群：《加快中国开源软件的发展》，http：//www. lupaworld. com/article - 55632 - 1. html。

② 加州大学的报告显示：云计算服务的效率是当前传统数据中心的 5 ~ 7 倍。

服务的超级计算中心；在东莞市政府的支持下，广东电子工业研究院正在基于自主技术建立云计算平台，提供云教育、云仿真等公共服务；阿里巴巴集团与南京市政府签订了合作协议，正在建设"电子商务云计算中心"；中国移动等电信公司也在探索云计算模式。随着云计算技术的成熟与普及，我国服务器产业将上一个大台阶。云计算也将为服务器技术的研究开发提出许多过去没有遇到的新问题，如资源的虚拟化、云服务的安全等，促进服务器技术升级换代。

在信息技术几十年的发展历史中，每隔20年左右，计算模式就会出现集中——分散交替主导的现象，合久必分，分久必合，我们称之为信息领域的"三国定律"（见图5）。云计算的出现有一定的必然性。云计算是网络计算的一个新阶段，既有集中又有分散，尚未完成从集中（服务器聚集）到分散（普惠泛在信息网络）的转折。未来的网络可能还要在云计算集中服务的基础上向以用户为中心的普惠泛在网络服务发展。

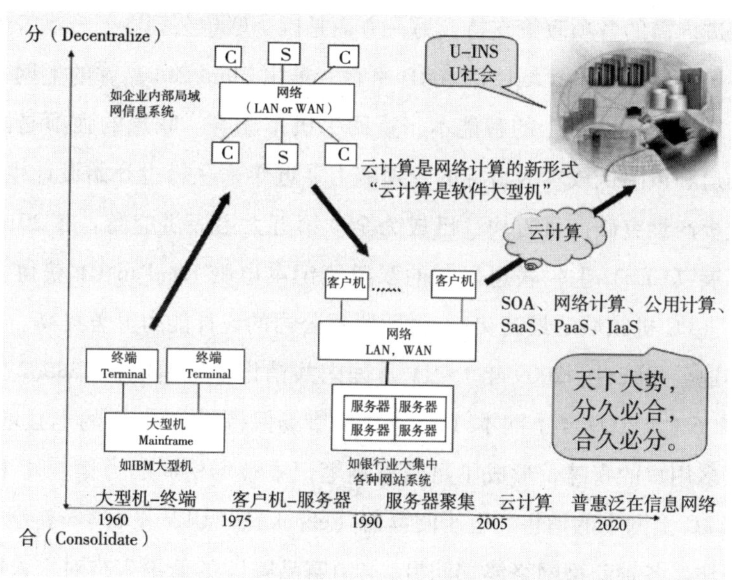

图5　信息领域的"三国定律"

四　桌面电脑与网络终端

我国是世界上微型计算机第一制造大国，已占到全球产量的60.9%。2009

年我国生产微型计算机18215万台，同比增长33.3%；软件业务收入9513亿元，同比增长25.6%。但产能的大部分来自外商独资企业，2009年电子信息领域外商独资企业出口3009.1亿美元，占电子信息产品出口总额的66%。金融危机对外向型企业冲击很明显，三资企业发展明显放缓。2009年内资企业电子信息产品销售额增长17.6%，占全行业的比重比上年提高3.3个百分点，达到26.7%；利润增长48.4%，占行业比重比上年提高16.2个百分点，达到46.5%[①]。对改变我国计算机产业不合理的经济结构（外资为主，出口为主）而言，这是可喜的变化。

联想集团是我国计算机行业的龙头企业，其成长历程基本上反映了我国计算机产业的发展史，其面临的问题也具有共性。2009年第四季度联想集团实现了7952万美元的净利润（上年同期亏损9700万美元），实现了占国内市场33.5%的历史最高纪录。联想集团2009年实现扭亏为盈，一方面是得到国家应对金融危机、促进内需的各项政策支持，另一方面是因为联想公司在新产品开发上加大了力度，包括在笔记本领域使用AMD平台、推出ThinkPad品牌的上网本及超轻薄本、发布非Wintel平台的智能本、重回手机市场等。联想的强项是国内庞大的销售渠道和以降低成本为目标的管理能力。近年来联想也开始设计生产PC机主板，主板产量突破四百万块，已成为全球第五大主板供应商。在2010年美国消费电子展（CES）上，联想研制的双模笔记本电脑IdeaPad U1获得了Best of CES大奖（PC机领域的最高奖），说明联想公司的设计能力显著提高。

据赛迪公司统计，2009年1～11月国内共销售笔记本电脑1385.2万台，同比增长62.6%。2009年上网本（Netbook）市场保持了2008年的迅猛增长势头，获得了更多用户的青睐，形成了足以影响笔记本市场格局的力量。3G网络的铺开促进了3G上网本的销售。电子阅读器（ebook）、CULV平台[②]等新型产品得到用户的关注。各种新型网络终端问世、“山寨品牌”的低价入市对个人电脑市场带来了极大的冲击。桌面产品与移动终端的界限开始模糊，计算机产业与通信产业趋于融合。仅靠压低价格与促销已无法提高厂商的核心竞争力，如何在经济回

① 以上数据摘自工业和信息化部所发的《2009年电子信息产业经济运行公报》。

② CULV全称是Consumer Ultra Low Voltage，译为消费级超低电压，典型特征是10W以下的超低功耗，典型产品是11～13英寸的轻薄笔记本。

暖与产业调整的过程中抓住机遇，研制与推销满足用户需求、引领消费潮流的新产品已成为众多厂商关注的目标。

个人电脑将更加小型化，更强调节能环保，厂商开始推出介于台式电脑与上网本之间的“上网机”（Nettop）产品。笔记本电脑将向更加轻薄便携的方向发展。平板电脑（Table PC，也称为一体机电脑）是下一代移动商务 PC 的代表，其美观的外形、精简的设计，给消费者带来耳目一新的感受。国外调查机构发布的预测报告显示，到 2015 年，平板电脑的出货量有望达到 5700 万台。多点触摸（Multitouch）、重力感应（gravity sensor）、GPS、语音识别（speech recognition）等传感技术在平板电脑上的应用将改变笔记本电脑的操作与应用模式，对市场格局产生重大影响。

中国内需市场在今后 10 年将进一步扩大，近两年农村上网人数的增长速度是城市的两倍，数字鸿沟的缩小会大大促进电脑和各种网络终端的普及。医疗保健、智能交通、环保等行业的信息化需要大量的移动终端，为特定的行业用户提供内容增值服务刻不容缓。针对不同的群体提供有附加值的内容服务，将明显地提升个人电脑等网络终端的竞争力。IDC 预计，2010 年 PC 市场会触底反弹，呈现 16% 的快速增长趋势。英特尔亚太区总经理表示，中国 PC 市场增长迅速，有望在 2010 年以前超过美国，成为全球最大的 PC 市场。

五　计算机技术的研究与开发

我国计算机领域还没有形成像通信领域的华为、中兴公司一样的高技术企业。华为公司每年坚持以不少于销售收入 10% 的费用投入研究开发，并将研发投入的 10% 用于前沿技术、核心技术以及基础技术的研究。截至 2008 年年底，华为总共发出了 35773 件专利申请，其中 9768 件为海外申请，连续 6 年蝉联中国企业专利申请数量第一，2008 年华为共发出 1737 件 PCT 专利申请，数量为全球第一。2009 年中兴通讯公司以 5719 件专利申请量成为国内第一。与通信领域不同，国家科研投入已明显向企业倾斜，“十一五”期间科技部给浪潮集团高达 2.6 亿元的 863 项目经费，开发高端容错计算机就是一个突出的案例。计算机企业的研究开发力量逐步增强，但计算机领域的 CPU、操作系统、超级计算机、云计算系统软件等核心技术研发主要还是在大学和国家科研机构完成的，企业尚未

成为技术创新的主体。

国家通过“973”计划和自然科学基金重大项目，对计算机科学技术的基础研究给予积极支持，“十一五”期间经费投入明显增加，部署的主要科研项目包括“高性能科学计算的创新计算方法基础理论”、“高性能处理芯片的新原理、新结构与新方法”、“基于网络的软件中间件理论与复杂软件可信度”等。“十一五”期间“863”高技术研究计划部署的主要科研项目包括“面向网络计算的软件新技术”、“新型网络服务器与访问终端关键技术”、“新型计算机体系结构及其实现技术”、“高效能计算机及网格服务环境”、“高密度与低功耗新型存储器件技术”、“海量存储系统关键技术”、“自适应网构软件（Internetware software）技术”、“低功耗计算系统关键技术”和网络透明计算技术等。

随着国家支持强度的增加和国际交流的增多，近几年我国学者在国际学术期刊和国际学术会议上发表的文章显著增加。表2反映了1999～2009年我国计算机学科的论文发表情况（根据2010年2月ESI公布的数据统计）。从中可以看出，近10年我国发表的高水平论文（ESI主要统计SCI论文）数量成倍增长，但平均每篇论文只被引用1.98次，引用率在世界各国中排第6位，与世界平均值3.34次还有较大差距。

表2　1999～2009年中国计算机学科产出论文情况

单位：篇，次

年　份	论文数	被引用次数	篇均被引频次
1999～2003	3818	2907	0.76
2000～2004	5704	3796	0.67
2001～2005	9330	5728	0.61
2002～2006	13348	8416	0.63
2003～2007	14460	10766	0.75
2004～2008	15447	14242	0.92
2005～2009	15741	18173	1.16
总计(1999～2009)	21365	42215	1.98

专利是技术创新成果的主要表现形式。近十年我国申请的与计算机技术有关的专利增长了几十倍，特别是企业申请的专利增长最快，已经超过大学与科研单

位的申请数（见表3）①，说明我国企业对自主知识产权越来越重视。但是，与发表论文重数量轻质量的情况类似，我国申请的专利质量不高。根据美国专利及商标局公布的数据统计，2005年1月1日至2009年7月31日，华为公司申请的美国专利的通过率只有3.5%，远低于爱立信公司（16.2%）和阿尔卡特朗讯公司（27%）②。我国计算机领域的科研单位和企业很少申请国外专利，一般来讲，在中国申请的专利质量要低于国外申请的专利质量，我国计算机科技人员申请的专利质量总体上不会高于华为公司。

表3　中国计算机领域专利申请增长情况

单位：次

机构＼年份	1990	1995	2000	2005	2006	2007
国内发明专利	1149	1530	6177	20725	25077	31945
大专院校	326	258	652	4453	6198	8214
科研单位	331	304	910	2423	2553	3173
企业	206	205	1016	7712	9433	12851

科技活动的产出不只是论文和专利，最终效益应体现在公司的利润上。表4列出了近几年我国计算机行业大中企业总的科技产出。从《中国统计年鉴》的数据还不能直接看出企业拥有的专利数和利润率的相关性。总的来讲，我国计算机行业的利润率相当低，低于整个工业的平均利润率（7%左右），没有体现高技术行业的特点。

表4　计算机行业大中企业科技产出

年份	主营收入(万元)	利润总额(万元)	利润率(%)	拥有发明专利数(项)
2001	15540968	872775	5.0	115
2005	107221520	2626516	2.4	473
2006	118687976	2500648	2.1	1174
2007	143042415	4149206	2.9	3210
2008	155913229	4968032	3.2	3344

① 表3、表4、表5、表6的数据都摘引自《中国统计年鉴》。

② 引自李刚、王献义《华为高增长背后隐忧——片面强调专利数量》，人民网，2009年9月。

为了分析我国计算机企业与国外企业的差距，我们从几个典型的上市公司及华为公司2007年财务年报中抽出有关数据做比较（由于受金融危机的影响，2008~2009年有些公司亏损，数据没有代表性）。在计算机界，IBM和Apple公司是典型的高技术公司，毛利率高，研发费用高。IBM已经不是传统的计算机制造公司，其利润来源不是硬件，而是软件与服务。2009年，这两大部门均贡献了80亿美元的税前利润，而硬件业务只有15亿美元税前利润。Apple公司近几年的复兴主要靠高研发投入获得的颠覆性产品创新，如iPod和iPhone，同时也大力开展iTune等媒体服务。华为公司的毛利率也很高，2009年已达到39.7%。联想公司的业务模式与Dell公司接近，主要靠卖硬件，毛利率只有15%左右，很难实现高研发投入，科研投入只占销售收入的1.4%。腾讯公司是国内著名的网络服务公司，与联想公司形成鲜明的对比，其毛利率高达70%。科研投入占销售收入的9.8%。为什么计算机企业要从以加工业为主转向做更多的服务，表5给出了清楚的提示。

表5　国内外各大公司2007年度经营情况对比

公司	销售收入	毛利润	毛利率（%）	研究和开发费用	净利润	科研开发与销售比例（%）	单位
IBM	987.86	417.29	42.2	61.53	104.18	6.22	亿美元
Apple	240.06	81.54	34.0	7.82	35	3.25	亿美元
DELL	574.2	95.16	16.6	—	—	—	亿美元
联想	163.52	24.50	15.0	2.3	4.84	1.4	亿美元
华为	125.6	42.6	33.9	12.6	6.74	10	亿美元
腾讯	38.21	27.0	70.7	3.76	15.68	9.8	亿人民币

科研经费往什么地方投，也是需要我们认真反思的。如表6所示，从2001年到2007年，我国计算机领域大中企业的R&D经费投入增加近7倍，新产品开发经费增加约50倍，技术改造费只增加1.1倍，增加的投入主要用于新产品的定型生产（不是关键技术研究开发）。相对于1万多亿元的营业额，每年只投入几十亿元真正用于研究开发，很难开发出在市场上有竞争力的新产品，更谈不上占领制高点。技术改造是提升创新能力的重要举措，全国计算机大中企业才投入几亿元，实在太少。在国防科工委的支持下，中国电子科技集团下属的许多研究所近十年来加大技术改造的投入力度，创新能力大幅度提高，这一成功经验值得学习推广。

表6　计算机领域大中企业科技投入情况

单位：人，万元

年份	R&D 人员	R&D 经费	新产品经费	技术改造费
2001	6702	107558	19555	28850
2005	17484	434480	617788	53753
2006	24591	729251	828066	105151
2007	29712	818169	1013364	61308
2008	29086	808960	1252080	103750

六　努力打造自主可控的计算机技术基础平台

由于缺乏核心技术，我国计算机企业大多从事加工贸易，走贴牌方式低价出口路线，产品附加值普遍偏低，产业整体调整转型势在必行。国际金融危机对我国形成了一种倒逼机制，加速了我国产业调整转型的步伐。

从低附加值的加工出口为主转移到以自主创新为主，创新能力需要一个培育过程，增加科研投入也需要一个资本的积累过程。在这一过程中，扩大我国计算机企业自主创新的活动空间十分重要。科技部部长万钢指出：应当强调创新者对技术创新和产品开发的“主导权”，在“合作创新”的技术联盟中，获取创新主要收益的也只能是掌握主导权的一方。

为什么我国计算机企业在技术创新中自主选择技术的空间很小，缺乏主导权，主要原因是30年来计算机行业（特别是桌面计算机）的主流技术，已建立在Intel公司的CPU和微软公司的操作系统基础上，Wintel联盟（Windows OS + Intel Architecture）实际上形成了本行业的垄断地位，已成为事实上的工业标准。我们的创新只能在不开放的“黑盒”的基础上做一些边边角角的小改进，创新能力的发挥受到很大的制约。

2008年10月发生的微软黑屏事件充分说明，任何一台使用Windows XP操作系统的微机，只要上了互联网，就完全在微软的控制之下，用户对在其计算机上进行的各种操作一无所知。这一事件促使我们下决心走一条具有中国特色的信息技术和产业发展道路，大力推进国产软硬件产品的应用，打造自主可控的计算机技术基础平台，逐步摆脱微软产品的控制。

今后十年内我国需要新增几亿台微机，CPU、操作系统和各类应用软件有巨大的市场需求。但是，在我国计算机用户已形成固定使用习惯的情况下，我国软硬件要想完全通过所谓市场“公平”竞争得到发展非常困难，必须依靠国家强有力的政策措施来推动。首先应在党政军机关和对信息安全要求较高的单位，强制性使用自主可控的CPU、操作系统等关键软硬件产品。政府内部的电子公文不再使用Office格式，改用符合国家标准的UOF格式。通过“核心电子器件、高端通用芯片及基础软件产品”国家重大专项的强力支持，力争在2020年前我国自主可控的CPU和操作系统占领相当可观的国内市场，实质性提升国家信息产业的核心竞争力，为国家信息安全提供装备保障。

积极研究开发和大力推广使用开源软件，是打造自主可控的计算机技术基础平台的重要途径。2009年开源软件的应用出现了拐点：过去开源软件主要在服务器和PC机上使用，现在开始向手机和移动互联网应用转移。华为、中兴通讯、海尔、联想等大企业都加入了开源阵营。全球“桌面Linux”市场占有率已提升到8%～10%，结束了长期低迷的发展状态，OpenOffice中文版本的下载量已超过3000万次。IDC预测，从2009年到2013年，中国Linux操作系统的市场收入将会以23%的复合增长率高速增长。

开源软件成功的奥秘并不在于开放软件源代码，而是在于其开放的开发方式，即允许所有程序员参与开发源代码，与他人共享自己的开发成果，导致开源社区不断扩大，创新浪潮高涨。开源社区具有“集体开发、合作创新、对等评估”的特点，形成了“源码公开、使用自由、资源整合、信息共享”的创新体系。这个创新体系，能够广泛汇集全球广大志愿者的智慧，实现技术上的突破。我国要发展开源软件，就应鼓励国内企业与个人积极参加国际开源社区的开发工作，在国内建立开源研发中心，创建与健全我们自己的开源社区。

七　展望未来

工业与信息化部提出的我国信息产业2015年的目标如下：“十二五”期间，我国电子信息产业保持年均增长10%左右的速度。到2015年，电子信息产业销售收入达到11.3万亿元，工业增加值以8%的年均增长速度达到2.5万亿元，占GDP的6%；出口额占全国外贸总额的比重在30%左右；产品市场结构优化，国内市场稳步增长，稳定国际市场份额；培育一批掌握核心技术、具有国际竞争力的大企业，力争有 3～5 家企业进入世界 500 强；创新性产品比重达到全行业产品 30% 以上；战略性新兴领域占全行业收入比重 20% 以上；骨干企业研发投入占全行业销售收入比重在 8% 左右；新申请的核心专利和重要标准拥有量有较大幅度提高。

2009 年有一件事值得一提，科学出版社出版了中国科学院信息领域战略研究组撰写的《中国至 2050 年信息科技发展路线图》。这个战略研究报告得出了这样的结论：不论是集成电路、高性能计算机，还是互联网和存储器，2020 年前后都会遇到只靠延续现有技术难以逾越的障碍，如挖掘并行性和可扩展的困难、信息处理的高功耗、复杂信息系统安全性与可靠性低等。这些“信息技术墙”孕育着新的对重大科学问题的发现和原理性的突破。信息技术不会像机械和电力技术一样，经过半个世纪的高速发展以后，变成以增量改进为主的传统产业技术，而是面临一次新的信息科学革命；在整个 21 世纪，信息科学与技术将与生物、纳米、认知等科学技术交织在一起，继续焕发出蓬勃的生机，引领和支撑国民经济的发展，改变人们的生活方式。

基于以上分析，我们认为，计算机领域的科技工作者在 2020 年以前必须积极探索攻克“信息技术墙”的核心技术，重点解决计算机系统的可扩展性、低能耗、安全性和易用性等难题；2020 年以后，什么技术将成为新的主流技术就会逐步明朗；2020～2035 年将是计算机技术改天换地的大变革期。从现在开始，历史留给我们难得的机遇期只有 10～15 年左右。如果错过这 15 年，我国就很难在 21 世纪上半叶成为信息产业的强国，这必将对我国的现代化进程产生十分不利的影响。

中国微处理器（CPU）技术的进展

胡伟武*

摘　要：微处理器（CPU）是信息产业的基础部件，是武器装备的核心器件，微处理器技术是信息社会经济发展和国防装备信息化中的核心技术，其发展水平是衡量一个国家综合国力和国际竞争力的重要指标，在国家战略中占有特殊地位。但总体上我国国产 CPU 产品还缺乏国际竞争力，还需要在核心技术方面进一步突破。我国应加大投入以实现跨越式发展，加强国产 CPU 的产业环境建设，争取到 2020 年国产 CPU 和操作系统能够初步支撑起我国信息产业的发展。

关键词：微处理器　高性能　低功耗　龙芯　产业环境

一　微处理器技术现状和发展趋势

目前国际上微处理器的发展出现一些明显的趋势。一是研制微处理器的公司在市场的洗牌中越来越集中到少数几家，早期的 DEC、SGI、HP 等微处理器研制企业已经从微处理器的市场竞争中退出，IBM 和 SUN 公司的市场份额在萎缩，Intel 和 AMD 的 X86 微处理器有一家独大的趋势。二是单处理器性能的继续提高在主频、结构和功耗等方面都碰到了明显的障碍，微处理器厂商纷纷推出多核结构的微处理器，多核成为微处理器发展的主流，摩尔定律的发展表现为芯片上处理器核的数目每 2～3 年翻一番。三是微处理器集成度不断提升，集成在微处理器上的功能越来越多，集成的功能模块包括北桥、南桥、显卡和

* 胡伟武，博士，现为中科院计算技术研究所研究员，龙芯 CPU 首席科学家，主要研究方向为计算机系统结构。

网卡等，处理器芯片由原先的微处理器发展到系统芯片（SOC），并最终发展成“片上计算机”。四是微处理器厂商开始从单纯追求高性能，转向追求能耗有效性下的高性能以及适度性能的低功耗，性能功耗比成为衡量微处理器的一个重要指标。

（一）国际主流厂商的微处理器发展现状

国外微处理器厂商主要包括 IBM、Intel、AMD 和 ARM 公司。下面分析各公司的主要产品和发展现状。

IBM 公司的微处理器主要为 Power 系列处理器，用于其高性能服务器和高性能计算机。IBM 于 2001 年发布了双核的 Power4，片内集成两个超标量的类 Power3 处理器核。2004 年 IBM 发布了 Power5 双核同时多线程微处理器。2007 年 IBM 发布了双核的 Power6，采用 65nm SOI 工艺，主频高达 4～6GHz。2010 年 IBM 推出 Power7 八核处理器，采用 45nm 工艺，每个核支持四个线程，每个处理器核的性能达到 32GFlops。

Intel 公司的微处理器主要包括安腾和 X86 系列，其中安腾系列用于服务器，X86 系列用于桌面和服务器。2008 年 Intel 发布了四核的安腾处理器 Tukwila。2006 年 Intel 推出了基于 Core 构架的 X86 处理器 Conroe。2008 年 Intel 推出基于 Nehalem 结构的四核处理器。2009 年 Intel 公布了基于 Nehalem 结构的八核至强处理器。2009 年底 Intel 推出了把 CPU 和 GPU 封装在一起的多核处理器（Core i7），其中 CPU 采用 32nm 工艺。2012 年 Intel 将推出采用 22nm 工艺的 8～16 核 Sandy bridge 处理器。另外，针对低成本电脑和移动计算领域的应用，2008 年 Intel 推出了 Atom 微处理器，主要用于移动网络设备、低成本电脑。

AMD 公司于 2007 年推出基于 K10 结构的四核处理器 Barcelona，2009 年下半年推出代号为 Istanbul 的六核 45 纳米 Opteron 处理器。AMD 将于 2011 年推出 12～16 核的 Interlagos 处理器，以及集成处理器核和图形显示核心的融合加速处理器 Fusion。另外，在移动计算和低成本电脑领域，AMD 推出了 Bobcat 处理器。

ARM 公司的产品是处理器 IP 核，其主要业务是通过设计出高效的 IP 核，授权给半导体公司使用。ARM 的产品包括 ARM7、ARM9、ARM10、ARM11 和

Cortex 系列等。ARM 系列产品占据了 32 位嵌入式处理器 75% 的比例，在手机等移动终端领域更是处于垄断地位。2009 年 ARM 推出 Cortex A8 以及多核的 Cortex A9，采用超标量和乱序执行技术，主频可以达到 1～2GHz，开始主攻上网本和高端消费类电子市场。

（二）微处理器工艺和材料技术发展趋势

据 2009 年国际半导体技术发展路线图（ITRS），未来 10 年集成电路在晶体管尺寸方面仍将按摩尔定律发展，并在 2020 年左右遭遇物理极限。据预测 2012 年将采用 22 纳米的工艺，2015 年将采用 17 纳米的工艺，2017 年将采用 14 纳米的工艺，2020 年将采用 10 纳米的工艺。2013 年高性能微处理器芯片上可集成的晶体管将超过 88 亿个，片上局部时钟频率将达到 7.3GHz；2020 年高性能微处理器芯片上可集成的晶体管将超过 353 亿个，片上局部时钟频率将达到 16GHz。

工艺发展到纳米级时，晶体管的工作电压难以再线性降低，连线延迟成为主要的电路延迟，漏电功耗随着晶体管阀值电压的降低而指数增长。器件特性的变化和功耗密度的持续攀升成为对包括微处理器在内的芯片设计的重要挑战。通过采用新技术和新工艺来克服这些困难可以延续摩尔定律。65 纳米制造工艺采用了多项新技术和新工艺，包括应变硅、绝缘硅、铜互连技术、低 K 介电材料等。最近 45 纳米和 32 纳米工艺采用高 k 介质和金属栅材料的技术是晶体管工艺技术的又一个重要突破。这种技术打开了通往特征尺寸 22 纳米工艺的通路。

工艺尺寸的缩小和晶体管数量的增加也依赖于刻蚀技术的进步。目前使用的可见光光刻技术已经达到物理极限，极远紫外线光刻是其替代技术。浸没式光刻技术与现有的光刻技术兼容性好，工艺和装备变动不大，许多公司开始采用浸没式光刻技术。

在过去的 40 多年中，半导体工业的发展突破了一个又一个看似不可能跨越的瓶颈，神奇地遵循着摩尔定律，这一切都得益于生产技术的不断进步。可以预计在未来 10 年各种新工艺和新材料将会继续促进半导体工业的发展。

（三）微处理器结构发展趋势

目前，微处理器结构正越来越向两条技术路线集中。一方面，面向服务器和高性能计算机的多核处理器性能还需要进一步提高，云计算的兴起给多核处理器带来新机遇的同时也提出了新要求。另一方面，面向个人电脑和终端类应用的微处理器在性能适用的前提下不断降低成本和功耗并融合新的功能。

在高性能处理器方面，在20世纪初微处理器遭遇功耗瓶颈，使得单核结构不能继续延续高主频和高复杂设计，导致多核结构的出现；而随着片内处理性能的进一步提高以及IO带宽的有限增加，导致结合一定领域需求的XPU开始盛行，处理器核加向量处理器（VPU）和图形处理器（GPU）等属于这类结构。上述从单核向多核的转变以及从CPU向XPU的转变其本质都是在物理实现技术的限制下，为了提高性能而牺牲微处理器的通用性和可编程性。

多核（几个到几十个核）和众核结构（几百或更多核）已经成为微处理器的主流结构。在多核处理器方面，桌面处理器一般集成2～8个超标量处理器核，服务器的处理器将集成越来越多的处理器核，几年内将达到16个处理器核以上；面向高吞吐应用（如网络和媒体应用）的处理器集成的处理器核可能更多。众核芯片通常适用特定的应用领域，如生物计算、虚拟现实、模式匹配、搜索、生物特征识别、图形处理和机器学习等。多核和众核结构的主要研究内容包括：多核和众核的拓扑结构研究，处理器核之间的通信机制研究，片上Cache一致性协议的研究，线程的管理机制研究等。

随着微处理器的处理能力进一步提高，处理器的带宽越来越成为影响其性能的瓶颈。由于处理器的引脚个数以及每个引脚的传输速率不可能像处理器运算能力一样指数增加，处理器越来越成为“茶壶里煮饺子”的怪物。为了在有限带宽下不断提高微处理器的性能，结合特定高性能应用采用固定数据通路的XPU开始盛行。近几年GPU的兴起实际上就是针对有些对带宽要求不是很高的应用进行专门的设计以提高性能。有些处理器则通过增加SIMD结构的向量部件来提高性能，如Intel最新的AVX（Advanced Vector eXtension）指令系统结构可以采用256位通路同时进行4个64位或8个32位的运算。还有的XPU会采用异构结构或可重构结构，即在处理器中集成若干个不同的处理器核，有的计算能力比较强（称为粗粒度核），有的计算能力比较弱（称为细粒度核），分别适用于不同类型应用，通过多个处理器的重构来应对不同的应用。

当前面向高性能计算的处理器已经实现了片上千亿次计算能力，五年之内片上万亿次计算的处理器将成为国际高性能计算市场的主流。

在面向个人电脑和终端类应用的微处理器方面，随着云计算的兴起以及三网融合的加速，个人计算机用的微处理器将从一味追求高性能向理性地追求适用性能下的低成本和低功耗发展，在单片内融合多种功能也是这类微处理器的发展趋势。未来集成在微处理器上的功能越来越多。一方面，通过把 CPU、GPU 以及南北桥的功能集成在单片上来降低成本和功耗，简化设计和降低整个系统的成本；另一方面，计算机、通信和消费类电子产品的互联互通，是未来信息产业发展的大趋势，它包括设备内部 3C 融合和设备之间的互联互通。手机的功能越来越强，变成一个具备网络和多媒体功能的智能电脑终端；笔记本电脑也越来越便携，将具备手机的功能；数字电视除了传统的电视功能外，还将可以用于上网。

二　中国微处理器技术的发展状况

（一）国内制造和工艺发展现状

我国已初步形成设计、芯片制造和封测三业并举、协调发展的格局。

半导体设备材料的研发和生产能力不断增强。在设备方面，90 纳米等离子刻蚀机和大角度等离子注入机等设备研发成功，并投入生产线使用。在材料方面，已研发出 12 英寸硅单晶，硅晶圆和光刻胶的国内生产和供应能力不断增强。技术创新能力与国外先进水平之间的差距不断缩小。从最初的 3 英寸生产线，发展到目前的 12 英寸生产线，IC 制造工艺向深亚微米挺进，研发了不少工艺模块，先进加工工艺已达到 65nm。封装测试水平从低端迈向中高端，在 SOP、PGA、BGA、FC 和 CSP 以及 SiP 等先进封装形式的开发和生产方面取得了显著成绩。

制造代工企业融入全球产业竞争，涌现出中芯国际、华虹 NEC、宏力半导体、和舰科技、台积电（上海）、上海先进等 IC 制造代工企业。这些企业纷纷进入国际市场，融入全球产业竞争。

中芯国际是世界领先的芯片代工企业之一，是国内规模最大、技术最先进的芯片代工企业。中芯国际在上海、北京、天津、成都建有 3 座 12 英寸工厂和 4 座 8 英寸工厂和 1 座封装测试厂。中芯国际提供 0.35 微米、0.25 微米、0.18 微米、90 纳米、65 纳米和 45 纳米工艺设计和制造服务，包括逻辑电路、混合信号/CMOS 射频电路、高压电路、系统级芯片、动态存储器、闪存存储器等。中芯国际已经获得 IBM 授权的 45 纳米 CMOS 逻辑技术平台，是国内第一家提供最先进 45 纳米制程的芯片代工厂。

上海宏力半导体也是一家从事集成电路制造的专业代工企业，已建成 3 座 12 英寸规格的厂房。宏力半导体能提供包含通用、低压、低功耗工艺在内的 0.25/0.18/0.15 微米的各种逻辑工艺技术平台。宏力半导体正在开发 0.13 微米/0.11 微米铝金属连线逻辑工艺，可满足低速、低成本的 0.13 微米产品的应用需求。

（二）中国微处理器发展现状

通过“十五”和“十一五”期间的发展，在国家的大力支持下，我国在微处理器设计方面已经有了一定的基础，在微处理器研制方面取得了群体性发展。在单核处理器的研发方面达到世界先进水平，并快速切入多核处理器的研发。研制出多款通用微处理器和嵌入式微处理器，包括中科院的“龙芯”、上海高性能集成电路设计中心的“申威”、国防科大的“飞腾”、北京大学的“众志”，苏州国芯的“C * Core”等。有的处理器在结构设计方面已经达到国际先进水平，例如采用超标量技术和多核技术等，在应用推广和产业化方面也进行了有益的尝试并取得了可喜的进展，但总体上国产微处理器产品还缺乏国际竞争力。

龙芯系列 CPU。中国科学院计算技术研究所于 2001 年初开始研制龙芯系列处理器，在过去的九年中，龙芯的研发取得了持续的进展。2002 年 8 月研制成功的龙芯 1 号是国内第一款 32 位通用 CPU，2003 年 10 月研发成功的龙芯 2 号是国内第一款 64 位通用 CPU。此后经过持续改进和优化，2007 年研发成功的龙芯 2F 性能达到世界先进水平，产品具有初步的国际市场竞争力。2008 年设计的龙芯 2G 和龙芯 3 号，核心技术取得进一步突破，产品竞争力进一步提高，在具体应用上具有明显的比较优势。

目前龙芯处理器已经形成面向嵌入式应用的龙芯 1 号系列，面向高端嵌入式和桌面应用的龙芯 2 号系列，面向服务器和高性能计算机应用的龙芯 3 号系列等三大系列 CPU。

龙芯 2 号系列主要面向电脑类应用。其中龙芯 2F 采用 90nm 工艺，片内集成四发射 64 位处理器核、一级指令/数据缓存各 64KB、二级缓存 512KB 以及 DDR2 内存控制器、PCI 控制器等，晶体管数目为 5100 万，主频为 800MHz；目前龙芯 2F 已经量产。龙芯 2G 使用 65nm 工艺，片内集成四发射 64 位处理器核、一级指令/数据缓存各 64KB、二级 Cache1MB 以及 DDR2/3 内存控制器、HyperTranport 控制器和其他接口；目前龙芯 2G 已经流片成功。龙芯 2H 采用 65nm 工艺，片内集成四发射 64 位处理器核、一级指令/数据缓存各 64KB、二级 Cache1MB、流媒体处理、图形图像处理以及南桥北桥等配套芯片组功能，为低成本电脑提供现单片解决方案；龙芯 2H 将于 2010 年流片。

龙芯 3 号多核 CPU 系列主要面向高性能计算机和服务器应用。其中龙芯 3A 采用 65 纳米 CMOS 工艺设计，片内集成了 4 个四发射 64 位处理器核和 4MB 二级 Cachel，主频达到 1GHz，功耗小于 15W，峰值性能达到每秒 160 亿次浮点运算，片上包含 4.25 亿个晶体管；龙芯 3A 已经于 2009 年流片成功。龙芯 3B 采用 65nm 工艺设计，主频为 1GHz，片内集成 8 个带向量扩展的超标量处理器核，片内双精度浮点运算速度达到每秒 1280 亿次，适用于高性能计算和数字信号处理等应用；龙芯 3B 已于 2010 年 3 月流片。龙芯 3C 将采用 32nm 工艺设计，主频为 1.5GHz，片内集成 16 个 64 位超标量向量处理器核，片内双精度浮点运算速度达到每秒 3840 亿次；龙芯 3C 将于 2011 年流片。

龙芯在产业化方面也进行了有益的探索。龙芯处理器在航天控制、信号处理、指挥控制、网络安全、安全保密电脑等领域得到初步应用；龙芯低成本电脑进行了十万套规模的试点；基于龙芯 3 号的高性能机和服务器具有很好的市场前景；龙芯 CPU 在包括工业控制、网络安全、消费类电子等方面的应用逐步展开；大量骨干企业参与到龙芯的应用和产业化中，产学研用结合的产业环境初步形成。

中国科学院正在与北京市合作成立龙芯 CPU 研发和产业化的骨干企业，实现从研发向产业的转移，建立“以企业为主体、市场为导向、产学研结合”的龙芯研发和产业化体系。产业化实体的成立对加快龙芯国产 CPU 产业化与市场化进程，进一步整合资源，完善国产软硬件自主创新产业链具有重要意义。

申威系列 CPU。上海高性能集成电路设计中心隶属于上海市科学技术委员会，是工业和信息化部认定的集成电路设计企业。主要业务是开展集成电路设计技术研究，研发具有自主知识产权的国产 CPU，推进科研成果产业化。“十一五”期间采用国内 0.13 微米工艺和全定制设计方法，设计并生产出国产 64 位高性能通用 CPU—申威 1，该芯片工作频率达到 1GHz 以上，峰值速度为每秒 50 亿次浮点运算，在高性能计算领域实现了批量应用。目前，中心开始研制新一代 64 位通用多核处理器，该芯片为 RISC 结构，集成多种标准接口，使用 65 纳米工艺实现，具有集成度高、结构复杂、指标先进等显著特点。

飞腾系列 CPU。国防科学技术大学计算机学院坚持“军民结合、寓军于民”的战略方针，在国产高性能通用微处理器与军用微处理器设计领域具有雄厚的技术基础和丰富的科研成果。在军用微处理器研制方面，成功研制了飞腾 1750 微处理器芯片、飞腾 586 微处理器芯片（FT－586）以及飞腾 DSP 系列芯片。飞腾 1750 微处理器芯片是“XX 工程”的主控芯片，打破了国外的技术封锁。飞腾 586 处理器采用全定制设计，工作频率 300MHz，芯片可靠性达到军标 B 级，是国内性能最高的军品级微处理器，已在多个军事装备中得到应用，对提升我国军品 CPU 自主保障能力、打破国际封锁、推进军队信息化建设具有重大意义。

在通用高性能处理器研制方面，先后研制了飞腾 64－1、飞腾 64－2、飞腾 64－3 和飞腾 1000 等系列高性能通用 64 位微处理器芯片。其中飞腾 64－1 采用 EPIC 体系结构。飞腾 64－2 芯片是国际上第一款用于科学计算的 64 位流处理器芯片，采用先进的流处理体系结构，作为科学计算加速芯片装备在最新一代银河并行计算机系统中。飞腾 64－3 采用异构多核体系结构，将应用于新一代银河巨型计算机系统中。飞腾 1000 芯片采用多核多线程 SOC 体系结构，兼容 SPARC V9 指令集，片上集成了 8 个处理核，可同时执行 64 个线程，芯片工作频率 1GHz，功耗小于 30W，适用于构建大规模并行科学计算、数据库事务处理、Web 服务等服务器系统，即将在高性能计算机、军用自主服务器和终端系统等多个领域推广应用。飞腾 1500 芯片将在 2011 年推出，集成更多处理核心和更高的多线程并行能力，支持 SIMD 多路并行浮点操作，工作频率 1.5GHz，将用于构建全国产化千万亿次高性能计算机系统。

北大众志 CPU。北京大学于 1995 年在自主 CPU 和基础软件等方面开展系统性的研发工作。1999 年研制成功中国第一套支持微处理器正向开发的软硬件协同设计平台和基于自主指令系统标准的16位CPU，2000年研制成功支持16位/32位指令系统的UniCore－1 CPU及信息家电示范系统，2003年基于北大众志－863 CPU系统芯片的网络计算机进入市场，2006年采用0.13微米工艺的北大众志CPU系统芯片设计完成，CPU核的典型工作频率超过600MHz。

为推进北大众志自主CPU的产业化，2002年成立北京北大众志微系统科技有限责任公司。北大众志公司在2006年正式启动了“超K计划——自主核心技术的千元电脑”，2009年推出了“超K计划”的第一代系统芯片PKUnity－3（SK）是目前国际上为数极少的可提供“单芯片个人计算机”主板解决方案的系统芯片。采用北大众志PKUnity－3自主CPU的安全适用计算机已批量上市。

C＊Core系列CPU核。C＊Core系列32位CPU核是苏州国芯科技有限公司的产品。该公司接受摩托罗拉公司的低功耗、高性能32位RISC嵌入式微处理器M＊Core技术，以此为基础自主研发了具有自主知识产权的C＊Core系列32位微处理器核。C＊Core 32位CPU系列提供了工业领先的低功耗嵌入式处理器，具有高性能、高代码密度、快速中断响应、灵活性高、面积小、低成本的特点。C＊Core CPU架构以及指令集针对功耗设计做了优化，并且具有嵌入式应用方面所需的高计算性能。目前已有CPU核最高主频300～500MHz，总体性能与ARM7和ARM9相当，正在研制主频达到600～800MHz的C600/700和主频达到800MHz～1.2GHz的C800/900系列，该CPU采用超标量双发射架构，主要针对更高性能及性价比的中高端嵌入式应用，其总体性能与ARM11相当。基于C＊Core的SOC产品已累计开发数十款，量产达5000万颗以上。

（三）提高我国微处理器竞争力所需的关键技术

提高我国微处理器竞争力所需的关键技术包括以下几个方面。

1. CPU结构设计技术：针对应用需求，结合CPU、图形图像处理器、向量处理器、阵列处理器和可重构处理器特点，创新高性能多核CPU架构，解决“存储器墙”、“通信墙”问题，提升高性能计算和数据处理的吞吐率；融合CPU、GPU和流媒体处理和网络化应用特点，形成有特色、面向三网融合的新型SOC架构，在性能适用的前提下降低成本和功耗。

2. 编译优化和编程模型技术：针对自主CPU，形成高效的编译系统，提升国产CPU的使用效能；结合操作系统和编译器等基础软件，开发新型编程模型，发挥高性能 CPU 的效能，解决“编程墙”问题。

3. 高时钟频率设计技术：根据自主 CPU 的特点，与芯片制造密切合作，结合 CPU 的特殊要求优化工艺参数，获取最佳性能及成品率；突破与工艺密切结合的全定制设计技术，挖掘工艺性能，提升高性能 CPU 的设计能力，从而提高 CPU 的工作频率。

4. 高 IO 带宽设计技术：在微处理器引脚有限的情况下，克服纳米级工艺带来的困难，设计高速 IO 接口，增大微处理器的接口带宽，缓解“带宽墙”问题；通过 3D 封装以及光互连等新技术解决“带宽墙”问题。

5. 低功耗设计技术：在高性能 CPU 的研发全过程中，采用不同层次的低功耗设计策略和低功耗管理措施，降低高性能 CPU 功耗与运行功耗，提升能效比。

6. 高复杂度系统的验证测试技术：突破高性能多核 CPU 以及复杂 SOC 的验证、测试以及设计分析与评估技术，形成适合自主 CPU 研发的流程和方法，缩短研制周期，提高成功率。

（四）国家相关政策措施

中国政府正在实施“工业化与信息化融合”的发展战略，信息产业已经成为中国国民经济的支柱和先导产业。发展集成电路产业已经成为我国发展经济的战略性部署。

国家对发展集成电路产业一直非常重视，国务院于 2000 年发布实施 18 号文件《鼓励软件产业和集成电路产业发展的若干政策》，目前正在讨论和制定该项政策的后续政策。“核心电子器件、高端通用芯片及基础软件产品”、“极大规模集成电路制造设备及成套工艺”已作为重大专项列入《国家中长期科学和技术发展规划纲要（2006～2020）》并进入实施阶段，发展国产微处理器是国家重大专项支持的重要研究内容。国家科技部已经将发展我国微处理器技术的基础研究和高技术开发列入国家 973 计划和国家 863 计划中进行支持。国家自然科学基金委员会也支持了微处理器技术方面的基础研究。国家十大重点产业振兴规划之一的《电子信息产业调整和振兴规划（2009～2011）》中，明确提出要增强我国计算机产业竞争力，重点推广基于我国自主微处理器的计算机产品。

三 中国微处理器发展面临的挑战和机遇

国外微处理器厂商经过几十年的积累，在技术和市场上占据领先地位，形成了技术壁垒和市场壁垒，这对中国微处理器发展形成很大挑战。例如美国 Intel 公司和微软公司联盟，形成“Wintel”体系，在个人电脑领域制定技术标准，形成了技术壁垒。Intel 公司不允许其他公司生产 X86 指令集处理器（AMD 公司和 VIA 公司除外），以保证该公司占据个人电脑领域的大部分市场份额。另外，Intel 公司拥有世界上最先进的半导体生产线，微处理器的设计和工艺能够紧密结合，而对于国内微处理器的研制单位而言，微处理器设计与半导体工艺的结合是其薄弱环节，这对设计高性能微处理器是不利的。

国外微处理器厂商占据着大部分市场份额，基于国外微处理器已经建立起庞大的产业体系和产业环境，形成了高市场壁垒。美国 Intel 和 AMD 公司生产 X86 指令集的处理器，垄断着桌面电脑、笔记本电脑市场，并且在服务器和高性能计算机市场上也有出色表现；美国 IBM 公司的 Power 系列主要占据服务器和高性能计算机等高端市场；基于英国 ARM 公司处理器核的微处理器在嵌入式市场尤其是网络和通信市场上占主导地位。国外微处理器厂商已经建立起庞大的产业体系，许多国内计算机软件企业、整机企业、系统集成企业在该产业体系中占据一定的位置，获得相应的利益。国产微处理器要打破市场壁垒，建设基于国产微处理器的产业体系和产业环境，这是个很大的挑战。

尽管面临很大的挑战，中国微处理器发展也面临难得的机遇。首先，国外微处理器厂商的技术发展速度已经放慢，我国微处理器厂商可以加速发展迎头赶上。从工艺角度来看，集成电路发展变缓，芯片上集成的晶体管数目由原来的每 18 个月翻一番，变成每 2 ~ 3 年翻一番；从结构上看，高性能通用微处理器的高主频复杂设计在遭遇功耗墙后，已经转向性能、功耗和设计复杂度比较平衡的多核结构，设计复杂度的提高变慢；从应用角度看，微处理器设计指标从一味强调高性能向在适用性能的情况下降低功耗和成本转变，从传统的科学和工程计算向网络计算和多媒体计算转变，特别是云计算（Cloud Computing）和物联网（Internet of Things）的兴起，对微处理器设计提出了新的要求。

其次，我国庞大的微处理器市场需求能够为自主微处理器产业的发展提供广阔的空间。根据全球技术研究和咨询公司 Gartner 的初步估计，2009 年全球半导体总收入为 2260 亿美元，中国的集成电路的消费占全球的 25%，达到 565 亿美元，预计未来几年内，中国集成电路市场有望保持两位数的增长速度，2011 年中国集成电路市场规模将达到 1500 亿美元。巨大的国内市场需求为我国微处理器产业的迅速发展提供了广阔空间，将推动我国从一个微处理器的消费大国成为一个微处理器的设计和制造强国。在突破基本的设计和制造技术后，微处理器提高竞争力的核心在于与应用结合的能力。

另外，通过“十五”和“十一五”期间国家的大力支持，我国在微处理器设计方面已经有了长足进步，为进一步发展打下了良好基础。国内微处理器设计单位经过近十年的技术积累和产业探索正在经历从模仿向创新的转变，从低端向高端的转变，从研发向产业的转变。相信我国完全能够抓住目前的战略机遇期，依靠中国的庞大市场需求和国家的大力支持，迎头赶上甚至超越世界先进水平，在“十二五”和“十三五”期间取得产业的突破，建立自主可控的信息产业体系。

四　思考与建议

回顾我国微处理器的发展，从“十五”期间开始起步，初步掌握了微处理器的设计技术；“十一五”期间进行了技术持续积累，有些方面大踏步赶上了世界先进水平，在产业方面也进行了初步探索；到“十一五”末，国产 CPU 成功应用于我国百万亿次和千万亿次高性能计算机，基于国产 CPU 的电脑应用达到几十万套规模，基于国产嵌入式 CPU IP 的系统应用达到千万套规模。预计“十二五”期间将是国产 CPU 产业突破的时机。此后，再经过“十三五”的努力，到 2020 年，国产微处理器市场竞争力全面提升，产业环境改善，国产微处理器和操作系统能够初步支撑起我国信息产业的发展。为了达到上述目标，本文给出下面一些建议。

（一）抓住机遇实现跨越式发展

随着集成电路制造技术进入纳米级，微处理器的发展正处在技术转型期。集成电路的摩尔定律发展变慢，多核结构成为高性能微处理器的主流，低功耗成为微处理器设计的主要指标，互联网的普及正在改变计算机的应用模式，电子设计自动化（EDA，Electronic Design Automatic）工具不断完善和成熟以及集成电路代工厂蓬勃兴起。上述技术转型一方面加大了国外处理器设计厂商进一步前进的难度，另一方面降低了我们进行微处理器设计的门槛，为中国在未来几年发挥后发优势，通过跨越创新实现突破提供了机遇。我们应该紧紧抓住上述机遇，加大研发和产业化力度，实现跨越式发展。

（二）加强国产集成电路的产业环境建设

我国集成电路产业正处于加速发展的阶段。为了建设并完善集成电路产业环境，国家需要加快发展我国集成电路加工制造业，着力改变目前我国集成制造设备主要依赖进口的局面，建设我国自主创新的集成电路专用装备业和专用材料产业，重视与集成电路紧密结合的各种 IP 和设计环境的建设，培养和发展国内计算机辅助设计工具即 EDA 工具厂商，协调发展我国集成电路封装测试业等。这些产业环境的建设，将对国产微处理器的发展起到重要的作用。

（三）加强国产计算机软硬件产业环境建设

由于微处理器的产业面广、产业链长，产业化难度很大。微处理器的产业化实际上是我国自主可控的信息产业体系的建设。国家除了对国产微处理器的研发进行持续经费投入外，还应该着力于国产微处理器的产业环境建设，协调国产软硬件的发展，鼓励和支持国产软硬件平台研发和移植国产应用软件，通过政府首购等方式完成产品中试，改善应用环境。

发展具有自主知识产权的微处理器，建立自主可控的信息产业是国家和时代的需要，是产业发展的需要，我们已初步具备相应的条件，再没有理由怀疑我们能够做成这件事。许多时候，不是我们没有跨越的能力，而是缺乏创新的胆识；许多事情，不是我们没有突破的可能，而是缺乏必胜的信心。但是也应该清醒地看到发展自主可控的信息产业绝非易事，它需要长时间的积累。无所作为的怀疑论和盲目乐观的速胜论都是错误的。在战略上藐视它、在战术上重视它是我国发展自主知识产权微处理器和信息产业时应遵循的一个基本原则。

参考文献

江泽民：《新时期我国信息技术产业的发展》，《上海交通大学学报》2008 年第 10 期。

王阳元、王永文：《我国集成电路产业发展之路》，科学出版社，2008。

中国计算机学会：《2008 中国计算机科学技术发展报告》，机械工业出版社，2009。

Xu Cheng et al. , Research Progress of UniCore CPUs and PKUnity SoCs, *Journal of Computer Science and Technology*, 25（2）, Mar. 2010, pp. 200 – 213.

中国信息通信技术产业发展现状与展望

罗　文*

摘　要： 2009年“三驾马车”中出口降幅较大，投资和消费成为信息与通信产业企稳发展的主要引擎。全球政策环境逐步改善，有利于信息与通信产业长期稳定发展，我国调结构的政策促使“三驾马车”共助产业增长。2010年我国信息与通信产业政策的重点在于培育新兴业态、拓展新型消费、大力发展科技金融，提升产业价值链。

关键词： 信息产业　通信产业　政策效应　“三驾马车”

2009年是我国信息与通信产业发展史上很困难但极具特色的一年。受国际金融危机的严重冲击，世界经济深度衰退，我国信息与通信产业遭遇前所未有的困难。信息产业在21世纪以来首次出现负增长，产品出口额骤然下降，增速大幅下滑，成为国民经济中受冲击最明显的行业之一。中央推出了一揽子经济刺激计划，发布了《电子信息产业调整和振兴规划》，全面推行“家电下乡”等一系列政策，营造了产业发展的良好环境。2009年下半年起开始呈现企稳向好的迹象，扭转了增速大幅下滑的局面。2010年发展形势总体较为乐观，但不确定因素依然较多，在继续发挥政策和投资效应的同时，应更注重发挥消费和出口的拉动作用，才能确保产业平稳协调发展。

一　2009年信息与通信产业发展概况

受金融危机影响，我国信息与通信产业面临严峻的挑战。在中央扩内需、调

* 罗文，中国电子信息产业发展研究院院长，1986年毕业于武汉大学，高级工程师。主要从事信息化、信息产业发展战略与规划研究。

结构、保增长一系列政策措施的积极作用下，信息与通信产业已走出低谷，逐步回暖。

（一）电子制造业受金融危机冲击大，回升相对乏力

我国电子信息产业的外贸依存度高，在工业大门类中受国际金融危机冲击特别明显。2009 年，规模以上电子信息制造业实现收入 51305 亿元，同比增长 0.1%；实现利润 1791 亿元，同比增长 5.2%。规模以上电子信息制造业增加值同比增长 5.3%（见图 1），比 2008 年增速下降 9.4 个百分点；实现销售产值 50202 亿元，同比增长 2.4%，扭转了前 10 个月连续下滑的势头。

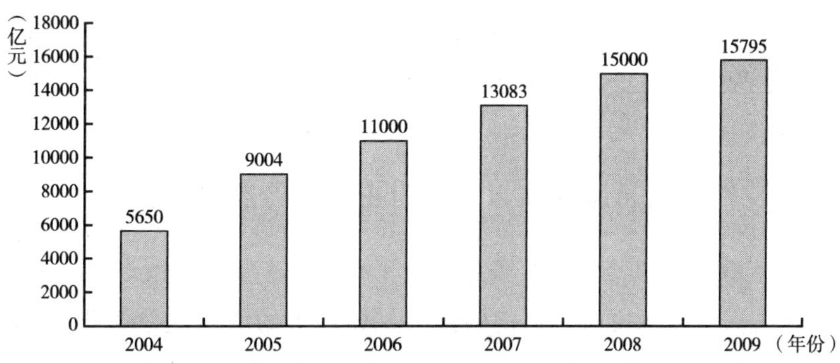

图 1　2004～2009 年规模以上电子信息制造业增加值情况

数据来源：图中各年数据分别源于以下文件。信息产业部：《2004 年电子信息产业经济运行统计公报》，2005 年 3 月 4 日第 3 版《中国电子报》。信息产业部：《2005 年电子信息产业经济运行公报》，2006 年 2 月 28 日第 2 版《中国电子报》。信息产业部：《2006 年电子信息产业经济运行公报》，2007 年 3 月 15 第 A4 版《中国电子报》。信息产业部：《2007 年电子信息产业经济运行公报》，2008 年 2 月 19 日第 3 版《中国电子报》。国务院办公厅：《电子信息产业调整和振兴规划》，2009 年 4 月 17 日第 1 版《中国电子报》。工业和信息化部：《2009 年电子信息产业经济运行公报》，2010 年 2 月 5 日第 2 版《中国电子报》。

全行业亏损面为 26.1%，亏损企业亏损额达到 382 亿元，同比增长 45%。计算机和电子元件、器件行业效益相对较差，利润降幅分别达到 26.7%、9%、39.4%；通信和视听行业效益较好，利润分别同比增长 49% 和 23%。

外贸出口下滑明显，出口交货值降幅收窄。2009 年，电子信息产品进出口 7719 亿美元，同比下降 12.8%，出现 20 世纪以来首次负增长。其中出口 4572 亿美元，下降 12.5%，占全国出口的 38%。出口降幅逐步收窄，11 月后连续正

增长。基础产品出口下滑明显，电子元件、材料出口分别同比下降23.6%、36.3%；整机产品出口降幅相对较小。2009年规模以上电子制造业出口交货值28932亿元，同比下降5.6%。11、12月分别增长9.8%和17.7%，结束了长达12个月的出口下滑（见表1）。①

表1　2009年规模以上电子制造业主要指标情况

	2009年	2008年	增速(%)
主营业务收入(亿元)	51305	51253	0.1
利润(亿元)	1791	1703	5.2
税金(亿元)	664	586	13.3
从业人员(万人)	755	760	-0.6
销售产值(亿元)	50202	49019	2.4
出口交货值(亿元)	28932	30651	-5.6

（二）软件与信息服务业以内需为主，运行态势平稳

2009年，我国软件与信息服务业保持平稳态势，每月增速逐步回升，虽然也受到国际金融危机的影响，但仍保持了20%以上的增幅。这说明我国软件和信息服务业抵御国际金融危机的能力较强。产业发展保持平稳态势，每月增速有所回升。2009年，全国软件产业实现业务收入9513亿元，同比增长25.6%，增速比上年低4.2个百分点。分领域看，软件技术服务增长31.4%，嵌入式软件和IC设计收入增速均比上年下降5个百分点以上。软件外包服务出口24亿美元，同比增长15%。软件技术服务增势明显，IC设计增长较慢。② 出口和外包服务增长快于全行业，但增速放缓。我国软件与信息服务业保持平稳态势，主要出于两方面原因：一是国家及时制定了《电子信息产业调整和振兴规划》等政策措施，来应对国际金融危机的影响，二是我国的软件服务业是一个以内需为主的产业，国内市场需求非常旺盛。

① 工业和信息化部：《2009年电子信息产业经济运行公报》，2010年2月5日第2版《中国电子报》。

② 陈英：《加强标准工作机制创新　力促我国软件服务业发展》，2010年1月15日第3版《中国电子报》。

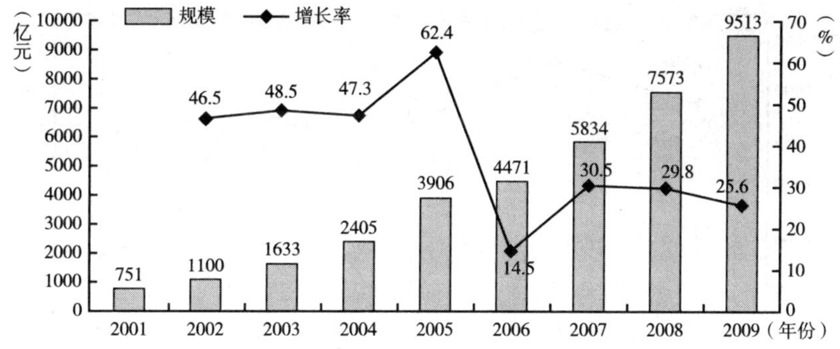

图 2　2001～2009 年我国软件服务业规模及增速

数据来源于工业和信息化部《改革·创新·跨越式发展——中国电子信息产业改革开放 30 年》，电子工业出版社，2009，第 135 页。

（三）通信业发展总体平稳但增速低，3G 迅速推进

受国际金融危机的影响，2009 年我国通信业的业务总量和业务收入增速减缓，主要指标均不如 2008 年。

通信行业发展规模继续扩大，但增速减缓。业务总量和业务收入增速减缓。2009 年，全行业累计完成电信业务总量 25680.6 亿元，同比增长 14.4%；实现电信业务收入 8707.3 亿元，同比增长 4.1%。电信主营业务收入累计完成 8424.3 亿元，比上年同期增长 3.9%。电信主营业务收入构成明显变化。2009 年，移动通信收入比上年同期增长 13.2%，在电信主营业务收入中所占的比重较上年同期上升了 5 个百分点（见图 3、图 4）。①

用户总体增加，通信普及水平进一步提升。如表 2 所示，2009 年，电话用户总数达到 10.61 亿户，普及率达到每百人 79.9 部。宽带用户总数达到 1.03 亿户，宽带普及率达到 7.8%；网民总数达到 3.84 亿，普及率为 28.9%。互联网产业持续发展。2009 年，国内网络游戏市场规模达到 195.4 亿元，同比增长 36%。通信业在 2009 年大力发展综合信息服务，持续拓展信息化应用领域。全行业全年实现非话业务收入 3135.5 亿元，同比增长 8.8%。东部电信主营业务收入增速不到中西部的 1/4。

---

① 张煜：《通信业发展总体平稳　TD 产业化加快》，2010 年 1 月 29 日第 2 版《中国电子报》。

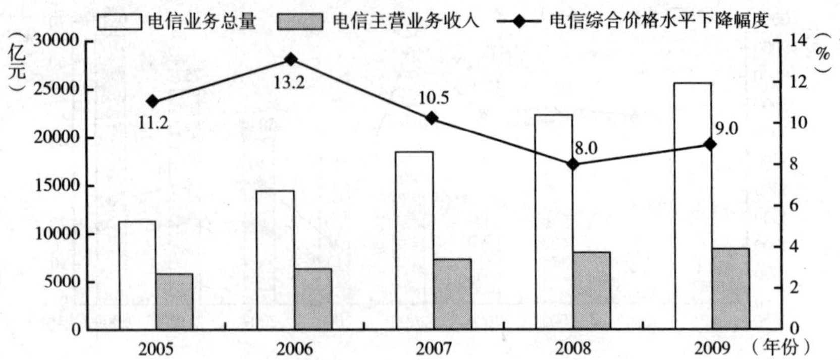

图 3　2005～2009 年电信业务收入情况

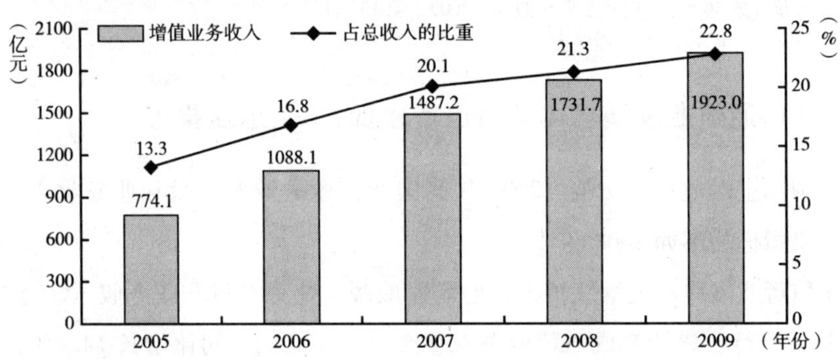

图 4　2005～2009 年基础电信企业的增值业务收入

表 2　2005～2009 年电话用户到达数和净增数

单位：万户

用户数 \ 年份	2005	2006	2007	2008	2009
到达数	74385.1	82884.4	91273.4	98160.4	106107.2
净增数	9727.0	8499.3	8389.1	6866.1	7946.7

3G 建设全面推进。3G 牌照发放后，我国 TD 产业化进程明显加快。投资计划稳步落实，网络建设全面推进。2009 年，三家基础电信企业共完成 3G 网络建设直接投资 1609 亿元，3G 基站建设 32.5 万个，网络覆盖全国 342 个地市、2055 个县（市）和 6000 多个乡镇。① 建设规模超过十多年来累计规模的一半，开创

① 工业和信息化部：《2009 年 12 月我国通信业运行状况》，2010 年 1 月。

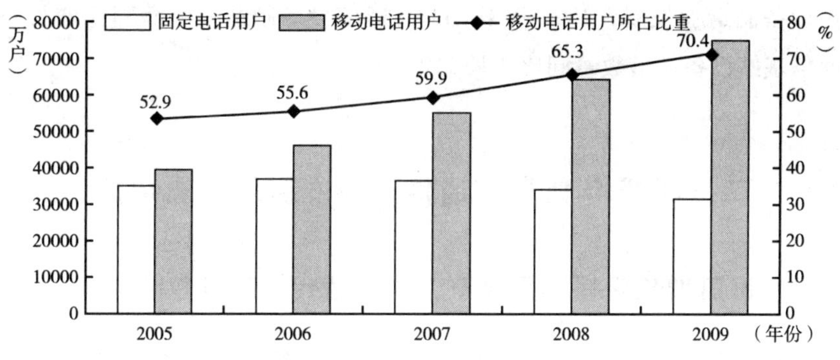

图5　2005～2009年移动电话用户所占比重

了全球电信发展史上建设规模最大、速度最快的新纪录。

3G用户规模突破千万。截至2009年年底，全国3G用户总数达到1325万户。3G的各种特色业务应用不断推陈出新，3G可视电话、手机视频等面向个人应用，宽带上网、家庭网关等面向家庭应用，无线城市、视频监测、移动办公等行业信息化应用不断涌现，移动支付、手机阅读等新业务迅速拓展。中国移动推出了TD移动应用商场，吸引众多开发者利用TD手机平台开发软件、游戏、视频等应用。

TD产业化进程明显加快，产业链正在形成良性运作机制。截至2009年年底，TD用户累计达到551万户。TD网络运行质量快速提高。2009年累计核发TD终端进网许可证179张，核发TD-HSUPA系统设备进网许可证22张。TD芯片性能快速提升，终端产业化能力增强。芯片工艺从2008年的130nm提升到90nm，65nm的解决方案即将推向市场，45nm方案开始研发；2009年TD芯片出货量达1200万片。终端稳定性和成熟度进一步提升，已有130多个终端厂家供应260多款TD终端，产业化进程明显加快。

3G投资拉动效应显现，有效带动上下游产业链协同发展。3G网络正式商用，有效带动了信息通信、商务金融、社会管理、文化娱乐等领域业务应用和创新，推动了移动互联网、电子商务、公共服务、文化创意等新兴产业快速发展。2009年3G间接拉动国内投资近5890亿元；带动直接消费364亿元，直接带动GDP增长343亿元，直接创造就业岗位26万个。① 另外，3G网络建设有效带动

① 张煜：《通信业发展总体平稳　TD产业化加快》，2010年1月29日第2版《中国电子报》。

了通信设备制造业发展，2009 年 1 ~ 11 月通信设备制造业利润同比增长 49%，移动通信基站设备信道数量同比增长 112.8%。

二 2009 年信息与通信产业发展的主要特征

（一）出口增长降幅逐月收窄，内需替代战略成效明显

我国电子信息产品出口比重高、外资比重高的特征非常突出，受国际市场影响非常大。国际金融危机造成发达国家电子产品市场普遍萎缩，给我国出口造成巨大压力。世界大多数国家和地区的电子产品产值都出现急剧下滑态势。作为全球电子产品最大市场的美国，2009 年电子产品市场规模增长率从 2008 年的 1.02% 下降到 -7.5%。在全球电子产品产值排名前 10 的国家和地区中，只有我国内地产值为正增长，其余 9 个国家和地区产值大多出现两位数的衰退。美国衰退值从 2008 年的 -2.82% 下降到 -12.96%。在全球电子产品制造业产值普遍下降的形势下，中国可谓一枝独秀，电子信息产业收入回暖趋势已经出现。2009 年规模以上电子制造业出口交货值 28932 亿元，11、12 月分别增长 9.8% 和 17.7%，结束了长达 12 个月的出口持续下滑。广东、江苏、上海和山东等地出口回升，成为出口总量降幅收窄的主要动力。

我国政府为了应对国际市场萎缩，采取了内需替代战略，国内市场拉动效应明显。中央采取了扩内需的一揽子政策措施，实施了《电子信息产业调整和振兴规划》，出台了 3G 与 TD、家电下乡、以旧换新等一系列政策措施，有力地拉动了内需市场的增长。2009 年规模以上电子信息制造业实现内销产值 21270 亿元，同比增长 15.8%。第二季度以后，每月内销产值均保持两位数增长。金融危机和内需替代战略的双重作用导致行业市场格局的调整，规模以上电子信息制造业内外销比例从上年的 1∶1.71 变为该年的 1∶1.36，出口依存度降为 57.6%，相比上年下降 4.9 个百分点。①

---

① 工业和信息化部：《2009 年电子信息产业经济运行公报》，2010 年 2 月 5 日第 2 版《中国电子报》。

（二）投资总体速度全年放缓，通信设备投资增长较快

如图6所示，从总体看，电子信息产业投资增速出现回落。2009年，全行业500万元以上项目累计完成投资4147亿元，同比增长17.5%，增幅低于2008年15.8个百分点。新增固定资产2621亿元，同比增长34.9%，增幅高于2008年3.4个百分点。电子器件行业投资增长2.8%，其中集成电路行业下降21.7%。全年新开工项目4443个，同比增长41.4%，占全部施工项目的63.5%，主要集中在光电器件、通信设备、光纤光缆等领域。

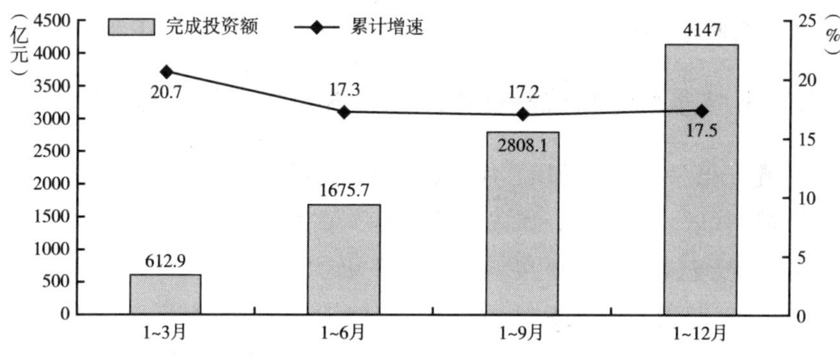

图6　2009年电子信息产业固定资产投资完成情况

2009年，全国通信业各领域的投资增长都较快。通信设备行业投资增长较快，增速达到36.5%。东、中、西部电信固定资产投资增速相近。东、中、西部地区电信固定资产投资比2008年同期增长28.9%、31.5%、29.2%。3G成为通信业投资的最大亮点。通信设备制造业完成投资338.6亿元，同比增长30.2%。①

（三）内资企业比重大幅提升，三资企业投资利润下滑

受国际市场波动的影响，三资企业发展明显放缓，内外资企业的份额出现变化，内资企业发展明显快于外资企业。2009年内资企业销售产值同比增长17.6%，占全行业的26.7%，比2008年提高3.3个百分点；港澳台企业销售产

① 张煜：《通信业发展总体平稳　TD产业化加快》，2010年1月29第2版《中国电子报》。

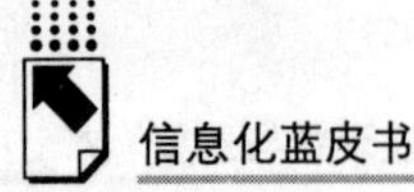

值同比下降0.8%，外商投资企业销售产值同比下降1.5%，所占比重分别同比下降0.9和2.4个百分点。从效益看，内资企业利润增长48.4%，占全行业的46.5%，比2008年提高了16.2个百分点；外商投资企业利润下降25.1%。从投资看，内资企业增长49.5%，占全行业的63.3%，外资企业下降15.7%。从出口看，三资企业下降13%，高于全行业降幅1个百分点，占全行业比重比2008年下降近1个百分点。

随着金融危机加深，美、日、欧等发达国家和地区经济大幅衰退，它们减少了对发展中国家的投资。从我国电子信息企业类型来分析，三资企业投资自2009年第二季度起转为持续下滑，1～11月累计完成投资1327.4亿元，同比下降18.1%，增速比上半年下降7.2个百分点，其中外商投资下降20.3%。

（四）科技重大专项进展顺利，推动核心技术体系建设

“核心电子器件、高端通用芯片及基础软件产品”（简称“核高基”）是我国高技术产业的代表。2009年，国家“核高基”重大专项为我国芯片、软件产业提供了宝贵的资金支持。2009年，“核高基”重大专项上年启动课题的经费3.61亿元已拨付，9.23亿元正在拨付，6.68亿元将于2010年拨付，它将促进我国信息与通信产业出现更多的重大技术发明，推动核心技术体系建设。

我国信息通信业的技术创新取得重要进展。至2009年底，全国信息技术领域专利申请总量达100万件左右，比上年增长20%以上，其中发明专利占比超过6成。通信、信息材料与加工工艺等领域是国内创新表现较好的领域；华为、中兴仍然位列内地企业专利申请总量排行榜的前两位，申请总量均超过1万件。新品开发保持平稳增长，新产品产值增长2.3%，占销售产值的22%，比上年提高了0.3个百分点。2009年10月，我国首台千万亿次超级计算机“天河一号”诞生，使中国成为继美国之后世界上第二个能够研制千万亿次超级计算机的国家。清华大学、昆山维信诺显示技术有限公司、北京维信诺科技有限公司的有机发光显示材料、器件及其产业化，江苏长电科技股份有限公司的平面凸点式封装（FBP）技术研发及产业化等7个项目，入选2009年信息产业重大技术发明。

（五）经济刺激政策成效显著，成为开拓内需市场引擎

受国际金融危机影响，信息与通信产业的投资、消费、出口不平衡，并出

现了扭曲。信息与通信产业向来被视为市场驱动型产业，但为了应对国际金融危机，化解“市场失灵”的困局，2009年政府“有形之手”的威力被发挥到空前程度。我国信息与通信产业发展主要依靠投资拉动和政策支撑，在2009年，我国信息与通信产业的所有重大事件中，都留下了政府“有形之手”的深深痕迹。中央一揽子计划的政策效应，成为促进信息与通信产业发展的强大动力。

“家电下乡”和“以旧换新”等扩大内需的政策，成为信息与通信产业开拓市场的主要新动力。它促进了农村家电消费市场的大规模启动，为产业发展开拓了新的、巨大的市场空间。2009年农村居民消费增长超过城镇居民消费增长，是20年来我国经济社会中极为罕见的现象。2009年2月，家电下乡政策开始在全国实施，为了完善“家电下乡”、“家电以旧换新”的实施办法和流程，抓好政策的落实，政府制定了一系列相关政策，如《家电下乡操作细则》、《关于打击借家电下乡等名义制售假劣产品专项整治的通知》等。截至2009年12月31日，通过信息系统登记的生产企业累计发货约9245.05万台（部），发货金额约1627.53亿元。销售企业销售家电下乡产品约3767.98万台（部），金额共计约692.57亿元。在信息系统中已登记销售的家电下乡产品有：冰箱15608244台、彩电8804379台、手机1799417部、洗衣机5584574台、计算机1301304台、空调3011563台、热水器1250746台、微波炉127946台、电磁炉191644台。家电下乡销售额累计超过10亿元的家电企业已有海尔、美菱和格力等17家。家电以旧换新实施后，进展顺利，截至2009年12月2日，9个试点省市共回收5大类旧家电295.5万台，销售额达100.44亿元。①

上述政策的及时出台，有力地保障了信息与通信产业搞活流通、扩大消费，实现了消费者、企业和政府三方共赢的帕累托最优效应。政策效应十分明显，拉动了内需，强化了国产品牌地位。实现助力支农惠农目标，补贴经费兑付率已经达到80%，并连续3个月都稳定在80%左右，农民直接获益超过100亿元。95%的农村消费者认为这是一项“惠民”政策，其政治意义比经济意义更为重大，对促进新农村建设具有非常积极的推动作用。

---

① 青见：《家电下乡累计销售692.57亿元》，2010年1月22日第5版《中国电子报》。

三　2010 年信息与通信产业发展展望

2010 年是“十一五”收官之年，也是我国信息与通信产业走出危机的关键一年，直接关系到“十二五”开局的顺利与否。从国际上看，信息技术和产业发展的基本面和长期向好的趋势没有改变。国际主要经济体下跌已经有触底的迹象，2010 年世界经济形势总体上好于 2009 年，信息与通信产业也会随之温和地复苏，但诱发金融危机的体制和机制问题尚未根治，世界经济复苏脆弱而不稳定，主要经济体依然增长乏力，全球的信息与通信业消费需求仍然低迷，外需恢复缓慢；国内经济已经回升向好，但回升的基础还不稳定、不巩固、不平衡，我国信息与通信产业仍然面临着诸多挑战。

（一）各国新政策加速信息与通信产业全球市场复苏

西方主要发达国家和地区正在执行一系列促进信息与通信产业的政策措施。美国奥巴马政府 2009 年签署了总投资额为 7870 亿美元的《2009 年美国复苏与再投资法案》（ARRA），该法案涉及信息产业的政策包括美国宽带网络扩建（约投资 72 亿美元）、医疗信息化领域（约投资 190 亿美元）、智能电网和智能交通等。日本 2009 年公布的“日本 ICT 新政”，旨在 3 年内创造出数万亿日元规模的 ICT 市场。欧盟委员会 2009 年提出了 ICT 研发与创新战略。韩国政府 2009 年发布了《IT 韩国未来战略》，计划未来 5 年内投资 189.3 万亿韩元，发展信息产业 5 大核心战略领域。上述发展战略与我国的《电子信息产业调整和振兴规划》一样，都已成为推动 2010 年信息与通信产业稳定发展的强大动力。加上 IBM 等跨国公司提出的“智慧地球”、“地球中枢神经系统”等新理念和新模式，政府“有形之手”加上市场“无形之手”，将合力推动 2010 年全球信息与通信产业加速复苏。无疑，这将有利于我国信息与通信产业的出口增长。

（二）三大战略机遇有利于培育新业态、拓展新型消费

信息通信技术与工业技术加速融合，形成了汽车电子、医疗电子、机床电子、数控电子、轮船电子、新材料、生物工程等战略性新兴产业。2009 年，3G、物联网等新业态兴起，战略性新兴产业成为新增长点。2009 年 1 月，我国正式

发放了3张第三代移动通信经营牌照，三年内将拉动近万亿元的内需。2009年，国内RFID产业市场规模比2008年增长36.8%。2009年8月之后，传感网研发和产业化进程加快，传感系统和TD技术深度融合，建立了“感知中国”中心。预计到2012年，无锡“感知中国”中心示范区内将聚集各类传感网技术创新从业人员上万人，培育传感网领域企业近百家，实现产值200亿元以上。中央政府和地方政府的资源配置合力互补，形成了液晶高世代线的千亿元投资规模。2009年，国内在建和完成备案的液晶高世代线项目有：京东方在合肥建6代线，中电熊猫在南京建6代线，北京在建8代线，深圳TCL和深超公司一起合作建8.5代线。此外，各地上报希望建设的高世代线至少还有5条。每条高世代线的投资额为两三百亿元人民币，液晶高世代线总共可为信息与通信产业提供三千亿元左右的投资规模。

三大战略机遇将有利于2010年信息与通信产业培育新业态并拓展新型消费。一是低碳经济成为信息与通信产业的新引擎。信息通信技术受市场驱动影响大，具有更新速度快、产业颠覆性强的特点。当前，全球正兴起低碳经济热潮，指引全球发展模式转型和新业态技术创新。绿色制造技术将广泛应用于半导体、电子整机产品、数据库、数据中心的设计和制造之中。哥本哈根联合国气候变化大会表明：控制碳排放，延缓甚至改变气候变暖是大势所趋。低碳经济主要涉及新能源、节能减排两大领域，孕育着巨大的商业机会。例如，新能源包括风电、核电、光伏发电、生物质能发电、氢能等先进发电技术；节能减排包括智能电网、新能源汽车、半导体照明、新型显示、电力电子设备节能等先进节能技术。要把低碳经济关键技术作为2010年信息与通信产业的重要抓手，为“十二五”发展规划的制订作充分准备。二是要紧紧抓住“三网融合”的机遇。2010年1月13日，国务院决定加快推进电信网、广播电视网和互联网“三网”融合，并提出了推进三网融合的阶段性目标。2010年是“三网融合”万亿元巨大市场的关键之年，要充分利用广电和电信业务双向进入试点的良机。三是物联网和3G将成万亿元级超级通信产业。云计算、物联网等成为信息与通信产业发展的新增长点。云计算对产业链的上下游将产生极其重要的影响，物联网的推广将会成为产业发展的又一个助推器。这使2010年信息与通信技术创新更加活跃，继续成为风险投资关注的热点。3G发展将有力促进国民经济增长。物联网技术融合了传感器、云计算、通信网络等多种关键技术，涉及海量的信息产业设备和终端，将带动信息与通信产业的高速发展。少数发达国家的传感网技术正进入我国金融、电力、医疗、交通运输等重要领域，这可能对我国信息安全带来隐患。我国信息与通信产业要从国家战略安全的高度，部署“三网融合”、3G 和物联网的发展战略。

（三）信息化需求复苏将营造信息与通信产业新市场

2010 年，在市场需求复苏和政府需求增加的双重动力带动下，国内外信息化发展形势较为乐观，将为信息与通信产业发展提供可观的内需市场。构建信息优势成为各国摆脱金融危机和加快经济复苏的战略选择，信息化推动“下一代经济”显现。发达国家布局下一代信息基础设施，加速迈向宽带、融合和泛在。网络基础设施加速向宽带、融合、智能下一代网演进，通信网、互联网、物联网和云计算融合集成发展，构建泛在智能信息基础设施。我国各级政府将信息化纳入“十二五”规划，信息化的刚性需求增加。实施国家宽带战略、三网融合，部署物联网产业研发、下一代互联网，构建宽带、融合、泛在、安全的网络基础设施，这些都会增加信息与通信产业的高端市场需求。我国宏观经济企稳复苏，大多数企业盈利状况有所改观，企业信息化需求普遍回升。两化融合的重点领域和主导产业的信息化进程，信息化与绿色能源、循环经济、生物医药等领域技术创新的融合，是形成引领下一轮经济增长的主导产业的重要基因和催化剂。新一代信息通信技术加速与政府改革融合，稳步扩大电子政务的信息化需求。长期演进技术和无线城市建设促进城市信息化需求，提升农业农村信息化水平，为信息与通信产品开拓巨大的农村市场。

（四）调结构的主线促进优质资源投资信息通信产业

金融危机加速了我国信息与通信产业调整转型的步伐，全方位地影响了出口、投资和消费“三驾马车”的结构。政策效应和投资拉动仍然是 2010 年促进信息与通信产业发展的主要力量。对 2010 年信息与通信产业发展影响较大的政策有：2010 年继续实施家电下乡政策；18 号文中的相关税收优惠政策将于 2010 年到期，全行业都在盼望“新 18 号文”的出台。这个产业政策能否保持原有政策的连贯性，并有所创新，将深远影响我国信息与通信产业的发展。自 2010 年 1 月 1 日起，我国进一步调整进出口关税税则，已调整了部分工业和电子产品进出口关税税率和税目。我国税则税目总数将由 7868 个增加到 7923 个。继续对液晶显示屏用原板玻璃、手机取像模块等 574 项商品实行较低的年度暂定进口关税税率。出台了《关于加快国家高技术产业基地发展的指导意见》，提出经过 10 年形成百个左右产值规模超过千亿元的国家高技术产业基地；四部委提出进一步做好金融服务支持重点产业调整振兴和抑制部分行业产能过剩的指导意见。

2010 年信息与通信产业的工作主线是，调整产业结构和转变发展方式，高度重视关键的新兴产业和新技术的发展。扩大内需市场、发展低碳经济，成为产业结构调整的重要议题。虽然 2010 年全球信息与通信产业的态势是逐步地有限复苏，但我国政府的调结构的发展主线，将强有力地推动信息与通信产业增长。信息通信技术和产品具有极强的渗透力，是调结构必不可少的手段。要加快 3G、半导体照明、节能环保、电子商务、软件服务外包、网络动漫等新兴产业发展，鼓励光伏发电的推广应用。积极推动传感网络、云计算、下一代网络等新技术发展，扩大软件网络化服务。

调结构的发展主线不仅有利于信息与通信产业争取从四万亿元投资中获得更多的直接资源，而且更能寻找四万亿元资源再配置中存在的机遇。在中国人民银行的 2009 年信贷“总结报告”中，全年人民币各项贷款增加 9.59 万亿元，同比多增 4.69 万亿元，房地产等传统行业对信息与通信产业金融资源存在“挤出效应”。但我们乐观地看到，2010 年“调结构”的发展主线将为信息与通信产业获得更多的金融财政资源提供更多机遇。这有利于提高政策组合效应，促进信息与通信产业发展。

预计在产业规模上，2010 年规模以上电子信息制造业销售产值同比增长 12%，达到 5.7 万亿元；在进出口方面，2010 年电子信息产业进出口总额同比增长 12%，达到 8000 亿美元，其中出口同比增长 10%，达到 5000 亿美元。在产品方面，受“家电下乡”政策的影响，2010 年彩电、计算机与手机的产量将基本保持稳定，分别为 9000 万台、2 亿台和 6 亿部。随着产品结构调整升级趋势日益强劲，笔记本电脑、平板电视等高端产品的增长将继续高于计算机、彩电业的平均增速。

产业发展篇

PART Ⅲ

农业信息资源与农业网站的发展

郭作玉*

摘　要：全文分为农业信息资源和农业网站的发展两个部分。前一部分描述了农业信息资源建设及利用的现状、问题，对其今后发展提出了建议，即农业信息资源建设必须增强针对性，在统筹城乡经济社会发展中把握好方向，加强政府组织引导，强化信息资源共享，健全应用系统，延伸服务网络，实现服务创新。后一部分描述了农业网站发展现状、问题，分析预测了其发展趋势。即大型综合性农业网站和专业网站将更具发展潜力，以搜索技术为核心的综合知识推送将受到欢迎，B2C 物流网络配送将渐成趋势，立足于“互联网”，强化“物联网”，移动互联网将进村入户。

关键词：农业　信息资源　农业网站

---

* 郭作玉，农业部信息中心主任，主要研究方向为农业农村信息化、农村市场信息服务和农业网站发展。

一　农业信息资源

农业信息资源大体可以划分为政府信息资源、企业信息资源和社会组织信息资源。鉴于目前我国农业信息资源主要来源于政府部门，因此文中的信息资源主要指政府信息资源，包括由政府产生的信息，即政府业务流程中产生的记录、数据、文件内容，以及政府收集的信息，即政府根据需要从外部采集的信息。

（一）农业信息资源建设及利用现状

经过多年的建设，我国农业信息资源不断丰富，农业信息采集体系逐步完善，农业信息的加工与分析预测能力得到提高，信息发布形式与渠道多样化。

1. 农业信息资源不断丰富

多年来，农业部一直致力于农业信息资源的开发，相继建成了生产、市场、进出口、科技、能源、环保、农村人才等50多个数据库，信息资源涵盖农业和农村经济的基本方面。近几年，农业部围绕发展现代农业和建设社会主义新农村的需求，进一步加大开发力度，开发出“三电合一”共享数据库、龙头企业和农户宣传展示数据库，依托“金农工程”改进完善了批发市场价格数据库、农业基础经济资料数据库和农产品国际贸易数据库等十大数据库。其中，农产品批发市场价格日报数据库累计数据量近2亿条，农业基础经济资料数据库累计数据量约2100万条，农产品国际贸易数据库累计数据量约2100万条。同时，各级农业部门还建设了大量数据库。

农业科研院校根据自己的专业特长，也开发建设了一大批农业科技数据库。中国农业科学院承担的国家农业科技信息数据中心，累计投资近亿元，建立了国家农业数据平台，包括800多个数据库，涉及作物科学、动物科学与动物医学、农业科技基础、渔业与水产科学、农业区划、农业资源与环境科学、农业生物技术与生物安全、农业信息与科技发展、食品工程与质量标准、农业微生物科学等多个学科和专业。

此外，由农业部牵头整合22个部委的涉农信息资源，梳理了农业各行业生产、市场、劳动力转移及培训、农业科技成果及实用技术、农村社会救助及村民自治、农田水利基本建设、粮油购销库存等30类信息，基本建起了相关部委信息资源交换制度。

2. 农业信息采集体系逐步完善

目前，农业部已在产业、科教、市场等领域形成了30多条信息采集渠道，建立了信息指标体系、采集报送制度和稳定的信息采集点，配备了人员和设备，定期采集农村政策、生产动态、市场供求、价格、科技、灾害、疫情、农民收入等信息。目前，全国已建立信息采集点8000多个。如在全国680个县建立了农产品产量信息采集点，450个县建立了农情信息采集点，450个县建立了畜牧生产信息采集点，160个县建立了农业生产成本信息采集点，建立200多个农产品批发市场价格信息采集点，发展了24万多个农产品供求信息联播会员。信息采集范围已覆盖农业产前、产中、产后全过程。

3. 农业信息的加工与分析预测能力得到提高

农业部30多条信息采集渠道，大多数针对所采集信息的特点，开发了相应的信息处理专用软件。在搞好常规统计分析的基础上，加强了农产品市场监测预警和月度、季度农村经济形势分析，建立了定期信息分析预测和会商制度，已成为农村经济权威的信息集散中心。农业系统各行业及综合信息部门针对一些突出问题，开展了专题信息分析及预测。地方各级农业部门也都加强了区域性农业和农村经济情况的分析工作。

4. 信息发布形式与渠道多样化

农业部已经建立了以《经济信息发布日历》为标志的信息发布制度。依据《中华人民共和国政府信息公开条例》，制定了《农业部信息公开规定》，对公开内容、公开范围、公开方式、公开程序等做了详细规定，并提出了监督和保障措施。地方各级农业部门也逐步建立了信息发布制度，面向社会发布信息。

各级农业部门在实践中积极探索，大胆创新，充分利用广播、电视、报纸等多种媒体，拓宽信息发布渠道。各地相继开通12316“三农”服务热线，为农民提供农资投诉打假等信息服务，已经发展成为广大农民致富的生命线和农业部门服务职能延伸的新干线。许多地方农业部门通过手机短信开展信息服务，提高信息利用的时效性。上海、山东等省（市）开展网络视频诊断服务，由农业专家坐诊，通过网上视频为农民提供技术服务。浙江、河南等省发展了信息服务超市等新的服务模式，综合运用电脑网络、热线电话、电视节目、信息大厅等手段，

“面对面”服务农民。这些成功的探索在满足农民群众急需的生产、技术、市场、政策等信息需求方面发挥了积极作用。

（二）农业信息资源建设和利用中存在的问题

我国农业信息资源的建设尚处于起步阶段，农业信息资源的开发、利用、整合工作相对滞后，目前仍然存在着诸多问题。

1. 农业信息资源开发不足

主要表现在：一是信息资源采集范围有限。很多农业生产、农民生活和农村市场经济发展急需的生产、加工、储藏、流通、消费等方面的动态信息指标尚未纳入采集范围。二是信息资源处理手段落后。农业信息资源的采集、传输、处理、分析、发布手段相对落后，数字化程度还不高，急需的农业新技术、新品种、农产品供求等大型数据库建设及利用情况不够乐观。三是信息资源内容重复单调。仅从农业网站的内容来看，目前，除了一些有影响的国家级和省级农业网站外，许多地方性的农业网站建设水平还不够高，一家有的内容多家都有，甚至栏目的设置也都差不多。在内容上，宣传本地农业、为领导服务的信息较多，指导生产经营者的信息太少；反映现象的信息较多，有分析、有助于领导宏观决策和经营者微观决策的信息较少。信息资源分析加工不足，分析预测的水平较低，深度不够。四是信息资源表现形式单一。农民对信息的需求是多样化的，而目前农业信息资源静态的多、动态的少，数据库大多是文本型的，以文献为主，涉及的领域也比较狭窄，多媒体信息和全文数据库更少。

2. 农业信息资源利用不够

主要表现在：一是信息资源的开放度和共享度较低。由于各部门分别开发自己的业务系统，分别采集和保护与本部门职权有关的信息，使得农业信息资源应用系统格式各异，彼此之间无法形成互联互通，导致共享困难，形成“信息孤岛”。二是信息资源的时效性和针对性差。目前农业网站发布的信息，过时信息较多，缺乏第一手信息和第一时刻发布的信息。同时，许多涉农网站信息内容重复、单调，缺少针对当地农业生产特点，能够解决实际问题的农业信息，导致农业信息的过量与短缺并存，农业信息的利用率偏低。

3. 农业信息资源建设运行机制不全

主要表现在：一是市场机制在农业信息资源领域并未充分发挥作用，致使其市场化、产业化程度偏低，严重制约着农业信息资源的开发利用。二是在引导社会力量参与开发农业信息资源的同时，建立健全公益性规范机制、引导企业积极开发农业信息资源、为农民提供低成本有偿信息服务不够。三是农业信息资源开发利用中，缺少统一的信息资源标准体系，不同部门开发、提供的数据差异较大，信息资源整合力度不大，相关法律法规及标准化体系需要完善。

（三）农业信息资源应用与发展前景

农业信息资源建设作为农业农村信息化的源头，其重要性已得到社会各界的广泛认同，以农业信息资源为龙头的信息采集、整合、分析加工和发布已成为当前形势下农业农村信息服务与产品竞争的重点。今后，农业信息资源建设必须从我国国情出发，增强针对性，在统筹城乡经济社会发展中把握好方向，加强政府组织引导，强化资源共享，健全应用系统，延伸服务网络，实现服务创新。

1. 加强农业政务信息发布力度，引导和支持信息资源的公益性开发利用

当前我国农业信息资源建设最大的不足就是缺乏大量高价值的信息资源。而要获得足够丰富的信息资源，必须依靠各级农业政府部门和相关涉农部门的强有力的支持，必须建立在政府信息资源开放的基础上。多年来各级农业政府部门在履行相关职能中，已经积累了大量的信息资源，但是由于观念束缚、条块分割、部门利益等因素导致信息封锁严重，信息使用效率很低。

农业信息资源主要服务于农民，具有典型的基础性和公益性。从做好社会公共服务的角度说，各级政府和相关部门必须开放信息资源，要结合工作特点和社会需求，主动为企业和公众提供公益性信息服务，积极向公益性机构提供必要的信息资源。必须根据农业各政府部门以及相关事业部门的职责和任务，梳理各部门农业信息资源，建立信息资源目录，明确信息发布方式、范围和日期，制定相关管理规范，完善信息共享制度。

此外，要积极推进农业信息服务的社会化。应建立投入保障机制，结合农业方面的重点和热点问题，支持重点领域信息资源的公益性开发利用。制定政策，引导和鼓励企业、中介机构和其他组织开发信息资源，开展公益性信息服务。

2. 推动跨部门、跨地区农业信息资源共享，避免重复建设

针对农业信息服务中“信息孤岛”和服务内容雷同的问题，必须推动跨部门、跨地区农业信息资源共享。根据当前我国农业部门和涉农部门在信息资源管理中面临的具体问题，要实现农业信息资源共享可从以下几个方面着手。一是在政策方面，要根据部门职责，确定产生信息或采集信息的内容，要以制度形式规范信息共享的内容、范围和时间，改变信息重复采集、分割拥有、垄断使用和低效开发的局面，推动各级农业部门、农业企业和科研机构的信息资源开放。二是在投入方面，各级农业项目管理部门要在财政投入环节，明确相关工作所能产生的信息资源，防止重复投入造成信息资源浪费。三是在技术方面，要建立农业部门的各级信息交换平台，开发数据交换接口以及相关的数据安全管理模块，实现各种情况下的数据交换。例如异地间、跨平台、同步或异步、加密或非加密等方式的数据交换。四是在标准方面，要根据当前实际应用状况完善农业信息分类标准、数据库建设标准，既要方便应用系统之间数据能够有效识别，又要保证各应用系统数据库分类的个性化及有效拓展。五是在管理方面，根据农业信息资源跨部门、跨地区、跨学科、多层次、外延复杂的特点，各级农业政府部门必须牵头组织，在一个大的平台上合理分配和组织资源。

3. 开发通用信息采集软件，合理规划信息采集工作，提高信息采集效率

围绕农业、农村和农民信息需求多样化的实际，再增加一些采集点，逐步调整、增加反映农产品市场变化的统计调查指标，注意收集微观信息，体现商业和服务价值，并注意与国际通用的指标衔接。在明确信息采集内容的基础上，根据信息自身结构以及采集流程的特点，开发通用信息采集软件，打造和规范农业信息采集平台，通过平台的个性化定制满足各采集通道的具体需求，同时也保证农业信息资源能够相对集中存储，防止产生“信息孤岛”并节省成本。

各地区各部门要充分利用农业信息采集平台，推行统一的数据标准，统筹协调基础数据库的信息采集分工、持续更新和共享服务工作，严格履行信息采集职责，遵循流程标准要求，确保所采集的信息真实、准确、完整和及时，采用公用模块的方式，实现一站式采集，全系统共享，全面提升农业系统信息资源开发水平。

4. 健全农业应用系统，以应用系统为支架打造大型动态农业数据库

今后一个时期，农业信息技术应用将坚持以农业生产经营信息化为重点展开。一是积极开发应用作物生长、畜禽水产养殖、节水灌溉等农业智能系统，推行标准化生产。大力发展测土配方施肥，推广诊断施肥和精准施肥，进一步提高肥料施用效益。二是加强粮食等主要农产品生产预测预报，提高农业自然灾害和重大动植物病虫害的预测、预报和预警水平。三是建立重大动物疫情监测、动物标识及疫病可追溯信息系统，健全饲料安全管理信息系统，积极推行健康养殖方式。四是完善全国农产品批发市场信息网络和农村市场供求信息系统，建立国际农产品市场信息服务系统，促进产销衔接，推动农产品贸易。开发应用农产品和农业生产资料质量安全监管信息系统，提升对农产品和农业生产资料的质量安全监管能力。五是加快农业应急信息系统建设，加强对突发事件的监控、决策和应急处理的能力。

上述大型农业应用系统的开发，必须在数据资源的管理上统筹规划，在方便应用的基础上，尽量提高各个环节相关信息数字化程度，这样势必产生大量动态的农业数字化信息资源，通过数据交换平台实现数据物理或逻辑集中，实现数据库互联互通，从而保证大型综合数据库能够动态更新，提高信息利用效率和决策水平。

5. 培育农业信息服务市场环境，创新农业信息服务发展模式

农业信息服务具有基础性和公益性的特点，政府部门应该提供公益性信息服务，满足农民基础性、一般性的信息需求，而市场商业化的信息服务应该能够满足农民特殊的、直接关系经济行为结果的信息需求。

要拓展农业信息服务的市场运行环境，就要让使用者出些钱，形成完整的价值链，才能保障其长效运行。而要培育市场运行环境则需要从农业信息服务的提供者和消费者两方面加以考虑。农业信息服务的提供者应当是政府引导和规范下的企业，政府应鼓励企业在农业生产、经营、管理等环节，充分利用政府提供的公益信息资源，深度开发，开展个性化、低资费的公益性信息服务，他们应获得一定的经济效益，以保证自身的持续发展。农业信息服务的消费者主要是农民或农业经营者，政府可以以信息补贴的办法引导农民有效地消费信息产品，同时，消费者也要负担一部分信息费用，这样多面制约，相互促进，可以保障农业信息服务长期持续发展。

6. 以农业信息化重点项目为依托，全面提升农业信息资源应用水平

农业信息资源建设工作千头万绪，必须依托重点项目实行重点突破。一是要以实施“金农”工程为契机，健全完善农产品预警、市场监管和农村市场科技信息服务三个应用系统，建设大型动态农产品监测预警数据库、农业科技数据库、农产品批发市场数据库、农产品供求数据库以及农业监管审批数据库；充分利用农业信息采集平台，改造农业系统旧的信息采集渠道，实现农业信息资源的集中管理，提高信息采集效率；利用农业部综合门户网站的建设，加快实现农业政务信息共享和发布进程；利用市场监管系统开发和应用，加大与社会公众的信息互动，提升农业政府部门的信息服务水平。二是依托“三电合一”项目，建设12316农村综合信息服务平台，充分利用电话、电视、电脑各自优势，语音、视频、短信各种媒体互为补充，积极引导电信运营商以及相关企业协力推动农村市场信息服务，创新服务模式，提高信息服务入户率，提升农业信息利用水平。三是依托农村信息化示范项目，引导各地从实际出发，不断创新思维和工作思路，不拘一格地开展直接的、针对性很强的农业信息服务，并在此基础上不断总结经验，在更大范围内组织推广。

二　农业网站的发展

农业网站是我国农业农村信息化的重要组成部分，是农业信息服务、农村工作、农村经济与社会发展的重要信息平台，目前发展迅速。

（一）农业网站发展基本情况

1. 网站数量

截至2009年10月，中国农业网站的数量达到31108个，较2009年初稳步增长了40.7%。其中，日均有效站点数量为8973个，较年初增长了8.1%；日均有效受访URL数量为269607个，较2009年初增长了18.6%；日均有效来源URL数量为196530个，较2009年初增长了25.2%。

2. 网站分类

农业网站按主办方属性可分为政府类、企业类、科教媒体类、行业类、综合类等五大类型。政府类：以农业部网站为龙头、由农业部及全国各省市农业厅主办的网站和各县级农业政府部门建立的网站，主要用于发布农民关心的热点问题、政策措施。企业类：由各涉农企业和营利机构建立的以营利为目的的宣传推销网站，主要围绕企业的经营范围对外宣传，开展电子商务活动，以提供农产品、农贸、商务信息为主，提供具有较强实用价值的农业科技信息。科教媒体类：由国家及地方农业科研单位或教育部门主办，这类网站主要以提供科技文献信息、研究成果、学术论文为主。行业类：以提供行业动态、行业标准、专家论坛信息为主的社团、协会、学会网站。综合类：综合提供涉农各方面的信息。

3. 网站分布

从地域分布上看，全国农业网站的地域分布不均匀，呈现明显的地域差别，东部地区农业网站数量最多，占全国农业网站数量的55.3%，中部地区占28.7%，西部地区只占16.0%。从类别分布上看，排名前三位的是：企业类（占54.8%），政府类（占27.0%），科教媒体类（占14.9%）；农业网站中应用较多的前三个栏目为，新闻类栏目（占99.0%）、供求信息栏目（占91.0%）、市场动态栏目（占85.0%）。

4. 网站访问情况

从访问上看，截至2009年10月，农业网站访客99.7%来自我国大陆地区，与2009年初所占比例基本持平，农业网站整体国际化程度有待提高。农业网站日均PV值为1246847次，比2009年初的1011483次增长了23.3%；农业网站日均访问速度从2009年初的0.061秒提升到2009年10月的0.058秒；2009年1~10月，农业网站日均首页打开时间在0.057~0.062秒之间；截至2009年10月，农业网站搜索关键词数量为7867个。

5. 农村网民情况

截至2009年6月底，我国农村网民规模达到9565万人，较2008年年底增长1105万人，增幅为13.1%；日均访问农业网站的农村网民有348598人，比2009年初增长了50565人，增幅为17.0%；从网民结构上看，农村女性网民比例为44.2%，较2008年12月提升了1.6个百分点；网民结构更加趋于年轻化，30岁以下的年轻群体是农村网民的主体，所占比例高达76.9%，其中10~19岁的未成年网民所占比例高达46.5%；农村网民文化水平相对较低，初中及以下学历的网民占49.4%，其中初中文化程度的农村网民比例达到42.3%；从访问途径上看，24.3%的人通过电脑上网，40.2%的人通过手机；目前网民希望获取农业信息的途径中，电脑上网方式占27.1%，手机方式占41.1%；从信息需求上看，农村网民最希望得到农产品价格信息，然后是农业技术信息和农产品买卖信息，这三种信息的需求比例分别为57.9%、46.7%和45.8%。

6. 网站的交流、推介与总结

1996年，农业部网站正式上线。现已形成70多个频道、近40个专业网站以及各省（区、市）农业网站为一体的农业网站群，成为具有权威性和广泛影响的国家农业综合门户网站。访问量在国内农业网站中居首位，作为农业部网站的承建单位，农业部信息中心与中国互联网协会农村信息服务工作委员会等多家单位积极开展合作，在农业网站的交流、推介和总结方面做了很多工作。

（1）举办农业网站发展论坛。自2005年起，农业部信息中心先后在西宁、黄山、沈阳、上海、太原组织召开了五届农业网站发展论坛会议。参加会议的有相关领导、专家学者、各省市农业信息中心负责人、涉农网站负责人、基层农业信息工作者以及电信运营商和IT企业代表，大家就网站建设以及农业农村信息化的成功经验进行了广泛深入的交流与研讨。

（2）举办百强网站推介。自2004年以来，农业部信息中心与电子商务协会和互联网协会开始每年举办一次农业网站百强评选活动，旨在促进互联网与中国农业农村信息化的发展，这为农业网站的发展起到了较好的导向作用。参加评选的网站从2004年的433家上升到2008年的1458家。经专家评审委员会严格评选出的政府类、综合类、行业类、媒体类、企业类等杰出网站，起到了引领行业发展的作用。

（3）出版网站发展报告。2009年，由中国互联网协会农村信息服务工作委员会、农业部信息中心发起并牵头，由中国科学院合肥智能机械研究所、中国农业大学中欧农业信息技术研究中心、农博网等有关机构和企业联合出版了《中国农业网站发展报告（2009）》。该报告主要对农业网站的基本情况进行回顾、总结和分析，针对我国农业网站发展中存在的问题和困难，总结经验教训，探索发展途径，为我国农业网站的进一步发展，提供理论和方法上的支持。

（二）农业网站发展形势分析

1. 农业网站发展面临着良好的机遇

2005~2010年中共中央“一号文件”连续6年强调推进农业农村信息化发展，为我国农业网站发展提供了前所未有的历史机遇。

（1）农业网站的建设进入快速发展期。近年来，农业网站数量增长率远高于全国其他行业网站平均值。截至目前，中国农业网站的数量已达3万多家，超过了法国、加拿大等发达国家，跻身世界前十名，保持着较好的发展态势。

（2）农村网民数量稳步上升。近年来，随着农业和农村信息化建设的加快发展与农村居民收入的不断提高，我国农村网民数量呈稳步上升态势，截至目前总体数量已接近1亿，并呈加速增长态势。

（3）农业网站拥有固定访问群。从访客访问农业网站的途径情况来看，超过6成的访客通过输入网址、网络收藏夹的方式访问农业网站，这部分访客对自己的访问目的地较明确，同时对网站的回访率较高，这一数据表明农业网站已逐步拥有固定的访问群体。

（4）农业网站逐步实现专业化发展。目前，政府网站内容已基本覆盖了农业、农村、农民，有能力、有条件为访问者提供综合、权威、准确的信息服务；企业网站在特定信息的提供上具有很大优势；电子商务类网站提供交易平台和行业分析报告，有着直接的盈利途径，发展势头迅猛。

2. 农业网站发展面临着诸多挑战

我国农业网站在迅猛发展的同时，也面临着诸多挑战，除了存在网络安全、诚信度等共性问题外，还面临许多自身的特殊问题。

（1）网站规模小，分布不均匀，且实用性不强。我国农业网站总体上存在规模小、资金投入不足、影响力不够等问题。网站地域分布也不均匀，网站主要集中在北京、上海、广东等发达地区，而西部地区的网站总数不足全国的1/5。不少网站缺乏互动性，及时更新不够，尚未能有效解决农民在生产经营过程中遇到的问题。

（2）缺少农业生产和专业技术相结合的复合型人才。农业网站的建设和运维需要大量的复合型专业技术和管理人员。但目前我国农业网站从业人员大都是接受单一学科教育，存在网站技术人员不熟悉农业生产业务而农业生产一线人员又不懂计算机技术等问题，在一定程度上影响了农业网站建设和应用的整体效果。

（3）网站服务层次偏低。我国农业网站的数量众多，但大部分农业网站还停留在发布信息阶段，只是简单地把农业信息分门别类地挂在网上，没有大型数据库做依托，也没有对信息进行选择和取舍，用户只能顺着网站的排列简单地进行网上浏览。

（三）农业网站发展展望

随着技术进步的加快和应用需求的不断扩展，农业网站的发展将会迎来新形势、新任务、新情况，农业网站必将向科技含量更高、互动性更强、应用性更广的方向发展。

1. 优势农业网站将更具发展前景

优势农业网站大致可以分为两类：一类是大型综合性农业网站，这类网站的特点是信息齐全、功能强大、访问量大；另一类是高、精、尖的专业网站，这类网站的特点是在相关领域具有高度的专业化优势。前者由于得到政府资金、技术扶持，今后将会向更大、更全的农业类门户网站方向发展。后者由于拥有各自行业的先进技术、专业人才等，今后将会更加专业化，向纵深发展，做精、做强。这些农业网站的优势面将进一步扩大，逐渐成为我国农业网站的综合展示平台，颇具发展前景。

2. 实现以搜索技术为核心的综合知识推送

如何快速、有效地搜索到有用的信息，并将隐性信息转化为显性知识，为农业生产者所用，已成为广大农业信息工作者研究的重要课题。今后，农业网站将积极发展基于搜索引擎的个性化知识推送系统，用以解决上述问题。

3. B2C 物流网络配送渐成趋势

我国农业电子商务的经营企业需要通过不断整合自身资源，吸收外界资源，形成适合自身发展的物流配送体系。同时企业还可利用自己的物流网络承担其他企业和商家的物流配送业务，以减少资源的闲置与浪费，实现网络配送规模效应。

4. 从“互联网”向“物联网”过渡

今后，农业网站将综合利用全球定位、射频识别、红外感应等先进技术，将“物联网”与现有的互联网整合起来，这个整合的网络能够对网络内的人员、机器、设备和基础设施进行实时的管控。在此基础上，农业生产者可以采用更加精细和动态的方式管理农业生产和生活，提高资源利用率和生产力水平，改善人与自然的关系。

5. 移动互联网将进村入户

随着 3G、WAP 等技术的快速发展，利用各种移动终端设备实现移动互联网已是大势所趋。通过先进的技术，可以将互联网上大量的农业信息及各种各样的涉农业务引入到移动电话、Palm 等无线终端之中。今后，移动互联网将成为农民获取信息的一个重要来源。

未来数年，必将是我国农业网站蓬勃发展的黄金时期，中国互联网协会农村信息服务工作委员会、农业部信息中心会在优化网络环境、争取资金支持、加强网站指导、整合网站资源等方面下大力气多做工作，继续通过举办全国性农业网站发展论坛，为农业网站发展打造交流平台，总结先进经验和发展模式，努力研究网站评价指标体系，进一步做好优秀网站推介工作，切实引领农业网站科学发展。

参考文献

孙政才主编《农业农村改革发展 30 年》，中国农业出版社，2008。

郭作玉主编《中国农业网站发展报告 2009》，中国农业出版社，2009。

从制造业信息化到“两化融合”

朱森第*

摘　要： 制造业信息化是“两化融合”的重要组成，20 世纪 80 年代以来，经历了从“微电子技术改造传统产业”到“两化融合”的各个阶段。通过各阶段信息化工作的推进，中国制造业取得了明显的经济效益，产业竞争力得以提升，产业转型升级的步伐加快，为“两化融合”打下了很好的基础。“两化融合”已在八大国家级试验区有序推进，在机械、汽车、冶金等七个行业开展了“两化融合”发展水平评估工作。从“两化融合”的内涵和要求来考虑，“两化融合”的推进重点应是发展智能工具、构建数字企业、实现节能减排、促进转型升级、做强信息产业、催生新兴产业。

关键词： 制造业　信息化　“两化融合”　推进重点

近 30 年来，信息技术飞速发展，它以极强的渗透性，与各行各业结合，大大推动了国民经济各个产业的发展。作为中国国民经济的重要组成部分和驱动力的制造业，借助信息技术与制造技术的结合，促进了制造业快速发展和提升。信息化成为制造业的助推器、倍增器和转化器。中国制造业信息化经历了从“微电子技术改造传统产业”到“两化融合”的各个阶段，在很大程度上反映了中国经济信息化的进程。

一　制造业的信息化历程

中国制造业的信息化历程，可以追溯到 20 世纪 80 年代的微电子技术改造机

---

* 朱森第，中国机械工业联合会特别顾问，教授级高级工程师，主要研究方向为装备制造业发展与规划、制造业信息化、技术创新、现代制造服务业、企业发展战略与管理。

械设备及其后的机电一体化技术的推广应用。“七五”期间，计算机辅助设计科技攻关项目的组织实施，推动了中国制造业的计算机应用。“八五”、“九五”期间，通过CAD应用工程和CIMS应用示范工程的实施，中国制造业的信息化向前大大迈进了一步。“十五”、“十一五”期间制造业信息化工程的实施，充分体现了“以信息化带动工业化，以工业化促进信息化”，进一步提升了中国制造业的信息化水平。

（一）微电子技术改造机械设备

1984年5月，《新华社国内动态清样》（第1373期）刊登了一篇关于南京微分电机厂采用微电脑改造普通车床的报道，引起了胡耀邦总书记的重视和批示：“注意这件事”。时任国家经委副主任的朱镕基同志亲临现场进行调查，并向中央写了报告。报告认为：“这是一项投资少、效益大、可以普遍推广的实用技术，符合新的技术革命的方向。它像春天的第一只燕子，预示着新兴技术应用于传统产业的广阔前景。”报告还指出：“机电一体化技术的下一个推广目标，将是用微型机控制量大面广的通用耗电设备，如锅炉、水泵、风机等，使其在最经济状态下运行，以节约能源。”时任国务院电子振兴领导小组组长的李鹏同志在报告上批示：“这是一件很有意义的事，把微电子技术用于改造常规机床，可以提高效率，提高质量。不但是机床技术革新的方向，也是微电子技术使用的方向。”①

1984年9月，国家经委、国家科委、机械工业部、电子工业部和国务院电子振兴办公室在南京联合召开了“全国微电子技术改造普通机床现场会”。并由国家经委出钱赠送各地区28套简易数控系统，供各地试用。其后，以微电子技术改造普通机床、工业窑炉、水泥机械化立窑、化肥设备、橡胶硫化设备及电力负荷控制等为突破口，在机械、冶金、建材、化肥、轻工和商业等10个行业27个地区和城市进行成片改造试点工作。

在1985年之后的10多年中，国家累计贷款21亿元，各行业和各省市利用收回再贷以及企业自筹的方式，总投入90多亿元，取得经济效益在150亿元以上。

---

① 吴本奎：《机电一体化及其发展策略》，机械工业出版社，1996。

（二）CAD 应用工程

1991 年 6 月，时任国务委员兼国家科委主任的宋健，听取了 14 个部委代表有关开展 CAD 应用工程的设想和建议，经研究和协调，形成了《关于研究推广 CAD 应用工程工作的纪要》。1991 年 8 月，原国家科委等八个部门联合向国务院上报了“关于大力协同开展 CAD 应用工程的报告”。1993 年 3 月成立了全国 CAD 应用工程协调领导小组。CAD 应用工程由此全面展开。①

CAD 应用工程以“甩掉图板”、全面推广 CAD 技术、扶持发展中国具有自主版权的 CAD 软件产业为目标，开展了一系列卓有成效的工作。CAD 应用工程在机械、轻工、纺织等 3 个行业和上海、辽宁、新疆等 29 个省（市、自治区）确定了 CAD 应用示范企业 600 家，重点应用企业 3000 多家，一般应用企业 10 余万家；组织 CAD 支撑软件共性技术攻关和商品化专题攻关，支持企业推广应用，扶持发展中国自主版权的 CAD 软件产业；扩展了遍布全国各地的 600 多个培训网点，形成了中国 CAD 技术培训体系；建立了近 300 个 CAD 咨询服务机构，为企业在技术培训、方案论证、系统集成及应用开发等方面提供支持与服务。在实施过程中，制定并形成了 13 项国家标准。②

（三）CIMS 应用示范工程

CIMS 应用示范工程从 1988 年开始，以沈阳鼓风机厂、成都飞机工业公司、北京第一机床厂、上海第二纺织机械厂、郑州纺织机械厂、东风汽车公司等企业作为试点企业。到 2000 年底，全国已有 27 个省（市、自治区）开展了 CIMS 的应用示范，200 多家企业实施了 CIMS 应用示范工程，覆盖了机械、电子、航空、航天、石油、化工、轻工、纺织、冶金、电力等 10 几个行业，机械制造企业在其中约占 1/4。

CIMS 应用示范工程经历了典型应用、推广应用、向深度和广度发展的三个阶段，包含了设计、制造、管理、底层自动化和网络数据平台的不同组合；涵盖了信息集成、过程集成和企业间集成的不同层次，体现了三要素（人、技术、

---

① 全国制造业信息化工程协调领导小组、科学技术部高新技术发展及产业化司：《中国制造业信息化发展报告（1986～2000）》，机械工业出版社，2003。

② 杨海成、祁国宁等编《制造业信息化工程——背景、内容与案例》，机械工业出版社，2003。

管理）和三流（物料流、信息流、价值流）不同程度的集成优化。

CAD/CIMS 应用工程的实施，促进了国产 CAD 软件的开发和应用，也造就了一批研发 MRPⅡ/ERP 的单位，国产 ERP 的应用逐渐广泛。利玛、启明、开思、并捷、和佳、金航、金思维、用友、金蝶、浪潮、新中大、金算盘等企业相继诞生。如今，用友、金蝶、浪潮、神州数码、北京机械工业自动化所等企业的 ERP 被广泛应用于中国制造企业中。①

（四）制造业信息化工程

2002 年 1 月全国科技工作会议提出，进一步整合有关科技资源，组织实施制造业信息化关键技术研究及应用示范工程（简称“制造业信息化工程”），以提升中国制造业竞争力。主要工作从两个方面展开，一是省市制造业信息化工程试点示范；二是关键技术产品研发与应用；并通过广泛的社会宣传及相关工作营造良好的工作氛围。制造业信息化工程以建立技术创新体系和推广应用体系为目标和保障。前者重点围绕关键产品的技术开发与推广应用，着眼于推进制造业软硬产业发展；后者则以省市为主推进，包括企业应用示范、技术服务支撑和应用技术攻关三个层面的工作。图 1 示意了制造业信息化工程的组成。②

实施制造业信息化工程的核心任务是突出抓好数字化设计、数字化装备、数字化生产和数字化管理，并在此基础上通过集成创新，形成一批数字化企业，即五化：设计数字化、制造装备数字化、生产过程数字化、管理数字化和企业数字化。

“十五”期间制造业信息化工程以企业为主体，在全国 27 个省（市、自治区），49 个重点城市开展了试点示范工作，在前沿技术研究、支撑软件产品开发和地方省市应用示范等方面共投入经费 8 亿元，有效地推动了地方和企业的积极参与。据不完全统计，各地政府配套投入资金 23 亿元，企业自主投入 250 亿元，共建设不同层次的示范企业 6000 多家，中介机构 600 多家，培训机构 980 多家，培训各类信息化人才 200 余万人次，获得成果 2600 余个、专利 750 余项，新增产值 2900 多亿元，新增利税 500 多亿元，取得了显著的经济和社会效益。

---

① 周宏仁主编《中国信息化进程》，人民出版社，2009。

② 杨海成、祁国宁等编《制造业信息化工程——背景、内容与案例》，机械工业出版社，2003。

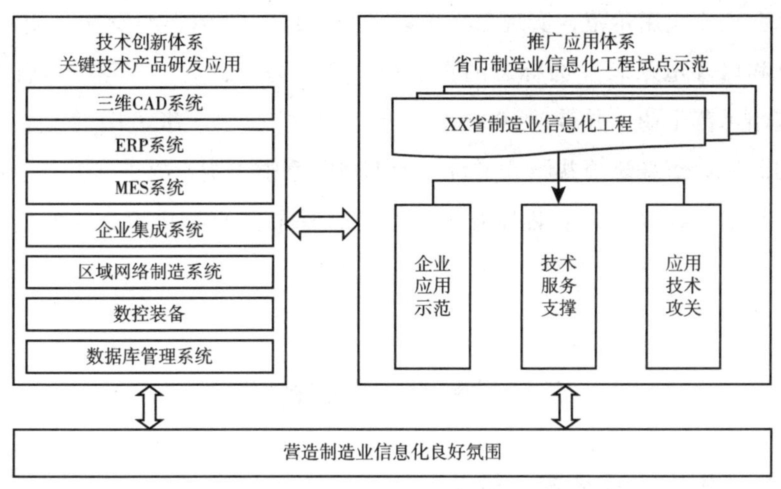

图1　制造业信息化工程的组成

（五）制造业信息化科技工程

2006年9月，科技部在全国制造业信息化科技工作会议上出台了《关于推进“十一五”制造业信息化科技工程工作的若干指导意见》，提出在“十一五”期间，科技部将联合其他部委发起制造业信息化科技工程，集合国家、地方和企业资源，共同投入50亿元资金。其中，863计划和支撑计划将投入资金近8亿元。

“十一五”制造业信息化科技工程，可以形象地归纳为“两甩”工程，即“甩图纸”和“甩账表”。“甩图纸”就是甩掉纸介质，实现无纸化；甩掉图传递，实现电子化。采用数字化建模方式，构建产品的几何样机和性能样机；促进设计手段的深刻变革；促进产品数据管理、产品开发过程协同方式的深刻变革；带来产品信息的共享、功能的集成和业务流程的协同。“甩账表”就是抛弃企业经营管理过程中以纸介质为主要载体进行业务管理和信息传递的作业方式。采用电子化信息处理方式，带来单项管理工具的变化，实现管理信息处理的自动化和便捷化；便于及时采取管控措施，实现从粗放式管理向精细化管理转变；带来组织机构的扁平化和业务流程的优化，促进管理模式的深刻变革。

“十一五”制造业信息化科技工程的工作目标与任务是开展不同类型、不同层次的制造业信息化企业应用示范。在10个以上的行业性集团企业开展数字化综合集成应用示范，实现300家以“甩图纸”为标志的设计制造一体化、无纸化和以“甩账表”为标志的企业信息流、物流、资金流及经营管理业务集成应用示范企业，并带动1000家以上企业推广应用；建立10个左右ASP为代表的制造业信息化公共服务平台，为10000家中小企业提供网上产业链协作和共性技术资源服务，显著提升中小企业、骨干企业和集团企业的信息化水平。①

二　制造业信息化的成效

（一）提高企业效率、效益

CAD应用工程所建成600个CAD应用示范企业，全部实现了“甩掉图板”，培训了近83万人次，普及率（会用CAD人数/全部工程技术人员数）为95.6%，覆盖率（主导产品中用CAD出图数/产品全部图数）为94.3%，人均微机占有率为84%。由此提高了新产品开发能力，产品的生产周期缩短1/5～1/2，平均缩短1/3，设计质量大幅度提高，增强了快速响应市场能力。“九五”总结会的数据表明，中国土木建筑行业95%的企业、制造业中的70%的企业甩掉了图板。②

机械行业在CAD应用工程中实施“1550工程”。通过“1550工程”的带动，全行业大面积开展CAD技术应用，抽样调查结果表明，机械行业一般中型企业70%以上在不同程度上开展了CAD技术应用工作，其中40%～50%的企业CAD技术应用普及率较高，基本实现“甩掉图板”；大中型骨干企业的90%以上普及了CAD技术，设计工作的80%以上采用CAD技术。50家示范企业应用CAD技术后，平均缩短设计周期47%，设计成功率平均达到98.5%，节省了原材料，减少了库存，加速了资金周转，从而降低了生产成本，提高了产品的市场竞争力。

---

① 科技部：《关于推进“十一五”制造业信息化科技工程工作的若干指导意见》，2006。

② 全国制造业信息化工程协调领导小组、科学技术部高新技术发展及产业化司：《中国制造业信息化发展报告（1986～2000）》，机械工业出版社，2003。

CIMS应用示范企业中有157家（约占总数的78%）增加了销售收入和利税。1998～2000年，销售收入共增加615.5亿元，平均年增18.7%；利税共增加76.3亿元，平均年增22.8%。按企业自报的数据，实施CIMS应用示范工程的直接经济效益共计23亿元，产品开发周期平均缩短35.8%，库存资金占用平均减少12.8%。①

（二）提升产业竞争力

从“七五”到“十一五”，中国制造业信息化从“甩图板”到“甩图纸”、“甩账表”，信息化程度不断深入，信息化水平不断提升。在信息化的助推下，中国制造业得到快速发展。表1对比2000年与2007年的中国制造业主要经济指标，可以看出7年间中国制造业发生的巨大变化。2007年中国制造业的总量（工业总产值、工业增加值、主营业务收入）是2000年的近5倍，企业数为两倍多，利润总额则为7倍多，从业人员数为1.5倍。年均增长速度高于国民经济增长速度20%以上。2008年中国制造业的总量和规模已位居世界前列。

表1　2000年与2007年中国制造业主要经济指标对比

年份	企业数（个）	工业总产值（亿元）	工业增加值（亿元）	主营业务收入（亿元）	利润总额（亿元）	从业人员数（万人）
2000	144399	73924	19397	70602	2714	4462
2007	313046	353631	93977	347890	19622	6856
2007/2000	2.17	4.78	4.84	4.93	7.23	1.54

资料来源：中国工程院《中国制造业可持续发展战略研究综合报告》，2010年1月。表中数据为国有及规模以上制造业主要经济指标，按当年价格计算。工业增加值数据为制造业各行业数据相加而得。

观察2000年和2007年平均每个制造企业主营业务收入、工业增加值、利润总额和从业人员数的变化，可以看到中国制造业的竞争力有所提高。表2清楚地显示了这些变化。

---

① 周宏仁主编《中国信息化进程》，人民出版社，2009。

表 2　2000 年与 2007 年平均每个制造企业几项经济指标的变化

单位：万元，人

年份	主营业务收入	工业增加值	利润总额	从业人员数
2000	4889	1343	188	399
2007	11113	3002	626	219
2007/2000	2.73	2.24	3.33	0.55

资料来源：根据表 1 数据生成。

2008 年，中国制造业的很多产品，如钢材、水泥、发电设备、机床、大中型拖拉机、手机、PC 机、彩色电视机、程控交换机等的产量，已名列世界第一。

一批 CAD/CIMS 示范企业，经过几年的努力，已发展壮大成为具有国际竞争力的企业，并带动了所在领域的制造企业发展。福建炼油化工、江苏沙钢、徐州工程机械、上海三菱电梯、哈尔滨电机等，不仅在国内成为龙头骨干企业，而且在世界上也有一定地位。①

“十五”期间制造业信息化进一步向纵深发展，信息技术的应用更加普及，效果日见明显。表 3 列出了 2001 年和 2004 年全国制造业信息化办公室对几千家制造企业的调查结果。结果表明，无论大型企业，还是中、小型企业，在过程自动控制率、二维 CAD 应用率、三维 CAD 应用率、MRP/MRPⅡ/ERP 应用率和数控化率等方面，都有了大幅提高。

表 3　“十五”制造业信息化关键指标应用提高情况

单位：%

项目 \ 企业类型	2001 年底(4075 家调查统计)			2004 年底(2968 家调查统计)		
	大型企业	中型企业	小型企业	大型企业	中型企业	小型企业
过程自动控制率	26.4	20.3	16.2	52.6	43.0	37.6
二维 CAD 应用率	51.0	47.7	51.7	88.4	87.4	83.4
三维 CAD 应用率	15.0	14.3	12.4	43.2	36.5	35.3
MRP/MRPⅡ/ERP 应用率	33.1	27.2	13.3	35.0	31.5	17.2
数控化率	21.0	17.0	16.0	50.3	45.0	39.7

资料来源：制造业信息化工程专家组调研报告。

① 全国制造业信息化工程协调领导小组、科学技术部高新技术发展及产业化司：《中国制造业信息化发展报告（1986～2000）》，机械工业出版社，2003。

2007年，国家和各省市制造业信息化工程全面铺开。制造企业围绕产品创新等，理性地推进信息化应用；企业资源计划（ERP）与产品全生命周期管理（PLM）应用，从概念走向务实；制造执行管理系统（MES）应用继续升温；计算机辅助工程（CAE）应用显著增长。这一期间制造业信息化向纵深推进，与中国制造业的快速发展和竞争力的提升形成了正相关的关系。

（三）促进产业转型升级

中国制造业虽取得了快速发展，总量与规模位居世界前列，但增长方式的转变、产业的转型升级始终是中国制造业发展中一个突出的关键问题。信息化是制造业转型升级的重要推手。信息技术的应用，使制造业的增长逐渐从过分依赖资源的消耗转向依靠技术进步，这一点在流程工业（钢铁、石化等）方面表现得尤为明显。

信息技术能在解决钢铁企业节能减排中发挥重要作用。对高能耗、高物耗和高污染生产过程进行信息技术改造是钢铁企业信息化的重要内容。2005年以来，钢铁企业在炼铁、炼钢、轧钢等工艺中，应用信息技术实现自动化和最优工艺控制，降低能源和资源消耗、改善环境等方面取得了成效。到2008年年底，有58%的企业已对煤气、氧气等重点能源进行了管理。①

宝钢能源管理系统以能源调度为中心，建立能源消耗评价体系，完善能源信息的采集、存储、管理和有效利用，提高对全厂能源事故的处理能力，实现在公司层面对能源系统采用分散控制和集中管理，优化能源调度和平衡指挥系统，达到能源管理高效、敏捷、经济和管控一体化。南钢能源管理系统动态调整气电负荷、监视水电气运行，掌握实时运行参数。能源管理系统对全公司2.8万多个能源流监测点进行监控和调度管理，每年可以移峰填谷约320万千瓦时，综合废气回收率达到99%以上，实现“负能炼钢”。能源计量系统使邯钢、莱钢、安阳钢铁公司、重钢等企业吨钢综合能耗指标大幅下降。

石油石化企业通过建立油气管输生产运行管理平台、统一的炼油化工生产管理平台、加油站管理系统、全业务ERP系统平台、企业电子商务平台等信息化平台的建设，有效提升了油气管道运输精细化管理水平，降低了生产运行风险；

① 周宏仁主编《中国信息化进程》，人民出版社，2009。

实现了对炼化生产运行的全过程监督，提高了炼化企业精细化管理水平；在加油站的现金流管理、降低成本、减少损耗、改善业务流程、提高工作效率和服务水平等方面发挥了重要作用；支持了石油石化企业的财务、生产、库存、采购、销售、项目、设备等业务管理和集成应用；促进了现代物资管理流程和制度体系建设，大幅缩减了采购中间环节，提高了采购效率，节约了流通成本，保证了采购物资的质量。

汽车行业企业在普遍应用各类信息技术的同时，发展电子商务，促进汽车制造业生产经营方式的转变。上市公司中的宇通客车、东风电仪、三爱海陵、一汽四环、上海汽车等均大力挺进电子商务领域。奇瑞汽车集团推出盖世汽车网，努力打造全球领先的汽车零部件采购电子商务平台，目前已拥有稳定买家超过20万家，活跃买家1万多家，有8000多家中国零部件供应商通过盖世网平台联系买家，寻求全球商机。①

装备制造企业积极探索发展现代制造服务业，实现由生产型制造向服务型制造转变。哈尔滨电站设备集团、上海电气集团、东方电气集团努力发展发电设备工程总承包业务，应用信息技术，实现集团在全球的工程总承包业务管理。通用机械、机床等行业的企业，也在加快发展现代制造服务业方面迈出了积极的步伐，陕西鼓风机集团已经取得可喜的成效。轻工、纺织行业的企业探索新的生产组织模式。海尔、奥克斯等大型企业信息化，已经实现了综合集成，朝着网络环境下的数字化制造企业迈进。美特斯邦威、青岛红领西服集团、雅戈尔等纺织企业，应用信息技术，创新业务模式，朝服务型制造前进了一大步。②

（四）为“两化融合”打下基础

中国制造业信息化的发展，主要在认识与信心、人才与队伍、技术与产业三个方面为“两化融合”打下了良好的基础。制造业信息化的进程也揭示了中国经济的发展必须走信息化的路子，必须走信息化与工业化融合的新型工业化道路。

认识与信心。中国制造业信息化的推进，一方面将世界制造业发展的方向、信息技术发展趋势清晰地展现在人们面前；另一方面中国制造业中存在诸多矛盾

---

① 周宏仁主编《中国信息化进程》，人民出版社，2009。

② 朱森第：《“两化融合”与制造业信息化》讲演稿，长沙，2009。

和问题，如何缩短与世界先进水平的差距又无可回避地摆在了紧迫的议事日程上。中国制造业必须奋起直追，必须尽快应用信息技术提升整个产业。近30年来制造业信息化的进程和实践，使人们看到了信息化的作用和成效，树立了信息化的信心，提高了对信息化的战略意义、战略地位的认识。由此引申出了“两化融合”的必然性和必要性。

人才与队伍。CAD应用工程实施过程中在全国建立了9个培训中心，向外辐射建立了600多个二、三级培训网点。这些培训网点共培训了各类不同层次的CAD技术人员82余万人次。还按地区和行业建立了近300个CAD咨询服务机构。在CIMS应用示范工程实施的10年间，10个CIMS培训中心共完成了200万人次的培训工作量。随着制造业信息化推进，培养了一支信息化队伍，构建起了信息化工作机构和体系，造就了一大批信息化的专门人才。大型制造企业中，相当一部分企业都有一支力量很强的信息化队伍，有些企业的信息化机构成为独立法人，面向社会提供信息化服务与支持，如宝钢的宝信、一汽的启明、北京一机床的并捷等。在制造业信息化的实践中锻炼和造就的各类信息化人才，将在“两化融合”的进程中成为带头人、推进者。

技术与产业。制造业信息化的科技攻关、成果产业化、推广应用，缩短了中国制造业信息化技术与国外的差距，促进了信息产业和相关产业的发展。20世纪80年代初，CAD刚刚引入中国时，很多企业还不知CAD为何物，计算机更是罕见。如今，信息技术的各项单元技术已在制造业普遍应用，信息技术的研究开发已在国家的多项计划中得到长期的支持并得以实施，高等学校和研究机构中形成了专门的研究队伍，不断跟踪国外信息技术的发展，开发适合中国国情的信息技术。中国的信息产业和软件产业得到迅速发展，国产计算机和一批制造业信息化软件活跃在中国市场。制造业信息化推进过程中，成长起来一批软件企业和受制造企业欢迎的管理软件、CAD软件。这是推进“两化融合”的重要的技术和产业基础。

三 “两化融合”的进展

“两化融合”是制造业信息化的深化和扩展，是信息技术迅猛发展并融入、渗透到国民经济各个领域的必然结果。2001年中国共产党十五届五中全会公报指出：继续完成工业化是我国现代化进程中的艰巨的历史任务，大力推进国民经济和社会信息化，是覆盖现代化建设全局的战略举措。以信息化带动工业化，发挥后发优势，实现社会生产力的跨越式发展。2002 年江泽民总书记在中国共产党十六大报告中又明确指出：实现工业化仍然是我国现代化进程中艰巨的历史任务。信息化是我国加快实现工业化和现代化的必然选择。坚持以信息化带动工业化，以工业化促进信息化，走出一条科技含量高、经济效益好、资源消耗低、环境污染少、人力资源得到充分发挥的新型工业化路子。① 信息化与工业化融合的战略思想已经清晰可见。

（一）“两化融合”的内涵

2007 年中国共产党召开十七大，胡锦涛总书记在报告中明确要求加快转变发展方式，推动产业结构优化升级，促进国民经济又好又快发展，并指出：“大力推进信息化与工业化融合，促进工业由大变强，振兴装备制造业，淘汰落后生产能力”。“两化融合”成为实现国民经济又好又快发展的战略任务。②

对于“两化融合”的内涵及其促进国民经济又好又快发展的路径，近年来已进行了很多讨论。这些讨论多半从对于工业化和信息化的理解入手，进而探讨信息化与工业化融合的内涵。《“两化融合”背景下的工业结构优化升级》研究报告对于“两化融合”做了很好的归纳和梳理。该报告认为，对工业化含义的理解，主要有三个层次，即“工业化就是工业的发展”、“工业化就是产业化”和“工业化就是经济社会转型”。至于信息化，有很多从不同角度出发的论述。《2006～2020 年国家信息化发展战略》对信息化给以明确的定义：“信息化是充分利用信息技术，开发利用信息资源，促进信息交流和知识共享，提高经济增长质量，推动经济社会发展转型的历史进程。”而信息化与工业化的融合，研究报告认为，“就是劳动者信息素养不断提高，传统能量转换工具的智能化步伐加快，信息成为与能量、材料同等重要的社会资源和生产要素，并以此引发的产业结构、生产方式、组织方式、生活方式变革的过程。”研究报告还认为，信息化

① 江泽民：《全面建设小康社会 开创中国特色社会主义事业新局面》，人民出版社，2002。

② 胡锦涛：《高举中国特色社会主义伟大旗帜 为夺取全面建设小康社会新胜利而奋斗》，人民出版社，2007。

与工业化融合有三个层面，即信息化与工业的融合，促进工业由大变强；信息化与国民经济各产业的融合，构建现代产业体系；信息化与整个社会的融合，迈向信息社会。也有专家从信息化与工业化发展战略的融合，信息技术与工业技术、IT 设备与工业装备的融合，信息资源与材料、能源等工业资源的融合，虚拟经济与工业经济融合等四个方面，论述“两化融合”的含义。①

信息化与工业化的融合，实质上就是中国正在进行的工业化进程与已经到来的信息化进程，两者的重叠、融合、合二为一，就是在信息时代下，中国要为加快实现工业化和现代化，必须走出一条中国特色的新型工业化道路。信息化与工业化融合的根本目的，就是要“走出一条科技含量高、经济效益好、资源消耗低、环境污染少、人力资源得到充分发挥的新型工业化路子”，就是要“促进经济增长由主要依靠投资、出口拉动向依靠消费、投资、出口协调拉动转变，由主要依靠第二产业带动向依靠第一、第二、第三产业协同带动转变，由主要依靠增加物质资源消耗向主要依靠科技进步、劳动者素质提高、管理创新转变。”“两化融合”远远超出了制造业信息化的概念和范围，但制造业信息化毫无疑问是“两化融合”的一个重要内容和组成部分。

（二）工业和信息化部的成立

2008 年，十届全国人大一次会议通过成立工业和信息化部，旨在从政府机构层面上推进信息化与工业化的融合。工业和信息化部成立后，在部门职责、机构设置、工作思路等方面，不断探索推进“两化融合”的路径、政策和工作重点。工业和信息化部已经明确，推进信息化和工业化融合是一项长期持续的系统性工作。推进“两化融合”，必须有所为有所不为。目前，工业和信息化部推进“两化融合”的工作部署是在企业、地区、行业三个层面选准切入点，抓好试点，典型示范，总结推广。

在企业层面，就是要围绕工业产品研发设计、生产过程控制、企业管理、市场营销、人力资源开发、新型业态培育、企业技术改造等七个环节，加大信息技术应用力度，提升自动化、智能化和管理现代化水平，提高企业产品质量和附加值。在地区层面，就是要继续推动“两化融合”试验区工作，抓好传统产业改

① 龚炳铮：《信息化与工业化融合的探讨》，龚炳铮的博客。

造提升、特色优势产业发展、现代物流发展、工业园区建设四个切入点，把促进“两化融合”纳入地方发展规划。在行业层面，就是要推进行业信息共享，建立分行业信息化评价评估体系。①

一年多来，工业和信息化部在国家级“两化融合”试验区建设、行业“两化融合”发展水平评估工作、促进工业产品研发设计信息化、“两化融合”行动计划的制定以及相关政策的制定等方面部署和开展了大量的工作，取得了很大成效。

（三）八大国家级“两化融合”试验区建设有序推进

国家级“两化融合”试验区目前确定的有南京市、广州市、青岛市、上海市、唐山暨曹妃甸地区、珠三角地区、重庆市、内蒙古呼包鄂地区。经过多次讨论和交流，8个“两化融合”试验区对工作思路、工作计划、发展模式、重点工程、保障措施等方面做出了安排。

南京市。将从强化规划引领、重点项目带动、龙头企业示范、创新模式探索和信息化载体建设等5个方面实现重点突破。推出10家工业企业和10家软件服务企业作为南京市首批“两化融合”重点示范企业，并推出10个市场影响力大、技术含量高、行业带动作用明显的重点信息化平台建设项目。其中部分项目可总结为四大模式，以南钢集团为代表的“工业优化分离”模式，以南瑞集团等为代表的“数据库平台开发”模式，以中图数码为代表的“协同设计”模式，以中国制造网电子商务平台等为代表的一批“商务平台”模式。

广州市。基本思路是以信息化促进工业做大做强，加快建立以现代服务业为主导、高新技术产业和先进制造业双轮驱动的现代产业体系，走新型工业化发展道路。提出“138行动计划”，即实现一个目标，推进三个领域融合，推进八大重点工程。实现一个目标是指有效转变资源扩张型的产业发展模式，构建产业高端化、集聚化、集约化的现代产业体系，率先走出一条具有广州特色的信息化和工业化融合发展之路，加快建设国家中心城市、综合性门户城市和区域文化教育中心，全面提升广州市科学发展实力。推进三个领域融合，包括改造提升重点优势产业、融合发展高新技术产业、融合创新服务业。推进八大重点工程：传统工业数字化技改提升工程、产业链整合提升工程、数字化装备关键突破工程、电子

① 李毅中：《我国工业和信息化发展的现状与展望》，2009年10月11日《科技日报》。

商务应用创新工程、中小企业信息化应用工程、协同创新工程、国际信息港工程、区域协同工程。

青岛市。成立了领导小组，制定了2009年重点工作计划，明确了“两化融合”示范区、示范企业、示范项目和服务机构。经过筛选，选择了城阳区作为“两化融合”示范园区；选择了海尔、海信、青岛啤酒等为示范企业；示范项目则是已上线运行、取得较好综合效益的企业信息化建设项目。工作计划中拟定了推进方案，理顺了“两化融合”工作的推进思路，积极宣传示范企业好的做法，开展“两化融合”培训，修订完善“两化融合”试验区工作方案。

上海市。用3年时间推进“1010工程”，即聚焦10个重点产业，开展10个重点工程建设。重点推动航空、钢铁、石化、汽车、装备、船舶、信息、消费品、现代物流和生产性服务等10个产业的“两化融合”。着力开展工业软件振兴、节能控制与综合利用、中小企业信息化应用示范、“两化融合”示范园区引导、公共服务平台支撑、电子商务扶持引导、信息基础设施能级提升、政府监管服务信息化、信息安全保障、“两化融合”专业人才培训等10个重点工程。经筛选，2009年拟重点推进临港集团“临港数字产业区建设示范工程”、中国商飞“飞机数字化协同设计制造平台”、上汽工业“汽车供应链协同设计平台”等20个项目。

唐山暨曹妃甸地区。明确了推进的基本思路和目标。通过信息化建设，达到提高工业区社会组织能力、资源配置能力和效率，提升区域与区域产业竞争力的总体目标。通过信息化基础设施、数据库系统、应用系统、安全规范和管理体系的建设，到2015年工业区建成信息化功能完善、标准统一、安全可靠的网络基础设施；建设高效快捷、公开透明的电子政务与协同服务平台；建设现代港口管理系统；建设商流、物流和信息流“三流统一”的管理系统；建设区域性产业制造网络平台；建设循环经济监控信息平台和功能强大、覆盖面广的工业园区安全管理服务平台。推进的重点内容，包括管理体系建设、基础设施建设、计量数字化工程和应用系统建设四个方面。

珠三角地区。启动信息化与工业化融合“4个100”示范工程。2009年率先建成100家以上的“两化融合”示范企业。珠三角各地要根据当地产业特色情况，在工业生产数字化改造、装备制造数字化、清洁生产信息技术应用、节能降耗信息技术应用等方面各有侧重开展示范建设。制订珠三角各地市“两化融合”实施方案。大力支持“两化融合”项目建设。建立信息化与工业化融合创新中心。

重庆市。提出“应用换市场、市场换产业”的发展思路，以普及移动电子商务应用、推进M2M（用无线通信技术实现人和机器、机器和机器之间的连接）研发与产业化和推广农村移动信息服务等“三大业务”为切入点，力争在技术标准制订、全国中心平台建设、应用推广等方面做到“三个领先”；重点引导移动信息产业链上软件开发、芯片制造、SIM（用户身份识别模块）卡制造、支付手机及智能终端、智能读卡设备、M2M终端等“六大产业”聚集。

呼包鄂地区。确定呼包鄂乌海地区的50家龙头企业为“两化融合”示范企业，100家规模以上企业为“两化融合”重点企业，并对示范企业和重点企业进行分类指导。2009年“两化融合”工作在以下3个方面取得突破：一是在呼和浩特地区建成乳业从源头控制到产品质量追溯的全过程管理体系；二是采用无线传感器网络和便携移动终端等技术，开展井下煤炭安全生产预警系统的试点；三是支持呼和浩特市新建工业园区，加强“两化融合”人才培养，带动和培育软件企业、创意产业和信息服务业的发展。

（四）七个行业“两化融合”发展水平评估工作

2009年工业和信息化部在机械、汽车、钢铁、石化、轻工、纺织、食品等七个行业，开展了“两化融合”发展水平评估工作。详情可参见本书刘九如、周剑、陈杰所写的《工业行业企业信息化与工业化融合发展水平及趋势分析》一文。

四　“两化融合”推进的重点

“两化融合”有极为深远的意义和丰富的内涵，是一项复杂的系统工程，涉及面广，也是一项长期的艰巨任务，需要锲而不舍、不断深入地推进。因此在推进过程中必须要明确重点，方能取得较好效果。从中国国民经济的实际状况和构成看，制造业在中国国民经济的发展中举足轻重，推进制造业信息化，无疑在很大程度上推动了工业的信息化以至国民经济的信息化。制造业信息化应是“两化融合”重点推进的产业。

制造业的工业增加值占当年全国GDP的比重，十年来都在35%左右，占全部工业的80%；上缴税金占工业的90%；从业人员占工业的90%；工业制成品出口占全国外贸出口总额的90%。据预测，到2020年前，制造业工业增加值占

GDP的比重，还将保持在35%至37%。[1] 可见，在未来十年内，制造业依然是中国国民经济发展的强劲驱动力，制造业实现了“两化融合”，很大程度上体现了信息化与工业化的融合。

从“两化融合”的内涵上看，则应将发展智能工具、构建数字企业、实现节能减排、促进转型升级、做强信息产业、催生新兴产业作为近几年推进“两化融合”的工作重点。

（一）发展智能工具

马克思深刻指出：各种经济时代的区别，不在于生产什么，而在于怎样生产，用什么劳动资料生产。劳动资料不仅是人类劳动力发展的测量器，而且是劳动借以进行的社会关系的指示器。信息时代的生产工具已是智能工具，“两化融合”就是要用智能工具去加快完成工业化任务，就是要生产制造出大量智能工具而不是传统意义上的一般工具，以加速经济时代的演进。

鉴于信息技术的渗透性和变革的加速，产品中融入信息技术既是一种必然趋势又是产品演变和升级的途径，作为向各产业部门提供装备和生产工具的装备制造业而言，更是如此。产品中融入信息技术的程度和水平，极大地影响着“中国制造”的水平。高端产品大量依靠进口的局面，之所以长期以来未得到根本改变，关键在于产品中信息技术的融入程度和水平偏低。产品数字化、智能化已是信息时代的一个重要特征。智能工具具有对信息进行采集、传输、处理和执行的能力，并能根据所处工况的变化而自适应调整产品运行参数和状态，从而最大限度地利用资源和能源，达到新型工业化的要求。发展智能工具显然是“两化融合”的重要内容和当前工作的重点。

（二）构建数字企业

企业是国民经济的细胞，数字化企业是“两化融合”的基础。经过近30年的信息化历程，各行各业的龙头骨干企业，基本实现了信息化在研发设计、生产制造、采购供应、营销商务、增值服务等各个环节的全面覆盖、渗透融合和综合

---

① 中国工程院“制造业可持续发展研究”项目组：《中国制造业可持续发展战略研究综合报告》，2010。

集成，显著提升了企业综合竞争力，充分体现了“两化融合”的效益和作用。企业信息化的各项技术已在相当广的面上得到应用，一部分企业已着力于整合、协同，向战略发展模式转变。① 大型流程型制造企业和部分离散型制造企业已应用制造执行系统（MES），实现从企业顶层管理到底层设备运行的一体化集成管理。企业数字化技术使企业实现设计、制造、管理的信息集成，业务流程的过程集成和企业间的集成，从而实现制造企业的整体优化。无论企业内部还是企业之间的关系，均是以数字（信息）相联系，使企业成为名副其实的数字企业。

过去10年，产品生命周期大约缩短了一半。未来10年，产品生命周期还将进一步缩短。这种趋势将强化企业与客户及供应商在研发层面的协同。制造企业从总部到生产车间、从设计到质量监控，包括CAD、CNC、ERP和PLM的生产系统整合，将成为制造业的发展重点。未来的供应链会更复杂，形态也将有所改变，以适应供应商减少、分销商增加的市场环境。射频辩识技术（RFID）将成为处理更加复杂供应链的重要工具。② 物联网和云计算将进一步改变制造企业的运行模式和面貌。

（三）实现节能减排

“两化融合”的重要任务是促进经济发展方式的转变，“由主要依靠增加物质资源消耗向主要依靠科技进步、劳动者素质提高、管理创新转变。”实现节能减排既是“两化融合”的目标，也是“两化融合”推进的重点。

实现节能减排的路径有工艺、流程的改进，工业自动控制的优化，节能技术、节能产品的开发与应用，推行绿色制造、循环经济、低碳经济等。离散型制造企业的生产工艺和组织的改进，流程型制造企业的生产流程的改进，在提高效率、降低能耗方面潜力很大、效果明显。生产过程的自动控制目前已十分普遍，而控制的优化，空间还很巨大。在节能技术和节能产品的开发、应用方面，更是永无止境。开发新型发动机，提高发动机效率、减少排放；开发新的工艺和设备，提高窑炉等耗能设备运行效率；应用变频调速技术，节约电能消耗等，都将大大降低国民经济单位产值的能耗。企业中余热回收利用、蒸汽管

① 侯闯、张莹：《信息化的下一个关键词》，《中国制造业信息化》2009年第12期。

② 凯捷咨询（中国）有限公司：《制造业2020》，《中国制造业信息化》2009年第24期。

网改造等的节能潜力也很大。煤的清洁燃烧技术和新能源的开发，循环经济和再制造的推行，都将降低资源和能源的消耗，减少污染物的排放。仿真技术在设计开发和培训中的应用，可以减少实物试验的次数，提高开发的成功率，缩短开发周期。

（四）促进转型升级

中国制造业总体上还处于价值链的中低端，亟待转型升级，从生产型制造转向服务型制造。生产型制造以加工制造为主体，服务型制造以服务为主体。前者产生的附加值较低，且大量消耗物质资源，后者产生的附加值较高，资源消耗少、环境影响小。因而后者已成为世界制造业的发展方向。中国的服务业在国民经济中的比重一直偏低，表 4 列出了近 10 年国内生产总值的构成。

表 4　1999～2008 年国内生产总值的构成

单位：%

年　份	1999	2000	2001	2002	2003	2004	2005	2006	2007	2008
第一产业	16.5	15.1	14.4	13.7	12.8	13.4	12.2	11.3	11.1	11.3
第二产业	45.8	45.9	45.1	44.8	46.0	46.2	47.7	48.7	48.5	48.6
第三产业	37.7	39.0	40.5	41.5	41.2	40.4	40.1	40.0	40.4	40.1

数据来源：《中国统计摘要 2009》，中国统计年鉴数据库。

近 10 年来，第三产业在国内生产总值中的比例始终在 40% 左右徘徊，显示了加快发展现代服务业的紧迫性，也反映出了在第二产业中占有极大比重的制造业尽快转型升级的必要性。工业的转型升级，一是要调整产业结构和产品结构，二是要加快发展生产性服务业，三是提高效率和效益。当前的制造业和物流业都处于效率和效益不高的状态，有待通过制造业与物流业的对接和联动，实现供应链管理优化，使制造业实现精益生产、物流业实现精益物流。目前，已有一部分制造企业转变生产模式，强化企业的核心业务，掌握核心技术，而将一些辅助业务外包出去，促进了生产型服务业的发展，提升了企业的效率和竞争力。可见，信息化是转型升级有效的转换器。

（五）做强信息产业

“两化融合”的深入开展，为中国信息产业的发展提供了广阔的市场，信息产业的发展又影响着“两化融合”的进程。中国信息产业的规模已居世界前列，但制约其进一步发展的问题也十分突出。在不少领域中方仅是代工制造，发展主导权在外方手里；有些领域，核心技术受制于人；软件产业的发展滞后于硬件产业，大量工业软件是国外产品；信息产业的基础元器件产业薄弱，与国外先进水平差距很大；信息产业的发展很大程度上依赖装备，而很多关键装备不得不依靠进口。这五个问题不解决，中国的信息产业难以做强，难以满足“两化融合”深入开展对软、硬件产品的大量需求。信息产业一方面要按照“两化融合”的要求，走出一条符合新型工业化要求的路子，另一方面要满足各行各业“两化融合”对信息产业的需求。其中，加快工业软件产业化步伐成为当前突出的一个课题。

在把原材料加工成产品的过程中需要有技术信息、管理信息和制造执行信息，要对这三类不同的信息进行加工处理则需要相应的工业软件，即技术信息软件（系统）、管理信息软件（系统）和制造执行软件（系统）。目前，国内管理软件市场（特别是ERP）中，国外软件SAP、Oracle等厂家在高端市场中占有优势，而在中、低端市场，国产软件占有优势，出现了如用友、金碟等知名企业和品牌。总体上看国产管理类软件已占上风。在三维CAD高端领域，西门子PLM的NX、达索系统的CATIA和PTC公司的Pro-E几乎已经垄断了市场。在中端主流CAD领域，SolidWorks、Solid Edge、Inventor拥有至少90%以上的市场份额。在制造业二维CAD市场，AutoCAD依然占有绝对领先的市场份额，而CAXA和中望已成为该市场有力的挑战者。[①] 工程分析软件，如电磁分析、噪音分析、刚度分析等软件，市场份额基本为国外厂商的软件所占有。表5列出了某冰箱压缩机公司所用工业软件的名称与厂家。

有一种分类方法将嵌入式软件和工程应用软件均列为工业软件[②]。嵌入式软件大都跟产品的智能化结合紧密，可以将这类软件作为智能工具中的一部分内容来看待。工程应用软件量大面广，“两化融合”进程中的需求量大，而当前用得较多的是国外厂商的产品，因此国产工程应用软件的产业化，已成为“两化融合”的当务之急。

---

① 北京机械工业自动化研究所：《我国工业软件发展对策研究》，2009年1月。

② 工业和信息化部软件服务司：《我国工业软件发展研究报告》，2009年4月。

表 5　某压缩机公司所用工程软件名称与厂家

序号	分类	软件名称	购买公司
1	有限元分析前处理软件	MSC. Patran	美国 MSC
2	线性结构分析软件	MSC. Nastran	
3	非线性结构分析软件	Ansys. Structure	美国安世亚太
4	疲劳分析软件	Ansys. Fesafe	
5	流体分析软件	Star-CD	日本西迪阿特
6	噪音分析软件	Sysnoise	比利时 LMS
7	磁场分析软件	JMAG	美国 CDAJ
8	电路模拟软件	PSIM	

资料来源：朱森第《推进"两化融合"，实现发展方式转变》讲演稿，2009 年 1 月。

（六）催生新兴产业

"两化融合"的重要目标是构建起现代产业体系，要实现这一目标：一是以信息技术提升传统产业，在提升中一部分传统产业演进为现代产业；二是产生新兴产业，而新兴产业中的一部分是由现有信息产业中的某些产业演进而来的，一部分是在信息化的催化下所形成的。

新技术层出不穷，模式不断创新，随着"两化融合"向广度和深度发展，信息获取和控制的应用越来越普遍，原先孕育的新的产业逐渐壮大起来，如光电子产业，传感元件产业，RFID 产业，智能控制系统产业（PLC、DCS、PCS、现场总线产品）等。伴随网络和宽带经济的发展，内容服务业将迅速发展起来。原有产业中，与"两化融合"紧密相关的产业，如数控机床、工业控制系统与仪表、激光技术和应用等，也将加快发展，成为现代产业体系中的重要组成部分。低碳经济的发展和信息技术的渗透，新能源、智能电网等产业兴起，物联网的发展将深刻影响社会经济的发展，并衍生出很多新的产业。新材料、生物医药、海洋工程、空天工程等领域的新技术与信息技术的结合，催生的新兴产业还很难预料。融入信息技术和现代管理技术后的现代服务业理应属于现代产业体系中的成员。

明确"两化融合"推进的重点，并采取分层、示范、平台的推进路径，将有效推进"两化融合"。分层就是在企业、行业、地区以及在其内区分不同层次推进；示范就是在推进中采取典型引路，发挥示范作用，避免少走弯路；平台就

是针对“两化融合”中广大中小企业的需要，建设好诸多公共服务平台，以实现资源共享，解决推进中资源和人才不足的困难，加快推进步伐。

“两化融合”是促进国民经济又好又快发展的战略举措，也是走新型工业化道路的具体体现。“两化融合”的有效推进和全面展开，必将促进经济发展方式的转变，加快工业化任务的完成，加快实现现代化和全面建设小康社会任务的完成。

参考文献

曲维枝：《信息社会：概念、经验与选择》，经济科学出版社，2005。

周宏仁：《信息化论》，人民出版社，2008。

国务院信息化工作办公室政策规划组编《国家信息化发展战略学习读本》，电子工业出版社，2007。

坚强智能电网信息化发展现状及展望

国家电网公司信息化工作部

摘　要：随着经济发展、社会进步、科技和信息化水平提高及全球资源与环境问题日益突出，依靠现代信息、通信和控制技术，提高电网智能化水平，以适应未来可持续发展要求，是世界电网发展的新趋势。在新形势下，我国以国家电网公司为代表提出了加快建设以特高压电网为骨干网架，各级电网协调发展，具有信息化、自动化、互动化特征的坚强智能电网的发展目标。作为基础和保障，电力信息化面临了前所未有的机遇和挑战，需要进行系统集成、突破创新，全面支撑坚强智能电网的发展，努力实现我国电网从传统电网向高效、经济、清洁、互动的现代电网升级和跨越。

关键词：坚强智能电网　信息化　发展与展望　国家电网公司

一　智能电网的发展

（一）背景

电网是现代经济发展和社会进步的重要基础和保障，是国家能源安全的基础组成部分。进入21世纪以来，国内外电力企业、研究机构和学者对未来电网的发展模式开展了一系列研究与实践，智能电网理念逐步萌发形成。近年来，发展智能电网在欧美国家已经逐步上升到国家战略层面，成为国家经济发展和能源政策的重要组成部分。尤其是在当前应对金融危机的环境下，智能电网建设已成为欧美等国家增加需求、推动经济发展的重要手段之一。

美国、欧洲等国家电网高速发展时期早已过去，电网架构趋于稳定、成熟，具备较为充裕的输配电供应能力。因此，如何进一步提高电网效率，积极应对环境挑战，提高供电可靠性和电能质量，完善用户服务，适应更加开放的能源及电力市场化改革需要，成为欧美等发达国家的主要关注点。同时随着信息技术和互联网技术的广泛应用，尤其是美、加大停电和其他停电事故所带来的强大冲击，美国、欧盟等国家对电力供应的安全性、灵活性以及电能质量等问题愈加关注。围绕与用户之间的双向互动、可再生能源和分布式电源发展与管理、电力供应商业模式和技术手段创新等方面，着重于配用电领域，陆续启动了一系列相关研究和实践，有关智能电网的建设和应用理念由此逐步形成。

对于我国而言，未来几十年将是全面建设小康社会，向工业化、城镇化、信息化和现代化深入推进的重要发展时期，经济社会将继续保持平稳较快发展。这一时期，也是我国加强节能减排，建设“资源节约型、环境友好型”社会，实现能源与经济社会和谐发展的关键时期。相应地，对作为重要基础产业的电力工业，尤其是电网发展提出了更高、更多的要求。一是我国大范围能源资源配置和可再生能源的大规模集中接入，要求电网结构更加坚强合理，控制管理更加灵活便利。二是“两型”社会建设要求电网在确保安全可靠的前提下，着重提升其运行效率和灵活管理能力。三是我国经济社会的不断发展，将对现有电网的输送能力、电能质量和优质服务提出更高要求。四是国际社会对气候变化问题的高度关注，使能源结构优化和提高能源效率成为世界各国获取国际话语权、彰显国际竞争力和实现可持续发展的重要内容。

（二）国内外发展情况与分析

1. 国内外发展情况

美国、加拿大、澳大利亚以及欧洲各国都相继开展了智能电网相关研究，而其中最具代表性的是美国与欧洲。对于美国来说，对复杂大电网的安全稳定控制，是其智能电网发展最初的驱动力，虽然困难重重但至今仍然是最重要的研究课题；而欧洲智能电网的发展中，严格的温室气体排放政策显然起到了更大的推动作用，分布式能源和可再生能源接入研究也相应获得了更多的支持。

2001 年，美国电力科学研究院（EPRI）提出“Intelligrid”（智能电网）的概念，用来定义下一代电网，并于 2003 年提出智能电网研究框架并展开研究；

美国能源部（DOE）随即发布 Grid 2030 计划，目标是 2030 年建成完全自动化的输配电系统。2005 年欧洲也提出类似的“smartgrid”概念，2006 年，欧盟智能电网技术论坛推出了《欧洲智能电网技术框架》，2008 年 9 月发布的《欧洲未来电网发展策略》提出了欧洲智能电网的发展重点和路线图。

世界著名的 IBM、Google、Intel 等信息产业龙头也提出了自己的技术解决方案，具有代表性的是 IBM 与 ABB、GE、SBC 等设备制造商联合提出了智能电网解决方案，涵盖了完整、规范的数据采集，基于 IP 协议的实时数据传输，应用服务无缝集成，完整、结构化的数据分析，有针对性的信息展现五个层次。

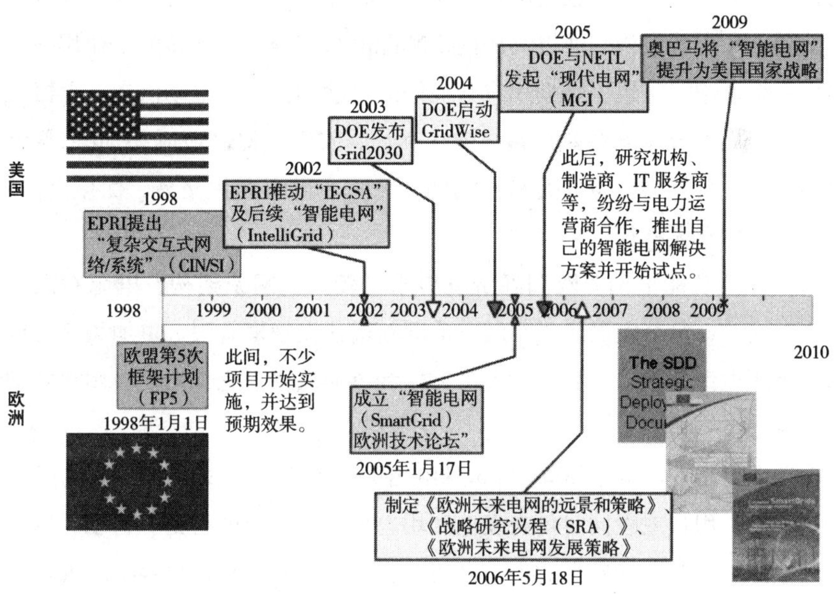

图 1　美国、欧洲智能电网的发展历程

我国开展智能电网的体系性研究虽然稍晚，但在智能电网相关技术领域开展了大量的研究和实践。1999 年进行的“我国电力大系统灾变防治和经济运行的重大科学问题研究”，就已经提出过“数字电力系统”的概念。对输电领域的研究处于国际领先水平，对配用电领域的智能化应用研究也正在积极进行。以数字化、自动化为特征的各类应用已覆盖了电网规划、设计、建设、运行、调度和维护等各个方面，信息技术的应用领域深入到电网生产、运行、经营和管理的各个

环节，取得了诸多标志性成果，为智能电网奠定了扎实的基础。2009 年 3 月，中国国家电网公司提出“建设坚强智能电网”，全面拉开了中国智能电网的研究序幕。

2. 智能电网概念和范畴

（1）美国智能电网。美国近年来对电网建设投入不足，电网设备陈旧，存在稳定性问题，急切需要提高电网运营可靠性。因此其智能电网建设关注于加快电力网络基础架构的升级更新，最大限度利用信息技术，提高系统自动化水平。

美国将智能电网定义为：一个完全自动化的电力网络传输系统，可以监测控制每一个用户及节点，并保证信息及电能在发电厂、设备及其间任意点进行双向流动，可以监控、保护并且自动地优化与之相连的设备的运行，这些设备包括集中式的和分布式的电源和通过高压网络和配电系统与之相连接的工业用户、楼宇自动化系统、储能装置、终端用户和他们的自动调温器、电动汽车、电器及其他家用设备。提出智能电网要具备自愈、互动、安全、提供适应 21 世纪需求的电能质量、适应所有的电源种类和电能储存方式、可市场化交易、优化电网资产、提高运营效率几大特征。

（2）欧盟智能电网。欧洲经济发展水平较高，网架架构、电源布点、电源类型臻于完善，负荷发展趋于平缓，电网新增建设规模有限。更加关注可再生能源和分布式电源的接入，提高供电可靠性和电能质量、完善对社会用户的增值服务。

欧洲电力工业联盟在 2009 年 5 月给出的智能电网定义为：智能电网是能够整合发电方、用户或者同时具有发电和用电特性的成员的行为和行动，以期保证电力供应持续、经济和安全的电力网络，它能够交互运行，可容纳广大范围的小型分布式发电系统并网。

（3）我国坚强智能电网。我国正处于经济建设高速发展时期，电力系统基础设施建设面临巨大压力，同时，各个地区能源分布和经济发展情况极不平衡，负荷中心在华东、华南和华北，而能源中心则在西部，其中蕴藏量极大的风能、太阳能等可再生能源主要分布在西北地区。我国电网类型是高压骨干输电网，通过建立坚强的输电系统，可实现能源的合理传输和配置。

中国有关企业、研究机构及专家学者就智能电网的概念和范畴也进行了深入细致的探讨，中国国家电网公司提出了坚强智能电网的概念：坚强智能电网是以特高压电网为骨干网架、各级电网协调发展的坚强网架为基础，以通信信息平台为支撑，具有信息化、自动化、互动化特征，包含电力系统的发电、输电、变电、配电、用电和调度各个环节，覆盖所有电压等级，实现“电力流、信息流、业务流”的高度一体化融合的现代电网。

3. 智能电网实质分析

以上各国或地区对智能电网的定义不一样，语义表达、重点关注方向也有所不同，但在实质内容上，对智能电网的看法是一致的，即电网应该“更坚强、更智能”。坚强是智能电网的基础，智能是坚强电网充分发挥作用的关键，两者相辅相成、协调统一。总体上，下一代电网被普遍希望具备以下特性：需要具有高可靠性、资产优化管理、经济高效、与用户友好互动、兼容大量分布式电源的“即插即用”。因此，虽然智能电网在世界范围内才起步，但首先都着眼于如何建设“坚强智能电网”，并涵盖电网发、输、变、配、用及调度等各个领域的研究，在广泛继承现有技术的基础上，最大限度利用现代信息通信技术，进行系统集成、科学创新，把坚强智能电网建设成为一个完整的体系。

（三）中国智能电网发展趋势

中国在分析经济社会和能源电力发展趋势，借鉴国外智能电网有关研究的基础上，结合我国基本国情和电力工业实际，提出了立足自主创新，加快建设以特高压电网为骨干网架，各级电网协调发展，具有信息化、自动化、互动化特征的坚强智能电网发展目标。到 2010 年，中国单位 GDP 能源消耗要比 2005 年降低 20% 左右，可再生能源比重达到 10% 。

围绕发展目标，中国智能电网的发展趋势是：坚强可靠，具备坚强的网架结构、强大的电力输送能力和安全可靠的电力供应；经济高效，提高电网运行和输送效率，降低运营成本，促进能源资源和电力资产的高效利用；清洁环保，促进可再生能源发展与利用，降低能源消耗和污染物排放，提高清洁电能在终端能源消费中的比重；透明开放，电网、电源和用户的信息透明共享，电网无歧视开放；友好互动，实现电网运行方式的灵活调整，友好兼容各类电源和用户接入与退出，促进发电企业和用户主动参与电网运行调节。

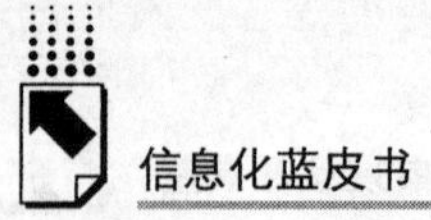

二　智能电网信息化的展望

（一）发展基础

电力信息化融于电力工业的全部过程，主要指应用信息技术、计算机技术以及网络技术，实现电网生产操作层应用、电力企业管理层应用，以至战略层面应用。经过多年的建设与发展，信息系统已成为我国电网公司员工日常工作的基础手段，在电网生产控制和企业经营管理中发挥了越来越重要的作用，有效提高了电网各环节的业务管控水平。

在电力通信方面，我国已建成了先进可靠的电力通信网络，形成了以光纤通信为主，微波、载波、卫星等多种通信方式并存，分层分级自愈环网为主要特征的电力专用通信网络体系架构。建成了调度交换网、行政电话网、会议电视网、数据通信网等多个业务网络，为电网生产和企业管理提供了较为丰富的语音、视频和数据业务。电力通信网络已成为世界上最大的电力专用通信网络，处于国际先进水平。

在电网信息应用方面，我国电网各环节均已建立较成熟的业务信息系统，同时在电网信息模型融合、统一信息平台等方面也已开展了大量研究与应用。以中国国家电网公司“信息化 SG186 工程”为代表的电网企业级一体化信息系统建设已取得显著成效，集人财物和项目管理为一体的套装软件和电网生产、营销、应急管理等业务应用全面推广，正在开展资产全寿命周期、全面风险管理等高级应用研究及公司资源计划系统体系架构设计。电力二次系统安全防护得到广泛应用，等级保护纵深防御体系已初步建立，处于国际领先水平。

（二）差距与目标

在建设坚强智能电网的新形势下，智能电网对电力信息化的支撑能力提出了更高的要求，电力信息化面临前所未有的挑战和机遇。整体上，我国电网信息化目前在以下几方面同智能电网的发展需求之间还存在一定差距：信息资源的集成需进一步加强，信息系统的应用深度和实用化水平有待提高，生产控制与管理业务的联动较弱，信息资源整合优化的力度不够大，通信网络的资源整合和充分利用有待加强，配用电通信差距较大，等等。因此电网信息化迫切需要最大限度地利用先进信息通信技术，在标准规范、信息支撑平台、电网各领域业务支撑、安全防护、关键技术等方面有所创新、突破或进一步增强，支撑电网系统的智能化转变。

综合分析，智能电网信息化的总体目标将是：建设信息高度共享、业务深度互动、覆盖面更广、集成度更高、实用性更强、安全性更好、国际领先的企业级信息系统，贯通电网各个环节，实现生产与控制、企业经营与管理、营销与市场交易三大领域的业务与信息化的融合，打造经营决策智能分析、管理控制智能处理、业务操作智能作业三层智能应用，实现电力流、信息流、业务流三流合一，全面支撑坚强智能电网发展。

（三）标准与规范

智能电网的建设发展，将使电网的形态、功能定位发生改变，现有的电网技术标准难以满足发展要求，需要建立相适应的智能电网标准体系，为智能电网建设提供统一的技术依据。

智能电网信息化的标准体系主要包含了信息基础平台、信息应用平台、通信与信息安全三大部分。

基础标准主要从对智能电网发展有共性支撑的角度出发，涉及一体化信息模型、信息网络、空间信息服务、移动作业等相关基础标准。

一体化信息模型标准旨在建立一个共享的底层模型，为电网各环节之间的融合互通奠定基础。信息网络标准明确网络规划设计的方法和手段，为建设支撑智能电网的网络传输通道奠定基础。空间信息服务对电网空间信息系统的设计、建设以及其与其他系统的集成方式作出规定，提升电网的友好互动性。移动作业标准对移动终端的评估、接入、服务调用等内容作出规定，以提高各类现场施工人员的工作效率。

应用标准从业务系统支撑智能电网发展的角度出发，涉及人力资源、财务以及物资管理标准，安全生产管理标准，营销业务标准等相关业务标准。

人财物管理标准，规范核心资源的集约化管理模式，为智能电网建设提供了战略保障。安全生产管理标准推进设备巡检、维护、操作的一体化管理，提高电网设备运行、检修、维护效率。营销业务标准推行统一的业务模式、服务标准和工作流程，优化现有电力营销的组织模式，拓展互动服务能力。

安全标准从保障电网安全稳定运行的角度出发，涵盖安全等级保护、网络安全接入、应用软件通用安全等相关安全标准。

智能电网信息安全等级保护标准应满足国家信息安全战略和策略的要求。网络安全接入标准解决互联网、外部网络接入电力信息网的问题，丰富信息的获得渠道，提升电网的开放性。应用软件通用安全标准规范电网应用软件在设计与开发中必须遵循的安全要求，提高电网应用软件的运行安全性。

（四）信息支撑平台

信息支撑平台是支持坚强智能电网建设的公共平台，贯穿电网发电、输电、变电、配电、用电、调度各领域，电网信息支撑平台将向以下方向发展。

一是统一架构设计、统一信息模型、统一数据平台，实现电网规划、设计、建设、生产、运营、服务信息的全面采集、流畅传输和高效处理，提升设备和业务处理的数字化、自动化水平，支撑电力流、信息流、业务流的高度一体化。

二是建设贯通智能电网各个领域，覆盖电网全业务的信息系统，提升业务管理的现代化水平，实现全网资源的优化配置、高效利用和风险的全面控制、及时处置。

三是搭建信息共享透明、流程规范集成、功能强大友好的业务协同和互操作平台，提升人与应用系统之间、各个领域之间、各业务之间、公司与各利益相关者之间的互动水平。

四是充分利用坚强智能电网多元、海量信息的潜在价值，挖掘其背后所蕴含的知识，提升电网的智能分析和科学决策水平。

五是构建架构坚强、组织高效、业务丰富、效益良好的智能化通信网络。完善骨干通信网络，建立配用侧通信网络，形成从电网公司总部、各分支机构到终端用户的高度一体化通信网络。

六是研发智能电网信息通信软硬件产品，创新服务模式和盈利模式，面向社会提供具有电力特色的信息通信增值服务，创造良好的社会经济效益。

（五）电网各领域的信息化发展

1. 发电

我国电源结构以火电为主，以水电、抽水蓄能、燃气发电等快速调节电源不足。发电侧将以国家能源发展战略为导向，引导电源集约化发展，协调推进大煤电、大水电、大核电和大可再生能源基地的开发；强化网厂协调，提高电力系统安全运行水平；实施节能发电调度，提高常规电源的利用效率；优化电源结构和电网结构，促进大规模风电、光伏发电等新能源的科学合理利用。为实现智能电网在发电领域的上述目标，近期智能电网信息化需要向以下方向发展：

（1）建立基于实测参数的网厂协调统一模型参数数据库。广泛开展机组励磁、调速、PSS 等参数实测工作，实现基于实测参数的统一模型管理，进一步完善和提高发电机控制保护系统与电网之间的协调性、互动性，促进网厂协调与智能电网同步发展，提高电力系统安全运行水平。

（2）通过信息化手段，支持新能源接入和功率监测。风电、太阳能等新能源发电具有随机性和间歇性的特征，需开展新能源发电运行控制和功率预测技术研究，研究新能源接入对电网稳定性、电压水平、短路电流、电能质量、可靠性及备用容量的影响，研究新能源监控、控制、集成技术，提高新能源接入与功率预测预报水平。

（3）水库智能调度信息化支持。研究水库智能在线调度和风险分析的原理和方法，根据水库来水和蓄水情况及水电厂的运行状态，对水库未来的运行进行趋势预测，对水库异常情况下水库调度决策进行实时调整，并提供决策风险指标，规避水库运行中可能存在的风险，提高水能利用率。

2. 输电

输电线路是电力输送的物理通道，同时也是保障电力通信的重要载体。近年来，我国在输电线路建设和生产管理方面取得了一系列重大技术成果，并得到广泛应用。通过持续加大电网建设和改造，有效提升了电网健康水平；加快实施输电线路标准化建设，推广“两型三新”输电线路应用；开展输电线路状态检修、在线监测等重大技术研究，提升线路安全运行水平。为实现智能电网在输电领域的上述目标，近期智能电网信息化需要向以下方向发展。

（1）建立电网空间服务平台。通过建立基于地理信息系统的空间信息服务平台，与输电线路规划、运行、监测等相关业务进行全面集成，实现输电线路空间信息的可视化全景展示，推动线路勘测数字化、设计模块化、运行状态化、信息标准化和应用网络化，为线路智能评估诊断与状态检修提供更直观的信息展示手段。

（2）建立输电线路在线监测系统。通过信息化手段实现线路运行环境参数及线路运行状态参数的在线监测，实现对输电线路、重要输电走廊、大跨越、灾害多发区等进行集中实时监测和灾害预警。结合线路空间信息实现线路仿真、灾害预警和应急演练分析，提高线路综合防灾和安全保障能力。

（3）基于状态检修的线路检修管理系统。以设备基本参数、运行维护记录等管理数据和线路在线监测实时类数据为基础，基于统一信息模型形成对输电线路的全方位信息描述。通过建立线路状态评估诊断模型，综合分析各类数据并形成线路的健康状态评估和诊断结果，确定输电线路的最佳检修时机，优化安排检修模式，实现输电线路状态评估的智能化，为线路状态检修管理提供支持，为实现输电线路资产全寿命周期管理提供基础信息。

（4）建立线路资产全寿命周期管理体系。线路资产全寿命周期管理是贯穿输电线路规划、建设、运维、报废全过程的信息集成与深化提升的业务管理模式。通过信息化手段建立电网资产全寿命周期管理信息体系，以资产全寿命分析与评估指标体系为目标，对输电线路各个环节的成本进行分析并形成合理的资产策略，实现电网最大经济效益化运营，实现装备最优、技术经济化运行，优化电网装备运行方式，提高装备综合投资利用效益。

3. 变电

智能电网变电信息化主要是实现设备信息和运行维护策略与电力调度全面互动；贯彻资产全寿命周期管理理念，重点对枢纽及中心变电站进行智能化改造；实现电网运行数据的全面采集和实时共享，支撑电网实时控制、智能调节和各类高级应用，保障各级电网安全稳定运行。以先进的信息化、自动化和管理技术为基础，实现对电网设备状态的可靠、有效监控。按照坚强智能电网的要求，目前变电站自动化系统信息综合利用效能还未充分发挥，设备检修模式需要加快由定期检修向状态检修过渡，变电一次装备的智能化技术水平有待提高。为实现智能电网在变电领域的上述目标，近期智能电网信息化需要向以下方向发展。

（1）智能变电站统一信息建模。智能变电站智能组件以测量数字化、控制网络化、状态可视化、功能一体化、信息互动化为特征，具备测量、控制、保护、计量、检测中的全部或部分功能，通过智能变电站和智能装备的研究与建设，实现电网运行信息完整准确和及时一致的可靠采集，开展基础信息统一信息建模及工程实施技术研究，构建综合测控保护体系，研究各类电源及用户的接入、退出、保护及隔离技术，为电网优化调度和运行管理的信息提供支撑。

（2）智能故障诊断专家系统。智能故障诊断专家系统是今后故障诊断的发展方向，通过建立基于状态描述的信号处理、信息集成和故障分析的工作模式，使得智能监控与诊断成为可能，推动电力设备故障诊断向智能诊断与寿命评估方向发展。

（3）智能设备状态自评估与状态检修。依托数字化技术和智能设备状态自诊断装置，按照统一信息模型建立智能变电信息采集平台，通过智能故障诊断专家系统，为设备状态评价与状态检修提供有效的基础数据及检修建议，建立基于设备故障诊断和状态自评估的检修决策体系，通过优化设备检修策略，推动智能电网设备状态检修的开展。

4. 配电

智能配电将充分利用现代管理理念，采用先进的计算机技术、电力电子技术、数字系统控制技术、灵活高效的通信技术和传感器技术，实现配电网能量流、信息流、业务流的双向运作与高度整合，构建具备集成、互动、自愈、兼容、优化等特征的智能配电系统，支持配电网资产全寿命管理，达到配电网网架坚强、网络智能的目标。为实现智能电网在配电领域的上述目标，近期智能电网信息化需要向以下方向发展。

（1）配电网标准化与配电信息统一发布。在智能配电系统中扩展 CIM 公共信息模型及企业集成总线；建立配电系统设备统一编码、命名及图形规范；建立配电网生产管理各环节的信息交换机制和统一电力信息发布平台；通过运用数据可视化技术和数据挖掘技术，为配电网的智能化运行提供有效技术依据和数据平台。

（2）基于地理信息平台的配电生产管理。采用地理信息技术，支持生产管理、故障管理、工作管理及相关配电监控、客户管理等功能。

（3）智能配电网通信网络建设。根据智能配电网通信业务特点及对通信系统的功能和性能要求，建立智能配电网的通信技术体系。利用电力专用网络及公共宽带通信网络实现高效通信，应用智能传感器实现低能耗通信传输。开发智能配电网通信信息安全技术及通信网络管理技术，建立智能配电网通信系统标准。

（4）配电网自动化技术。开展配电网可视化智能监视和末端电源质量监测。按区域、分步骤地开展省、市、县配电自动化系统建设和馈线自动化建设。

5. 用电

智能用电依托坚强电网和现代管理理念，利用高级量测、高效控制、高速通信、快速储能等技术，实现市场响应迅速、计量公正准确、数据采集实时、收费方式多样、服务高效便捷，构建电网与客户电力流、信息流、业务流实时互动的新型供用电关系。将从供电端到客户端的所有设备通过传感器连接，形成绵密完整的用电和信息交互网络，并对其中的信息加以整合分析，指导用户直接进行用电方式调整，实现电力资源的最佳配置，达到降低客户用电成本、提高供电可靠性和用电效率的目的。为实现智能电网在用电领域的上述目标，近期智能电网信息化需要向以下方向发展：

（1）双向互动服务平台。通过营销信息化系统、互动营销门户网站，建设双向互动用电服务平台，支持智能互动营销和策略分析，支持营销渠道与增值应用的多元化。

（2）智能表计和智能用电设备管理系统。建设用电信息采集系统，实现对所有电力用户和计量点的全面覆盖，实现计量装置在线监测和用户负荷、电量、电压等重要信息的实时采集，为智能电费结算、企业各个环节应用提供技术基础，推进双向互动营销。

（3）电力需求侧智能化管理系统。建立电力需求侧智能化管理，实现能源合同管理、现场和远程能效诊断、能效信息化，建立绿色电力交易系统，实现有序用电、电力资源的最佳配置。

（4）智能故障抢修管理系统。基于用电地理信息系统、用户与供电设备互联，支撑智能故障抢修管理，支持基于智能表计的故障快速定位，保障供电质量，提高服务水平。

6. 调度

电网调度将开发建设新一代智能电网调度技术支持系统，实现运行信息全景化、数据传输网络化、安全评估动态化、调度决策精细化、运行控制自动化、网厂协调最优化，形成一体化的智能电网调度体系，确保电网运行的安全可靠、灵活协调、优质高效、经济环保。信息化对智能电网调度的支撑是要实现包括实时数据采集在内的调度生产全环节信息化和广域、全景信息的集成与共享，通过统一的标准化信息体系、高效的网络化信息通信、规范的流程化信息管理和完善的信息安全防护体系，实现信息资源共享化、采集传输网络化、分析展现可视化、决策处理智能化。为实现智能电网在调度领域的上述目标，近期智能电网信息化需要向以下方向发展：

（1）智能电网调度技术支持系统。开展智能电网调度技术支持系统基础平台和实时监控与预警、安全校核、调度计划、调度管理等各类业务应用的研究开发和标准化建设，建立一体化智能电网调度体系，提高调度信息化、自动化、互动化水平，为智能电网安全优质经济运行提供坚强的技术支撑。

（2）新能源接入和调控能力监视与预测。实现大容量风电、光伏发电等新能源运行信息的采集、监视和预测，为深入研究新能源的运行特性，开发应用与之相适应的仿真建模技术和电网有功无功控制技术提供基础信息支持，有利于推进间歇性能源与常规电源的协调运行，保障大容量新能源的有效接纳。

（六）关键技术

智能电网将利用监控、控制、通信和相关技术来提高产品和服务水平，因此它需要适应各种容量和技术水平的发电机的接入和运行，向消费者提供更好的信息和供应选择，让消费者在优化的系统中发挥作用。在智能电网建设框架下的信息化发展将渗透电网业务价值链的各个环节，管理信息化与自动化的结合将更加紧密，信息一体化架构将面向服务，同时信息化与业务将有更加深度的融合，以下一些关键技术需求在智能电网信息化建设中显得尤为迫切。

第一，集成通信技术。将无源光网络（PON）、电力线载波、无线等接入通信技术综合应用，提供支持高速数据传输的蜂窝移动通信技术，能够同时传送声音（通话）及数据信息（电子邮件、即时通信等）。基于广域同步时钟（如IEEE 1588）对时功能、抗干扰能力强的无线通信技术和无线组网技术，应用包括 Zigbee 在内的微功率无线通信方式。

第二，企业级数据模型和主数据管理。研究设计企业级的数据模型，从整体的角度上自顶向下，重点研究各业务系统之间共用的数据和业务关系模型的设计，为 SG-ERP 的建设提供理论支撑。研究电网实时数据模型及其与非实时数据的关系。研究企业级数据模型的设计方法、实现方法和主数据管理方法，从而保证企业级数据模型的规划统一性、数据准确性和数据源头唯一性，减少数据接口和数据的不一致性。

第三，应用集成技术。这是一种多个不同应用系统之间互联互通的关键技术，它融合消息通信、信息映射、信息通信安全和工作流程等多种技术为一体，采用开放的集成技术，以流程为中心，以本地的网络基础架构为基础，支持多种通信方式，从“点到点”的连接到企业服务总线，能够通过连接器集成异构系统，并且支持对外行业的应用系统集成。

第四，地理空间信息技术。研究构建企业级电网地理空间信息公共服务平台，研究电网空间信息统一标准、统一维护、公共服务机制和功能扩展。结合各业务应用要求，开发空间信息接口功能，实现与各业务应用的集成和互动，构建电网公共地理信息系统。

第五，海量实时数据库技术。用以对智能电网海量实时信息进行高效的存储组织和有效的管理。包括海量时序信息的存储结构、索引技术、混合压缩技术、数据并发处理、磁盘缓存管理等。

第六，商务智能与可视化技术。运用商务智能、多媒体等技术，对整个电网所涉及的可视化展现方式进行整理、归纳与分析，研究调控和管理信息的可视化技术、互动技术等。对电网状态实时监视与全局感知、互动屏幕与互动地图、工业视频监视、变电站三维展示与虚拟现实等可视化技术开展研究和应用。

第七，信息安全技术。建立信息安全主动防御体系，建立信息网络信任平台，拓展终端安全防护。

第八，遥感与测量技术。支持更迅捷及精确的响应，例如远程监控、实时定价和需求侧管理。

（七）信息安全

中国国家电网公司已根据“双网双机、分区分域、等级保护、纵深防御”的安全防护策略，初步建成了信息安全等级保护纵深防御体系。随着坚强智能电网的建设，信息安全防御体系面临新的挑战和发展需求。一是智能电网信息化、自动化、互动化的特征，增强了电网和用户的双向互动，电源、电网与用户侧均对信息安全提出了新的需求；二是智能电网的通信网络环境更加复杂，GPRS/CDMA、3G、WIFI、智能传感网络等无线通信技术和大量智能表计、移动作业终端的广泛应用，造成攻击手段更加多样化和智能化，进一步加大了信息安全防护难度；三是智能电网的覆盖面更广、集成度更深，传统的以各级电力公司网络边界和核心资产为保护对象的信息安全保障体系需要进一步扩展到各类终端安全防护方面，信息安全防御体系的防护范围和能力需要进一步增强。

未来智能电网面对更加复杂的网络环境、更加扩展的网络边界以及更加智能多样的攻击方式，同时智能电网要实现电网信息的高度集成和共享，具有较强的自动故障诊断、自我恢复的能力，这些特征要求信息安全防御体系具备较强的安全事件早期预警、及时精确发现、主动应对和自动恢复的能力，以实现对潜在安全风险的主动应对与处置。

从坚强智能电网发展趋势和信息安全防护需求出发，结合国际信息安全领域的发展趋势和最佳实践，信息安全将建立基础的信息安全架构、安全运维和安全治理、风险管理等密切融合的信息安全防御框架，并从边界安全、网络安全、主机安全、应用安全、数据安全五个方面完善安全措施，强化信息安全体制与机制建设，深化信息安全评估与技术督查体系，开展具有自主知识产权的信息安全核心装备研制，从系统和全局角度构建信息安全主动防御体系，全面支撑坚强智能电网建设，保障电网信息系统的安全稳定可靠运行。

三　结束语

当今世界正在进行一场以新能源大规模开发利用为显著标志的能源产业革命，电网是推进新能源发展的关键环节，“低碳经济”、“智能电网”日益成为热门名词。中国国家电网公司提出了坚强智能电网的发展目标。“坚强”是智能电网的基础，就像人的体格，“智能”是坚强电网充分发挥作用的关键，就像人的大脑，两者相辅相成、协调统一。

电力信息化是发展坚强智能电网的基础和保障，是推进信息化与工业化融合、走新型工业化道路的重要动力。本文从智能电网信息化的角度，简要阐述了国内外智能电网发展的基本情况、坚强智能电网发展趋势，对智能电网信息化整体上的标准规范、信息支撑平台、信息安全、关键技术及电网各领域的信息化发展趋势进行了介绍和展望。我们衷心希望通过本文能让更多的人来了解智能电网信息化发展趋势，重视中国建设智能电网的意义，推动智能电网建设在中国的发展，共同创造中国电网灿烂的明天！

物流信息化的回顾与展望

戴定一*

摘　要： 随着中国物流业向做大、做专两方面发展，物流信息化与物流业务越来越紧密地结合：物流企业的信息化沿着通用服务整合资源、专业服务明确定位的方向发展；各产业物流信息化从以 ERP 为重点拓展到产业供应链体系的建设；物流信息平台建设进入了新的高潮期；政府信息化建设的着力点是总体规划和基础标准的制定；在技术层面，RFID 与物联网技术受到特别的关注。未来物流信息化发展趋势是：应用驱动时代的到来；公共信息平台建设成为热点；产业物流信息化精彩纷呈；物流信息化促使政府职能转变；智能物流引领信息化技术的方向。

关键词： 物流　信息化　信息平台

2009 年是我国物流业发展进程中极其重要的一年，国家为了应对国际金融危机出台了十大产业的调整与振兴规划（以下简称《规划》），将物流业作为服务业的唯一代表纳入其中，彰显了物流业在我国国民经济中的重要地位，也为我国物流业的发展史掀开了新的一页。

《规划》进一步明确了我国物流业的发展方向。物流服务可分为两类：第一是通用服务类，例如仓储、运输、货代、快递、装卸等，这些基本上是作业型服务，总体上看处于总量供大于求，需要整合、集约化，同时要实现标准化、信息化等。概括起来就是要通过整合资源，建设网络平台体系。《规划》提出的诸如基础设施建设、物流园区建设等属于此类。

* 戴定一，研究员，现任中国物流与采购联合会副会长，兼任中国物流学会常务副会长，全国物流标准化技术委员会副主任，中国物流技术协会理事长等职。

第二是专业服务类，就是近年来迅速发展的汽车物流、家电物流、钢铁物流、食品冷链物流、服装物流、图书物流等等，其特点是以专业化、个性化的解决方案为核心，把相对标准的作业外包，以实现客户价值的提升为目标。此类服务的方向是专业化的供应链，只是目前市场上大部分业务没有外包出来。《规划》中列举的诸如煤炭、粮食、冷链、危化品物流等属于此类。

所以总体而言，物流的发展方向一是要做大，二是要做专。我们在分析物流信息化时，也必须结合物流发展的这个战略目标，否则就会看不清物流信息化是如何促进物流做大、做专的。物流信息化与物流业务越来越紧密地结合在一起，甚至彼此难以分割，这将是未来物流信息化发展最显著的特点。本文将依据这样的发展主线，对物流信息化作简要的回顾和展望。

一　物流信息化的新发展

（一）物流企业的信息化

物流企业的信息化体现了如何实现做大做专的两方面要求。

我们以中远物流为例来说明大型物流企业的新发展。中远具有很好的远洋运输资源，但历史上由于各地分公司业务交叉，影响了整体效益，现在要整合，还要发展若干专业物流的新业务，于是在信息化方面采取了两大措施：一是运输业务采用全国统一的信息平台 FOCUS 系统；二是原有分散的专业物流分别集中到若干分公司，分公司的专业信息系统即为集团的专业系统，例如中远上海分公司的危化品系统和大件物流系统就是全集团的两大专业物流信息系统，其他分公司不再另建。使用信息系统固化了集团在做大与做专上的战略部署，取得了实效。

大型物流企业在信息系统建设的实践中，总要碰到系统构架的困惑，采用 B/S 结构？C/S 结构？还是混合结构？实际上因为信息系统的构架是管理体制构架的折射，上述难题就是要回答管理的集中度高一点，还是分散度高一点，如何掌握二者之间均衡的问题。一般来说集中度高有利于整体效率的提升，而增加分散度，则有利于发挥系统的活力、创造力。所以，解决效率与活力的均衡问题是没有标准答案的。但是越来越多的实践说明，信息系统的集中度高于决策管理的集中度可能是一个好办法。中远物流的 FOCUS 系统坚持基础信息标准、重要数

据以及系统维护的三个集中管理，同时保持分公司、子公司的分层决策体系，很好地兼顾了效率与活力之间的关系，是值得推广的经验。

中小企业怎么办？物流业内绝大多数是中小企业，他们想做大比较难，但是向专的方向发展，就会发现市场空间很大，机会很多。北京泛太物流科技有限公司提供了一个中小企业借助信息技术实现做专、做深的经典案例。

泛太公司是一家名不见经传的民营物流企业，最初为一家地方移动通信公司提供物流服务，因为服务质量好，业务扩展到为客户代理采购、回收等。该公司采用了一套先进实用的信息系统，记录了客户各种资产在全部流程中的状态和价值，当客户需要加强资产的精细化管理时，泛太物流又抓住机遇进入了客户的资产管理服务领域，以信息资源为基础提高了客户的资产监管水平和优化水平，巩固了与客户之间形成的战略合作伙伴关系，泛太物流公司也在这个专业领域成为一流的物流公司，甚至可以与国际巨头竞争。他们一旦深入这个专业领域，发现可以拓展的市场空间极大，对客户乃至对于整个行业的提升，都有许多新的机遇。这个例子说明，中小企业在深入专业化物流领域时，信息化技术是一个非常有效的武器，可用以实现跨越式发展、突破规模小实力弱的局限。

总的来看，物流企业的信息化在大企业层面比较清晰，沿着通用服务整合资源、专业服务明确定位的方向发展；但是中小企业在应对金融危机的冲击中能够明确专业定位的还不多，还有相当多的中小企业仍然只关注仓储、运输等传统业务，没有深入专业领域中去，因此信息化建设也没有找到新的突破口。从这样的角度来看，泛太物流的案例还是很有现实意义的。

（二）产业物流的信息化

产业物流是指以制造业、商贸业、农业等企业为主体开展的物流业务。《规划》最大的作用是唤醒了这些产业对于物流的重视，各行各业开始关注物流体系的改造与建设，把物流体系的建设上升到企业、行业的战略地位，这为这些产业的发展也为物流业的发展提供了巨大的市场空间。产业的信息化也从以 ERP 为重点拓展到产前、产后的供应、销售以及回收等环节，产业供应链体系的建设开始浮出水面。

1. 制造业物流信息化

武钢的“物流整体信息化技术自主集成与创新”项目获得了2009 年的国家

科技进步二等奖，这是我国第一个获得国家科技奖的物流信息化项目，也是一个工业化、信息化“两化融合”的经典案例。

武钢的物流信息化项目起始于2001年，在基本完成了企业内部生产经营管理的信息化之后，管理的视野开始越出了企业的边界，一方面要从“以产定销”转向“以销定产”，所以要加强对市场的把握，提升对客户的服务水平；另一方面还要强化对于上游资源的控制力，包括对矿石、焦炭、物流服务商、设备供应商等的管控与协调能力，这是对于钢铁产业供应链链主企业的必然要求，武钢就是从那时开始了钢铁物流信息化的建设。历时8年多的探索，通过信息化技术集成，把产前的采购流程、产后的销售流程与企业内部的生产流程整合、协同起来，形成了国内先进的钢铁供应链经典案例。这个案例的意义在于它代表了制造业的信息化正在发生深刻的变化，由内部扩展到外部，从ERP到供应链，这是企业的发展战略决定的，是钢铁产业进入供应链时代的标志。这个案例也生动地告诉我们“两化”是怎样融合的，制造业与物流业是如何互动的。

2. 商贸物流信息化

商贸业的物流系统越来越成为核心竞争力所在，也越来越依赖信息化的建设。北京物美商城走过的历史很能说明这个趋势。物美商城是一家连锁超市集团，20世纪初开始重视物流系统的建设，但苦于自己不懂，于是请了香港和黄天百集团来为其建设物流系统，在2006年上了一套SAP的信息系统，逐步掌握了物流信息化规律。后来发现随着管理要求越来越高，外包的物流服务已经不能满足自己的需求，开始自建自营物流体系。今天他们开始走向社会，正朝着专业的连锁分销物流服务商演进。在实施“农超对接”项目时，一部分从山东生产的蔬菜进入北京的物美超市，价格竟然可比农贸市场低20%。物美的物流系统已经从对配送中心的管理扩展到对农田的供应商管理，精简了中间流通商，还授予一些战略供应商对物美的采购、物流流程进行监督的职权，在应对金融危机时期，把整合供应链得到的效益让利给供应商，表现出供应链链主的风范。所有这些都是基于透明、高效的信息系统实现的。

对于连锁分销行业来说，面对多品种、多用户、多供应商的网络精细化管理需求，一般物流公司是难以予以满足的。近年来一个值得关注的动向是连锁分销企业依靠信息化建设，自己掌握物流系统的管理，并以此作为连锁分销的核心竞争力。目前在“渠道为王”的理念影响下，凡是能够组建网络的资源都开始进

军连锁分销领域，例如邮政网络、供销社网络、加油站网络、汽车4S店网络等，都在自己的传统业务基础上向连锁分销领域拓展，其中建设信息系统和物流配送网络是最核心的共同要素。

3. 农业物流信息化

农业物流是伴随着农业的工业化进程发展的，一是表现为资源整合和集约化经营；二是表现为产品质量和流程管理的精细化。在实践中可以看到有三类模式：以生产基地的形式整合农业；以农副产品集中加工的形式整合农业；以集中采购的贸易商形式整合农业。这三种形式都是以不同的龙头企业来整合农业产业链，都有成功的案例。其中蒙牛集团的信息化具有典型的意义。

蒙牛集团作为奶业的龙头企业之一对于我国农牧业的生产方式提升起了显著的推动作用，形成了农副产品供应链“两头大中间小”的“哑铃”模式：一端是庞大的采购系统整合了分散的奶源生产，另一端是遍布全国的销售系统，中间是相对集中的加工系统。这样的系统难点在于两头，要通过信息系统的支撑来实现对于分散的资源和市场的整合，这样的两张网正是蒙牛的核心竞争力。但是“三聚氰胺”事件又给蒙牛带来了深刻的教训，质量控制要从源头抓起，于是采购系统的信息化成了重中之重，既要整合分散的生产，又要把住质量的第一关，要确立效率和质量的双重目标。现在的蒙牛信息系统已经成了奶业供应链的标杆，过去分散的奶农已经有一部分被整合成为牧场小区或生产基地，质量控制可实现全流程可追溯，每包产品都能追溯到生产线、缓冲罐、奶仓、奶源，可以说我国的奶业现代化在整个农业现代化进程中起到了示范作用。

以上几个案例表明，产业物流及其信息化是现代物流的重要组成部分，它们与产业的发展有着更加紧密的联系，各产业的物流信息化既有共性也有其产业特性，在未来的发展中是更加值得关注的领域。

（三）物流公共信息平台

公共信息平台一直是物流信息化的热点话题，但是由于其中还有不少认识上的误区，还有一些规律尚未被认识清楚，因此争议较多，失败的项目也较多。目前也还远不能说对公共信息平台的问题已经认识清楚或已经达成共识。2009年在《规划》的推动下，物流信息平台的建设进入了一个新的高潮期，对于公共信息平台的认识也在新的实践中得到深化。

1. 物流公共信息平台的两种职能

大量的实践案例表明：公共信息平台的失败，往往不是出在技术上，而是与平台承担的两种基本职能的实现难度有关，一是信息的交换与共享；二是整合资源（需求或供给）。今天可以说信息平台的技术已经基本成熟了，平台的成功与否主要在于是否能够解决上述两个基本问题。完成信息的共享相对简单，只要统一标准即可，要注意的是这里会涉及两套标准：一是参与共享的各主体完全可以有自己独立的信息管理标准；二是各主体要共同确定一个统一的信息交换标准，两套标准之间有对应的关系，现在急需的正是交换标准。这里还必须指出，信息的交换不仅需要有交换标准，还要有交换信息服务的授权，因为在进行信息交换的同时还要承担某种担保的服务，确认交换的信息在法律效力上没有改变，而这一点事实上需要客户或行政机关的授权。其中浙江省道路运输管理局建设的信息平台是一个比较成功的案例，它坚持平台的信息服务在于“交换”而不是“交易”，取得了越来越多客户的信任，这成为此类平台的一个经典模板。更难能可贵的是他们探索出一套标准管理规范，可以满足开放环境下的信息互联互通，有可能成为未来信息平台标准体系的基础。

关于信息平台整合资源的功能要复杂一些，往往更需要商业模式的创新或行政的许可、授权。例如目前存在的许多公路货运信息平台已经在商业上取得了一些成功，其中比较成功的案例如中国配货网和湖南天骄物流公司的信息平台。目前全国绝大部分地区已经有了一批小型网络，它们已经初步整合了分散的货物信息和车辆信息，专家们认为此类平台可能是未来公路运输企业的雏形，但因目前没有运输资质，不能开运输发票，这影响了此类平台进一步的发展。另外就是如何推进这些小型网络进一步整合，互联互通，形成全国性平台体系。在这方面我们欣喜地看到已有像中国电信这样的大型企业开始关注并与行业协会和各类物流信息网络公司合作，正在尝试建设覆盖全国的物流信息平台。

2. 信息平台的两种整合方式

信息平台具有整合的功能，但是这种整合形式通常被理解为各企业作为平台的会员单位使用同一个信息系统，在这样的系统内完成信息交换与共享，甚至实现物流信息管理的全部流程。事实上这只是平台整合形式的一种，主要面向那些难以建设自己的信息系统的中小企业，提供 ASP 服务外包，或可称为 B2C 型的整合。绝大多数有能力自建系统的企业，不会依靠 ASP 平台。因此必须面对

B2B型的整合平台问题，即解决各独立系统之间的互联互通问题。其中数据接口问题已经得到重视，如上面说到的亟须统一第三方交换标准，把“多对多”的数据转换流程变为“多对一、一对多”的流程。此外还有极具发展空间的一种整合形式，即嵌入式标准功能模块。例如GPS定位功能已被广泛地嵌入各大企业的信息系统中去了，但是许多功能如订单管理、车辆管理、报表生成、路径优化、成本核算等个性化开发的情况居多。随着流程的规范化、标准化，信息系统的模块化趋势日渐明显，对中间件或标准功能模块的需求将不可忽视。基于模块化结构的系统将给B2B型的整合带来机遇，那些易于被整合、易于二次开发、能够提供更多售后服务的模块将在此类整合中占有先机，在实现各系统信息互联互通中成为更重要、更普遍的形式。

（四）政府监管和公共服务信息化

在物流的流程中有一部分涉及政府监管，因此政府监管的信息化也成为物流信息化体系的组成部分，其中主要分为两部分：一是各职能部门的监管系统，如交通、铁道、海关等部门的信息系统；二是涉及多部门的全流程监管系统，如食品、药品、危险化学品等专业监管系统。总的来看，前者的发展好于后者。

政府信息化建设中加强总体规划和基础标准的制定是近年来的重要特点。交通运输部在《交通行业信息标准体系》、《2007～2010年公路水路交通信息化标准建设方案》等基础上，2009年颁布实施13项交通信息基础数据元标准，并在公路通信、监管和收费系统联网等方面加大了投入。广东省的公路收费联网系统走在了全国的前列，并开始了推进车载定位系统的普及应用。铁道部配合高速铁路网的建设，加大了信息化投资，也使我国的高速铁路信息化系统达到了国际先进水平。铁道部还公开发布了《铁路信息化总体规划》，提出到2020年的信息化建设要向智能化发展的目标。海关总署颁布了《海关信息化标准化工作指南》和《海关信息化术语》两项海关行业标准。全国海关通过采用集中式数据库和异地海关操作授权联网，落实“属地申报，口岸验放”等快速通关措施。

在全流程专业监管领域需要多部门合作，值得关注的有：科技部已将食品安全列入“十五”重大科技专项，并联合卫生部、质检总局和农业部，目标是实现“从农田到餐桌”的全过程控制。国家食品药品监督管理局牵头，公安部、农业部、商务部、卫生部、工商总局、质检总局、海关总署共同制定了《食品药品放心工程实施方案》。但此类项目协调难度较大，进展尚不尽如人意。

2009 年还有一项不能不提及的工作，即工信部组织研制的《物流信息化规划》。这是根据《物流业调整和振兴规划》的精神制定的专项规划，对物流信息化 2010～2015 年的工作作出了部署，预计 2010 年初将正式发布。

（五）物流信息化中的关键技术

物流信息化技术与其他行业的信息技术基本一致，但由于对动态采集信息的要求和对于广域网络的依赖，使得 RFID 与物联网技术在物流领域受到特别的关注，并将对物流信息化的发展产生重要的影响。

对 RFID 在我国物流领域的应用已经探索了近十年，对于物流流程的透明化和管理的动态化、实时化正发挥着越来越明显的作用。目前主要的应用模式是：物流装备（车辆、集装箱、托盘等）加装 RFID，与装载的货物信息相捆绑，通过 RFID 的监控来间接地管理货物的物流作业。把 RFID 芯片直接置于各商品上以进行物流管理的模式还是极少数。目前全国的铁路车厢已经统一加装了 RFID，只是仅能用于铁道部的内部管理，尚没有向社会开放；公路上的车辆一部分加装了 GPS 等定位系统，有关部门正在研究采用电子车牌的方式，以使 RFID 在公路运输上能够普及；RFID 应用在托盘上目前只是在局部地区，因为我国缺少社会化的托盘循环租赁系统来支持。浙江烟草公司的托盘应用 RFID 技术的案例是比较成功的，主要体现在促进了流程的改造，明显提高了物流效率。最值得关注的是 RFID 在集装箱上的应用，在“抓斗大王”包起帆的带领下，上海港到美国萨瓦那港之间开通了世界上第一条应用 RFID 的国际集装箱航线，更重要的是我国已向国际标准化组织递交了中国起草的相关国际标准草案，将在标准的制订上为中国争取更大的话语权。

与 RFID 相关联的物联网技术在 2009 年受到空前的重视。首先是美国总统奥巴马就职后，将“物联网”列为振兴经济的战略重点。8 月 7 日，温家宝总理在无锡微纳传感网工程技术研发中心视察并发表重要讲话，指出“在传感网发展中，要早一点谋划未来，早一点攻破核心技术”，“在国家重大科技专项中，加快推进传感网发展”，“尽快建立中国的传感信息中心，或者叫‘感知中国’中心”。随后物联网迅速升温，也被一些政府部门列为落实《物流业调整和振兴规划》最重要的技术措施，物联网技术研发进入了一个空前的高潮期。但是从应

用角度来看，多数专家认为短期内还不会马上产生显著的效果，物流中以RFID的上述应用模式为主的格局也不会马上发生大的变化，基于物—物相联的物联网模式还有较长一段路要走。

二　对物流信息化的展望

要想精确地预测未来的物流信息化进程是困难的，但还是可以从当前的发展脉络中梳理出若干物流信息化的未来发展趋势。因此我认为，注意深入地观察以下几点，可能有助于理解物流信息化的发展方向。

第一，应用驱动的物流信息化时代已经到来。信息化对于物流界来说曾经是一个比较神秘的领域，IT专业人才曾经是信息化的主角。但是经过初期的建设，信息化已经进入到以应用为主要驱动力的阶段，投资的话语权完全被掌握业务需求的人控制。信息系统与业务系统融合在一起，甚至分不清哪是业务问题，哪是信息化问题。业务人员的信息技术素质在提高，也要求IT人员对于业务更精通、更专业。只有把握住物流及各相关产业的发展规律，敏感地捕捉到客户的最新发展才有可能把握信息化的需求，这才是未来信息化发展的制高点。

第二，公共物流信息平台的建设将成为一个热点。当前在《物流业调整和振兴规划》的推动下，物流信息平台的建设进入一个新的高潮期，各地都在上物流信息平台的项目，各级政府在推进物流信息化的过程中，都把建设公共信息平台放在首位，但是毋庸讳言的是，许多项目仍存在盲目性，因此公共物流信息平台仍然是投资风险较大的一个领域。但是仍可预测几点趋势：一是平台的建设依赖于需求，而不在技术、级别、条块的划分等等，因此平台的发展目标将是一个多元化的体系；二是这些平台需要有一个交换标准体系来实现彼此的互联互通，这是物流网络建设的必然要求；三是这套标准体系应满足开放环境下的信息整合的规律，即首先应该是相关标准的管理规范，指导相关标准管理部门如何协调一致；四是基于统一交换标准的信息平台服务商不应垄断，可以竞争。实际上也就是要分清物流信息互联互通中的公共服务和商业服务两大类别，尽管在实践中可能难以严格区分，但在理论上应该还是可以界定清晰的。

第三，专业物流及产业物流的信息化将精彩纷呈。物流深化到制造业、商贸业、农业等领域，发挥其转变经营方式、优化流程、提高效益的作用才能体现其

“挖掘第三利润”的根本宗旨。现在各行各业都开始重视物流，信息化投资也从企业的内部扩展到上下游的供应链管理，专业物流或产业物流的信息化解决方案必将成为未来一个阶段的主要成果。这些成果固然有其共性，例如降低成本、扩大销售、提高效益等，但是我们更关注的应该是专业化的特殊性。每一个行业都会有其特殊的主要矛盾，也有其独特的关键措施，体现专业特点的物流解决方案固化在信息系统内就是专业物流或产业物流信息化的精髓。我们将会看到越来越多的行业开始应用信息化来支持订单生产方式、连锁分销方式、集中采购和供应方式，也将看到信息化技术在打通生产与流通的界限、商流与资金流的界限方面，引发出许多创新来冲击传统，可谓精彩纷呈，令人目不暇接。

第四，物流信息化促进政府职能转变。从大量的实践中可以归纳出政府在物流信息化建设方面应承担四项基本职能：一是政府首先要建设好物流相关的监管信息系统，提高监管的透明度和规范化水平。二是政府监管信息系统也要实现互联互通，同时还应依法开放政务信息，为行业发展和社会公众提供方便的服务。三是形成信息服务业的监管规则。信息服务已经成为物流业的一种业态，但是还十分缺少必要的行业规范和监管制度。例如对运用财政资金建设的平台要严格规范其商业模式：依据被赋予的行政职能，从事公共的监管和服务，不得进入商业领域牟利；财政支持的商业平台可以盈利，但不得垄断，政府不应对其提供排他性支持。四是政府如何创造环境条件，使得商业资本能够投资物流信息化，取得市场回报。显然政府在平台建设中承担的任务还是很重的，远比一些具体平台项目的投资管理要难得多。

第五，智能物流引领信息化技术的发展方向。物联网的概念虽然有些超前，却指出了一个发展方向，就是物流的智能化。从大量的实践来看，所谓智能化就是信息化加自动化：通过物流全流程的信息化采集各种信息，基于信息的深加工获取优化管理和控制的知识，然后通过自动化系统实现物流管理的优化。可见信息化是重要的基础，一是要全流程透明，能够方便、准确、及时地采集各种信息；二是要有信息的深加工能力，把信息变为知识的能力。目前我们的物流信息化主要还是在完成前一项要求，即透明化。只有少数企业开始关注信息的深加工，随着信息化的深入，商业智能（BI）的技术越来越发挥重要的作用，这将是物流信息化前进的标志。

工业行业企业信息化与工业化融合发展水平及趋势分析

刘九如 周剑 陈杰*

摘　要：本文构建了工业行业企业两化融合发展水平评估指标体系框架，并联合相关行业协会开展了七个重点细分行业的个性化研究和实际测评。测评结果显示：我国工业大中型企业两化融合正从局部覆盖向集成发展阶段迈进；两化融合发展到较高阶段对企业竞争力有突破性提升作用，且提升的关键在于协同集成；投入对两化融合发展水平的影响呈非线性正相关关系。本文还分析了两化融合建设需要持续充分投入，着力提高设备数控化率和联网率，提升制造执行系统应用、综合集成、安全生产和节能减排水平，加强服务平台建设和产业链集成等发展重点和趋势。

关键词：两化融合　评估　指标体系　发展水平　工业行业

信息化与工业化融合（简称两化融合）是加快工业发展方式转变、促进工业由大变强的必然选择。为加快推进两化融合，工业主管部门需要把握两化融合发展形势及规律，行业管理部门需要掌握行业两化融合的整体情况，工业企业的经营者和管理者需要明确两化融合的投资方向。然而，目前还缺乏有效的数据采集途径和评估工作体系以满足上述各方的迫切需求。本文在广泛调研和多方论证的基础上，研究提出了工业行业企业两化融合发展水平的评估总体指标体系和评

* 刘九如，工信部电子科学技术情报研究所副所长，硕士学位，高级工程师，长期专注于产业政策研究和科技期刊经营管理；周剑，工信部电子科学技术情报研究所工程师，博士学位，专注于管理科学与工程、控制科学与工程研究；陈杰，工信部电子科学技术情报研究所助理研究员，硕士学位，专注于战略规划与研究。

估方法，并结合国家产业及各重点行业的调整振兴规划，先行试点①，初步评估了7个行业的两化融合发展水平，并对两化融合发展进程中的若干关键问题进行了分析和探讨。

一　指标体系与评估方法

国内外在信息技术应用评估方面开展了广泛研究，取得了大量成果。按照评估服务对象和用途进行分类，现有研究大体可以分为宏观和微观两个层面，宏观层面的评估主要针对一个国家或地区的信息化水平及其信息技术应用环境等进行度量和评估；微观层面则主要就企业信息化水平进行分析和评价。而从中观层面开展的信息技术应用评估则相对不足。针对两化融合的具体特点和需求，本文的研究工作依托行业协会展开，从行业这个中观层面重点开展相关理论研究、建立评估体系。

（一）评估指标体系构建总体思路

1. 按照细分行业展开

突出行业特点，从细分行业角度展开，是本文评估研究工作的重要特征。为了既保证评估的个性，又有利于实现总体综合判断，在评估指标体系设置上各细分行业采用相同的一、二级指标，而三级指标则根据行业特点和需求，进行个性化设置。比如在单项应用中钢铁行业重视生产过程控制和管理，食品行业则更关注物流管理、安全管理等。

2. 在继承基础上对现有研究成果进行创新

通过分析国内外信息化评估指标体系研究成果，当前国内外工业领域的信息化评估指标大体可以分为三类：信息化基础、信息化应用和信息化绩效。对于工业行业两化融合发展水平评估来说，各个不同细分行业的指标分类主要借鉴现有分类方式，但在指标设置、内涵和具体指标选择方面则需要考虑两化融合的特点

① 2009年，受工信部信息化推进司委托，工信部电子科学技术情报研究所开展了工业行业企业两化融合发展水平评估研究，联合钢铁、石化、机械、汽车、轻工、纺织和食品七个试点行业协会开展了相关研究和测评工作。

和需求，在充分继承原有成果的基础上进行必要的创新提高。

3. 立足工业把握指标设置

考虑到信息化产品更新换代速度快，各种产品的功能边界相互交叉、模糊不清，因此，本文以工业企业这一主体的具体业务为指标设置的出发点和落脚点。同时，指标的设置要充分挖掘各细分工业行业的实际特点和需求，与当前两化融合在企业各项业务活动中的切入点和关键相对应，使得确定的指标既具有鲜明的工业特征又与信息技术应用紧密相关。比如，对于生产过程信息化水平，以指标“生产线自动上传数据的比例”、“实现生产监控的工序覆盖率”等来表征。

4. 充分体现两化融合的内涵和特征

两化融合是愿景、战略、规划、执行和资源保障等层面的全面融合，而非信息技术的简单应用；是工业化深入发展的内生需求，与业务密不可分，而非仅仅是技术手段和工具。因此，对指标体系构建和指标的选择，要进行深入分析、全面梳理，要与企业战略保持一致，要强调对企业核心竞争力的提升作用。此外，指标体系要能够反映两化融合发展的阶段特征，具有阶段等级性、前瞻性和引导性。

（二）评估指标体系总体框架

从工业领域信息化发展历程来看，企业在信息化建设的初期，一方面往往关心计算机的设备购置、网络的建设，从而为信息技术的广泛应用打下物质基础；另一方面，开始逐渐重视信息化投入、进行信息化规划、建立信息化组织等，逐步形成信息化应用的环境基础。随着应用的逐渐普及，信息技术开始实现对各业务环节的横向覆盖和纵向渗透，在实现单项业务环节自动化、数字化基础上，逐步实现业务之间的协同和集成，最后逐渐实现与工业要素的全面融合，引发企业业务流程与模式的变革和重组，形成新的工业能力。随着信息技术与企业各业务环节结合、渗透和融合程度的不断加深，两化融合能够极大地提升企业竞争力，并带来良好的经济和社会效益。

基于上述考虑，我国工业企业两化融合发展大体可分为四个阶段（如图 1）：首先是起步阶段，企业着重关注信息化和工业自动化的基础设施建设和环境营造；其次是局部覆盖阶段，信息通信技术应用到企业各关键业务环节，并逐步实

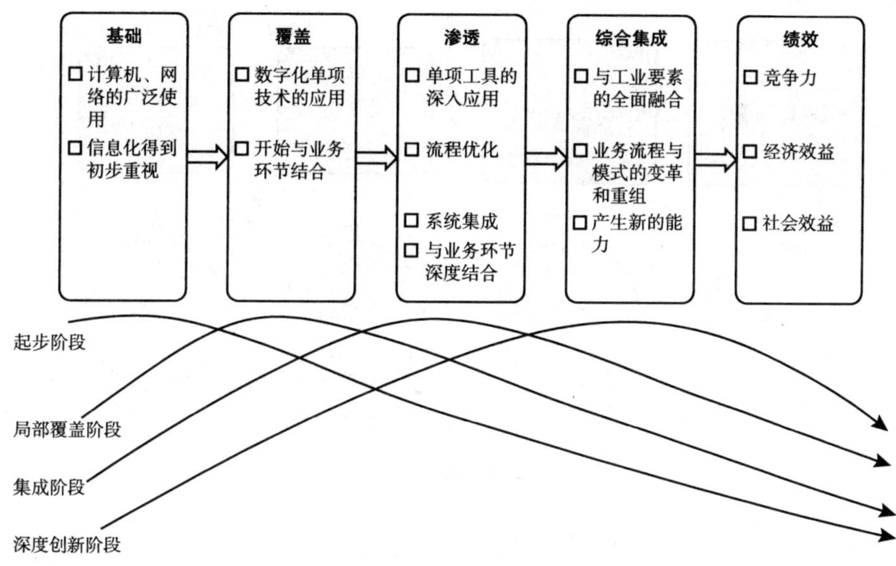

图1 工业领域两化融合发展历程和阶段

现对单项业务环节的全面覆盖；再次是集成阶段，企业从某一关键环节切入进行深入渗透，实现关键业务环节应用系统之间的协同和集成，开展系统集成基础上的业务应用；最后是深度创新阶段，工业领域信息技术应用朝着综合集成的方向发展，开始突破企业边界，实现面向市场和客户的业务流程与生产、经营模式的变革，支持形成新的工业能力。

通过对工业领域两化融合的发展阶段和特征的分析，可以发现，基础、应用和绩效是相互依存、互为补充的三个重要方面（如图2），可以较好地分类抽象和刻画两化融合发展水平评估的视角。促进两化融合工作，推动传统工业向新型工业转型，不仅仅取决于基础的就绪程度，也取决于应用的成熟度。同时，随着信息技术应用的不断扩展和加深，信息通信技术对工业行业的贡献不断增大，其与工业生产紧密融合，可形成新的能力和竞争力，最终可转化为直接的经济和社会效益。因此，对应于基础提出就绪度、对应于应用提出成熟度、对应于绩效提出贡献度三个维度的评估指标。其中，贡献度包括通过关键成功因素关联到企业战略的竞争力指标，以及通过绩效产出影响因素关联到企业使命的经济和社会效益指标。

结合以上对行业两化融合发展水平历程、阶段和关注视角的探讨，本文提出

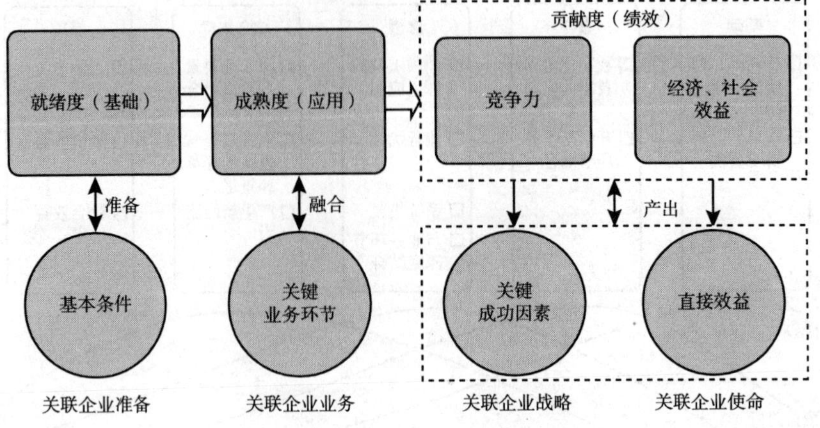

图 2　评估指标体系的评估视角

两化融合发展水平评估总体框架（如图 3），各行业在总体框架和思路的指导下，结合行业特点和需求设计三级细分指标。本文对一、二级指标内涵进行解释，并对部分三级指标进行说明①。

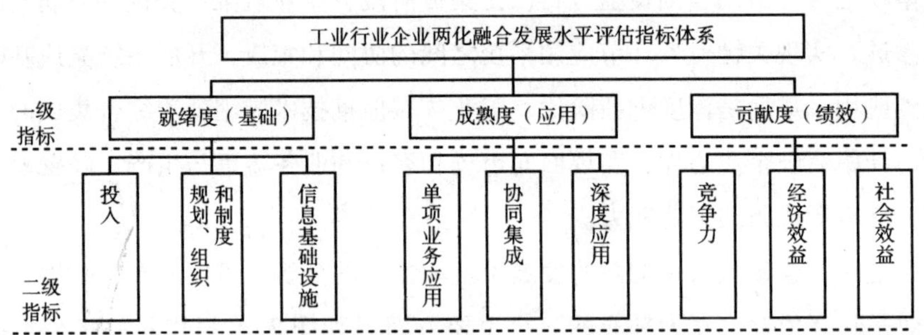

图 3　评估指标体系总体框架

1. 就绪度（基础）

就绪度即工业企业两化融合基础准备程度，评估在企业统一认识的基础上，通过整合人力、物力和财力逐步建立与两化融合相适应的各种“软硬件”环境，并在实施信息化的过程中不断完善和维护信息系统等情况。其中由网络、系统、自动化设备等各种基础设施构成了两化融合的“硬环境”，由各项规划、制度、

① 各细分行业完整的指标体系、评估方法分别详见大型综合钢铁、化肥、重型机械、轿车、造纸、棉纺织、肉制品加工行业两化融合发展水平评估报告。

人员和组织构成了两化融合的“软环境”。因此下设三个三级指标：投入、规划组织和制度、信息基础设施。

投入指标主要评估信息化建设投入和信息系统运维投入的情况，尽管信息技术应用的投入产出较难衡量，但是对两化融合的促进作用却是毋庸置疑的，且资金在不同方面投入比例的变化也能够反映出企业两化融合发展水平的不同阶段；规划、组织和制度指标评估两化融合的环境保障情况，着重从战略角度出发设计指标，比如规划与战略的匹配程度、信息化主管的战略地位、复合型人才的培养等等。

与以往信息技术应用评估体系不同的是，信息基础设施指标不仅评估企业的计算机、服务器、网络建设、数据中心等信息设备，还评估与信息化相关的工业设施情况。钢铁、化肥、造纸等流程型行业主要评估过程控制系统的设备覆盖率，比如钢铁行业设置“主要工序设备控制 PLC 及 DCS/PCS 覆盖率”等采集项；重型机械、轿车、棉纺织、肉制品加工等离散型行业主要评估关键生产设备的数控化率。比如，棉纺织行业设置“数字化机台工序覆盖率”、“数字化机台占机台总数比率”、“数字化试化验仪器（设备）配置率/联网率”等采集项。

2. 成熟度（应用）

成熟度即信息技术在业务环节应用的广度和深度，通过对成熟度的评估可以了解业务执行和战略实施在多大范围和程度上得到了信息技术的支持。成熟度本身也蕴含着阶段等级性，因此分解的二级指标也能够反映出信息技术在业务中应用的阶段层次。通过对我国工业两化融合现状调查，成熟度（应用）下设三个二级指标：单项业务应用、协同集成和深度应用。

（1）单项业务应用。单项业务应用指标与企业关键业务活动紧密相关，因此不同行业在指标和指标子项的设置上存在较大差异（见表 1）。一是研发设计环节，主要评估支持产品研发的信息技术手段和工具、研发数据的自动采集和分析以及协同设计平台的建设等。比如，重型机械行业属于典型的离散制造行业，具有产品多样化，生产方式以单件、小批量为主，新产品开发投入大、耗时长、风险大、工艺要求高、制造过程复杂、生产周期较长等特点，因此研发设计环节的信息化对重型机械行业尤为重要，子项设计突出了行业特色。

表1　部分单项业务应用三级指标

指　标	指标子项
1. 研发设计环节	
重型机械行业(例)	
研发设计信息化	Q1. CAD 的应用情况
	Q2. 三维设计的应用情况
	Q3. 性能仿真、分析与优化的情况
	Q4. 产品数据管理(PDM)应用情况
	Q5. 设计流程管理应用情况
	Q6. 是否采用协同设计
2. 生产过程环节	
钢铁行业(例)	
生产过程控制	Q1. 运用了 PLC 及 DCS/PCS 的自动化生产线比例
	Q2. 运行数学模型情况
生产过程管理	Q1. 制造执行系统覆盖情况 ①生产线覆盖率 ②冶铸轧一体化覆盖率
	Q2. 生产过程管理是否实现集中统一调度和管理
	Q3. 生产线采集数据自动上传的比例
	Q4. 计量及检化验数据自动上传的比例
3. 业务经营管理环节	
(1)化肥行业(例)	
安全管理	Q1. 化肥企业安全生产管理系统应用情况
	Q2. 重大危险源及安全生产集中监控情况 ①实现重大危险源监控情况 ②实现安全生产集中监控情况
	Q3. 应急管理系统建设情况
(2)造纸行业(例)	
终端水处理	Q1. 是否实现了终端水全过程在线监测
	Q2. 是否实现了终端水处理的动态控制
(3)肉制品加工行业(例)	
产品物流管理	Q1. 仓储管理覆盖了哪些环节:库存、物料状态、流通加工、进出仓作业等
	Q2. 运输管理覆盖了哪些环节:运输计划、运力资源、货物状态监控等
	Q3. 仓库环境的动态监测

二是生产过程环节。主要评估企业设备数字化程度及数字化设备运行情况，企业生产线自动化程度及自动化生产线运行情况，企业生产线管理和监控系统建设及运行情况，制造执行系统（MES）建设及应用情况等。钢铁是典型的流程型行业，其连续化生产、原材料成本高等行业特点决定了生产过程的控制与管理是流程行业最为关注的环节，指标及其子项设置具有典型的行业特色。

三是各业务经营管理环节。主要评估信息技术对各业务管理模块的覆盖情况，以及信息技术在部分关键业务管理上的深入应用情况。各细分行业所关注的关键业务管理模块不同，因此在对细分行业三级指标的细化设计过程中要注重提炼出能够显著提高企业竞争力的关键应用指标。比如化肥企业原材料生产是化学变化过程，生产过程存在一定的危险性，用信息技术支撑企业进行安全管理尤为重要；造纸业是传统工业中的环境污染大户，纸浆制造业污水排放量约占全国污水排放总量的10% ~20%，造纸工业水污染问题一直是制约企业发展的重要因素，需要利用信息技术对企业排放的终端水进行实时监测，并能够进行控制，因此造纸行业设置终端水处理三级指标；肉制品加工行业与人民生活息息相关，产品质量和安全问题是肉制品加工行业首先保障的内容，而目前产品质量问题多发生在物流环节，因此肉制品加工行业设置了产品物流管理指标。

（2）协同集成。评估工业企业两化融合在各单项业务整合中的应用情况，涉及两个或两个以上的业务部门，会伴随着部门之间的管理集成，因此协同集成不仅存在较大的技术难度，而且其管理变革难度相对更大。

各细分行业协同集成大体设置以下四类指标（具体见表2）。一是管控衔接。评估的是从企业经营管理、车间管理到底层设备控制的纵向管理和控制系统的集成情况。二是研产供销集成。指标是以贯穿产品生命周期的研发、生产、采购、销售的横向主线，评估面向市场、按客户订单组织产品设计、采购原材料、进行生产制造、实施检验、结算发运等一条龙运作的信息化应用程度。三是财务与业务集成。评估利用信息技术实现财务摆脱“凭证”，财务数据直接从相关业务过程和环节提取，使得决策层能够实时动态地了解资金的占用和成本消耗的情况。四是其他协同集成指标，除以上三类指标之外，食品行业还针对行业特点设置了“质量全程监控”指标，评估食品企业利用信息技术，实现重点产品的质量全程追溯的情况。

表 2　部分协同集成三级指标

指　标	指标子项
1. 管控衔接(以钢铁行业为例)	
管控衔接	Q1. 制造执行系统延展程度 ①制造执行系统(L3)能否向管理系统(L4)自动上传数据,并自动接收管理系统(L4)的指令 ②制造执行系统(L3)能否向控制系统(L2)自动发送指令,并自动接收控制系统(L2)的数据
	Q2. 是否达到生产物流、信息流、资金流同步
	Q3. 集团统一业务信息管理平台覆盖企业情况 ①集团财务信息管理平台覆盖比例 ②集团采购信息管理平台覆盖比例 ③集团销售信息管理平台覆盖比例
2. 研产供销集成	
钢铁行业(例)	
产销一体	Q1. 能否按照订单进行质量设计,安排并选择生产路径
	Q2. 在用户订单与产能不匹配的时候,能否在有限产能约束下生成虚拟订单和排产优化
	Q3. 能否进行贯穿各个工序的一体化计划排产,按照订单排出炉次、浇次、轧次作业计划
	Q4. 能否在发生改判、降级、判废以及紧急情况下进行动态调度
	Q5. 能否进行合同和物料(精确到炉次、浇次、坯块、板块、卷)的全程(涉及炼钢、轧钢工序及成品库等)跟踪
	Q6. 订单通过系统排程比例
	Q7. 是否根据用户订单指定排产计划的同时,自动形成物料供应计划
重型机械行业(例)	
产品设计和工艺设计系统集成	Q1. 产品设计与工艺设计是否实现衔接:不衔接、部分衔接、无缝衔接
轿车行业(例)	
研发和生产衔接	Q1. 研发和生产的衔接状况 ①设计与工艺的衔接 ②工艺与生产的衔接
	Q2. 企业是否建立了统一的全生命周期的产品管理系统和平台
	Q3. 产品数字模型贯穿设计制造过程范围:产品设计、分析仿真、工艺规划、数控加工等
产供销一体	Q1. 在采购、物流领域与供应商进行协同的信息情况(包括:①结算信息,②计划协同信息,③物料拉动信息,④到货信息,⑤质量信息)
	Q2. 采购、物流信息系统与哪些部门进行了信息集成(包括:①研发部门,②生产部门,③采购部门,④质量部门,⑤销售部门,⑥物流部门,⑦第三方物流公司)
	Q3. 有限产能约束下排产的优化情况(量的准确率、序的准确率)
	Q4. 销售订单管理的有关情况(①订单可信,②订单直接体现到生产系统中,③订单可全程跟踪)

续表 2

指　标	指标子项
3. 财务与业务集成(以棉纺织行业为例)	
财务与业务集成	Q1. 财务系统与下列哪些业务系统紧密相连,实现"就源取数","数据不落地":采购、销售、生产、物流等
	Q2. 是否能够通过资金计划实现对采购流程的适时控制
	Q3. 是否能够实现物流、资金流、信息流三流同步
	Q4. 是否能够通过价格管理和资金管理对销售流程进行实时控制
	Q5. 预算系统能否与业务系统相连接,直接对业务活动进行管控
	Q6. 直接从业务系统中获取成本数据,计算产品成本的层次(①实现按订单核算成本,②实现生产成本实时监控,③产品成本实时分析反馈)
4. 其他协同集成指标(以肉制品加工行业为例)	
质量全程监控	Q1. 是否建立产品质量批号跟踪管理体系
	Q2. 是否建立产品质量全程追溯系统
	Q3. 生产车间和仓库重点部位是否有远程视频监视
	Q4. 是否建有生猪(原辅材料)采购溯源系统
	Q5. 是否建有采样检验管理信息系统
	Q6. 是否建有仓储物流运输温度实时监控系统

(3) 深度应用

深度应用指标评估是面向市场的、战略层面综合的深入应用,该类应用是两化融合效果显现的重要标志。该类指标可用于发现各行业两化融合的典型标杆企业,"深度应用"需要同时满足四个条件:一是"深度应用"建立在"单项业务应用"和"协同集成"的基础上。二是"深度应用"不仅关注企业内部,同时需要掌控企业外(间)的情况,需要深入开发和综合应用企业内、外部资源。三是"深度应用"是支持企业战略和可持续发展的突破性、创新性、深入全面综合的高级应用。四是"深度应用"要对企业能力和竞争力有大幅的提升作用。

深度应用可从决策支持、市场创新开拓、综合节能减排等方面考虑。决策支持是指能够全面、准确、及时地掌握整个经营管理、生产制造和市场活动等情况,深度开发利用企业内、外部信息资源,提高综合分析能力和水平,有效辅助企业战略的制定和危机管控;市场创新开拓是指能够通过对外部市场资源进行深入开发,与企业研发、生产、经营等关键环节进行高度协同,延长企业价值链,大幅提升服务水平，形成创新性市场模式；综合节能减排是指能够把安全生产、节能减排的综合要求细化分解到各个相关的信息系统，设立必要的数据采集点、控制点，使得安全生产、节能减排能够全面落实到所有的管理环节和生产制造的全过程。

在具体评估时，企业若申报深度应用栏目，需附相关详细资料，且要对所附资料提出具体要求，如应用情况、具体实施过程、产生的效果等。根据企业的申报和所提交材料，组织专家组赴实地进行现场考察和调研，并作出综合评判，真正发掘出一批典型深度应用，树立一批两化融合企业标杆。

3. 贡献度（绩效）

贡献度（绩效）即企业在信息技术应用的基础上实现的综合产出。贡献度（绩效）下设三个二级指标：竞争力、经济效益和社会效益。

竞争力指标评估工业企业两化融合能够为企业带来的，以客户满意、市场占有为目标的能力提升，是“两化”融合对企业竞争力提高的综合表现。不同行业在市场上的竞争力表现不同，但基本可从财务（资金运作）、市场开拓、过程优化及成长与创新等方面进行考虑。从财务角度，各行业均设置“财务决算速度”指标；从市场开拓角度，钢铁、重型机械、轿车、造纸、棉纺织和肉制品加工行业均设置客户满意度、客户响应速度等指标，化肥企业生产多为国家计划生产，因此竞争力较少表现在市场开拓方面；在过程优化方面，部分行业设置了库存降低率、资金周转率、生产过程变更次数等指标，评估由利用信息技术实现的效率提高；在成长与创新方面，重型矿山、轿车等装备行业关注企业自主创新，设置新产品开发速度、新产品产值率等指标。

各行业经济效益指标大体一致，包括利润增长率、生产成本降低率、销售增长率和全员劳动生产率等指标。在收集数据时，为避免受宏观经济因素的影响，设置数据采集项为近三年各指标的数值。

各行业社会效益指标也大体相同，包括节能减排率、安全生产率和纳税增长率。其中节能减排率多设置单位产值（产品）的综合能耗、污染物的综合排放合格率等采集项；安全生产率设置“信息技术条件下企业实现连续安全生产的最多天数”等数据采集项，轿车、造纸行业还设置了“经济损失率”指标，评估因安全事故引发的经济损失占企业销售收入的比例。

对于两化融合给工业企业带来的效益问题，目前，量化的难度非常大，可以从下述两个角度进行考虑：一是在相似条件下，同行业企业之间进行横向对比分析，研究两化融合与工业企业效益之间的相关性；二是评估工作常态化，通过若干年的积累，从时间序列角度针对单个工业企业研究两化融合与效益之间的相关性。因此，本文研究主要依据就绪度和成熟度相关指标展开，对于贡献度指标则仅引入了竞争力相关指标进行辅助分析。

（三）评估方法

1. 权重设计

本文提出的评估指标体系是多指标多层次结构，对于各指标权重的设置，可参考 Thomas L. Saaty 提出的层次分析法（Analytic Hierarchy Process，AHP）或网络分析法（Analytic Network Process，ANP）等。AHP 本质上是一种决策思维模式，它从系统的观点出发，把复杂的问题按层次逐层分解，以形成有序的递阶层次结构；通过两两比较判断的方式，确定每一层次中因素的相对重要性；然后在各层次之间进行合成，决定诸因素在决策目标下的重要性总排序。ANP 是 AHP 的一般形式，与 AHP 最大的不同之处在于它不再要求指标之间具有严格的层次关系，下一层次的指标可以对上一层的指标进行反馈，同层的指标之间也可以存在相互联系，即 ANP 的评价体系可以是互相影响的网络结构而不是严格的层次结构。权重设置流程首先要构造两两比较判断矩阵，然后计算权重和最大特征根，最后检验判断矩阵的一致性（AHP）或构建超矩阵计算最终权重（ANP）。

我国工业领域信息化已经取得了很大进展，工业企业的关注焦点已经普遍从计算机、网络、服务器等基础建设层面上升到信息技术在各业务环节中的广泛覆盖、深度渗透乃至全方位综合集成。另一方面，受企业内部管理、外部市场环境等其他因素的影响，企业的经济和社会效益并非取决于两化融合发展水平，而对于与两化融合关系更为密切的竞争力指标，目前也很难建立其与两化融合之间的明确相关关系。因此，总体上建议各细分行业的指标体系在权重设置上当前着重强调成熟度占比，然后是就绪度和贡献度。

此外，由于深度应用属于创新型应用，没有统一的标准，因此也没有设定具体评估指标，而只是提出了判定原则和要求，因此深度应用部分不分配权重，而是最后做加分处理。满足深度应用条件的企业由专家研讨给出应加分分值。

2. 评分方法

评估数据采集项的原始数值可分为两类，一类是定量的数据，属于连续数值；另一类是定性选择项，包括多选和单选两种，具体评分时对不同的情况需采取不同的评分方法。

（1）连续数值

一是按行业水平打分。如信息化建设投入占销售收入比例、信息化建设、维护和管理人员占比等指标。打分方式为：指标行业内最大原始数值为100分，最小原始数值为0分。但此项分析方法受异常值影响较大。因此在对指标值计算分数之前，要先做散点图，找出异常值。

具体评分时区分两种情况：

一是指标值（相对值）越大说明两化融合水平越高。则得分 = $\frac{\text{本企业数值}-\text{当期最小值}}{\text{当期最大值}-\text{当期最小值}}\times 100$。其中，当期最大值可根据行业情况定义为合理样本中的最大值或行业理想值。

二是指标值越小说明两化融合水平越高（数值均为正数）。则得分 = $\frac{\text{当期最大值}-\text{本企业数值}}{\text{当期最大值}-\text{当期最小值}}\times 100$。其中，当期最小值可根据行业情况定义为合理样本中的最小值或行业理想值。

以上公式当中“当期最大值”和“当期最小值”是指剔除异常值之后的正常值。对于大于当期最大值的异常值赋100分，对于小于当期最小值的异常值赋最低分。

另外，为了尽可能地剔除异常值影响，也可采取以下方法：设定某项指标的样本均值为中间分值（如50分），并由均值将样本数值分成两类数据，以指标值越大说明两化融合水平越高的指标为例：超过均值的数值评分就按相应比例 $\left[\left(\frac{\text{本企业数值}-\text{均值}}{\text{当期最大值}-\text{均值}}+1\right)\times 50\right]$ 的加分，低于均值的数值评分就按相应比例减分 $\left(\frac{\text{本企业数值}-\text{当期最小值}}{\text{均值}-\text{当期最小值}}\times 50\right)$。

二是按原始值打分。如全自动化生产线覆盖比例、制造执行系统覆盖率等描述覆盖率的指标，按照原始值×100 打分。

（2）选择项

每项都设定一定分值，企业的得分为所选各选项分值之和。

3. 数据处理及评分

由于测评的数据均来自工业企业，因此数据的质量、完整性以及评分结果需要进一步检验和修正。数据处理及评分的流程如图 4 所示。

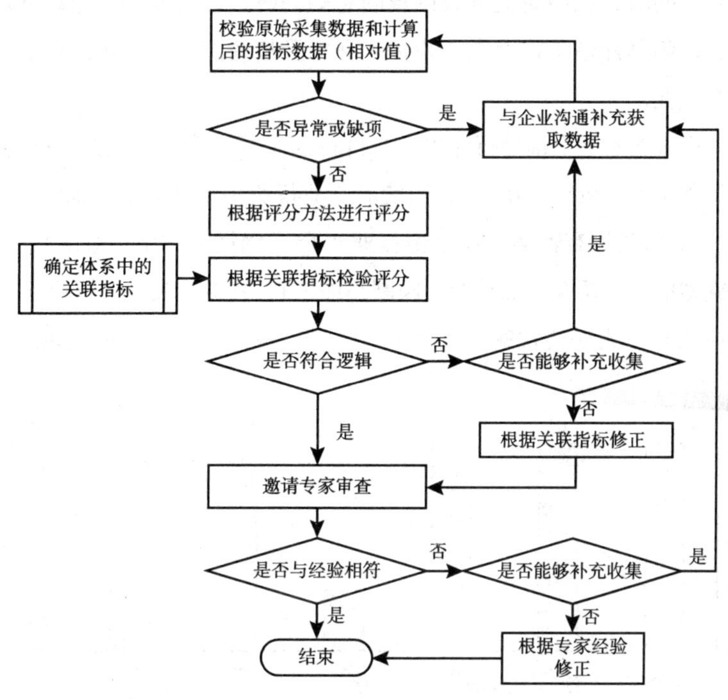

图 4　数据处理及评分流程

首先，重新对原始采集数据和计算出的指标数据进行多轮次的检验，并与企业沟通，补充收集异常和缺项数据。其次，根据评估方法对数据采集项及各级指标评分。再次，根据评估体系中的关联指标，修正明显不符合企业实际的数据。比如协同集成是比单项业务应用更为高级的信息技术应用阶段，反映的是更高级的水平，如果某企业单项业务应用水平很低但协同集成水平很高，则明显不符合逻辑，需要对协同集成指标进行修正。最后，邀请专家对数据进行审查，对明显与经验判断不符的数据进行进一步的沟通和校正。

二　企业测评及样本情况

在评估指标体系和评估方法研究基础上，我们联合七个工业行业协会先行试点在七个细分行业开展了实际测评工作。为保证收集数据的质量，工信部向行业协会下发了正式文件作为收集数据的依据，明确了本次评估的目的，并强调了数据的保密性。同时，在向企业发放调查问卷的同时，各行业协会组织开展了多轮次评估培训，阐释评估工作背景、指标含义以及填写注意事项等。培训工作覆盖了主要样本企业。

本次评估所选的七个细分行业中，原材料工业行业 2 个（钢铁、化肥）、装备工业行业 2 个（重型机械、轿车）、消费品工业行业 3 个（造纸、棉纺织、肉制品加工），各工业门类均有覆盖；流程型行业 3 个（钢铁、化肥、造纸）、离散型行业 4 个（重型机械、轿车、棉纺织、肉制品加工），各生产类型的行业均有覆盖。

本次评估实际测评共收集企业样本 367 家，各行业企业样本量如图 5 所示。

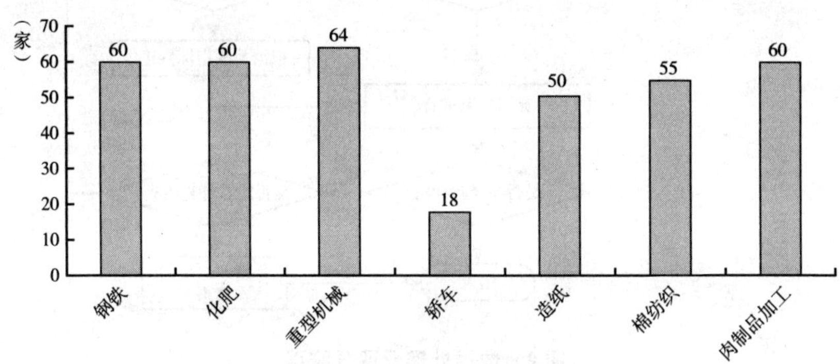

图 5　各行业样本企业数量

样本企业的区域分布如图 6 所示，样本在我国七个地域均有分布，其中华东地区和华北地区样本企业占比较高，分别占 37.9% 和 24.6%。

为了更好地了解我国两化融合发展所能达到的水平，发现一批典型企业和总结典型经验，从而更好地发挥典型引领作用，本次评估的 367 家样本企业基本上是各行业中具有较好信息化基础的企业，且销售收入在 1 亿元以上的企业约占 92%，按照 2003 年国家统计局发布的《统计上大中小型企业划分办法》，均属

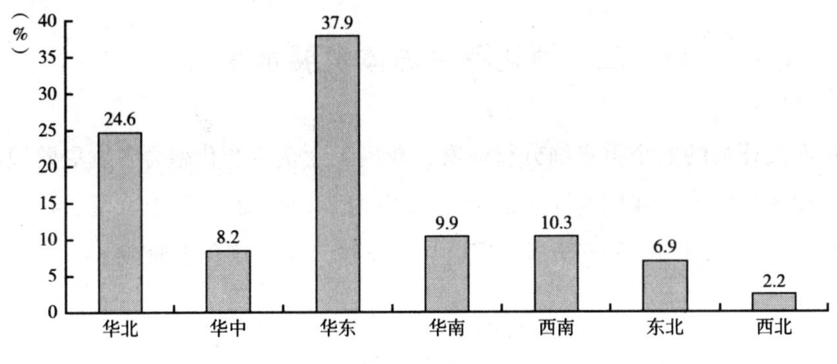

图6　样本区域分布

于大中型企业。

就各细分行业来说，样本企业在行业内具有一定的代表性。钢铁企业样本共60家，占我国钢铁总产量的60%以上，基本覆盖了我国所有的大型联合钢铁企业，对于整个钢铁行业也具有一定的代表性；化肥企业样本共60家，其中山东占37%、河南占12%、河北占7%、安徽占7%，基本覆盖了化肥生产的重要区域。销售收入在10亿元以上的企业占55%。重型机械企业样本共64家，样本企业收入约占重型机械全行业收入的26%，其中华北地区占样本总量的48.4%、华东地区占25%、西南地区占12.5%、东北地区占10.9%、西北地区占3.1%，基本可以体现我国重型机械行业的地区分布特征；轿车企业样本共18家，占全部汽车市场销量的75.3%，对整个轿车行业具有一定的代表性。其中，自主品牌10家，占总样本的53.6%，合资品牌8家，占总样本的46.4%。造纸企业样本共50家，所选样本企业2008年的销售收入总额占造纸行业的30.1%，其中山东地区样本占38%，广东地区占20%，福建地区占10%，样本企业的地区分布基本可以体现我国造纸行业的地区分布特征。棉纺织企业样本共55家，其中东南沿海地区企业占45.5%，东部地区企业占32.7%，中部地区企业占16.4%，西部地区企业占5.5%，基本符合我国棉纺织行业区域产业分布特点。从规模来看，1亿元以上销售收入的企业占全部样本的98.2%，累计销售收入占中国棉纺织行业协会会员单位的95%；肉制品加工企业样本共60家，华北地区占样本数量的33.3%，华东地区占26.67%，东北地区占8.33%，西北地区占3.33%，西南地区占8.33%。

三　两化融合总体发展水平

从本次评估的七个重点细分行业看，我国工业企业两化融合各发展阶段的企业占比如图 7 所示，我国大中型工业企业中约 24.5% 处于起步阶段，43% 处于局部覆盖阶段，22.2% 处于集成阶段，10.3% 进入了深度创新阶段。

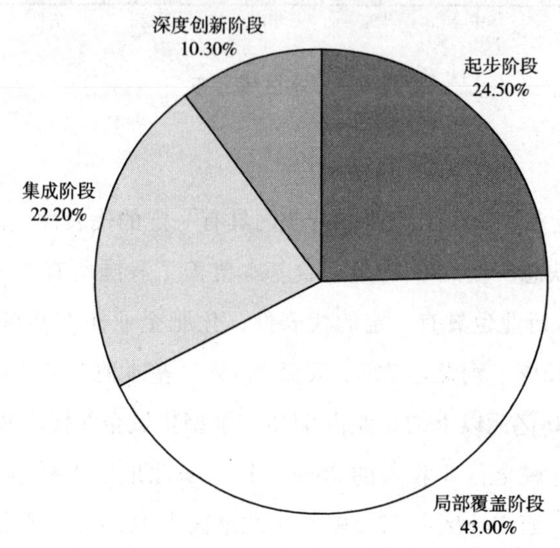

图 7　我国大中型工业企业两化融合各发展阶段企业占比

其中钢铁和轿车行业两化融合发展水平较高，钢铁行业大型企业中约有 60% 已进入集成阶段，其中 13% 的企业在集成基础上开展了不同程度的深度创新应用；轿车行业开展集成应用较为普遍，合资企业两化融合水平高于自主品牌。我国重型机械和棉纺织行业总体处于由局部覆盖向集成过渡阶段，化肥、造纸和肉制品加工行业基本处于局部覆盖阶段，这些行业各样本企业之间应用水平差距较大，进入集成阶段以上的企业均不超过 30%，其中在此基础上开展深度创新应用的企业均不到 10%。

（一）基础设施和环境建设水平

经过多年的发展，我国工业企业计算机、网络普及率不断提高，与信息化相关的工业设施建设不断加强，企业信息化人员、组织、规划、制度建设不断完善，两化融合具备了良好的基础设施和环境。

1. 企业信息设备完备程度较高

从本次评估的七个重点细分行业看，目前我国大中型企业信息设备建设水平较高。平均管理人员计算机拥有率约为78%；网络建设情况良好，基本能够满足数据传输需求。企业基本都实现了网络接入，平均计算机联网率接近80%。企业内部主干网带宽在100Mbps以上的占81.35%，1000Mbps以上的占39.5%；与互联网的接口带宽10Mbps以上的企业占75.99%，50Mbps以上的占42.3%。

2. 企业数据管理水平不断提高，但灾备建设刚起步

从本次评估的七个重点细分行业看，目前我国大中型企业建立数据中心的企业占74.8%，其中有41.5%的企业实现了数据集中管理，还有24.6%的企业实现了应用集中；工业企业逐步关注信息安全管理，已全部应用防病毒、防火墙、病毒检测等重要软硬件措施的企业占46.8%，绝大多数企业已通过离线或双机热备份等方式进行数据备份，约占94%；但通过评估发现，未进行灾备建设的企业数量较多，占62.7%，已进行远程异地容灾建设的企业仅占7.2%，企业的数据灾备建设有待进一步加强。

3. 各行业工业生产装备数控化水平具有较大差距

多数大中型企业紧抓厂房改造、整体搬迁和建立新厂的机会，通过技术改造提高工业生产装备数控化程度，提升生产装备的网络化、数字化水平。从本次评估的七个重点细分行业看，目前我国大中型企业生产装备数控化率达到52.1%。但各行业工业仍具有较大差异，原材料工业行业企业基本实现了底层设备自动化，过程控制系统设备覆盖率达86.1%，其中钢铁行业已达到92.2%；装备工业和消费品工业的生产装备数控化水平较低，装备工业平均数控设备覆盖率达到29%，消费品工业约41.3%，急需加大数控设备的建设力度，提升加工、装配、检验及试验等的质量和效率。

4. 企业两化融合统筹规划和组织制度保障取得了一定进展

从本次评估的七个重点细分行业看，随着对信息化工作认识的不断提高，工业企业持续加强了对企业信息化规划、组织、人员和制度建设，但仍具有较大的上升空间。一是我国工业企业开始逐步重视信息化规划，但还需与企业战略紧密结合。目前我国大中型工业企业发展战略中单列信息化规划的企业占50.7%，但还有49.3%的企业将信息化规划分散在业务规划中或没有信息化规划。二是专门从事信息化工作的专职人员比例不高。目前我国大中型工业企业直接从事企业信息化建设、管理和维护的人员占员工总人数比例平均为1.46%。三是企业正在逐步建立信息化工作的管理体系，但企业信息化部门主管的地位不高。目前我国大中型工业企业中接近60%的大中型企业建有专门的信息化管理部门，但设置CIO（能够参加决策层会议的专职信息化主管）的比例仅占39.4%。四是企业信息化工作逐步走向规范化，但制度的完备性需要进一步提高。目前我国大中型工业企业中建立了信息化管理制度的比例达90%，但同时建立了项目管理、运行维护、信息安全和信息化标准等制度的比例仅占35%。

（二）关键业务环节应用水平

我国企业基本都认识到了信息技术应用对企业发展的重要性，在研发设计、生产过程、经营管理、电子商务等环节开展了不同程度的应用。

1. 数字化设计工具应用广泛，但设计数据自动采集和分析以及集成管理能力需进一步加强

我国工业企业广泛采用数字化设计工具，从本次评估的七个重点细分行业看，有信息技术支持手段和工具的大中型企业占70.2%，其中装备工业更加重视研发设计环节，应用数字化设计工具的企业比例约为86%，消费品工业为63%。近几年，原材料工业也逐渐通过将信息技术应用于研发设计环节，提高产品的差异化程度，应用数字化研发设计工具的比例也达到了36%。

部分大中型企业逐步由计算机辅助建模，发展到性能分析、仿真、优化和虚拟验证，着重关注产品数据的分析和管理，以及产品全生命周期的跟踪和优化。从本次评估的七个重点细分行业看，目前我国工业大中型企业能够实现设计数据的自动采集和自动分析的占46.55%，其中装备工业较高，约为71%。我国工业大中型企业中能够实现协同设计的占27.54%，其中装备工业较高，约为59%。

2. 各行业生产过程数控化水平和监管能力具有较大差距

流程行业企业普遍建立了生产控制系统，自动收集生产过程底层数据，提高了过程管控水平。从本次评估的七个重点细分行业看，钢铁、石化等原材料大中型工业企业中生产控制系统（CNC/PLC/DCS/QCS/PCS）应用普及率约为75%。接近50%的流程工业大中型企业应用了制造执行系统，制造执行系统的工序覆盖率达到了61.65%。流程行业通过将信息技术融入生产过程，使得生产线数据自动采集/上传的比例达到64.7%，计量及检化验数据自动上传比例为61.3%，生产过程监管能力较强。

离散行业企业生产过程数控化水平较低，从本次评估的七个重点细分行业看，机械、汽车、纺织等离散行业生产数据实现在线监测的工序覆盖比例仅占22.1%。生产过程管理方面，离散行业企业针对生产过程单个环节进行计算机管理的单元管理系统应用广泛，可实现对生产过程中任务、资源等重要信息的管理，提高了对生产过程的监管能力。85%以上的离散行业企业应用了计算机辅助工艺设计（CAPP）、排产计划、车间物料管理、车间设备管理等业务系统。而制造执行系统应用比例偏低，约为49.66%，生产过程管控水平偏低。

3. 信息技术在经营管理模块中的覆盖具有良好基础

大中型工业企业基本上都应用了财务及办公自动化系统，并逐步实现了对采购、生产制造、销售等各业务环节的全面覆盖，各经营管理模块系统使用情况如图8所示。从本次评估的七个重点细分行业看，我国大中型工业企业财务管理、办公自动化应用比例最高，超过了85%；进销存管理、人力资源管理等业务系统应用比例也较高，均超过70%。企业设备管理和质量管理等业务系统应用比例居中等水平，还需继续加强。企业能源管理业务系统应用比例最低，企业应逐步关注节能降耗，提高能源利用率，降低企业成本。

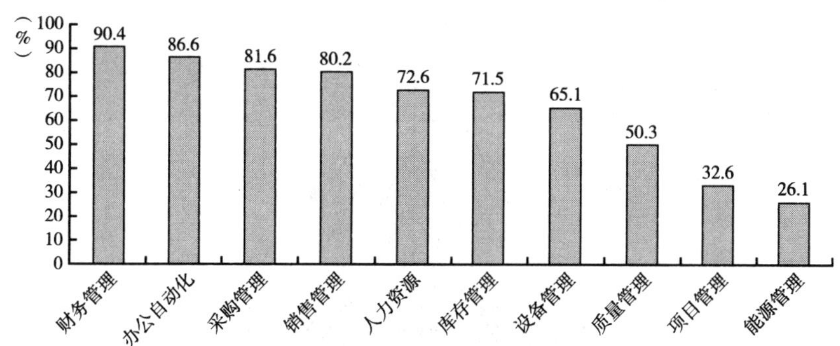

图8　各经营管理模块系统使用情况

4. 企业已逐步开展电子商务，但应用水平仍较低

近几年，国家出台了电子商务“十一五”专项规划，大力扶持电子商务建

设，我国工业企业也加大了电子商务应用力度，并取得了初步的成效。目前我国工业企业中约有45%的企业开展了不同程度的电子商务应用，但电子商务实际应用比例仍偏低。从本次评估的七个重点细分行业看，目前我国工业大中型企业平均网上采购率仅为6.1%，网上销售率仅为8.9%。

（三）协同集成发展水平

从七个细分行业的评估结果来看，目前我国工业大中型企业两化融合协同集成水平较低，各行业具有显著的差异。各行业协同集成指标平均得分为47.2分，其中轿车行业由于较多企业成套引进国外先进技术，协同集成水平最高，为69.5分，钢铁行业属典型的流程型行业，且信息化工作开展较早，协同集成水平次之，为62.3分。

从协同集成各项指标的平均得分来看（如图9所示），我国大中型工业企业在业务与财务集成方面水平最高，平均得分为55.4分。企业较关注将业务系统的数据及时反映在财务系统当中，实时掌握生产成本的变化，但对单件产品实际成本数据的采集、共享和集成管理还有待加强；产供销集成的水平次之，平均得分为49.2分，大中型工业企业已经逐步开始向按照订单组织生产的方式过渡，但对订单进行全程跟踪的能力还需继续加强；管控集成得分最低，为33.9分，从目前企业两化融合发展状况来看，实现生产管理、生产过

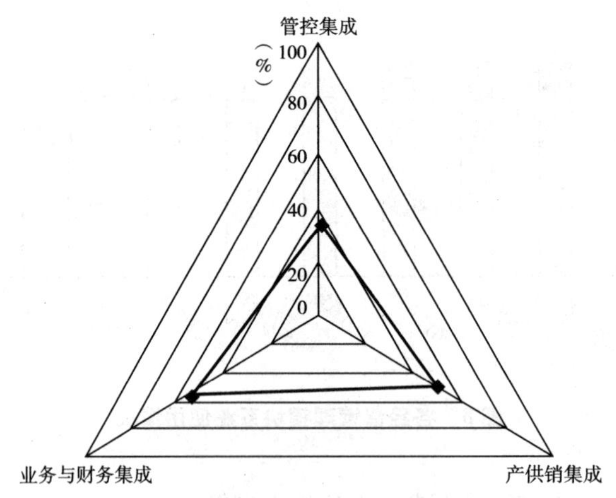

图9　协同集成各项指标的平均得分

程管理和生产过程控制三层数据自动上传和指令下达是我国工业企业信息技术应用的短板，是产供销集成和业务财务集成水平继续提高的基础，也是今后企业努力的方向。

1. 企业管控集成水平较低

目前，我国工业企业利用信息技术实现从企业经营管理、车间管理到底层设备控制的纵向管理和控制系统集成的水平还很低。从七个细分行业的评估结果来看，目前我国工业大中型企业的管控集成水平较低，能够实现制造执行系统和管理系统之间数据自动上传和指令下达的企业仅占33.9%，尤其是离散型行业，这一比例仅占26.6%。这是由于离散型行业生产设备的数控化程度、生产控制及制造执行等层面的信息技术应用程度不够造成的。管控集成能够降低计划编制下达时间，减少库存，加快资金周转，提高企业的市场响应速度和生产效率，因此提高企业的管控集成水平是工业企业两化融合工作的重点工作。

2. 工业企业产供销集成处于中等水平

目前，我国工业大中型企业面向市场、按客户订单组织生产的信息化应用程度处于中等水平，部分企业通过采购、生产、销售等业务系统的集成初步实现了按订单采购原材料、生产制造、实施检验、产品库存、结算发运等统一管理。从七个细分行业的评估结果来看，能够实现订单从销售订单、生产过程直至供应商的全程跟踪的企业比例占43.9%，各行业订单实现全程跟踪的企业比例如图10所示。

但我国工业企业产供销集成的程度还不够深入，根据变化进行动态调整的能

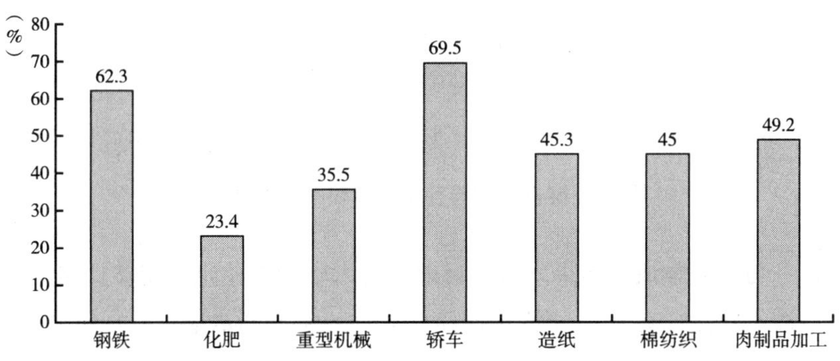

图10　各行业订单实现全程跟踪的企业比例

力有待进一步增强。从七个细分行业的评估结果来看，由于产能约束、订单临时变更、原料库存、生产故障等原因，能够进行生产计划动态调整的企业仅占32.2%。

3. 企业较重视财务与业务集成，但集成深度和效果还不够理想

通过财务管理与生产、销售、采购、物流管理等管理模块的集成，能够将数据的采集延伸到生产、采购、销售和库存等环节，使企业管理的方式产生重大飞跃，实现物流、信息流、资金流三流合一，在加强财务全面管控的基础上降低企业经营管理成本。目前我国工业大中型企业中，约77.1%的企业开展了财务系统与业务系统的集成应用，但财务管理与生产、销售、采购、物流均实现集成的企业仅占25.4%。从财务系统与各管理模块的集成情况来看（如图11所示），实现财务系统与生产系统集成的企业比例较低，仅占39.5%，这主要是因为工业企业管控集成水平较低，并且财务管理系统与企业生产管理系统实现对接的企业数量较少。

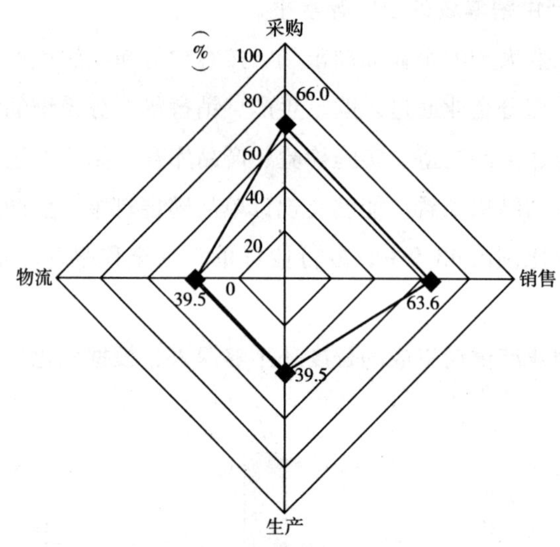

图11　财务系统与各管理模块的集成情况

从财务与业务集成的结果来看，目前我国大中型工业企业能够直接从业务系统中获取成本数据，并能够计算出产品实际成本的比例仅占39.2%，说明我国工业企业虽然较关注财务系统与业务系统间的集成，但是集成的深度不够，效果还未显现出来。

（四）深度创新发展水平

根据各行业企业申报的深度应用材料，各行业均有少量企业在协同集成的基础上开展了创新性的应用①，并为企业竞争力和经济、社会效益的提升带来了显著的效果，为其他企业两化融合建设提供了参考和借鉴。各行业开展的深度创新应用主要可归结为以下几个方面。

一是全面深化融合应用，支撑企业决策和战略发展。钢铁、棉纺织、造纸、重型机械等行业均挖掘出两化融合水平较高的标杆企业，这些企业已经将企业战略充分体现在两化融合建设中，在研发设计、生产过程、经营管理等各个层面都开展了全面深化应用，实现纵向管理控制以及横向研产供销的综合集成，并能够在线整合企业内部关键业务和外部市场的信息资源，有效辅助企业战略制定和危机管控。

二是重塑生产和经营管理模式，促进企业市场开拓创新。重型机械、棉纺织等行业挖掘了一批市场创新开拓方面的典型应用，企业融合互联网、通信、计算机等信息化手段和现代管理思想与方法，不断增加产品价值量，提升附加价值，不断转变按照计划生产的传统方式，并把服务向业务链的前端和后端延伸，转变原有生产和经营管理模式，将企业的价值增长点逐渐从产品转移到不可复制的服务上，实现产品和服务升级，提高企业在市场上的占有率。

三是利用两化融合促进安全和节能减排，助推企业可持续发展。化肥、造纸等行业较为关注节能减排和安全生产方面的典型应用，挖掘了一批标杆企业，企业通过两化融合能够将安全生产、节能减排全面落实到所有的管理环节和生产制造的全过程。食品行业还挖掘出在食品安全方面的典型应用，通过构建起覆盖全国的物流网络体系，实现在途车辆和仓储过程的实时监控，确保食品安全和质量。

四是加强平台建设，整合产业链资源。重型机械、汽车等行业的典型企业通过加强数字化研发设计平台的建设，整合行业内研发技术和人力资源，提高自主创新能力；钢铁、棉纺织等行业的典型企业通过加强电子商务平台建设，整合企业内外部资源，贯穿产业链供应、销售各利益相关方，支撑企业战略的实现。

---

① 各行业标杆企业的典型经验详见各行业的两化融合发展水平评估报告。

四 两化融合发展水平影响因素相关性分析

基于所提出的评估指标体系，本部分主要运用 SPSS 统计软件[①]和直方图等工具和方法，对两化融合发展水平相关影响因素及其相互关系进行了对比分析和探讨。

（一）投入与两化融合发展总体水平呈非线性正相关关系

本文将样本企业按照其两化融合发展总体水平分为高、中和低三个等级组，并对这三组样本企业的信息化建设投入、信息系统运维投入指标平均得分进行对比分析，结果如图 12 所示。

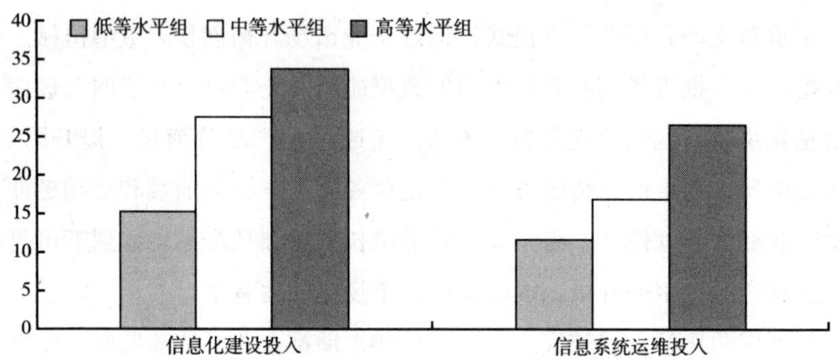

图 12 处于不同总体发展阶段的企业的投入指标得分比较

投入与两化融合总体发展水平呈正相关关系，但处于不同发展阶段的企业信息化建设和系统运维投入呈现不同的特征。从上图可以看出，两化融合总体发展水平越高，信息化建设投入和系统运维投入越大，两者存在着明显的正相关关系。但从趋势上来看，两化融合处于高等水平的企业信息化建设投入增长幅度变缓，信息系统运维投入增长幅度增加。两化融合处于中等水平的企业信息化建设还处于成长期，投入的力度较大，但由于信息化建设不够成熟，因此运维的费用

① 由于各行业的发展水平及评分方法具有一定的差异，因此在分析过程中设定行业虚拟变量作为分析的控制变量。

水平较低。两化融合水平处于低等水平的企业无论是信息化投入，还是信息系统运维投入均处于较低水平，需要持续加大信息化投入，推进其两化融合进程。

为进一步验证信息化建设投入与两化融合总体发展水平的关系，本文将企业两化融合总水平得分作为因变量，将企业信息化建设投入得分的自然对数值作为自变量，行业变量作为控制变量建立模型进行回归分析，F 检验在 95% 置信水平下非常显著，说明模型能够通过检验。ln（信息化建设投入）变量在 95% 的置信区间能够通过检验（p = 0. 000），如表 3 所示。

表 3　回归结果一

方差分析表

模型		离差平方和	自由度	均方	F 值	显著性水平
1	回归	35952. 135	7	5236. 019	23. 588	. 000[a]
	剩余	74467. 245	342	217. 740		
	总共	110419. 38	349			

a. 自变量：棉纺织行业变量，轿车行业变量，ln（信息化建设投入），钢铁行业变量，造纸行业变量，重型机械行业变量，化肥行业变量。

b. 因变量：总体水平。

系数分析表

模型		非标准化系数		标准化系数	t 检验值	显著性水平
		系数值	标准差	系数值		
1	常量	44. 965	2. 393		18. 788	. 000
	ln(信息化建设投入)	2. 500	. 498	. 240	5. 024	. 000
	钢铁行业变量	8. 945	2. 768	. 189	3. 231	. 001
	化肥行业变量	-15. 140	2. 805	-. 321	-5. 397	. 000
	重型机械行业变量	-7. 998	2. 793	-. 167	-2. 863	. 004
	轿车行业变量	14. 926	4. 013	. 186	3. 720	. 000
	造纸行业变量	1. 890	2. 957	. 036	. 639	. 523
	棉纺织行业变量	-2. 048	2. 854	-. 041	-. 717	. 474

a. 因变量：总体水平。

信息化建设投入与两化融合总体水平之间呈曲线关系，如图 13 所示。在建设初期，两化融合水平处于较低阶段，主要还是需要在基础环境建设以及信息技术应用在业务环节的覆盖等层面有所建树，而上述层面的基础软硬件投入占比较大，所以加大投入能够较为明显地提升企业在该阶段的两化融合发展水平。但随着信息技术在企业应用上的不断深入，仅仅依赖投入难以支持企业更高层面的快速提升，而是需要大力进行管理变革和流程优化，循序渐进消化吸收，以实现企业全面进步和整体提升。因此，随着企业两化融合发展水平的不断提高，其信息化建设投入增幅并不一定会加速上升，反而会逐渐趋于稳定。

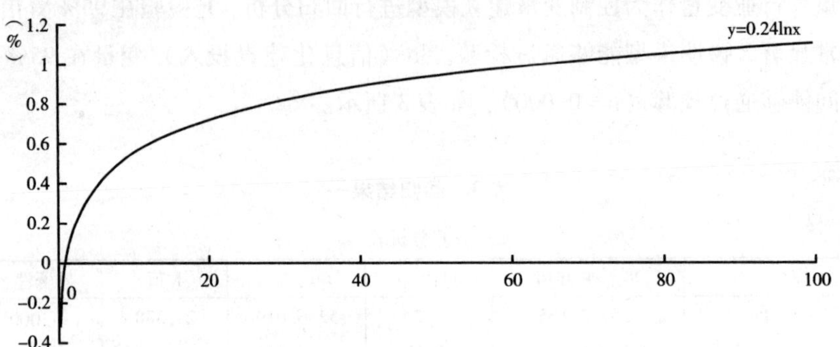

图 13　信息化建设投入与总体发展水平之间的关系数据拟合

（二）两化融合发展到较高阶段对企业竞争力有突破性提升作用

本文将处在四个不同发展阶段的企业竞争力的平均分进行分析，结果如图 14 所示。

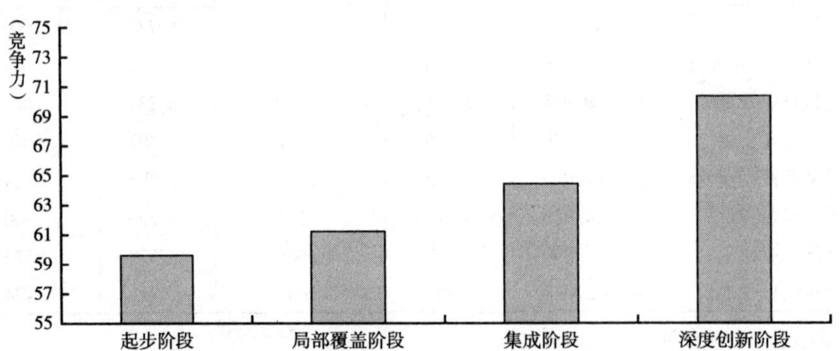

图 14　处于不同发展阶段企业的竞争力得分

从图 14 可以看出，两化融合发展水平处于起步阶段和局部覆盖阶段的企业竞争力得分仅相差 1 分左右，没有明显差距，随着企业两化融合水平的不断提高，发展到集成和深度创新阶段的企业竞争力水平显著提高，尤其是两化融合发展到深度创新阶段对企业竞争力有突破性的提升作用。这充分说明，企业推进两化融合的效果显现是一个漫长过程，在两化融合建设前期往往需要大量的成本投入，而在短期内却无法获得明显的竞争力提升；只有在两化融合发展水平达到一定阶段时，才会实现从量变到质变的飞跃。

各行业在研究两化融合发展水平与竞争力的关系时，挑选竞争力中的部分指标进行分析，得出了更为显著的结论。比如，重型机械行业将样本企业按照就绪度和成熟度的综合评估结果分成六类，通过对不同就绪度和成熟度企业的劳动生产率进行深入分析，发现重型机械行业两化融合就绪度和成熟度综合得分与企业劳动生产率具有正相关性，且存在一个突变的过程：综合得分在 50 ~ 60 分区间的企业，全员平均劳动生产率呈现较大的阶梯型增长；综合得分在 60 分以上的企业，全员平均劳动生产率更是再上一个台阶。棉纺织行业通过分析不同发展阶段的企业两化融合总得分和企业的人均利润关系发现：两化融合程度越高，企业人均利润水平也就越高，特别是两化融合达到协同集成阶段的企业，其人均利润水平比局部覆盖及以下阶段的企业有了突破性的提高，这充分说明两化融合发展能够显著提高企业的获利能力。

（三）两化融合对企业竞争力的影响主要取决于成熟度

本文就各样本企业就绪度和竞争力以及成熟度和竞争力的得分进行 spearman 偏相关分析，分析结果如表 4 和表 5 所示。

表 4　就绪度和竞争力的偏相关分析结果

相关分析表

<table>
<tr><th colspan="3">控制变量</th><th>就绪度</th><th>竞争力</th></tr>
<tr><td rowspan="6">钢铁行业变量 & 化肥行业变量 & 重型机械行业变量 & 轿车行业变量 & 造纸行业变量 & 棉纺织行业变量</td><td rowspan="3">就绪度</td><td>相关系数</td><td>1.000</td><td>.195</td></tr>
<tr><td>显著性(双尾)</td><td>.</td><td>.000</td></tr>
<tr><td>自由度</td><td>0</td><td>358</td></tr>
<tr><td rowspan="3">竞争力</td><td>相关系数</td><td>.195</td><td>1.000</td></tr>
<tr><td>显著性(双尾)</td><td>.000</td><td>.</td></tr>
<tr><td>自由度</td><td>358</td><td>0</td></tr>
</table>

分析发现：就绪度和成熟度水平与企业竞争力具有明显的正相关性。在 95% 的置信区间，就绪度与竞争力、成熟度与竞争力均具有明显的正相关关系，

表 5　成熟度和竞争力的偏相关分析结果

相关分析表

控制变量			竞争力	成熟度
钢铁行业变量 & 化肥行业变量 & 重型机械行业变量 & 轿车行业变量 & 造纸行业变量 & 棉纺织行业变量	竞争力	相关系数	1.000	.228
		显著性(双尾)	.	.000
		自由度	0	358
	成熟度	相关系数	.228	1.000
		显著性(双尾)	.000	.
		自由度	358	0

这说明两化融合的基础、环境建设和信息技术在业务环节的应用对企业竞争力的提升均产生了一定的作用。其相关系数分别为 0.195 和 0.228，说明成熟度与竞争力相关性更强。

为了进一步分析就绪度、成熟度对企业竞争力的作用，本文将企业竞争力得分作为因变量，将企业就绪度和成熟度得分作为自变量，行业变量作为控制变量建立多元回归模型进行分析，回归结果如表 6 所示。回归模型的修正 R-square 为 48.5%，F 检验在 95% 置信水平下非常显著，说明模型能够通过检验，拟合度较好。

表 6　回归结果二

模型拟合优度

模型	R	R^2	修正 R^2	估计标准偏差
1	.705[a]	.497	.485	**********

a. 自变量：棉纺织行业变量，就绪度，重型机械行业变量，造纸行业变量，轿车行业变量，钢铁行业变量，化肥行业变量，成熟度。

方差分析表

模型		离差平方和	自由度	均方	F 值	显著性水平
1	回归	47511.712	8	5938.964	44.035	.000[a]
	剩余	48147.895	357	134.868		
	总共	95659.606	365			

a. 自变量：棉纺织行业变量，就绪度，重型机械行业变量，造纸行业变量，轿车行业变量，钢铁行业变量，化肥行业变量，成熟度。

b. 因变量：竞争力。

系数分析表

模型		非标准化系数		标准化系数	t 检验值	显著性水平	共线性检验	
		系数值	标准差	系数值			TOL	VIF
1	常量	14.074	2.637		17.850	.000		
	就绪度	.072	.053	.074	1.358	.175	.474	2.109
	成熟度	.104	.039	.147	2.668	.008	.462	2.164
	钢铁行业变量	9.892	2.131	.227	4.642	.000	.592	1.689
	化肥行业变量	6.958	2.316	.159	3.004	.003	.501	1.996
	重型机械行业变量	13.245	2.185	.311	6.061	.000	.535	1.870
	轿车行业变量	-13.098	3.199	-.175	-4.095	.000	.770	1.299
	造纸行业变量	27.510	2.249	.584	12.233	.000	.618	1.619
	棉纺织行业变量	-7.381	2.201	-.163	-3.354	.001	.596	1.679

a. 因变量：竞争力。

分析发现：成熟度变量在 95% 的置信区间下可以通过 t 检验（P = 0.008），而就绪度无法通过检验，通过共线性检验，发现模型不存在严重的共线性。这说明两化融合对企业竞争力提升的影响关键在于其成熟度水平，两化融合的基础和环境的建设对两化融合的贡献度主要是通过其对成熟度的影响间接发生作用。

（四）成熟度中协同集成水平是影响企业竞争力提升的关键

从以上分析中，可得出两化融合对竞争力的促进作用主要表现在成熟度，本文又对成熟度中的三级指标做了深入的分析。按照样本企业竞争力水平分为高、中和低三个等级组，并针对这三组中单项业务应用和协同集成指标平均得分进行分析。分析结果如图 15 所示。

从图 15 可以看出，信息技术在单项业务中的应用和协同集成均对企业竞争力的提升具有显著作用。竞争力处于低等水平的工业企业与中等的相比，企业信息技术在单项业务中的应用具有一定的差距，而协同集成之间的差距并不显著；竞争力处于高等和低等水平的工业企业相比，单项业务应用和协同集成水平均具有显著差距，且协同集成水平差距更大。这说明，协同集成对企业竞争力的提升起到更加关键的作用，企业如果要显著提高其竞争力，就需要在提升信息技术在

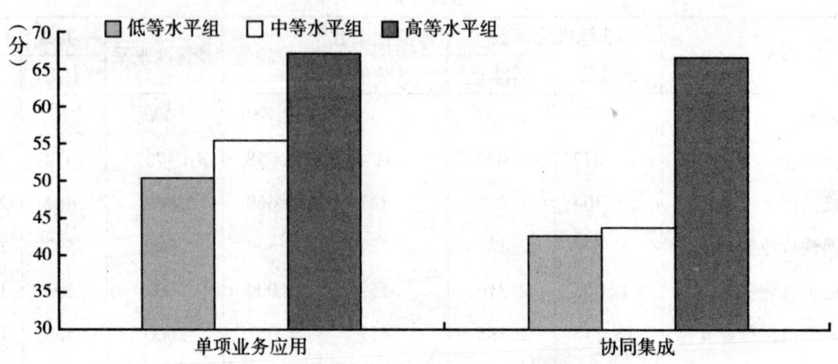

图 15　处于不同竞争力水平下的样本企业指标特性分析

单项业务上的应用水平的基础上，着重关注提升协同集成水平。

在此基础上，为进一步深入分析，本文对协同集成中的薄弱环节——管控集成进行了探讨。将样本企业按照管控集成水平分为高、中和低三个等级组，并针对这三组中与企业管控集成紧密相关的基础设施和单项应用指标平均得分进行分析，包括与信息化相关的工业设施、生产过程控制、生产过程管理三项指标。分析结果如图 16 所示。

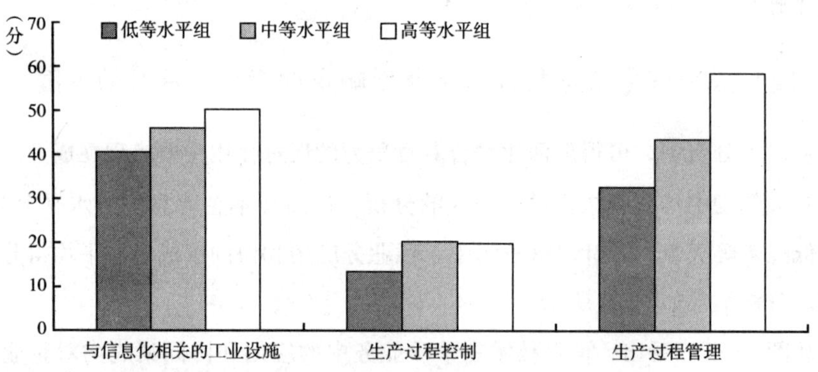

图 16　处于不同管控集成水平的样本企业指标特征分析

一是与信息化相关的工业设施需要持续加强。从图 16 可以看出，管控集成水平越高的企业，其与信息化相关的工业基础设施就越为牢固。本次评估与信息化相关的工业基础设施指标主要衡量了生产装备的数控化水平，因此，我国工业企业需要持续提升生产装备的数控化率，打好底层数据采集的基础，不断提高管控集成水平。

二是处于两化融合高等水平组的企业与处于中等水平组的企业的生产过程控制水平没有明显差异，说明管控集成高等和中等水平组之间的差距主要不集中在生产过程控制上。而处于低等水平组的企业生产过程控制方面还具有较大差距，应继续加强生产过程在线监测和控制能力建设。

三是企业提高管控集成水平重在加强生产过程管理。处于两化融合高等水平组的企业与处于中等水平组的企业在生产过程管理水平上存在明显差异，这说明目前阻碍我国工业企业管控水平的主要问题集中在生产过程管理上。企业应加强制造执行系统的应用，提升制造执行系统在各车间或工序层面的覆盖率，提高生产计划安排和动态协调的能力。

五　两化融合发展重点及趋势

基于此次评估结果，主要是对两化融合总体发展水平和影响因素及其相关性的分析，我国工业行业企业两化融合当前的重点和未来的发展趋势可归纳如下。

（一）两化融合建设需要持续和充分的投入

从影响因素相关分析中可看出，两化融合发展到较高阶段能够对企业竞争力带来突破性的提升作用。因此，在两化融合建设上需要有长远的眼光，注重信息技术应用积累，统筹安排、分步实施，有规划、持续地对两化融合进行投入。切忌因短期内看不到效果而停滞甚至放弃两化融合建设，要坚定不移地加快两化融合建设，开展集成基础上的深度创新应用，将两化融合推至更高层次。投入与两化融合发展水平呈非线性正相关关系，投入不足不能有效提升两化融合发展水平，而投入过量也不会实现两化融合的快速发展，只会造成不必要的浪费。

（二）制定和落实两化融合规划要与企业战略保持一致

两化融合统筹规划和组织保障对企业两化融合发展水平具有显著促进作用，虽然近几年持续加强了对企业信息化的规划、组织、建设，但还存在重视局部规划、忽视整体规划等问题，尤其是信息化主管的战略决策地位不高。企业必须重视两化融合的总体规划，并使之与企业战略相辅相成，使两化融合成为企业不断发展的内生力量。

（三）仍需着力提高工业生产设备的数控化率和联网率

目前我国工业企业，尤其是装备和消费品工业生产设备的数控化率和生产制造过程的自动化水平较低，制约了关键产品生产能力的提升，不利于企业产品质量合格率、原材料利用率和生产效率的提高，也严重制约了两化融合管控集成水平的进一步深化和提高。我国大中型工业企业亟须实现制造装备的数控化、制造过程的自动化和数字化、生产过程管理实时化和透明化、物料和质量管理可控化和可追溯化、生产进度和过程监控的可视化和远程化。

（四）制造执行系统具有广泛应用需求和重要推广价值

企业管控集成是我国工业企业两化融合建设的短板，为此，应重在加强信息技术在生产过程管理中的应用。目前，我国工业大中型企业，尤其是离散行业企业的制造执行系统应用比例偏低，制造执行系统各关键工序覆盖率也较低。较多工业企业并未真正意识到制造执行系统的重要意义，而是更多地关注于生产控制系统或者管理信息系统应用，使得生产过程自动化与管理信息化之间出现断层，无法将管理同生产紧密结合，致使企业的生产效率和效益大打折扣。

（五）综合集成是显著提高企业竞争力的有效途径

目前我国大中型工业企业单项业务应用具有了一定的基础，成熟度中协同集成水平成为影响企业竞争力提升的关键因素。各细分行业的评估结果显示，处于深度应用阶段的企业竞争力有突破性的提升，深度应用是在企业综合集成基础上开展的创新应用，因此提高企业综合集成水平是显著提高企业竞争力的有效途径。目前，大多数企业都开展了不同程度的信息技术应用，覆盖了办公自动化、财务管理、进销存管理、人力资源管理、生产管理、设备管理、质量管理等业务管理。然而，各业务管理模块以及研发、生产、采购、销售之间集成程度不够，离综合集成有较大差距，整体效益还未真正发挥出来。

（六）安全和节能减排方面的创新应用是企业实现可持续发展的必然选择

目前，我国绝大多数企业在安全和节能减排方面创新应用不足，尤其是利用信息技术开展能源管理的企业比例偏低。造纸、化肥、肉制品加工等行业分别在终端水处理、安全生产和产品质量监控等方面有较为深入的应用；少部分企业在安全和节能减排方面开展了创新应用。这说明安全和节能减排已经开始引起我国工业企业的广泛重视，在降低企业能源消耗、减少环境污染、降低事故损失和提高产品安全等方面发挥了很好的效果。

（七）加强平台建设、整合行业和区域资源是实现两化融合水平整体提升的重要举措

通过本次评估，各行业都挖掘出了制约两化融合发展的关键问题，但有些问题通过企业自身并不能够有效解决，需要整合行业内或区域资源，以实现两化融合整体水平的提升。比如，肉制品加工行业企业利润率低，且中小企业占绝大多数，信息化建设投入能力明显不足。因此面向行业或区域的服务平台建设显得尤为重要。重型机械行业信息化研发设计工具应用非常广泛，但自主创新能力仍然较弱，研发设计能力的进一步提升，不能仅依赖信息化研发工具的应用，而更需要建立起有效的数字化研发设计平台和共性技术服务平台，以实现关键技术或产品的协同研发，整合行业技术和人才资源。

（八）产业链集成是两化融合发展的重要方向

从企业内走向企业间，逐步实现产业链的集成化运作是当前和下一阶段两化融合工作的一个重要方向。电子商务就是联结企业内部和产业链的重要手段。目前，我国电子商务应用水平较低，网上采购和网上销售的比例平均不超过10%，电子商务功能侧重于宣传、辅助采购销售等，还未真正发挥出整合产业链、及时获得市场信息以支持企业决策等重要作用。部分大型企业正通过两化融合着力加强与外部企业的协作，将内部系统延伸到产业链协同层面，打造出具有快速响应和外部协同能力的信息平台，加强对下游分销商的控制和管理以及对客户的服务，同时也整合上游企业资源，尤其是中小企业，大幅增强了企业的核心竞争能

力。另外，现行的许多行业技术、标准无法实现行业共享，大量增加了企业成本，造成了极大的浪费，也需要通过产业链集成加以解决。比如纺织协会在棉纺织行业两化融合发展水平评估报告中指出，要进一步提高计算机辅助配棉效果，提高原棉品级检测数据的准确性，要建立棉花大容量快速质量检验体系，推广使用 HVI 等棉花检测仪器和条码技术，而为了避免重复检验造成的浪费、成本提高和交易纠纷等问题，需要在棉花收购、流通和加工整个产业链推行和沿用统一的棉花检验标准。因此，通过两化融合大力推进产业链集成，对于实现行业资源整合和协同运作，加快促进产业集群和中小企业发展，加快推进生产方式转变，实现工业由大变强具有非常重要的意义。

参考文献

肖素梅、殷国富、汪永超等：《企业信息化水平评价指标与评价方法研究》，《计算机集成制造系统－CIMS》2005 年第 8 期，第 1154～1162 页。

程扬、张洁、瞿兆荣：《企业信息化绩效评估体系及其评价方法》，《计算机工程》2007 年第 2 期，第 270～273 页。

邵宏宇、郭伟：《企业信息化绩效测评体系研究》，《制造业自动化》2009 年第 31（1）期，第 29～37 页。

中国钢铁工业协会：《大型钢铁企业信息化与工业化融合发展水平评估报告》，2009。

中国纺织工业协会：《中等规模以上棉纺织企业信息化与工业化融合发展水平评估报告》，2009。

中国机械工业联合会：《重型机械行业企业信息化与工业化融合发展水平评估报告》，2009。

中国石油和化工协会：《化肥行业企业信息化与工业化融合发展水平评估报告》，2009。

中国轻工业联合会：《造纸行业企业信息化与工业化融合发展水平评估报告》，2009。

中国食品工业协会：《肉制品加工行业企业信息化与工业化融合发展水平评估报告》，2009。

中国汽车工业协会：《轿车行业企业信息化与工业化融合发展水平评估报告》，2009。

Thomas L. Saaty. Making and Validation Complex Decisions with the AHP/ANP. *Journal of Systems Science and Systems Engineering*, 2005, 14（10）: 1004－3756.

互联网与中国经济发展

毛伟 刘冰*

摘　要：2009年的中国互联网继续保持快速发展的势头。中国经济和社会的快速发展、政府在信息化基础设施上的大力投入、3G牌照的发放和网络的建设，是中国互联网快速发展的重要带动力量；同时，互联网的快速发展，也将反哺中国经济和社会，带动中国经济和社会的健康、和谐发展。

关键词：互联网　经济发展　信息化　网络经济

自20世纪90年代互联网引入中国以来，中国互联网发展非常迅猛，创新十分活跃，已经深入渗透到经济、政治、社会系统运行的各个方面，成为国家重要的基础设施。在国民经济、社会管理、服务民生和文化建设方面，发挥着不可或缺的重要作用。

中国互联网的快速发展依托于良好的经济环境和发展政策。良好的经济环境带动了网络基础设施的建设及投入。2009年，政府继续加大对基础设施建设的投入力度。为了促进经济回升，国家投入4万亿元资金，主要集中在基础设施建设方面，通信网络建设稳步推进。据工业和信息化部的数据，截至2009年12月，电信固定资产投资完成额3724.9亿元，同比增长26.1%。2009年末，TD-SCDMA网络三期工程顺利完工，全国70%以上地市实现TD-SCDMA网络覆盖，

* 毛伟，现任中科院计算机网络信息中心副主任、中国互联网络信息中心（CNNIC）主任，博士、研究员、博士生导师，国家信息化专家咨询委员会委员、CNNIC工作委员会秘书长、中国互联网协会常务理事、中国互联网协会政策与资源工作委员会副主任委员兼秘书长、中国青少年网络协会理事、中国通信标准化协会理事、亚太互联网络信息中心（APNIC）执行委员会委员等。刘冰，中国互联网络信息中心（CNNIC）互联网发展研究部主任，主要研究互联网应用发展、网民行为等。先后主持了第22~25次中国互联网络发展状况统计调查。

其中东部省份100%地市实现覆盖，基站总数超过10万个，核心指标接近2G水平。基础设施的改造为不同区域互联网使用提供了先决条件。

社会和公众的信息需求和信息意识进一步提高，互联网成为满足居民文化消费需求的重要平台。随着居民收入和生活水平的日益提高，文化消费需求越来越旺盛。休闲娱乐成为公众在互联网上的第一需求，网络音乐、网络游戏、网络视频、网络文学等娱乐类网络应用正在以多种形态丰富着文化娱乐生活。另一方面，公众获取信息和利用网络进行沟通交流的意识在逐渐增强，网络新闻、搜索引擎、即时通信、社交网站等网络应用在中国均获得了良好的成长空间。而以网络购物为代表的商务交易类型网络应用的崛起，对于实现产业结构的优化转型，正在发挥着重要的作用。

在这些因素作用下，互联网得以不断发展和创新。网络基础设施日益完善，技术水平不断提高，信息资源和业务应用不断丰富，产业链基本形成。互联网不但在逐步成为文化产业的重要流通和消费渠道，也在诸多传统产业的价值链中扮演重要角色。随着电子商务的快速发展，网络购物等商务类应用对中国经济的发展将会起到重要作用。

一　互联网经济在中国经济中的地位及其影响

互联网经济是基于互联网所产生的经济活动的总和，目前主要包括网络广告、电子商务、域名产业和网络游戏四大类型。2009年，中国互联网产业保持了用户和市场规模的双增长，呈现快速发展的态势，作为中国经济的重要组成部分，互联网经济在国家扩内需、保增长、应对金融危机的过程中发挥了重要作用。

（一）互联网产业经济运行状况

1. 2009年互联网经济规模

按互联网服务营业收入计算，预计2009年中国互联网经济规模将达743亿元①，相比2008年的569亿元增长30.6%，远远高于2009年中国经济8.7%左右的增速。

---

① 数据来源于艾瑞咨询统计报告。

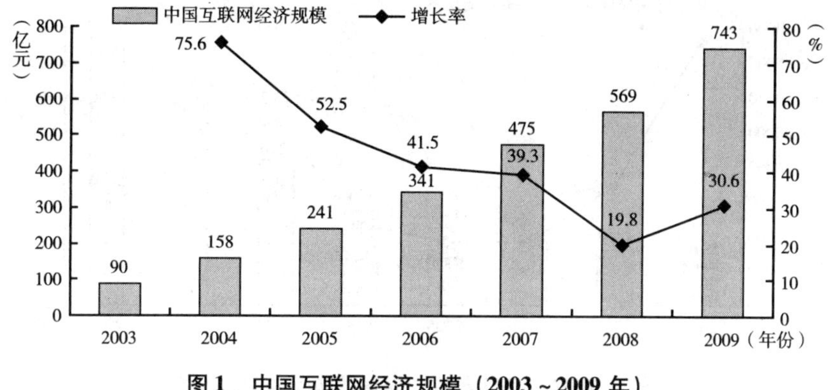

图1　中国互联网经济规模（2003～2009年）

互联网经济受金融危机冲击，以企业付费为主的行业受影响较大，网络广告、电子商务B2B、网络招聘等细分行业均出现环比负增长。B2C和C2C产业发展增速较快，受益于此，网上支付交易额年增速达110.2%，紧随其后的是网络购物，交易规模增速达93.7%。两者同时是中国电子商务发展中的代表性行业，电子商务已成为2009年互联网经济的增长亮点。电子商务在未来几年仍将成为互联网产业中最富增长潜力的行业。

2. 中国互联网发展取得的成就

在“积极发展、加强管理、趋利避害、为我所用”的基本方针指引下，中国政府高度重视互联网的发展，按照国家信息化战略的总体部署，以服务于经济建设和社会进步为中心，坚持发展和管理并重，加强网络基础设施建设，加快推进互联网技术和业务创新，互联网产业保持持续快速发展势头，互联网发展建设取得了令人瞩目的成就。

到2009年末，网络覆盖了31个省市区的所有地区和大部分乡镇，网民数从1997年的62万人增加到3.84亿人，居世界第1位。其中宽带网民数达到3.46亿人，占网民总体的90.1%；手机网民数达到2.33亿人。互联网普及率由1997年的0.1%上升到28.9%，超过全球平均水平（见图2）。

互联网基础资源建设快速发展。如图3所示，到2009年底，中国互联网的国际出口带宽由1997年的25.4Mbps增长到866367Mbps，12年增长约34109倍；我国IPv4地址数已从2001年底的0.2亿个增加到2.3亿个，全球排名由第9位上升到第2位；域名总数达到1681万个；其中，国家CN域名在2007年里，以

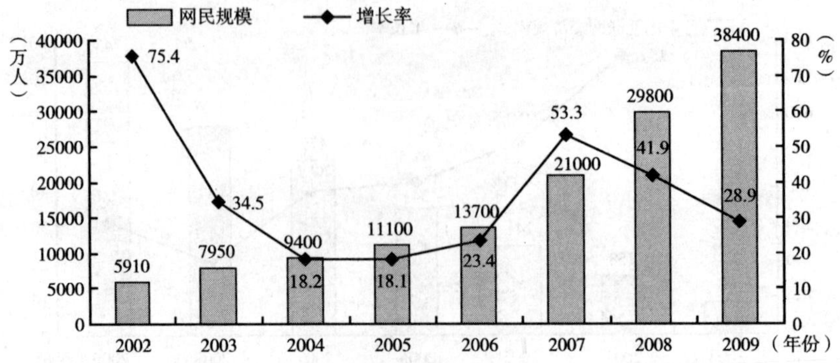

图 2　2002～2009 年中国网民数和互联网普及率

每天增长 2 万个的速度迅速发展，创下了世界域名史上增长奇迹，2009 年底已达到 1346 万个；网站数由 2000 年的 26.5 万个增长到 323 万个。自 2002 年 1.6 亿个网页开始，中国的网页规模一直保持高速增长，2009 年网页数达到 336 亿个；网民可以享用的信息资源越来越丰富。

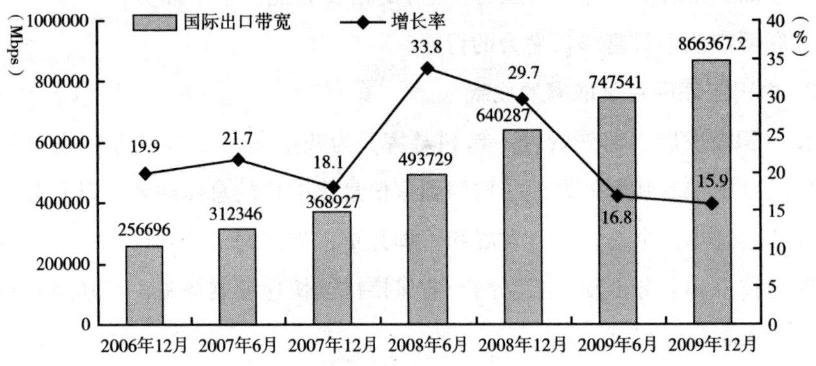

图 3　2006～2009 中国国际出口带宽变化情况

互联网应用日益广泛。以电子政务、电子商务、企业信息化等为代表的信息化应用热潮方兴未艾，信息技术、信息网络在各行各业得到了广泛应用，互联网已经极大程度地融入公众的衣食住行、工作休闲之中。2009 年，我国电子商务交易额达到 3.85 万亿元。随着电子商务在支付方式、运营模式、物流配送、渠道建设等方面不断创新，相关的法律规章不断健全，发展环境逐年改善，有越来越多的企业和个人加入到电子商务活动中来，到 2009 年底，我国网民网络购物用户人数达到 1.08 亿人，占网民总数的 28.1%；网上支付应用比例为 24.5%。2009 年底，我国网络新闻的使用率达到 80.1%，电子邮件使用率达到 56.8%；中国网民中拥有博客的网民比例达到 57.7%；一些网络应用的用户规模已经处于世界领先水平（见表 1）。

表 1　各类网络应用状况及用户增长

单位：%

应　用	2008 年使用率	2009 年使用率	用户增长率	使用率排名	增长率排名
网络音乐	83.7	83.5	28.8	1	11
网络新闻	78.5	80.1	31.5	2	9
搜索引擎	68.0	73.3	38.6	3	7
即时通信	75.3	70.9	21.6	4	13
网络游戏	62.8	68.9	41.5	5	6
网络视频	67.7	62.6	19.0	6	14
博客应用	54.3	57.7	36.7	7	8
电子邮件	56.8	56.8	29.0	8	10
社交网站	—	45.8	—	9	—
网络文学	—	42.3	—	10	—
论坛/BBS	30.7	30.5	28.6	11	12
网络购物	24.8	28.1	45.9	12	5
网上银行	19.3	24.5	62.3	13	4
网上支付	17.6	24.5	80.9	14	1
网络炒股	11.4	14.8	67.0	15	3
旅行预订	5.6	7.9	77.9	16	2

农村信息服务能力迈上新台阶。一，互联网开通比例进一步提高，信息服务平台逐步完善。2009 年全年共为 4228 个乡镇和行政村开通互联网，开通互联网的乡镇比重从上年底的 98% 提高到 99.3%，开通互联网的行政村比重从上年底的 89% 提高到 91.5%。“农信通”、“信息田园”、“金农通”等基础性综合信息平台已覆盖全国，为广大农民群众提供了功能强大、种类丰富、经济便捷的公共服务、便民服务和农产品交易服务，极大地促进了农村经济社会的发展。二，信息下乡活动进展迅速。目前已在 15 个省份的 1.3 万余个乡镇开展信息下乡活

动，并基本实现“一乡一个信息服务站，一村一个信息服务点，一乡一个互联网站，一村一个网上农副产品信息栏目”的“四个一”目标，全国1/3的乡镇建立了乡村信息服务体系，信息内容、信息业务和信息终端的进乡入村初显成效。

3. 互联网经济主要类型及发展情况

（1）网络广告

在奥运效应的推动下，互联网成功提升了媒体价值，并促进网络广告等领域的迅速发展，品牌广告成长迅速。2008年，品牌网络广告在奥运会的拉动下增长率达到70%左右，成为拉动互联网经济增长的重要动力。

据CNNIC测算，2009年中国互联网广告市场价值达191.2亿元（见图4）。

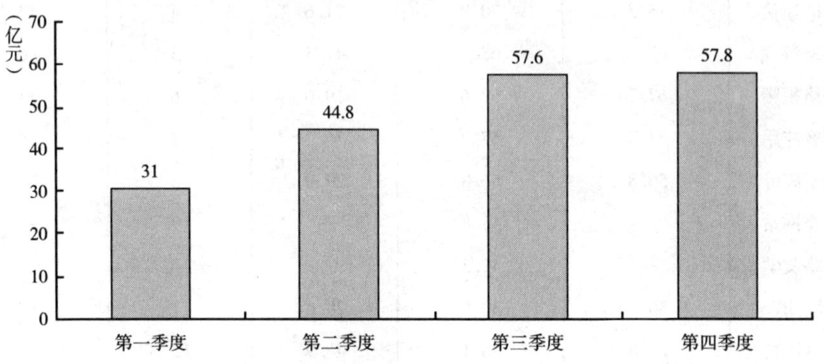

图4　2009年互联网广告市场趋势

2009年度互联网广告市场中的领头广告行业依然是汽车类广告，时尚类和娱乐类广告分列第二和第三，紧随其后的分别是计算机及电子产品和快速消费品分类广告。

对比2008年市场状况，广告市场价值增幅最大的三个行业分别为零售类、搜索引擎和目录、旅游住宿类广告，增幅分别为222.7%、159.4%和157.1%。

2009年互联网广告市场中，TOP5广告主分别为世纪佳缘、VANCL、李宁、耐克和前程无忧，广告市场价值分别为5.4亿元、5.1亿元、3.7亿元、2.9亿元和2.6亿元左右（见表2）。

（2）网络游戏

中国网络游戏高速增长期已过，行业发展速度回归正常，但由于商业模式清

表 2　2009 年互联网品牌广告主 TOP10

单位：万元

广告主	广告市场价值	广告主	广告市场价值
世纪佳缘	54022.4	361 度	23841.6
VANCL	51886.4	智联招聘	20997.6
李宁	37284.8	联想控股	20668.8
耐克	29756.0	盛大互动娱乐有限公司	20509.6
前程无忧	26162.4	Masa Maso	19986.4

晰，用户基数庞大，产业规模仍获得了较大幅度扩张。据 CNNIC 统计，2009 年中国网络游戏市场规模为 267.6 亿元，同比增长 36.9%（见图 5）。2009 年网游产业虽然增长趋势有所放缓，但网游行业依然是中国互联网经济中不可或缺的支柱产业。

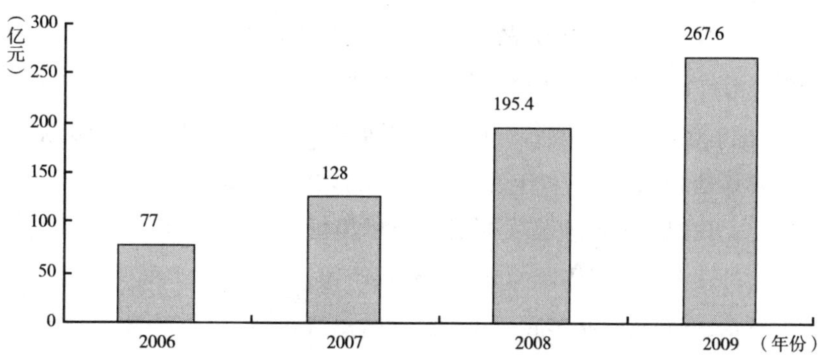

图 5　中国网络游戏市场规模（2006～2009 年）

2009 年网络游戏用户规模持续扩大，规模达到 2.65 亿人，较 2008 年增长 41.5%。网民使用率从 2008 年的 62.8% 提升至 68.9%（见图 6）。2009 年网络游戏用户规模扩大主要有两个原因：一方面网页游戏在 2009 年得到了良好的发展，领先网络游戏厂商对于网页游戏领域的涉足以及网页游戏公司的兴起均对用户规模扩大起到促进作用；另一方面，SNS 游戏（社交类游戏）在 2009 年迅速崛起，其依靠人际关系基础和操作简便的特性为网民进入网络游戏领域建立了良好的平台。

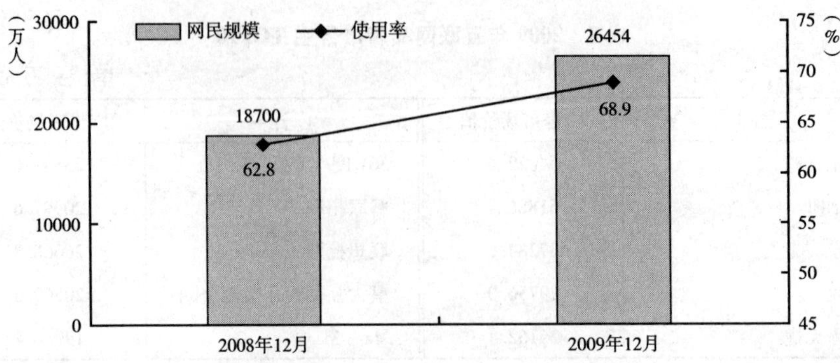

图6　2008～2009网络游戏用户对比

CNNIC的2009网络游戏用户调研数据显示，腾讯网络游戏用户占到总体用户的44.2%，世纪天成与久游网用户比例分别为30.8%和25.0%。

（3）域名产业

域名是互联网上的地址资源，是网民访问的"门牌号"，域名产业包括域名注册与服务、域名拍卖、域名保护等。我国域名产业在一个较短的时间内获得了长足发展，对经济发展起到了巨大的推动作用。

从1998年开始，我国域名一直保持快速增长，特别是在2006年之后更是突飞猛进。尤其是CN国家域名作为后起之秀，发展速度令世界瞩目。历经十多年的艰苦创业，我国域名产业已发展成一个承担国家核心基础服务、粗具产业规模、从业人员众多、国际影响力渐强的新兴产业。

数据显示，截至2009年底，我国的域名总量达到1681万个，其中CN域名注册量就达1346万个，位居国家域名世界第一。基于域名的建站、虚拟主机、邮箱等各项互联网应用发展迅猛（见表3）。

表3　中国分类域名数

单位：个，%

	数　量	占域名总数比例
.CN	13455541	80.0
.COM	2783652	16.6
.NET	438662	2.6
.ORG	136954	0.8
合　计	16814809	100

伴随我国网民人数居全球各国之首，对 CN 域名的需求增长迅速，万网、新网、融通在线、名富网、易名中国等众多注册服务机构迅速壮大，2008 年域名的直接消费规模超过 8.4 亿元，从事域名服务的从业人员超过 10 万人。带动建站、虚拟主机托管等信息化基础服务超过 33 亿元的产值。而北京奥运会、广州亚运会、上海世博会等三大盛会纷纷换用 CN 域名，CN 域名以其占绝对优势的注册量和应用率，成为国内主流域名，展现广阔的发展前景。

中国域名产业的发展和中国互联网发展历史密切相关，同时也和国家针对域名产业的管理和政策调整密不可分。从 1998 年开始一直到 2003 年之前，CN 域名和起步最早的 COM 域名相比，有着一定的差距。但 2001 ~ 2002 年我国针对 CN 域名的政策调整，使它在市场上的注册政策、域名资源、注册渠道等逐步完善，奠定了崛起的基础。到 2006 年，CN 域名一改以往的发展速度，在国内和 COM 域名平分秋色。而 2007 年启动的"CN 域名一元体验活动暨国家域名腾飞行动"，旨在推动 CN 域名全民应用、实现国家域名腾飞、推动我国互联网经济发展，最终促使 CN 域名后来居上，实现了对 COM 域名的绝对优势。到 2008 年年底，CN 域名的市场份额已经达到 80%，成为有世界影响力的顶级国家域名，中国域名产业在国际舞台也占据了重要地位。

2009 年，受中小企业经营困难的影响，域名市场需求低于 2008 年同期。域名市场在前几年的高歌猛进之后，将进入一个短暂的调整期，域名保有量将和全球市场一样，出现一个下行趋势。对于 CN 域名来说，从 2009 年 1 月 1 日起，CN 域名一元体验活动正式结束。CN 域名的注册价格由市场自行调节，而市场的竞争也将挤出 CN 域名发展过程中不可避免的一些水分和泡沫，CN 域名的增长速度暂时会有一定的下降。而高速增长的电子商务域名应用和移动互联网将打开广阔的领域，为 CN 域名的应用带来新的增长点。

（4）电子商务

2009 年是中国电子商务继续快速成长的一年，电子商务成为经济危机下受影响程度最小、成长性最好也最受风投青睐的热点行业之一。2009 年中小企业电子商务规模达到 1.99 万亿元，同比增幅达 20.3%。其中，内贸、外贸的交易规模分别为 1.13 万亿元和 0.86 万亿元。同时，中小企业电子商务对 GDP 具有拉动作用。据测算，中小企业通过电子商务创造的新增价值占到我国 GDP 的 1.5%，拉动我国 GDP 增长 0.13%。

在电子商务服务企业的行业分布中，排在前10名的依次为：纺织服装、数码家电、钢铁机械、化工医药、建筑建材、农林、五金、包装印刷、食品糖酒、礼品饰品。其中，纺织服装和数码家电行业所占比重最大，分别为14.3%和10.4%（见图7）。

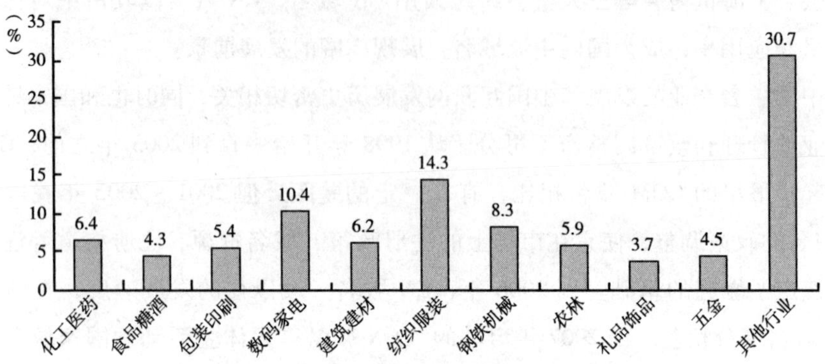

图7　2009年电子商务服务企业行业分布

数据来源：中国B2B研究中心。

目前全国仅家电类网上商城就已超过1000家，2008年家电网购销售额约为200亿元，2009年有望突破400亿元。近年来，不仅京东商城、世纪电器、新七天等家电网购企业得到了迅猛发展，而且传统家电渠道巨头苏宁、国美等先后开始自建在线网购平台，进行电子商务的战略布局。

如图8所示，2009年，网络购物用户规模1.08亿人，网络购物使用率继续上升，目前达到28.1%。据CNNIC监测，2009年中国网络购物市场交易规模达

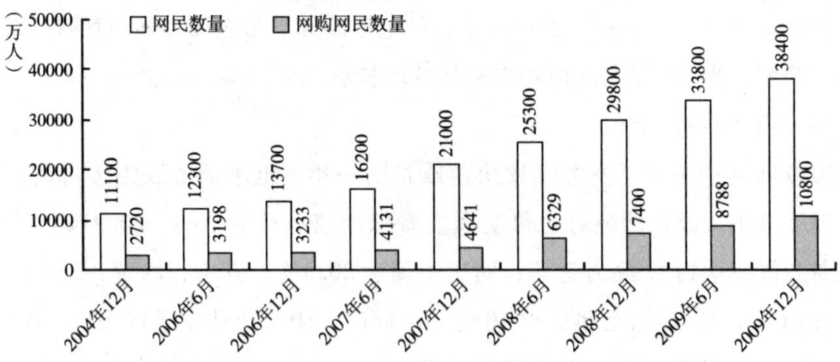

图8　2004年12月~2009年12月中国网民和网购网民规模变化

到2500亿元，较2008年翻番增长。

从用户首选的购物网站看，目前C2C类购物网站占据首选用户市场份额达85%，但各购物网站的市场份额差异较大。其中，淘宝网用户市场份额达76.5%，处于绝对领先地位。

电子商务的优势开始凸显，中小企业利用电子商务开展业务的比例逐渐加大，并且将越来越深入细分行业，通过与互联网电子商务技术提供商合作经营引导企业运用电子商务开拓市场。

（二）金融危机下逆市成长的互联网经济

2008年以来，始于美国的全球金融危机给世界经济发展带来了寒冬，中国经济也受到冲击，出口订单大幅减少，外贸受到严重影响，金融危机造成全球经济陷入严重困境之时，互联网行业尤其是中国互联网企业却逆势成长、表现优异，在经济复苏过程中扮演了重要角色。这主要体现在两个方面。

1. 电子商务成为企业应对危机的重要方式，内贸需求加速中小企业网络营销进程

互联网已经成为中国广大中小企业拓展贸易渠道，抵御金融危机的重要手段。经济危机使得各企业纷纷采取收缩战略，互联网行业由于其自身优势被认为是经济风暴下的“避风港”，艾瑞咨询公布的研究数据显示，在金融危机中，高达84%的中国传统产业、加工型企业受到经济危机的严重冲击而陷入困境，但选择互联网的中小企业只有16.8%受到影响。电子商务已经成为中小企业应对危机的选择之一。中国一千多万家企业成为或正在成为电子商务的用户，网络接入率已经接近90%。B2B行业网市场成为2009年电子商务整体市场最受期待的明星。分析认为，受金融危机影响，中小企业利用低成本的电子商务平台开展业务的比例逐渐加大；同时，经过金融危机的洗礼，中国B2B电子商务更加务实，小而弱的电商企业都已被清洗出市场，强大而具有竞争潜力的公司和平台进入人们的视野；整体市场开始步入稳定发展的阶段，平台运营商也呈现百花齐放的发展形态，促使2009年下半年B2B电子商务整体回暖。

金融危机客观上促进了网络购物的发展。从供应端看，很多企业受到冲击，网络作为便捷的营销平台，成为企业摆脱困境的捷径。2009年企业进驻C2C平台或自建B2C平台的数量增加迅速，增加了网络购物市场的商品供应量。从用户端来看，网络购物在便利性、价格等方面对消费者更具吸引力。随着网购观念的普及，网络购物已经渐成网民消费习惯。我国中小企业加速应用电子商务，促进了产业结构的优化，电子商务已成为重要的新兴产业。

来自市场咨询公司尼尔森的消费者信心指数调查报告显示，2009 年第二季度我国快速消费品销售额出现了 5 年以来的首次负增长。其中，4 月份快速消费品的销售额同比下降 4%，5 月份同比下降 1%。而以淘宝为代表的网络零售行业却保持翻番的增长势头。在国家统计局公布的上半年社会消费品零售总额 58711 亿元中，淘宝交易占比 1.4%。根据中国社会科学院世界经济与政治研究所发布的《2009 年第二季度宏观经济报告》，2009 年上半年的 58711 亿元社会消费品零售总额的增量中，政府和企业的贡献占到 66%；而城市和农村居民的消费只有 34% 的增长。淘宝消费增长额是 396 亿元，为拉动内需市场贡献了 15 个百分点。

网络营销对于品牌塑造、传播并加深目标受众印象，促进销售正在起到越来越重要的作用。互联网突破时空限制的特性让网络营销具备了更广的市场覆盖范围与更强的渠道穿透力。互联网营销方式的高性价比、高精准、高互动等优势与传统媒体相比更为显著，在经济低迷时期，企业的广告预算和开支受到一定限制，中小企业会将资金转向更直接也更为可测的网络营销领域。

在企业的网络营销推广中，搜索营销与电子商务网站推广是最主要的推广方式。在已经有自己网站的企业中，有 37.2% 的被调查企业在同时使用这两种方式，有 11.3% 的企业广告主只使用搜索引擎进行营销推广。

2. 居民消费趋于谨慎，经济危机催生互联网“宅经济”

面对经济的不景气，居民大宗消费更趋谨慎，由于消费意愿受到影响，失业率上升，许多人选择在家中上班，在家中兼职，在家中办公或者在家中从事商务工作，“宅经济”应运而生，中国的“宅经济”主要包括以电子商务、在线娱乐、网络游戏为代表的网上经济以及产业链上其他行业的商业交易。

网络游戏稳定发展，用户和收入不降反升。娱乐是人们日常生活的一部分，在金融危机的压力下，很多经营活动减少了，消费也随之降低，大家闲下后需要低成本娱乐方式，网游恰好迎合这种需求，因此市场需求不降反升。2009 年一季度中国网络游戏市场规模达 61.6 亿元，同比增长 32.5%，环比增长 7.7%。

经济不景气除了影响到互联网广告之外，网络游戏、网络购物、网络视频、互联网增值服务等领域受到的影响较小，甚至受益于此，获得了网民更多的青睐，也为互联网公司创造了财富。腾讯、网易2009年以来的财报即显示了“宅经济”的威力。财报显示，2009年上半年，腾讯总收入为53亿元人民币，同比增长77.5%；净利润22亿元，同比增长89.1%。几大业务中，只有网络广告徘徊不前，网络游戏、QQ社区服务等互联网增值服务收入增长近一倍。而在实体经济最为困难的第一季度，网易的财报仍逆市飘红，增长20%。在网络广告收入大幅下滑的情况下，网络游戏基本上扮演了利润主要提供者的角色，一季度即为网易新增了1.6亿元的收入。和那些需要巨额资金、周转速度慢的实体行业相比，网络游戏显示了相当优势。

消费形态加速转变，网络购物成为新消费方式。金融危机后，新的消费潮流和娱乐方式正在不同年龄层人群中蔓延。由于网络购物方便、成本更低，中国的网购市场正在以每年100%的增长率增长。从网购的总体发展来看，网购用五年时间就走了传统零售业需要花20年才能走完的路。

随着经济的企稳回升，人们对经济形势的良好预期拉动了新一波的购物热潮。消费者通过网络实现日常购物所占份额不断走高，交易金额也滚雪球式地持续增大。

超过70%的网购用户均集中在二三线区域。二三线区域将在2009年成为中国网购市场的主要推动力量。

2008年9月以来，淘宝上新开店铺每个月近20万家，和2008年上半年月开店数相比，增幅在60%以上。尽管目前网络购物还存在购物安全、商品质量等一些问题，但其发展前景不可小视。CNNIC的统计数据表明，当前我国网民3.84亿，但真正参与网购的人数还仅有1亿出头，占总网民的30%左右。网购占整体零售业市场份额在我国是1.24%左右，在美国则达到4%，在韩国达到近10%，这表明我国的网购市场还有很大的发展空间。

二　互联网产业对经济发展的带动作用

我国正处于新型工业化与信息化发展的关键时期，互联网的发展正显示出蓬勃的生机与活力，对社会经济发展的拉动作用更加突出。2009年，中国互联网产业在国家扩内需、保增长、应对金融危机的过程中，发挥了重要作用。

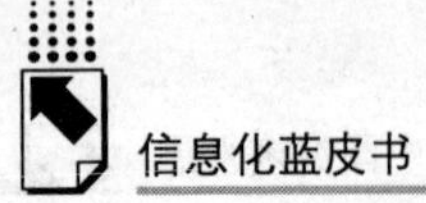

（一）互联网服务模式逐步成熟，稳步带动就业增长

中国互联网经过10余年的发展，形成电子商务、网络游戏、门户资讯、网络社区和搜索引擎等多个较为成熟的服务模式，并拥有较为庞大和稳定的用户群体；同时形成了以网络广告、网络游戏、电子商务为主的多种相对稳定的盈利模式。互联网创造了大量工作机会，吸引大量资本投入，成为世界经济复苏的重要推动力量。有关数据显示，发展中国家宽带渗透率每提高10%，GDP就相应增长1%~2%。今年的世界经济论坛报告显示，未来5年内，与互联网相关的产业将创造直接工作机会120万个，间接工作机会2530万个。

（二）网络媒体快速发展，促进传统媒体进一步变革融入

互联网在中国公众生活和媒体领域里，发挥着越来越重要的影响力，互联网经济在文化产业迅猛发展背景下正在取得前所未有的重要地位。网络媒体正在获取更多的话语权，也正在对上游广告主的媒体选择产生重大影响，日益成为传统纸媒、电视电影的重要分销渠道。2009年盛大收购酷6、国家网络电视台上线等事件，无不证明互联网平台正在成为娱乐产业链中重要的传播通路和消费渠道。互联网正日益成为大众文化传播的新途径、人们生活娱乐的新空间。

（三）互联网普及与地区经济发展之间的关联显著

CNNIC研究发现，互联网发展程度与地区经济发展水平正相关，即地区经济越发达，其互联网也就越发达，互联网普及率可以作为地区经济发展水平的表征。对各省互联网普及率和人均GDP进行相关分析发现，“皮尔逊相关系数”（即简单相关系数）达到0.92（$P<0.001$）。如图9所示，随着人均GDP从低到高的变化，互联网普及率也呈现由低到高的变化。

（四）网络购物影响下的电子商务产业链

B2C和C2C形式的网络购物对电子商务产业链之上的网上支付、物流发展的带动作用明显。受益于网络购物的快速发展，我国网上支付交易额达5766亿元人民币，与2008年的2743亿元相比，增长110.2%（见图10）。2005~2009

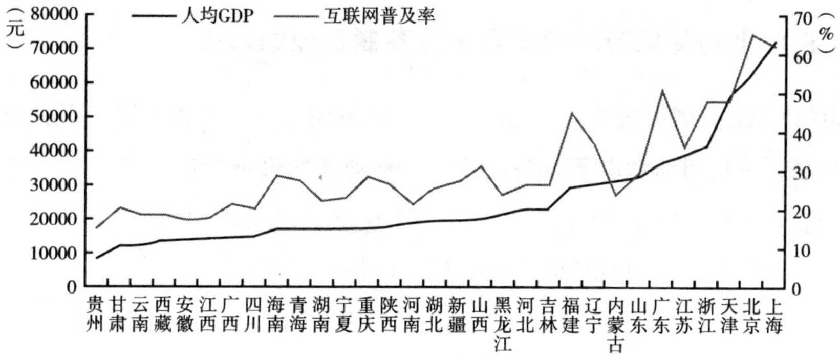

图 9　各省人均 GDP 与互联网普及率

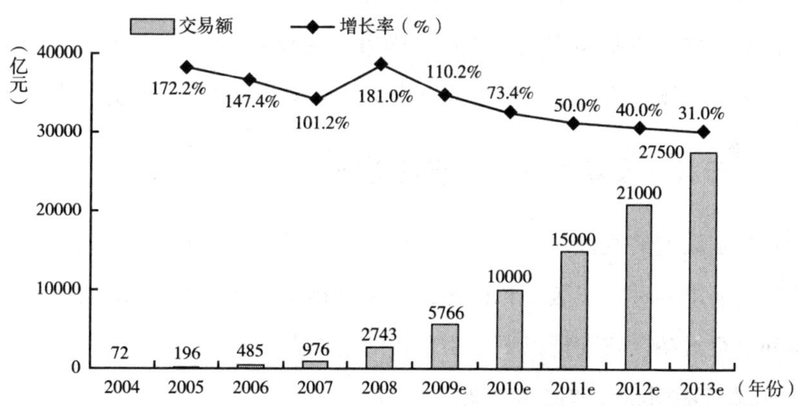

图 10　2004～2013 年中国第三方网上支付交易额及其增长

年，国内网上支付交易额连续五年增幅超过 100%，交易规模增长近 30 倍。

民营快递企业需要为电子商务的发展提供更加适合的服务和产品，同时也可以借助电子商务的快速发展，在新的市场中拓展自身的业务规模。来自 C2C 的订单已经成为物流行业最为重要的利润来源，在电子商务快速发展的长期利好影响下，2008 年全国完成快递业务量由 1988 年的 153 万件增加到 15.1 亿件，年均增长 41.2%；这其中网络购物的贡献功不可没。

仅淘宝网 2009 年上半年就创造了 69 万个就业机会，相当于全年新增就业数的 1/12。网络购物带动的 B2C 和 C2C 电子商务不但能够解决一大批弱势群体的就业问题，交易的每一个环节都能带动一个产业发展，比如网上销售需要广告，直接带动了广告的形象设计、网上营销和信用评级等产业群。

（五）上网需求带动通信电子设备制造业的增长

3G业务的开展提高了网民的应用深度和应用水平，为各种新兴手机应用开拓了市场，带动通信和电子设备制造业、移动通信设备制造业增长。2009年基础电信企业互联网宽带接入端口净增2702.0万个，达到13592.4万个。全国互联网国际出口带宽达到866367Mbps，同比增长35.3%。

三 互联网与中国经济的未来

互联网与经济社会的联系日益紧密，从电子商务到数字生活，到物联网、智慧地球，不断带动商业经济的新变革。随着互联网模式及其应用服务的不断推进，互联网与实体经济将更加紧密地结合，互联网的价值将得到进一步提升。

（一）新技术发展带来巨大市场空间

随着基础设施的改善，包括移动互联网和高速互联网、Ipv6等技术的发展，对用户消费需求的进一步激发和挖掘，对未来由互联网主导和影响的经济模式、发展空间进行展望，将发现以下几个重要的增长点。

1. 高速互联网将加速应用繁荣

在当今信息社会，不论是有线高速互联网还是无线高速互联网，对于以计算机和网络为基础的现代服务业来说都是必不可少的。根据世界银行最近对120个国家的计量经济分析发现，宽带服务普及率每增长10个百分点，就会带来1.3个百分点的经济增长，而且这种经济增长效应在发展中国家比在发达国家更加明显。

随着中国下一代互联网（CNGI）建设的推进，将可实现每秒百兆比特以上的端到端高性能通信。同时，IPV6地址协议启用，原来有限的IP地址将变得无限丰富，真正的数字化时代将来临，家庭中的每一个物件都将可能被分配一个IP地址，并可以通过网络来调控。中国在下一代互联网研究上，已经处于世界前列，在技术领域逐步由跟随转向主导。

高速互联网可以带动网上应用的不断丰富，更好地推动中国经济的发展，带动更多的社会就业，进而实现国家和社会稳定发展。

2. 移动互联网前景无限

据工业和信息化部（MIIT）公布的数据显示，截至2009年底中国手机用户已达7.47亿户。中国手机用户已经超过全欧洲手机用户总和，是全球最大移动通信市场。截至2009年12月，使用手机上网的网民已达2亿余人。预计未来手机上网用户数还将迅猛增长。

随着中国3G商用进程不断加快，手机互联网在产品内容和用户规模上正直追传统互联网。基于3G的主要应用，除了视频通话以外，都将从现有的移动互联网业务中延伸而来。在移动互联网浪潮的推动下，移动支付、移动商务、RFID、NFC和二维码等技术应用将获得快速发展。为用户提供高速率、全域覆盖、使用便捷的手机互联网使用体验，全方位满足用户的互联网商务、娱乐、生活、信息咨询等需求，中国将迎来真正的移动互联网时代。

3. 物联网带来巨大产业空间

物联网经济带动的第三波技术浪潮，将使射频识别、传感器、纳米、智能嵌入等技术得到更加广泛的应用。物联网发展对各类技术的要求，带来了巨大的产业发展空间。

2009年8月7日，国务院总理温家宝在无锡微纳传感网工程技术研发中心视察并发表重要讲话，表示中国要抓住机遇，大力发展物联网技术。11月3日，温家宝总理在人民大会堂向首都科技界发表了题为《让科技引领中国可持续发展》的讲话，再次强调科学选择新兴战略性产业非常重要，并指示要着力突破传感网、物联网关键技术。

大力发展物联网产业将成为中国今后一项具有国家战略意义的重要决策，预计一系列对物联网产业利好的政策措施也将在2010年出台。

（二）中国经济发展对信息化和互联网的依赖程度将越来越高

互联网将进一步发挥渠道、平台、低成本、利于发掘长尾价值的优势，服务于中国的经济社会发展。经济发展对信息化及互联网的依赖程度将越来越高。

金融危机使传统行业，特别是中小企业的互联网服务成为互联网市场发展的主导力量。而软件的服务化和制造的服务化，则成为信息化应用和互联网应用的新模式，一些盈利的主流模式也趋于成熟，盈利的能力也进一步提升。此外，RFID、云计算等也成为互联网发展的新亮点，随着互联网新技术、新应用的发展，互联网也将更好地服务于经济社会发展和人民的生活。随着付费系统及信贷体系的建立，中国的互联网行业将获得蓬勃发展。互联网企业将一改专注于扩大用户基础的现状，针对高端服务如视频下载等采取付费模式。

中国经济的快速发展，将促使企业不断提高技术水平、扩大产业规模、丰富应用资源。而越来越多的经济活动主体，也将越来越多地依赖互联网平台和渠道。互联网经济将伴随中国经济的腾飞而更加生机勃勃。

参考文献

王光明：《中国电子商务之都互联网经济发展报告（2009 年）》，浙江大学出版社，2009。

汪向东：《中国：面对互联网时代的新经济》，三联书店，2003。

苏格兰学历管理委员会：《互联网：电子商务导论》，中国时代经济出版社。

刘颖悟：《三网融合与政府规制》，中国经济出版社，2005。

高燕：《中小企业电子商务指南》，中国海关出版社，2006。

信息产业部电信经济专家委员会：《新电信经济论坛》，北京邮电大学出版社，2006。

曹耀：《企业互联网赢利地图》，广东经济出版社，2009。

工信部运行监测协调局：2010 年 2 月 3 日《2009 年全国电信业统计公报》。

中国互联网络信息中心：《第 25 次中国互联网络发展状况统计报告》，2010。

中国互联网络信息中心：《2009 年中国网络游戏市场研究报告》，2009。

中国互联网络信息中心：《2009 年中国网络购物市场研究报告》，2009 年 11 月。

艾瑞咨询：《2007 ~ 2008 年中国网络游戏行业发展报告》。

肖立见、才静涵：《全球互联网上市公司概况分析》，2009 年 4 月。

艾瑞咨询：《2008 ~ 2009 年中国移动电子商务行业发展报告》，2009。

电子商务的春天

——中国电子商务发展现状与趋势

梁春晓*

摘　要： 中国电子商务已经进入大规模发展、应用和运营的阶段，未来5~10年将继续高速发展并有望领先世界，电子商务服务业正在成为促进电子商务发展的强大引擎和信息时代的商业基础设施。电子商务的经济社会影响日益广泛和深刻，由此促使新商业文明快速浮现。如何构建与电子商务发展相适应的制度体系，以及如何消除“数字鸿沟”并遏制其与“经济鸿沟”的相互强化，是影响电子商务未来发展的关键因素。

关键词： 电子商务　现状　趋势

中国电子商务经过起步、爆发、调整和成长阶段，以2008年网上零售的“三个一”① 为标志，进入了大规模发展、应用和运营阶段，正在对基础设施、商业行为、商业组织、社会生活和制度环境等产生广泛和深刻的影响。

1995年，中国电子商务开始起步。这一年，中国电信向公众开放互联网接入服务；在北方，原国家计委立项建设我国第一个计算机网络商品交易系统——中国商品订货系统（CGOS）；在南方，马云创办“中国黄页”，在国内率先将互联网应用于商务。

经过几年的酝酿，我国电子商务和互联网行业在1998~1999年开始爆发：

---

* 梁春晓，经济学硕士，阿里巴巴集团副总裁、高级研究员，中国信息经济学会常务理事，主要研究方向为电子商务、信息化和网络经济。

① 即网上零售消费者总数突破1亿，交易额突破1000亿元，占社会消费品零售总额比例突破1%。

阿里巴巴、当当等一批当下依然活跃的电子商务企业都创立于这个时期，政府主导的中国商品订货系统、中国商品交易中心和中国商品交易市场相继开通，北京市启动“首都电子商务工程”，海尔、联想等开始推进企业电子商务应用。

与全球互联网行业一样，2000 年开始我国电子商务行业也经历了互联网泡沫破灭、寒冬和复苏的调整过程，然后以 2003 年淘宝网创立为标志，步入以立足本土、面向市场、务实创新为特点的延续至今的高速成长阶段。

经过十多年发展，我国电子商务应用大大普及和深化，其经济社会影响日益广泛和深刻，中国电子商务的春天已经到来。未来 5～10 年，我国电子商务将继续高速发展，与此同时，围绕电子商务发展的制度性调整和适应将成为影响我国电子商务发展的主要因素。

一　发展现状和特征

（一）电子商务进入大规模发展、应用和运营阶段，普及程度大大提高

经过近几年的高速成长，我国电子商务已经步入大规模发展、应用和运营的阶段，主要表现为电子商务交易额快速增长、电子商务用户数量显著增加，并达到相当规模。2008 年，我国电子商务交易额达 3.1 万亿元，同比增长 43%[①]。其中，全国 423480 个规模以上工业企业电子商务交易额达 11968.5 亿元。[②] 通过因特网寻找过供应商的中小企业达 31%，通过因特网从事营销推广的中小企业达 24%。电子商务正在改变企业经营管理模式和生产组织形态，提升传统产业的资源配置效率、运营管理水平和整体创新能力。[③]

2008 年，网络零售实现了三个里程碑式的突破：网络零售消费者突破 1 亿人、交易额突破 1000 亿元、占社会消费品零售总额比例突破 1%。这一良好发展势头在 2009 年进一步延续：2009 年我国网络零售交易额为 2630 亿元[④]，同比

① 《商务部：2008 年我国电子商务交易总额突破 3 万亿元》，http：//www.gov.cn/jrzg/2009－05/03/content_ 1303144.htm。

② 数据来源：国家统计局。

③ 工信部中小企业电子商务研究课题组：《中国中小企业电子商务发展报告（2009）》。

④ 艾瑞咨询：《2009～2010 年中国网络购物行业发展报告》，2010。

增长105.2%，网络零售交易额占社会消费品零售总额比例为2.10%，较2008年提高0.92个百分点（见图1）。值得关注的是，2007～2009年，我国网络零售交易额年均增长速度为117.0%，是同期社会消费品零售总额年均增长速度的6.5倍①。2009年网商规模达到6300万人②，呈现普及化、主流化和社会化的特征。

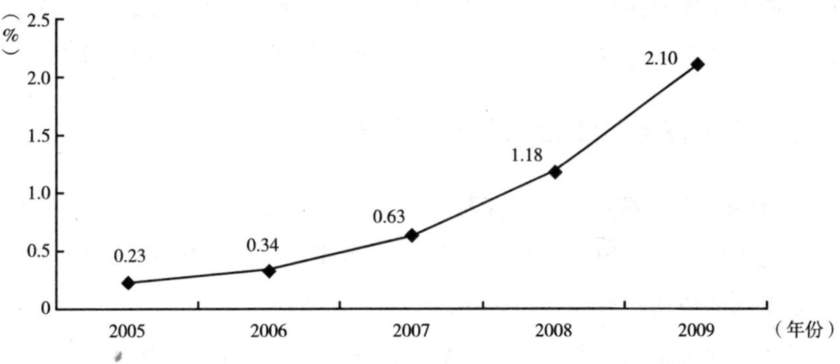

图1　中国历年网上零售额占社会消费品零售总额的比例

资料来源：国家统计局，艾瑞咨询。

（二）电子商务服务业快速成长，服务平台日益重要，服务水平不断提升，支撑体系逐步完善，信息时代的商业基础设施开始显现

我国电子商务服务业快速成长，崛起为一个重要的新兴产业。2009年，我国电子商务网站总数达1.56万家，同比增长32.34%，其中B2C网站数超过了9400家。③ 电子商务服务平台数量显著增长，2009年底达到5000家左右。

电子商务服务平台的服务水平不断提升，吸引海量电子商务用户和电子商务应用向平台集中。以网络零售为例，2003年通过电子商务服务平台完成的网络零售占67%，以后逐年上升，到2008年占93%，电子商务平台已经成为网络零售的主流模式。电子商务平台与用户、合作伙伴之间的商业生态特征日益突出。

---

① 根据国家统计局数据计算结果显示：2007～2009年我国社会消费品零售总额年均增长速度为18.0%。

② 阿里巴巴集团研究中心：《2009年度网商发展研究报告》，2009.09。

③ 《2009年电子商务年终盘点》，CNZZ数据中心，http://data.cnzz.com/cms_data/a/xingyefenxi/dianzishangwu/2010/0115/520.html。

电子商务支撑体系日益完善。认证、信用、物流和电子支付等支撑体系的建设、应用日益成熟。以电子支付为例，2008 年我国电子支付业务持续增长，商业银行网上支付、电话支付和移动支付合计30. 75 亿笔、286. 30 万亿元，同比分别增长 36. 24% 和 10. 54%①。电子支付应用已经从商品交易扩展到公共事业缴费、电子政务、航空、保险和教育等领域。

电子商务服务业快速发展，面临着重大的历史机遇。以巨型电子商务平台为核心的电子商务服务体系，正在成为信息时代最具代表性的商业基础设施。

（三）电子商务的溢出效益日益显著

1. 电子商务与传统产业进一步融合，直接带动物流、金融和 IT 等行业发展

以物流为例，电子商务的广泛应用有力地带动了快递业务，2008 年我国由电子商务带动的快递包裹超过5 亿件，全国1/3 的快递业务量由电子商务带动②。

电子商务促进新兴产业的发展，最直接的表现是电子商务服务业的兴起。随着企业、个人和政府越来越多地应用电子商务，在电子商务交易服务、业务流程外包服务和信息技术外包服务等领域涌现大量的电子商务服务商，他们通过提供丰富的产品和服务满足企业、个人和政府的电子商务应用需求。电子商务服务业正在崛起为一个重要的新兴产业。

2. 电子商务促进地方产业升级，带动区域经济效应显现

随着越来越多的企业开始应用电子商务，特别是一些产业集群、专业市场中的中小企业大规模“集体上网”，电子商务为产业集群、专业市场的发展注入了新的活力，有助于产业的发展升级，进而带动区域经济的发展。近几年，浙江、广东、江苏、四川等地政府不遗余力发展电子商务，把电子商务作为产业升级、经济结构优化的有力举措，充分体现了电子商务对于促进区域经济发展的价值。

3. 电子商务推动外贸、拉动内需，助力 2009 年经济增长，以实现“保八”目标

金融危机导致北美、西欧、日韩等成熟市场需求萎缩，外贸企业通过电子商

① 中国人民银行：《中国支付体系发展报告（2008）》，中国金融出版社，2009。

② 张意轩：《全国快递 1/3 业务量由电子商务牵动完成》，人民网。

务低成本开拓中东、南美等新兴市场，为发展外贸寻找到新的增长点。同时，随着网络购物成为大众化消费方式，电子商务成为拉动内需的新希望。2008 年以来，不仅北京、上海、广州等一线城市的网络购物蓬勃发展，二、三线城市的网络购物更是异军突起，2008 年我国网络购物交易额中二、三线城市的比例已达 50%。

4. 电子商务成为创造就业机会的新动力

一方面，电子商务的发展直接创造就业机会，电子商务和电子商务服务业的发展，创造出大量新的就业机会。据不完全统计，2009 年上海市来自电子商务的就业岗位占新增就业岗位的近一半，浙江约 1/4，广东近 1/5。另一方面，电子商务通过带动相关产业发展，间接地为社会提供更多的就业机会。例如电子商务带动物流业发展，物流业又带动相关领域就业岗位的增加。2008 年，我国社会物流从业人员约 2000 万人，物流业每增长 1 个百分点，即可新增 10 万个就业岗位。

据测算，在网络零售业中平均 1 个直接就业可以带动 2. 85 个间接就业，电子商务促进就业的“乘数效应”显著。

（四）电子商务在金融危机、北京奥运和自然灾害等重大事件中发挥积极作用

1. 电子商务在帮助企业应对金融危机方面发挥了重要作用

在金融危机下，电子商务帮助企业特别是中小企业更加有效地开拓市场、塑造品牌和降低成本，提高企业存活率，帮助企业“过冬”。在金融危机中，运用电子商务的中小企业生存状况远好于运用传统商务手段的中小企业：未运用电子商务的企业陷入困顿的比例达 84. 2%，而运用电子商务的企业陷入困顿的比例为 16. 8%①。

2. 电子商务成为建设“科技奥运”的坚实基础

在北京奥运会期间，电子商务广泛地发挥着支持作用，这集中体现在奥运移动电子商务应用服务系统、奥运电子商务网站、“数字奥运”信息亭、奥运电子

① 聂林海在“第二届电子商务与物流配送论坛”上的发言，http://www.gov.cn/jrzg/2009－05/03/content_1303144.htm。

支付应用管理平台和电子物流配送体系服务网等方面。电子商务大大提高了“科技奥运”、“数字北京”的水平。

3. 电子商务在应对南方雪灾、四川地震等自然灾害中发挥了积极作用

中国人民银行通过电子支付系统为受灾地区群众、企业和金融机构提供优质的支付清算服务，为救灾款项的及时划拨开辟了“绿色通道”；支付宝、财付通和易宝支付等第三方电子支付平台成为公众捐款赈灾的重要渠道。

（五）各级政府加大对电子商务的支持力度，促进电子商务发展

近年来，各级各地政府不断加大对电子商务的支持力度，通过资金补贴、专场培训和人才培养等措施，鼓励和促进企业应用电子商务。为帮助中小企业应对金融危机，浙江省率先在全国启动了“万家企业电子商务推进工程”，广东省启动了“广东省中小企业电子商务启航工程”，福建省启动了“福建工业企业电子商务千万工程”，天津、江苏、四川、河北和陕西等省市也以不同形式大力支持企业应用电子商务。2008 年以来，杭州市成为“中国电子商务之都”，广州市成为“国家移动电子商务试点示范城市”，湖南省成为“国家移动电子商务试点示范省”，深圳市成为“国家电子商务示范城市”，区域电子商务形成百舸争流的喜人局面。

各级各地政府大力支持农村电子商务发展。《中共中央国务院关于推进社会主义新农村建设的若干意见》指出，一定要“支持发展农产品直销配送、连锁经营、电子商务交易”。国务院及相关部委、各地政府在发展农村信息化和农村电子商务方面采取了积极行动，农业部推出了中国农业信息网商务版，地方农业厅局网站构建了众多农业电子商务平台，商务部在全国 20 个省进行试点，建成 20 个县级服务平台和 1400 多个基层信息服务点，初步形成以新农村商网平台为核心，依托县级服务平台、基层信息服务点，将信息服务覆盖到试点地区的“农村商务信息服务体系”。

二　日益广泛的经济社会影响

（一）电子商务生态加速资源优化配置

电子商务服务业作为电子商务发展的基础和支撑，几乎已经渗透到各个垂直

行业，与生产、流通、消费和资本等相关领域发生深刻融合，成为优化市场资源配置的加速器。

作为电子商务服务业核心的第三方电子商务平台，能够敏锐地感知企业和消费者的动态、细分需求，提供端到端的完整服务，是电子商务应用普及、深化和创新的强大引擎。近年来，以阿里巴巴为代表的第三方电子商务平台，构建了完善的电子商务生态系统，产生了巨大的经济效益和社会效益。2009 年，我国第三方 B2B 电子商务平台交易额达 8326 亿元，约占 B2B 电子商务整体交易额的 40%①。

（二）有力拉动物流、支付等相关行业

2009 年，仅淘宝网就给中国物流业带来约 68.4 亿元的直接收入，占国内民用快递行业市场收入的近 30%。IDC 预测，2013 年淘宝网提供的订单业务量将占中国民用快递市场近 60%②。

以支付宝为代表的第三方电子支付体系，建立了可靠的信用机制，逐渐消除物流行业电子商务化瓶颈，加快资金周转速度，保障和促进了物流企业的发展壮大。

与此同时，电子商务引导和促进传统物流业向网络化、信息化的现代物流业转型。电子商务服务平台通过与物流企业建立合作关系，加强对物流配送流程的监控，提升了物流行业服务质量，带动了物流行业企业管理模式的转变。2008 年，淘宝网为物流企业开通了网上订单结算服务，促进物流企业信息化水平的提升；2009 年，淘宝网先后推出“限时物流”和“货到付款”等物流配送政策，进一步促进了物流企业配套服务制度的完善。

（三）推动企业成长及业务模式创新

电子商务生态系统对于中小企业发展的支持作用表现在两个方面：一是将电子商务融入中小企业成长的各个阶段，满足企业在不同阶段的需求，二是以电子商务推动中小企业战略转型及业务模式突破。

初创型中小企业，多以求“生存”为基本目标，其核心关注是“更多的订

① IDC 与阿里巴巴集团研究中心合作：《为经济复苏赋能：电子商务服务业及阿里巴巴商业生态的经济社会影响》，2010.01。

② IDC 与阿里巴巴集团研究中心合作：《为经济复苏赋能：电子商务服务业及阿里巴巴商业生态的经济社会影响》，2010.01。

单”带来“更多的销量及收入”。为此，阿里巴巴 B2B 为中小企业提供产品展示平台、国内外贸易信息和多功能建站服务，帮助企业获得订单、增加收入。当中小企业达到一定规模后，运营管理及人才培养是“成长”阶段的新课题。此时，阿里软件可为中小企业提供低成本的 IT 解决方案，支持其信息化进程；阿里学院则帮助培养中小企业管理和电子商务人才。资金更是中小企业长期“发展”的命脉，阿里巴巴推出融资服务，建立面向中小企业的“网络联保”融资模式，为中小企业注入持续发展的活力。

电子商务还帮助企业实现产品创新、新渠道拓展和资源重新整合，加速中小企业转型。面对金融危机，许多中小企业通过阿里巴巴电子商务服务平台，从外贸转型为内贸，从为知名品牌代工转型为创立自有品牌，从单一品类转型为多元化产品，化风险为机遇。进入后危机时代，电子商务将在“中国制造”升级为“中国创造”的进程中发挥更重要的作用。

（四）创造海量就业机会

第三方电子商务平台在拉动就业方面成效十分显著。阿里巴巴集团创立十年来，团队不仅从 18 名创始人激增至 18000 多名员工，还通过客户、合作伙伴及更广泛的电子商务生态效应创造了海量就业机会。

这些就业机会包括通过阿里巴巴 B2B 公司、淘宝网和支付宝等新增的就业机会——特别是基于淘宝网的个人创业，以及带动合作伙伴（如第三方物流、独立软件提供商等）新增加的就业机会。在金融危机中，淘宝网的店铺数仍然快速增长，增加了大量创业和就业岗位。通过阿里巴巴电子商务生态系统，还衍生出“网络经纪人”、“淘宝客推广”等崭新的网络就业方式。2009 年，淘宝网创造的直接就业岗位达 80 万个，通过物流、支付等行业创造的间接就业岗位达 230 万个。

（五）创新小企业网络融资模式

融资困难是制约中小企业发展的一大瓶颈。与大企业相比，中小企业多处于成长期，发展不确定性较大，缺乏足量信用资产，与银行的沟通合作也不足。阿里巴巴面向中小企业推出无抵押的“网络联保”，即 3 家或 3 家以上拥有良好网上信用积累的中小企业共同申请贷款，签署联保协议，以降低银行风险。通过中小企业信用数据库，银行可以实时了解企业的资金流向和经营状态，以及过往交易历史和诚信记录，有效控制不良贷款率。阿里巴巴还与银行合作，推出基于阿里巴巴订单申请贷款的“供应链贷款”、凭借信用评价申请贷款的“纯信用贷款”等，以满足不同中小企业差异化融资需求。

通过上述网络融资模式创新，2007 年，中小企业共获得贷款 2000 多万元，2008 年激增至 10 亿多元，到 2009 年 12 月底累计发放贷款 60 亿元，惠及 2800 多家中小企业，而不良贷款率仅 0.74%。

（六）促进经济增长方式转变和内需增长

金融危机冲击的背后，是中国经济增长方式如何转变的问题，即“出口拉动”如何转向“内需驱动”？“丰盛的中国制造”如何对接“旺盛的国内消费需求”？对此，电子商务服务平台不仅拉动了国内消费，并以“网货交易会”（即中小企业制造商对接网络零售商）等多种形态，促进了“出口转内需”之平滑转变。

金融危机也使消费者变得更加理性，更加注重商品的性价比，以网络购物为代表的经济型消费正在成为更多消费者的选择，从而进一步拉动了内需。

三　基本分析和判断

（一）电子商务服务业：电子商务高速发展的引擎

2003 年以来，以交易服务为主、以交易平台为核心的电子商务服务业渐成规模，大大降低了电子商务应用门槛和交易成本，应用电子商务的企业（特别是中小企业）、创业者和消费者大大增加，这反过来又有力地带动了电子商务服务业的崛起——这是最近几年电子商务领域最重大的事件，国家《电子商务发展“十一五”规划》将电子商务服务业作为重中之重，提出到“十一五”末电子商务服务业“成为重要的新兴产业”的战略目标。

专业化电子商务服务业的崛起，及其与电子商务应用相互促进的正反馈机制，是近几年中国电子商务高速发展的重要原因，也是未来几年中国电子商务继续高速发展的保障和引擎。

（二）下一个十年：社会调适期

电子商务是随着以互联网为核心的信息技术的发展而兴起的先进生产力。与一切技术经历过的演进路径一样，电子商务在经历“技术改变商业”的第一个十年后，开始进入“商业改变社会”的第二个十年，即“社会调适期”。如果说在第一个十年，主要矛盾是先进的信息技术与落后的商业模式之间的矛盾，进而引发互联网行业的泡沫破灭、寒冬和调整；在第二个十年，主要矛盾将表现为先进的商业行为与落后的社会生活形态和制度体系之间的矛盾，表现为先进生产力与落后生产关系之间的不适应，表现为与技术创新、商业创新相适应的制度创新。

这正是近几年（并还将持续若干年）电子商务与传统商务、传统制度冲突频发的根本原因。

为此，亟待形成与电子商务相适应的政策、法规和法律等制度体系，而不是简单套用显然过时的制度体系及其条文。事实上，电子商务不是要不要“规范”的问题，而是用什么“规范”以及“规范”从哪里来的问题。正确的做法是，探求信息时代的治理精神和原则，充分借鉴和吸收成功电子商务实践所“内生”的治理规则，逐步形成适应和促进电子商务发展的“新规则”（见图3）。

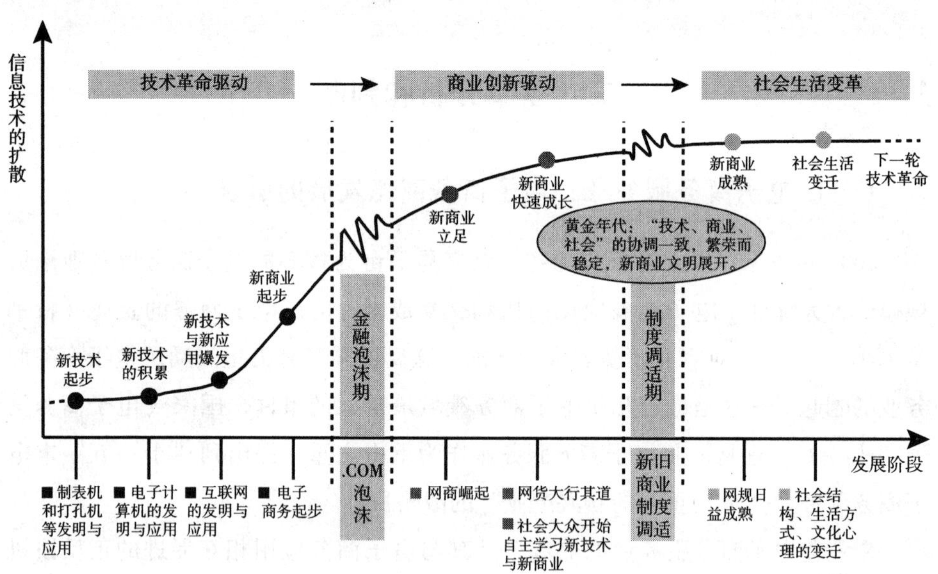

图3　信息时代的商业文明演进

资料来源：阿里巴巴集团研究中心。

（三）“数字鸿沟”与“经济鸿沟”相互强化

我国电子商务发展水平很不平衡，不同地区的信息化指数相差最高达20倍以上，在较发达的广东，一半以上的中小企业应用电子商务，而在一些欠发达地区，应用电子商务的中小企业仅2%。城乡之间、沿海与内地之间的电子商务应用差距不仅很大，且有继续扩大的势头，“数字鸿沟”局面日益严峻。

调查表明，在城市和经济较发达的地区，对电子商务的认识水平、重视程度高，投入也较大，电子商务（特别是中小企业电子商务）发展水平与经济发展水平成正比。值得警惕的是，城乡之间、不同地区之间的电子商务发展水平的差距甚至大于经济发展水平的差距。如果不尽快采取强有力的、超常规的政策措施，“经济鸿沟”与“数字鸿沟”势必相互强化，在经济发展水平与电子商务发展水平之间形成“强者愈强”、“弱者愈弱”，城乡、地区差距越拉越大的危险局面。

如何消除“数字鸿沟”并遏制其与“经济鸿沟”相互强化的势头，是影响电子商务未来发展的又一关键因素。

（四）电子商务的“巨国效应”

与其他许多行业不同，我国电子商务的领军者均为本土企业，来自海外的电子商务巨头在与本土电子商务企业的竞争中，常常处于下风，中国电子商务行业因此有着其他许多行业所没有的优势和自信。事实上，这也是整个互联网行业存在的“中国现象”。

这种自信来自国人整体自信重建的大背景，来自中国较为独特的政治、经济、历史和文化背景，也来自中国互联网领域的迅猛发展和环境的得天独厚。2009年底，中国网民总数已经高达3.84亿，稳居世界第一，为电子商务发展营造了无与伦比的巨大的规模化市场，也为中国电子商务构建了无与伦比的创新基础，这是我国电子商务“巨国效应”的坚实基础。可以预见，基于“巨国效应”的具有市场和竞争优势的中国电子商务服务业，必将进一步国际化，为全世界提供电子商务服务，构建全球化的电子商务服务体系，并进一步带动和提升相关行业的国际竞争水平。

四　未来趋势和展望

我国已经拥有全球最大规模的互联网用户和手机用户群，有着全球最大规模的电子商务实践。展望未来，我国网民规模将继续快速增长，目前不足30%的电子商务渗透率（美国约70%）还会极大增长，电子商务应用还会极大普及和深化，电子商务模式还会极大创新，电子商务生态还会极大丰富，在还会高速发展的电子商务服务业引擎的推动下，未来5～10年我国电子商务将继续高歌猛进。

笔者预测，到2015年，我国网民总数将从2009年的3.84亿增长至7亿，网上消费者将从2009年的1.5亿增长至5亿，电子商务渗透率将从2009年的不足30%增长至超过60%，网上零售交易额将从2009年的2630亿增长至2万亿，占社会消费品零售总额的比例将从2009年的2.1%增长至7%。

2015年，我国将形成全球最大规模的电子商务服务体系和最具竞争力的电子商务服务企业，电子商务应用规模将位列世界第一，电子商务发展环境将进一步优化，电子商务技术创新、商业创新引发的制度创新将进一步凸显，电子商务的经济社会影响将进一步扩展和深化，具有新商业文明特征的基础设施、商业行为、商业组织、社会生活和制度环境将进一步显现。

（一）中国电子商务服务业快速发展，走向世界，成为战略性新兴产业

我国电子商务服务业将持续快速发展，进一步走向国际、影响世界，成为战略性新兴产业。

我国网商和电子商务服务商的国际化发展将进一步加快。在金融危机中，针对北美、西欧和日韩等发达地区和国家贸易需求减少的情况，不少网商和电子商务服务商加大了开拓新兴市场的力度，在巴西、土耳其、俄罗斯和印度等地寻找到新的商业机会。金融危机在客观上提高了他们对电子商务重要性的认识，也强化了他们对新兴市场的重视，通过电子商务低成本拓展海外市场正在成为越来越多企业的共同选择。与此同时，一些国外电子商务服务商进入中国市场的步伐也将加快，中国良好的经济发展势头和巨大的市场空间将吸引更多国外电子商务服

务商进入。

作为未来电子商务服务业基础的云计算，对于摆脱西方巨头垄断、支持现代服务业和小企业发展意义重大。未来几年，基于云计算的基础技术服务将投入应用，并日益显现其对信息经济、现代服务业和小企业的支撑作用。

（二）电子商务作用更突出，与经济社会和传统产业进一步融合

随着越来越多的企业在采购、销售、营销、财务和人力资源管理等环节广泛应用电子商务，电子商务将向企业内部深层次延伸，与企业内部价值链深度整合。电子商务与传统产业的融合将进一步深化。电子商务将广泛深入地渗透到生产、流通和消费等各个领域，改变企业的经营管理模式和生产组织形态，提升传统产业的资源配置效率、运营管理水平和整体创新能力。电子商务也将与搜索引擎、虚拟社区、网络游戏和移动通信等进一步融合。

随着用户需求日益个性化、多元化，电子商务产品和服务的设计及提供将转向“以用户为中心”，围绕个人和企业用户的需求，融合相关互联网应用，不断提升服务水平和客户满意度。

随着电子商务应用日益广泛和深入，在与电子商务相关的信用、支付、物流、IT 和金融等领域，将出现大量外围服务商，为电子商务应用提供更加多样化的服务，成为电子商务生态系统不可缺少的组成部分。更进一步，电子商务服务业将成为新的商业基础设施，电子商务服务业将日益成为公共服务，为全社会提供无处不在、随需随取、极其丰富和极低成本的电子商务服务。

（三）与电子商务相关的技术创新和商业模式创新步伐将进一步加快

新兴技术的广泛渗透与消费结构加速升级相结合，将极大地推动与电子商务相关的技术创新和商业模式创新。

云计算、物联网、虚拟化和自然语言等新兴技术将推动电子商务应用创新和服务模式创新。云计算将为电子商务服务商提供强大的技术支持，解决计算能力、存储空间和带宽资源等瓶颈问题，帮助电子商务服务商提升对大规模用户的服务能力。电子商务服务商有望帮助中小企业实现按需计算和按需服务，进一步降低中小企业应用电子商务的门槛。物联网将有助于提升电子商务活动中信息获取、储存、处理和传递的效率及智能化水平，将在信息、支付和物流等领域给电

子商务带来前所未有的变化，进一步推动电子商务应用创新和服务模式创新。“智慧地球”作为一种新的理念，也有望为电子商务发展中的技术创新与融合带来新的动力。

大规模、个性化的消费需求和持续升级的消费结构，将进一步推动电子商务商业模式创新。微观上，消费者需求日趋个性化和碎片化，从而使电子商务相对于传统商务的优势越发明显。电子商务能够以极低的成本支持个性化服务，满足个性化需求，从而催生出海量的服务商及形式多样的商业模式。宏观上，中国正在经历一个从生活必需品向耐用消费品过渡的阶段，消费升级过程中的巨大市场容量，为电子商务提供了前所未有的发展空间。随着越来越多的商品销售从传统渠道拓展到网络渠道，特别是基于电子商务的大规模个性化定制的广泛涌现，电子商务商业模式创新的空间将显著扩大，创新步伐将显著加快。

（四）移动电子商务将加速向普及化方向发展

2009 年我国政府正式颁发 3G 牌照，是中国移动电子商务发展中的标志性事件。未来几年，在各级政府、电信运营商和互联网服务商的推进下，3G 应用将不断扩展，手机上网将进一步普及，用户将可以通过手机、上网本和 PDA 等移动终端实现随时随地购物，由电视、互联网和手机构成的立体化电子商务体系将逐渐成形，移动电子商务将向商务、工作、生活和学习等各个领域加速渗透，日益普及。

数量巨大的移动电话用户，为移动电子商务在我国的发展和普及提供了坚实的用户基础。到 2009 年底，我国移动电话用户已经达 7.4 亿户①，且仍然具有较大的扩展空间。电信运营商大力推动移动信息基础设施建设，也将为移动电子商务的发展和普及提供坚实的技术基础。各地各级政府的大力促进也是移动电子商务发展和普及的一大推动力。

（五）农村电子商务将大有可为

随着中央关于推进农村改革发展与切实加强农业基础建设进一步促进农业发

① 李毅中在 2010 年全国工业和信息化工作会议上的发言，http：//cq. people. com. cn/news/20091222/20091222105729. htm。

展农民增收等文件的深入贯彻，以及农业和农村信息化的发展，数千涉农网站的大力推动，农业、农村电子商务将进入蓬勃发展时期。

1. 农村网民将成为网民增长的重要来源

一方面，农村网民的增长速度远高于城镇网民。2007～2009 年，农村网民年均增长 71.6%，远高于城镇网民年均增长 34.6% 的速度①。到 2009 年底，农村网民规模达 1.0681 亿人。另一方面，农村互联网普及率远低于城镇，增长空间巨大。未来几年，农村网民将成为中国网民增长的主力军，也是中国互联网未来发展的潜力所在。农村市场蕴藏着巨大的电子商务应用需求，调查显示，近年来农村网民使用网络购物和网络支付的比例稳定增长，显示出农村网民对电子商务认可度的提升和实际应用比例的提高。农村拥有丰富的农产品，急需成本较低、覆盖面较广的市场渠道，而这正是电子商务的优势所在。

2. 政府对农村电子商务高度重视将营造有利的发展环境

信息化和电子商务在商贸流通中发挥着重要促进作用，但广大农村缺乏十分必要的公共商务信息服务，为此，商务部将在现有基础上完善新农村商网平台功能，丰富服务内容和服务方式，依托基层农村商务信息服务站点、“万村千乡”农家店和“双百”市场，利用全国农村党员远程教育网村级终端站点等各种现有资源，扩大农村公共商务信息服务的覆盖面，惠及更多农民。

（六）新商业文明浮现②

电子商务悄然改变着中国企业和消费者的商务、工作和生活，既带来巨大的经济社会价值，也改变着人们的消费行为和文化，在网络化、个性化和全球化的促动下，一个信息时代的商业文明——开放、透明、分享、责任的新商业文明正在浮现，这必将成为人类商业史上一次新的跃迁，与此相关的基础设施、商业行为、商业组织、社会生活和制度环境等都将发生根本性变革：

基础设施：提供公用计算服务的巨型商用计算中心，以及集成各类商务服务和海量用户、可提供云计算服务的电子商务服务平台，正在成为信息时代最具代

① 根据 CNNIC 2007～2009 历年《中国互联网络发展状况统计报告》计算。

② 阿里巴巴集团研究中心：《新商业文明浮现——2009 年度网商发展研究报告》，2009.09，IDC 与阿里巴巴集团研究中心合作：《为经济复苏赋能：电子商务服务业及阿里巴巴商业生态的经济社会影响》，2010.01。

表性的商业基础设施。

商业行为：以柔性化制造、个性化营销和社会化营销为支柱的大规模个性化定制的商业模式将兴起，文化和价值观上将呈现更加开放、分享、责任和全球化的特质。

商业组织：扁平、透明甚至“无组织”的组织将大行其道，成为主流组织形态和战略选择。

社会生活：人将从工业时代被异化的“经济人”向信息时代更完整的“社会人”回归，将从工作与生活相互分离走向相互融合，创业和就业形态也将发生很大变化，如网络创业和就业。

制度环境：信息化、全球化和市场化将导致一个持续的制度变迁过程，企业与企业、企业与员工、企业与消费者、企业与社会、企业与环境之间的关系，都将发生一系列与信息时代相适应的制度变迁。

展望未来，让我们期待新商业文明的快速浮现和巨大影响。

我国创意产业发展现状及2010年预测

贺寿昌*

摘　要： 创意产业在我国的经济结构转型过程中被赋予了重要使命，将文化创造力与信息化相结合，作用于消费和出口，使我国的创意产业一直保持着较快的增长率。全国已初步形成六大创意产业集群，北京和上海正在成为创意大都市。2008年1月14日联合国贸易和发展组织（UNCTAD）发布的报告指出，中国已成为创意产品的最大出口国。依托信息化水平的日益提升来形成不同地区结构性的发展态势；依托"出口创意"来确立我国在世界创意产业中的地位；依托重点行业，来提高创意产业的经济产出；2010年我国创意产业增长的速度将快于经济增长速度，将形成"各具特色，优势互补，协调发展，融合共生"的局面。

关键词： 创意产业　发展基础　发展现状　发展预测

我国创意产业的实践脱胎于文化产业，而信息通信技术从多个维度促进了创意产业的发展。创意产业在我国逐步得到了国家和地方政府的重视，设计、文化、新媒体等创意产业都在经济发展模式转型过程中被赋予了重要的使命，同时也承载了推动社会进步和文化繁荣的历史责任。

一　中国创意产业的理论探索

从投资、出口和消费三个增长极来看，中国经济经过了多年的外延式增长，

* 贺寿昌，博士、教授，上海市经济和信息化委员会巡视员、上海市政协科教文卫体委员会副主任委员，上海市政府决策咨询专家委员会委员，上海市信息化领导小组专家委员会副主任委员，上海市创意产业协会第一副会长。

如何提升消费水平和提高出口产品附加值成为可持续发展的破局关键，发展创意产业，将文化创造力与信息化相结合，作用于消费和出口的服务/产品，是极富潜力和想象空间的科学发展路径。

1997年，布莱尔政府上台后，公开将“创意产业”作为英国的国家战略品牌进行“营销”①，这是英国在信息通信技术发达时代对其业已确立的全球影响力进行的反思和重新定位。在这之后十余年中，创意产业的理念在美国、澳大利亚、新加坡、韩国等国家被快速推广，从理论和政策上得到了各国政府不同程度的重视和支持。将文化、内容、版权、信息服务等产业门类纳入创意产业的范畴，体现了把人类创造力作为核心生产要素的产业化理念。

近几年来，我国创意产业理论研究从无到有，发展很快。我国现有的对创意产业的认识主要可以概括为三个大类：第一类是端正产业的视角，认为创意产业是一种知识产权产业，或至少与知识产权体系形成系统性的映射关系，这种观点在指导实践时所遇到的主要困难是，在现阶段我国的知识产权保护环境下，创意产业的价值效益难以界定；第二类观点认为创意无处不在，创意是横向和多环节的，这种观点的主要问题是与现有统计体系中的产业界定对接困难，政策工具难以运用；第三类观点是着眼于创意与技术/资本共同打造的创意产业链，这种观点在实践中有较强的指导意义。以上的理论探索为社会各界认识创意产业奠定了基础。我国创意产业研究得益于以全国政协副主席厉无畏研究员为代表的一批专家学者的大力推介，北京和上海始终是创意产业的研究、宣介和传播的基地，在各省市以创意产业推动经济转型、社会发展和文化繁荣中起到了重要作用。

二　我国创意产业的发展基础

推动创意产业迅猛发展的主体力量是企业。从细分行业来看，我国创意产业多年来一直稳定保持较快的增长率，重点地域集中分布在北京、长江三角洲和珠

① Cunningham S., The Evolving Creative Industries: from Original Assumptions to Contemporary Interpretations, Working paper of Queensland University of Technology, 2003.

江三角洲城市。北京和上海正在成为创意大都市；东南部地区的城市，如深圳、杭州、大连、厦门等，充分利用经济和文化的区域辐射力，具有了与其经济水平相当的创意产业发展水平；在中部城市，如长沙、太原、西安等，创意产业遵循着特色发展之路，如发展特色文化娱乐业、打造特色创意作品的价值链等；西部的城市，如昆明、重庆、拉萨等，也形成了以挖掘本地历史文化和民族文化资源来发展创意产业的模式。

创意产业在我国的崛起出于经济、文化和信息技术等要素综合发展而带来的消费需求变化。这些因素作用于个人创意意识，在融资环境、人才发展环境、体制环境、法制环境等条件不断成熟的过程中，形成了我国创意产业持续发展、欣欣向荣的局面。2007年我国专利授权数量过万的省市依次为广东、浙江、江苏、上海、山东和北京。

（一）经济发展基础

我国经济快速发展为创意产品提供了巨大的消费市场。如果把扩展线性支出系统模型①作为基本假设，即某一时期内人们对各种商品（服务）的需求量取决于人们的收入和各种商品的价格，基本需求与收入水平无关，居民在基本需求满足后才会按照某种消费倾向安排非基本消费和储蓄，其中就包括了对于创意产品的消费。2008年我国东部许多城市城镇人均年收入超过20000元，这决定了东部区域的创意产品消费市场已经开始发展。由于收入的区域性差异，中西部地区主要通过市场导入（旅游）或产品导出（开拓国内市场）的形式来完成初步的产业化。

（二）文化因素

文化产业、文化事业和文化体制改革并行发展的文化体系会强化创意产业的文化内核。创意产业在我国的发展受益于文化体制改革、盈利模式创新等成果。西安、杭州等城市借力于历史文化沉淀，实现历史文化的现代化和产业化；昆明、大理、拉萨等城市受益于民族文化，进行文化的产业输出和市场导入；北

① Luch C.（1973），The Extended Linear Expenditure System，*European Economic Review*，4（1）：21－32.

京、上海、深圳等城市兼容外来文化和商业文化，以实现传媒业和创意内容时尚化的附加值。多重文化并行有利于我国创意产业发展。

（三）信息化水平

中国经历着与西方国家基本同步的信息基础设施和信息技术的发展历程。信息化对创意产业的影响主要体现在三个方面：第一是信息化基础设施，比如万维网、无线网、有线网的发展和相互融合，为创意传播提供了现代化基础条件；第二是基于信息技术的各类软件，极大地便利了创意过程，并革新了创意工具；第三是信息化的产业应用，通过流程重组和供应链重构，将产业中的创意空间拓展至整个产业系统。

CNNIC（2009）报告数据显示，2008 年手机上网用户较 2007 年翻了一番还多，达到 1.17 亿。随着我国 3G 牌照的发放，预计未来几年手机互联网将迎来爆发式的增长，无线互联网更深层次的应用将在 3G 时代凸显出来。网络社会的发展提供了创意性思维表达对象和爆炸性的空间拓展，这为创意产业的发展提供了极为广阔的平台，也为创意者提供了“长尾体验”。如网络社群中包含有大量原创的视听、文学、动漫、共享软件、时尚生活指南等创意产业的核心内容，这些内容往往源于自发的内部动机，创意不再仅仅是一种供给，更成为一种需求，构成一种边生产边消费、在生产中消费和在消费时生产的创意产业新模式。

三　我国创意产业的发展现状

（一）国家行为①

国家层面对创意产业的关注始于文化产业，中国共产党十六大报告提出：积极发展文化事业和文化产业……完善文化产业政策，支持文化产业发展，增强我国文化产业的整体实力和竞争力；2003 年 9 月，文化部颁布《关于支持和促进

① 国家行为的总结部分借鉴于季昆森著《创意与创意经济》，安徽人民出版社，2008，第 18 ~ 19 页。

文化产业发展的若干意见》，对文化产业进行了定义；2004年1月，国家统计局印发《文化及相关产业分类》；2006年9月，中共中央办公厅与国务院办公厅颁布《国家“十一五”时期文化发展规划纲要》，提出：以建设文化和创意产业中心城市为核心……逐步完善有利于文化和创意群体创业发展的市场环境和政策环境，为各类创意人才群体提供良好的条件……扩大文化和创意产业在全社会的影响力和带动力。充分发挥文化和创意产业在内容创新和传统企业改造中的积极作用，利用文化和创意成果拉动相关服务业和制造业的发展；温家宝总理在十一届全国人大二次会议上所作的《政府工作报告》中指出：促进金融保险、现代物流、信息咨询、软件和创意产业发展，拓展新兴服务领域，明确了创意产业的战略地位，再一次从国家层面确认了创意产业在我国经济系统中的重要地位。

经过几年的发展，我国创意产业在总量上已经具备相当的规模。2008年1月14日联合国贸易和发展组织（UNCTAD）发布的报告指出，中国和意大利已经成为创意产品的最大出口国。数据显示，1996～2005年，中国大陆地区创意产品出口额由184亿美元增长到614亿美元，10年里有较快的发展。《2008年度中国创意产业调查报告》显示，我国创意产业发展势头良好，创意产业企业主营业务收入增长率从2005年的49.51%增长至2008年的79.23%。

（二）产业政策

从2004年开始，国家及有关部委颁布了一系列促进文化和创意产业发展的相关政策，如表1所示。

表1　2004年以来国家及有关部委关于推进创意产业发展的相关文件汇总

发布时间	发布单位	文件名称	主要内容
2004.4	国家广电总局	关于发展我国影视动画产业的若干意见	构建国产动画片播映体系，培育动画交易市场和建立国产动画片发行许可制度，鼓励多种经济成分参与开发与经营
2004.6	国家广电总局	关于做好国产电视动画片发行许可和备案工作的通知	规定全国所有电视播出机构不得播放未取得发行许可的各类电视动画片

续表 1

发布时间	发布单位	文件名称	主要内容
2004.7	国家广电总局	关于对国产电视动画片实行题材规划管理的通知	规定国产动画片实行题材规划立项制度，并实行两级管理体制
2004.10	文化部	实施“民族动漫和游戏精品工程”	支持发展动漫和游戏产业
2004.11	文化部	关于命名文化产业示范基地的决定	命名了 42 个文化产业示范基地
2004.11	国家广电总局	关于做好上星动画频道落地工作的通知	要求各级管理部门优先考虑上星动画频道（北京、上海、湖南电视台）在本地区落地覆盖
2004.12	国家广电总局	首批国家动画基地在北京授牌	宣布全国成立了 9 个国家动画产业基地和 4 个国家动画教学研究基地
2005.1	国家广电总局	关于实行优秀国产动画片推荐播出办法	要求各级少儿频道优先安排播出推荐的优秀国产动画片
2005.5	国家广电总局	关于建立第二批国家动画产业基地的通知	批准第二批 6 家国家动画产业基地
2005.12	中共中央、国务院	关于深化文化体制改革的若干意见	全面部署包括动漫、游戏产业在内的文化产业的发展战略
2006.4	国务院办公厅	关于推动我国动漫产业发展若干意见的通知	对动漫产业的发展作出具体的战略部署，并推出了相关配套发展政策
2006.5	文化部	关于命名第二批国家文化产业示范基地的决定	批准第二批 33 家企业和单位为国家文化产业示范基地
2006.6	国务院	关于同意建立扶持动漫产业发展部际联席会议制度的批复	规定了部际联席会议单位、主要职能、工作规则和工作要求，切实加强对动漫产业的领导，推动动漫产业又好又快地发展
2006.9	中共中央、国务院	国家“十一五”时期文化发展规划纲要	确定未来五年文化发展的指导思想、方针原则、目标任务，推动文化与经济、政治、社会的协调发展。提出了推动国产动漫振兴工程等一批重大文化产业项目

（三）各地情况

表2 国内主要城市创意产业一览表

城市	创意产业增加值占GDP比重	创意产业重点领域	代表性文件
北京	10.6%（2007年）	出版发行、广播影视、文化演艺、网游动漫	• 北京市促进文化创意产业发展的若干政策（北京市发改委2006） • 北京市文化创意产业分类标准（北京市统计局2006） • 北京市文化创意产业投资指导目录（北京市委宣传部、北京市发改委2006） • 支持北京市文化创意产业发展的若干措施（北京海关2006） • 北京市文化创意产业发展专项资金管理办法（试行）（北京市政府2006） • 北京市"十一五"时期文化创意产业发展规划（中共北京市委、北京市政府2007）
上海	7.0%（2007年）	工业设计、建筑设计、咨询策划、软件、网络游戏、会展	• 上海创意产业发展重点指南（上海市经委2005） • 上海创意产业"十一五"发展规划（上海市经委2005） • 上海市加快创意产业发展的指导意见（上海市经委、上海市委宣传部2008） • 上海市创意产业集聚区认定管理办法（试行）（上海市经委2008）
广州	5.1%（2006年）	工业设计、软件、动漫、会展	
深圳	6.7%（2006年）	广告设计、工业设计、网游动漫、演艺	• 关于加快文化产业发展若干经济政策（深圳市政府2005） • 深圳市文化产业发展专项资金管理暂行办法（深圳市政府2005） • 深圳市文化产业发展"十一五"规划（深圳市政府文化产业发展办公室、深圳市发改局2007） • 深圳综合配套改革试验总体方案（2009）
杭州	12.1%（2008年）	服装设计、工艺美术、软件、动漫	• 关于打造全国文化创意产业中心的若干意见（杭州市委市政府2008） • 杭州市人民政府办公厅关于统筹财税政策，扶持文化创意产业发展的意见（2008）
长沙	9.8%（2006年）	媒体传播、出版发行、卡通动漫、演艺	• 关于进一步加快动画产业发展若干政策的意见（长沙市政府2005） • 长沙市文化发展"十一五"规划纲要（长沙市政府2006） • 长沙市两型社会建设文化产业发展专项方案及五年行动计划（2008）

续表 2

城市	创意产业增加值占 GDP 比重	创意产业重点领域	代表性文件
重庆	4.4% (2007 年)	动漫、工艺美术、广告设计	• 重庆市创意产业"十一五"发展规划(2006) • 关于加快创意产业发展的意见(重庆市政府 2006) • 重庆市创意产业基地(园区)认定暂行办法(重庆市政府 2007)
南京	3.4% (2007 年)	软件、动漫、影视演艺	• 南京市文化局关于加快发展文化创意产业的政策意见(2006) • 南京市文化创意产业"十一五"发展规划纲要(南京市政府 2006)
西安			• 西安高新区关于促进创意产业发展的扶持政策(西安高新区管委会 2006) • 西安高新区创意产业发展指导目录(西安高新区管委会 2006)

资料来源：各地政府官方网站及《中国创意产业发展报告（2008）》，中国经济出版社，2008，第 573 ~ 580 页。

（四）区域分布

在各省和市层面，虽然起步有早晚，但是把对创意产业的支持和推动都提升到了区域发展战略的高度。北京被列为创意产业的影视、出版等 6 个中心，多是自发形成再由官方认可的；上海已授牌约 81 个创意产业集聚区，已成为"国际创意城市—世界设计之都"成员；背靠"亚洲创意中心"香港的广州是广告、影视、媒体、IT 等创意产业集聚区；深圳有着最年轻的人群，其创意产业主要包括由设计而衍生的系列产业，如：印刷、动漫、建筑、服装等，也加入了联合国教科文组织的"创意城市网络"；具备强大文化竞争力的西安，高校数在全国居第四位，人均教育指数也在全国位居前列，具有更多的创意人才优势；长沙这块娱乐电视圣地所带来的不仅仅是大众娱乐的潮流，更是以传播渠道带动上游制作的创意产业链。

在全国范围内，北京、上海、广州、深圳、西安、长沙、天津、重庆、大连、南京、苏州、成都、青岛、杭州和昆明等 15 个城市发展基础较好，江苏、浙江、广东、四川、湖南、河南、山西、云南、陕西创意产业发展特点鲜明，或是基于历史和民族文化，或是基于区域辐射力，或是基于特色产业；发展规划也各有重点，在财税政策、基地认定、地方政策等方面都进行着创新和实践。各个省市制定的创意产业规划、确定的重点领域和出台的政策以及由创意产业拉动相关产业的发展路径，基本反映出我国城市创意产业发展的总体水平，全国已初步形成六大创意产业集群。详细内容见表3。

表3 全国创意产业集群一览

区域	城市	特色优势	发展阶段
首都创意产业集群	北京	文艺演出、广播影视、古玩艺术品交易	北京拥有全国最多的高等院校、艺术团体以及创意人群，并已规划打造6个文化和创意产业中心。
长三角创意产业集群	上海	工业设计、室内装饰设计、广告策划	上海已启动81个创意产业集聚区，已成为"国际创意城市—世界设计之都"成员。
	苏州		苏州已成为长三角的创意产业生产基地，是上海创意产业链的延伸。
	杭州		杭州LOFT49汇聚了17家艺术机构，涉及工业设计、室内装饰设计、广告策划等多个创意领域。
珠三角创意产业集群	广州	广告、影视、印刷、动漫、艺术画作	广州背靠"亚洲创意中心"——香港，天河区是广告、影视、媒体、IT等创意工作集聚区。
	深圳		深圳的创意产业主要包括设计、广告、印刷、动漫、建筑、服装、艺术画作等，目标是打造"创意设计之都"。
滇海创意产业集群	昆明	影视、服装	昆明的绘画、音乐、雕塑是这里的文化经济亮点，"云归派"在这里成形。
	丽江		丽江已经成为影视、演出、服装、时尚活动的背景板，全国创意产业展台的提供者。
	三亚		世界小姐总决赛、新丝路中国模特大赛等诸多选美比赛都在三亚举办。
川陕创意产业集群	重庆	网络动漫游戏	2005年，重庆先后举办了中国创意产业高峰论坛和中国创意经济与城市商业开发高峰论坛。
	成都		作为全国三大数字娱乐城市之一，全国首家网络动漫游戏产业基地已正式投入营运。
	西安		拥有全国数量第四的高校，西安高新区同时也是全国四大高新区之一。
中部创意产业集群	湖南	电视广播	以湖南卫视、湖南经视为首的电视广播方阵使长沙这一创意城市有着独特的地位。

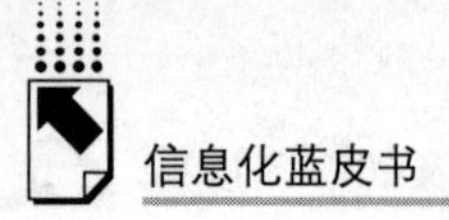

四 我国创意产业的战略重点

综合我国全局和各地的情况，创意产业可概括为三大类产业领域，即“大设计”创意产业、文化和创意产业、新媒体创意产业，而建立创意园区和开展重大国际国内交流活动，也成为我国创意产业发展的重要特征。

（一）“大设计”创意产业

与服务业和制造业相关的各类设计行业在主要的区域中心城市具有很强的发展潜力，最为典型的如长江三角洲的上海和珠江三角洲的深圳。这些城市依托实体经济腹地，在区域分工中，形成设计业的竞争优势和辐射力。

• 广告设计。2008 年，中国广告业经营额达 1899.56 亿元，同比增长 9.11%，北京、上海和广东三地占全国广告经营总额的 48.47%。主要的媒介为电视（501.5 亿元）和报纸（342.7 亿元），中央电视台、上海文广传媒集团、深圳报业集团等仍占主导地位。另外网络广告行业快速发展，2008 年中国互联网广告规模接近 100 亿元，同比增长将近 50%。

• 工业设计。工业设计的市场主体包括专业设计公司和大型公司自有设计部门，上海、深圳等城市的工业设计依托文化、人才和市场优势，辐射长三角和珠三角等实体经济圈。信息化使得设计工具和流程逐步标准化，这具有去专业化的功能，平面设计软件（Photoshop 等）和立体设计软件（Strata 3D 等）使得专业设计平民化和设计创意人群快速增长。

• 建筑设计。依托的是国家、民营、外资设计机构，上海的赤峰路地区依托同济大学的地域优势，积聚了大大小小几百家设计公司，形成了设计创意产业的规模效应，被命名为“国家火炬计划环同济研发设计服务特色产业基地”。2008 年营业额达到 102 亿元。

• 展示设计。以北京、上海、深圳、杭州以及大部分省会城市为代表，文化和创意方面的会展品牌有即将开始的世界博览会、中国北京国际文化创意产业博览会等。

• 时尚设计。北京和上海虽然不是国际一流时尚设计城市，但已经而且可以进一步在某些行业、某些人群、某些文化层面上，确立起细分市场优势。

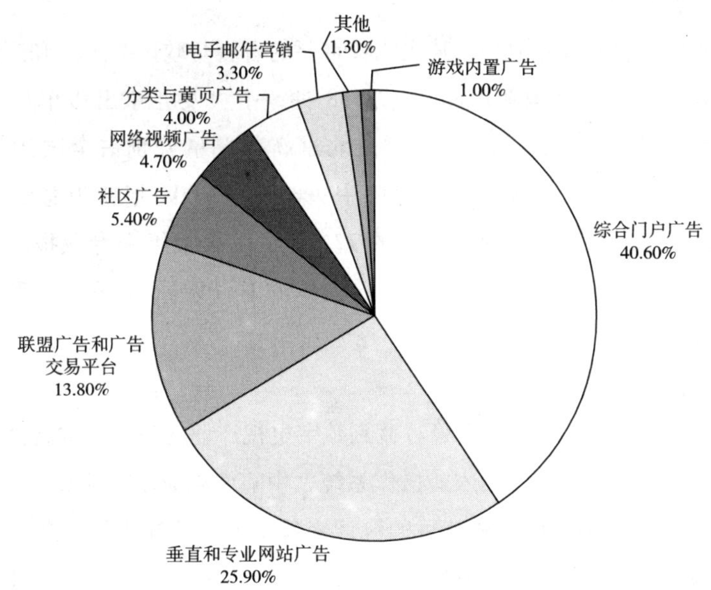

图4　2007年中国网络广告各细分领域市场份额

数据见DCCI互联网数据中心《中国互联网调查报告》(2008)。

北京、上海、深圳、广州、天津、武汉等城市已经成为国际/国内设计网络中的重要节点。以深圳为例，联合国教科文组织认可其依托城市发展速度、人口年龄结构、地方政府支持等优势因素，在动画、工业设计、数字内容、网络互动设计、包装设计创新等方面实现的战略发展①。

（二）文化和创意产业

根据国家统计局《文化及相关产业分类》，文化产业由文化服务业和文化相关产业组成：新闻服务、出版发行和版权服务、广播/电视/电影服务、文化艺术服务等是文化服务业中的核心层；文化和创意处于创意链和产业链的最前端。在文化和创意产业发展过程中，除了文化体制不断适应经济社会发展之外，信息技术运用对于文化产品优质化也起到了助推器的作用。

① UNESCO门户网站。

• 出版业①

北京是我国的出版业中心，其次比较重要的省级行政区为上海和广东。以图书出版为例，2005 年全国新出图书 128578 种，中央及北京出版单位占半数以上；录音出版情况类似，2005 年中央及北京新版总量分别占全国的 32.2% 和 53.0%，上海紧随其后；录像制品出版中央与北京 2005 年新版总量占全国的 37.1%，京、广、沪三地总量占全国的 77.5%；综合报纸和专业报纸合计，种数和印量比较突出的除中央及北京外（占全国的 16.0%），还有广东和上海，三地总印数超过全国的 30%。

• 电视业②

我国模拟电视产业正处于平稳过渡到数字电视产业的时期，这将会带动相应的硬件和软件产业发展（如嵌入式操作系统、中间件和应用软件等）。

从对 2005 年全国各地电视节目的统计来看，不含总局直属，全年电视节目国内销售额中，上海、北京和广东分别为 27198.30 万元、23380.17 万元和 18578.33 万元，合计占全国的比例为 43.0%③。从省级电视台的广告收入来看，上海和北京超过 10 亿元（其中上海电视台为 288727.77 万元，北京电视台为 165501.71 万元）。

• 电影业

根据中国电影发行放映协会的数据：2006 年中国电影集团公司联合发行及独立发行量占全年总票房收入的 54%；从地域角度来看，电影产业的主要市场仍然集中于经济发达的上海、北京和广东。上海 2005 年度区域票房 2.5 亿元；广东票房为 2.4 亿元；北京票房 2.2 亿元，三大市场占全国份额的 47.2%。

国家广电总局先后颁布了《电影数字化发展纲要》、《电影数字放映暂行技术要求》、《数字电影流动放映系统技术要求》等措施。我国的数字电影系统将制作（如虚拟制作）、知识产权保护、交易、发行等加以整合，初步形成了信息化的电影产业体系，我国电影业有望从电影大国发展为电影强国。

---

① 数据来源于周兴俊《中国出版年鉴（2006）》，中国出版年鉴社，2006。

② 数据来源：国家广播电影电视总局统计信息。

③ 数据来源于国家电影电视总局《中国广播电视年鉴（2006）》，中国广播电视年鉴社，2006。

• 动漫产业①

我国动画产业近年来获得了快速发展，2003 年国产动画片数量为 12000 分钟，2004 年为 21800 分钟，2005 年 42700 分钟，而 2006 年达到了 82326 分钟。2006 年产出区域分布主要集中于长沙（分钟数约占全国的 33.1%）、广东（占 21.0%）、江苏（占 10.8%）和浙江（占 10.3%）。漫画产业市场则为进口内容产品所主导，国产漫画要实现突破面临较大的挑战，但也存在“进口替代”过程中的发展契机。

• 艺术品市场和传统、历史文化和民族文化开发

此处艺术是指文学、音乐和表演艺术，以及绘画、雕塑、艺术摄影等视觉艺术。在国内原创艺术品市场中，北京是我国最为重要的艺术中心。

基于历史自然文化遗产和民俗风情的文化和创意产业，多处于历史文化名城、旅游胜地、少数民族聚居区。这类产业具有巨大的发展潜力，我国具有文化历史渊源和历史沉淀的城市和地区发展文化和创意产业的一条很好的发展路径。

2008 年北京奥运会开幕式是传统文化与现代科技完美结合的典范。张艺谋和他的团队综合运用声、光、电等技术，以现代化手段展示了长城、兵马俑、“飞天”、京剧、昆曲、太极、文明“长卷”、写意、古筝、活字印刷、孔子三千弟子吟诵、丝绸之路、簪花仕女、击缶而歌、清明上河图、春江花月夜、四大发明等中国古代的灿烂文明。文化的解构与再现提示了这种形式的文化和创意与技术结合仍然具有广阔的市场。

《印象·刘三姐》从 2004 年公演至今，保持在全国演出业内观众最多、影响最大、年营业额最高的纪录。基于桂林山水、刘三姐和张艺谋三个品牌，《印象·刘三姐》以漓江水域为舞台，以 12 座山峰和广袤天穹为背景，将山歌、民族风情、漓江渔火等多种元素融入桂林山水，全场演出约 70 分钟，演出人员约 700 人。到 2008 年年底，《印象·刘三姐》演出近 2000 场，观众约 300 万人次，票房收入约 6 亿元。《印象·刘三姐》中 2/3 的演员是附近的渔民。他们白天劳作，晚上划着渔舟演出，既真实地展现了生产生活场面，又增加了收入。

“上海市多媒体演艺虚拟空间合成实验室”针对表演艺术和大型活动排演效率低、搭建浪费等问题，以虚拟现实技术为基础，研发出用于虚拟排演的软硬件

① 数据来源于中国传媒大学《中国动画年鉴（2006）》，中国广播电视出版社，2007。

VIRP系统。实验室于2007年与2010年上海世界博览会事务协调局信息化部成立了“大型活动与展览展示虚拟评测与技术应用联合实验室”，成为2010年上海世博会重大演艺和展示项目的辅助决策系统平台。

（三）新媒体创意产业

新媒体创意产业基于数字技术和网络技术，是将传统文化内容和现代技术相结合的新型产业。新媒体创意产业快速成长，将成为我国创意产业的重要支柱。这类产业涵盖了户外数字媒体、网络媒体、移动电话媒体、移动电视媒体等行业。

• 户外数字媒体业

从2003年起，随着主营楼宇电视广告的分众传媒和主营公交电视广告的世通华纳等企业的出现，户外数字媒体产业进入高速增长阶段，2007年市场规模为1138亿元，区域分布上以长三角、珠三角和环渤海地区为主，呈现多样化、专业化和规模化特点，形成了一批知名企业，如主营触摸互动荧屏的触动传媒，列车电视的鼎程传媒，机场、飞机电视的航美传媒，校园视频的迪岸传媒，医院、药店视频的炎黄健康等。

• 互联网信息服务业（不含B2B）

主要包括网络游戏、资讯专业网站、网络论坛等网站或软件。2007年，中国互联网信息服务业的市场规模达到1779.3亿元，较2006年增长38.7%①。

在网络游戏方面②，2008年中国网络游戏用户数达到4936万，比2007年增加了22.9%；付费网络游戏用户数达到3042万，比2007年增加了36.0%；网络游戏市场实际销售收入为183.8亿元，比2007年增长了76.6%。中国自主研发的民族网络游戏市场实际销售收入达110.1亿元，比2007年增长了60%，占中国网络游戏市场实际销售收入的59.9%，并有总计15家中国网络游戏企业自主研发的33款游戏产品进入海外市场，实现销售收入7074万美元，比2007年增长了28.6%。中国网络游戏业经过20多年的发展，正处在一个高速增长的时期。

---

① 资料来源：上海市互联网经济咨询中心（SIECC）。

② 资料来源：iReserch艾瑞咨询，《2007～2008中国网络游戏发展报告》，2008。

在网络视听娱乐方面，CNNIC（2009）报告显示，2008年用户数量比2007年增长了6700万人，用户数量年增长率为36.8%。网络视频在网民中的使用率为67.7%，相比2007年底净增4000多万用户，达到2.02亿。IPTV用户数稳步增长，截至2008年年底，达到约200万户，同比增长约一倍。而在主流媒体机构开办的视听网站当中，央视网、国际在线、中国广播网、东方宽频等发展较快，逐渐占得先机。根据艾瑞咨询的调查数据，截至2008年6月，在中国具有一定规模的400多家商业视听网站中，优酷、土豆、酷6以比较显著的优势占据前三名；PPLive、腾讯宽频和PPStream则成为中国用户数最多的P2P视听流媒体客户端软件。中短期内商业网络视听市场将可能加速完成第一轮市场淘汰和洗牌，主流媒体视听网站与商业视听网站共同形成相对稳定的市场格局。

以专注于某一领域的信息传播为主要功能，如提供财经信息的东方财富网，提供文化资讯的起点中文网，提供生活信息的名品导购网、中国打折网等，这些企业基本以网络广告作为收入来源，仅有很少部分能通过其他渠道盈利，如携程网与酒店、航空公司的利润分成模式。

互动网站。中文世界中知名互动网站主要有：提供在线地图搜索的丁丁地图，社会网络型的开心网，提供BBS平台的篱笆网、天涯社区，提供视频上传、在线观看和下载的土豆网，提供餐饮信息分享平台的大众点评网等。

• 数字出版业

传统出版物正在不断向数字化方向发展。数字出版产业的基本链条是以内容作者、出版社为源头，以数字图书馆、网上电子书店为渠道，通过电脑、手机等手持电子书阅读设备为读者服务。数字出版涉及版权、发行、支付平台和服务模式，广义的数字出版涵盖：互联网期刊和多媒体网络互动期刊、电子图书、数字报纸（含网络报和手机报）、博客、在线音乐、手机出版（含手机彩铃、手机铃声、手机游戏、手机动漫）、网络游戏和互联网广告。根据新闻出版总署的数据，我国数字出版业2008年整体收入达530亿元，同比增长46.42%。较具特色的有手机书（E拇指文学）和手机彩铃。

动漫的价值链及新媒体传播。长期以来，动漫产品的传播渠道主要是电影、电视、杂志和书籍，然而，随着网络技术的不断发展，网络动漫开始兴起。动漫作品被成功移植到移动通信领域，产生了“手机动漫”。手机动漫具有当今知识经济的全部特征，涵盖了艺术、科技、传媒、商业、娱乐等多种行业，并且为信息化注入了新的内涵。中国当前拥有世界最多的信息技术终端用户，中国移动的用户数已经超过4.8亿，中国逐渐成为手机动漫的主要消费市场。据相关数据，2006年手机动漫产业的市场规模达到3000万元人民币，同比增长4300%；到2008年年底，全国动漫、游戏手机用户已经超过1亿，占手机用户的约20%；到2010年，中国手机动漫市场规模将达到6亿元。业内人士分析，手机动漫产业发展的前景巨大，业务内容包括：动画屏保、动漫乐园、疯狂Game、闪卡Show、卡拉OK、火爆MV、影视瞬间、动感资讯、娱乐等。

（四）典型特色

• 创意园区

近年来，各地创意产业园区建设呈雨后春笋之态，创意园区已经成为创意产业发展的重要组织形式和载体，创意园区作为城区规划重构的组成部分，通过“三变三不变”的“制度创新”，在国家工业用地基本政策框架内灵活操作，实现了土地资源重新配置，将原有厂房通过用地性质的变化，提升了厂房自身和周边设施的商业价值和社会价值，同时为城区产业结构调整提供了一种方案，为创意人才在城市内提供了工作和交流环境，也为一站式的服务提供了空间和组织基础，是一种具有很强溢出效应的空间财富。根据上海市经委统计数据，到2009年上海创意产业总量达3900亿元，实现增加值达1180亿元，形成80家创意产业集聚区，园区总建筑面积近250万平方米，共入驻30多个国家和地区的4000多家创意企业，从业人员9万余人，营业收入近250亿元。

北京“798”文化和创意园区吸引了大批艺术家聚集于此，2003年美国《新闻周刊》的“首都风格”评选中，提到“798”空间重塑了北京的风格。《纽约时报》将“798”和10年前曼哈顿的苏荷区（SOHO）相提并论。入驻“798”艺术区的艺术家，有的曾就读于国内知名艺术院校，有的曾留学多年，还有德、法、英、日、意、新等国外艺术家。“798”汇集了众多当代艺术门类，绘画、雕塑、环境设计、摄影、精品家居设计、时装等，此外还有众多的画廊、展示空间、咖啡馆、酒吧、餐厅。而这样自由开放的多样化格局正是一个艺术区生命力的体现。

• 重大国际国内交流活动

为了提升创意产业的公共品牌价值，行业领导者集中的地域或城市，近年来承担起组织协调功能，借助于论坛、博览会等推介活动开展国际国内交流，在培育公共品牌的同时提升了创意城市的品牌效应。这方面已形成影响的活动有中国北京国际文化创意产业博览会、中国（深圳）国际文化产业博览交易会、中国杭州世界休闲博览会等，通过以上活动，我国创意产业在国际社会的影响得以不断扩大。

五　我国创意产业发展面临的问题

（一）创意人才缺乏，人才培养机制不完善，创新不足

据统计，纽约创意产业人才占工作总人数的12%，伦敦为14%，东京则达15%，而我国不足1%。不仅因为缺少高端创意人才和策划人才，导致原创作品少、创新模式少，更缺少擅长将创意产业化和市场化的经营与营销人才。另外，许多人对创意产业缺乏足够的认识，针对创意产业的人才培训机制和机构没有建立，直接导致创意产业的管理与经营人才缺失。创意产业的总体技术含量不高，运用现代科技手段明显不足，由于缺乏对核心技术的掌握和控制，致使创意设计产品处于低端，质量也有待提高。

（二）中介服务质量不高，公共服务平台数量较少

目前我国的创意产业中介服务机构与国外相比，由于缺乏对市场变化的关心和预测，中介服务机构的适应能力普遍较差。中介机构种类较为单一，服务相对低端，专业性不强。创意产业的公共服务平台和公共服务功能缺少，服务质量不高，抑制了创意企业间的交流，阻碍了创意的传播和产业链的对接。

（三）知识产权保护环节较薄弱，投融资渠道单一

我国现有知识产权法律体系尚不能覆盖创意方面的所有问题，难以跟上创意产业发展步伐。立法不够完善导致执法困难，更需要一批对知识产权法律有清晰认识、了解创意产业的高素质执法人员。另外，国内许多创意企业和从业者对无形资产缺乏足够认识，忽略了著作权、专利、商标、商业秘密所能带来的无形价值。不仅自我保护意识薄弱，对他人的知识产权也缺乏足够的尊重和保护。而创

意产业高风险性的特点又使一些中小型创意企业很难在银行获得贷款，发展资金不足，最终影响其发展壮大。

六 2010年我国创意产业发展预测

2010年我国创意产业增长的速度将快于经济增长速度，各地创意产业也将呈现不同的发展趋势。

1. 与制造、消费相关联的设计创意，包括工业设计、广告设计、时尚设计、建筑和室内设计、珠宝设计等成为长三角和珠三角创意产业发展的主流；与数字技术相关的动漫、网游等产业是我国创意产业发展的增长点，将成为我国部分省市创意产业发展中的主要力量；以影视、广播、出版、网络等为主的传媒产业，剧院、音乐厅、画廊、演出等艺术活动，以及与之相关的交易、展示、旅游、出版等行业，将以新的产业化模式成为北京、上海以及东中部地区、西南地区发展创意产业的重点。

2. 依托信息化水平的日益提升，我国创意产业禀赋不同地区的实践探索，将形成结构性的发展前景：上海、深圳、广州背靠长三角和珠三角经济腹地，在设计等生产性服务创意产业方面进行专业化分工；北京、上海、天津、重庆分别形成辐射全国和辐射广域的创意大都市基础框架；杭州、长沙等城市以特色创意为出发点，有望打造具有专业性辐射力的创意城市；云南、陕西、湖南、湖北、陕西、河南等省依靠历史和特色文化遗产资源在旅游休闲方面形成竞争力。值得提出的是，在每个区域内，会形成类似的子格局和专业分工。同时，我国将通过“出口创意”形成国际辐射，来确立自身在世界创意产业中的地位。

3. 2010年我国创意产业将凸显以下特点：培育重点行业，提高创意产业的经济产出；发展各自特色优势产业，形成“各具特色，优势互补，协调发展，融合共生”良性态势；立足文化和创意与产业的融合，提升信息网络技术和内容研发的竞争力；聚焦“文化和设计”的主题，着力打造创意城市及文化和创意大省。

4. 抓住2010年中国上海世界博览会的重大历史机遇，在我国创意产业脉络中注入世博会的新生血液，形成更广泛的创意产业联系网络，集聚更多更广泛的国际国内创意资源，使我国创意产业更活跃、创意人才更活跃，提升产业的能级和规模。

2010 年 1 月 17 日，胡锦涛总书记在上海视察创意产业集聚区时指出："创意产业蕴藏着巨大发展潜力。要进一步做好园区规划，不断完善服务体系，努力营造创新氛围，真正把创意产业培育成经济发展的新亮点。"为我国发展创意产业指明了方向，明确了工作任务。作为发展中国家，我国的创意产业处在发展起步阶段。对国内而言，我国的创意产业处于创意能力和创意市场的双重培育期；对国外而言，我国的创意产业处于影响力逐步提升期。2010 年的中国创意产业，将如一轮朝阳，喷薄而出，冉冉上升，为我国的产业结构调整和经济社会发展作出新贡献。

参考文献

DCCI 互联网数据中心：《中国互联网调查报告》（2008）。

张京城，《中国创意产业发展报告（2008）》，中国经济出版社，2008。

中国互联网络信息中心：《第 23 次中国互联网络发展状况统计报告》，2009。

UNCTAD/DITC, Creative Economy Report 2008, 2008.

信息资源篇

PART Ⅳ

地理与资源科学信息化

孙九林　冯　敏*

摘　要：20 世纪 70 年代以来，我国开始了地理与资源领域的信息化工作。当前，面对全球变化、区域可持续发展等复杂问题，要求更深层次地利用信息化技术，构建全面且综合的地理与资源科学信息化环境，主要表现在：建设地理与资源 e-Science、完善全方位观测体系、开展数据共享与集成以及构建数据与计算密集的地理与资源模拟环境等重要方面。

关键词：地理科学　资源科学　信息化　地理信息系统　e-Science

---

* 孙九林，中国工程院院士，中科院地理科学与资源研究所研究员、博士生导师。长期从事国土资源及农业信息化研究和实践，并致力于推动我国地球系统科学数据共享工作；冯敏，博士，中科院地理科学与资源研究所助理研究员。主要从事地理空间模型共享与集成研究。

地理与资源科学以人类赖以生存的地理环境和资源环境为研究对象，研究与人类生存关系密切的地理环境各要素的变化规律与相互作用。地理科学是最古老的基础学科之一，既属于经典的基础研究，又与社会可持续发展有直接的联系。20 世纪以来，人类社会处于迅速发展的新时期，全球变暖、臭氧层破坏、土地退化、物种灭绝和资源匮乏等一系列全球性环境问题不断涌现，人类与其赖以生存发展的自然环境之间的矛盾日趋尖锐，尤其表现在全球化和区域可持续发展两个方面。同时，地理与资源科学研究也不断引入新的技术和方法，以适应现代地学研究的要求。20 世纪中期以来，在信息化技术快速发展的背景下，地理信息系统、遥感、全球定位系统等技术和手段先后出现，促进了现代地理与资源科学研究的形成。

一　地理与资源科学信息化概述

（一）地理与资源信息系统

为应对地理与资源领域对信息化手段的需求，20 世纪 60 年代在加拿大诞生了地理信息系统。加拿大拥有广袤的森林，为了提高对森林的调查和管理能力，1962 年加拿大政府森林与农村发展部开发了“加拿大地理信息系统”（Canada Geographic Information System，CGIS），这是第一个真正意义上的地理信息系统。此后，基于数值计算、数据库、可视化等计算机技术，形成了一套地理信息理论和工程方法，涵盖了地理空间数据结构、空间分析算法、不确定性理论、时空数据存储、多维地理空间可视化等方面。这些理论和方法很快被应用在更多领域，成为地理与资源科学各领域不可缺少的手段。

时空地理信息的表达、分析和可视化是地理信息系统的特点和难点。长期以来，地理与资源科学领域以地图作为重要的研究工具，但由于静态地图的信息量有限，只能够表达特定的抽取信息。地理信息系统以可缩放的动态图层为基础，组织、表达和管理地理要素，克服了传统地图的缺点。计算机的动态处理能力被应用于地理信息分析和计算，为实现地理与资源的定量化研究提供了基础。计算领域的一些方法和技术也被引入地理信息系统中，包括拓扑分析、图像模式识

别、统计分析等，成为地理与资源领域重要的分析方法①。

在早期地理信息系统中，数据存储以文件方式为主，20 世纪 80 年代开始，数据库技术逐渐引入，形成面向桌面、网络等不同环境的地理空间数据库技术，为海量数据的存储提供了保障。地理信息系统的产业化得到了快速发展，特别是互联网的出现，带动地理信息软件的体系从单机环境、网络环境向面向服务体系（Service-Oriented Architectures，SOA）的方向发展。以此为基础，一些面向基础地理信息、自然资源调查等领域的大型数据库得以构建②。

地理信息系统带动了相关产业的出现及高速发展：2001 年世界地理信息产业市场产值已达到 240 亿美元，之后以每年 12% 左右的速度增长。近年来，我国大力发展卫星导航、三维地理信息系统、地理信息互操作、空间数据引擎、海量影像管理、地理信息公共服务等测绘高新技术，积极开展测绘科技成果转化③。即使面对国际金融危机冲击，2009 年我国地理信息产业仍继续保持超过 20% 的年增长率，产值达到 750 亿元。

（二）卫星观测、定位与应用

卫星观测数据具有较高的时空分辨率且覆盖范围广阔，其优势是传统野外观测无法比拟的，能为资源环境监测和地学研究提供重要信息源。1972 年，美国发射了第一颗陆地卫星——Landsat 卫星，搭载 4 个波段的 MSS（Multispectral Scanner）传感器。此后，美国 Landsat 系列卫星、法国 SPOT 卫星等较高分辨率的对地观测卫星陆续发射，并被广泛应用于地学相关应用中，成为区域性资源环境和全球土地覆被变化研究中不可或缺的手段。我国也于 20 世纪最后一年发射了中巴资源一号卫星，拥有了自主的地理资源观测卫星。此后，北京一号（2005 年发射）、环境减灾卫星（2008 年发射）等国产卫星陆续运行，并在地理与资源科学研究中发挥重要作用。

由于缺乏有效且精确的手段，地理位置的确定问题长期困扰着地理与资源科学研究。20 世纪冷战期间，美国先后发射了超过 23 颗卫星，构建了规模庞大的

① 陈述彭、曾杉：《地球系统科学与地球信息科学》，《地理研究》1996 年第 2 期，第 1 ~ 11 页。

② 孙九林：《农业信息工程的理论、方法和应用》，《中国工程科学》2000 年第 3 期，第 87 ~ 91 页。

③ 刘利：《我国地理信息产业发展现状与动力研究》，中国科学院研究生院博士学位论文，2007。

全球定位系统。随着冷战的结束，2002 年美国将其面向民用开放。其米级精度的定位能力，为解决长期困扰地学研究和应用的定位问题提供了解决方案。高精度的地理定位信息促进了地学研究手段的转变，成为地理科学与资源研究和应用中不可缺少的一环。21 世纪初，我国也开始构建自主的“北斗”卫星导航系统，2000 年以来成功发射了 4 颗“北斗导航试验卫星”，它们具备在中国及其周边地区范围内的定位能力，并逐步在地理与资源领域发挥重要作用。

二　地理与资源科学信息化历史回顾

早在 20 世纪 60 年代，国际上出现了地理信息系统的概念，并在地理学领域逐步应用，我国鉴于当时的历史时期，没有抓住机遇。1970 年代初期以来，在引进和自主研发的基础上，我国开始了地理与资源领域的信息化研究工作。我国地理与资源科学信息化的发展经历了以下几个阶段。

（一）起步阶段（20 世纪 70 年代）

在我国“文化大革命”后期，随着国内经济和科研活动的逐步恢复，地理与资源研究领域的科学家了解到国际上这个领域的信息化发展状况，对比国内的情况，感到在地理与资源领域我国信息化水平至少落后了 15 ~ 20 年，所以采取引进与研发并用的策略，奋起直追。国外在发展地理与资源信息化方面，主要是从地理与资源科学的基础学科——地图学开始的。因此，中国科学院在 1970 年代初期针对地图学的自动化，开始引进制图自动化的硬件设备和软件系统，并派地图学专家到国外进修学习，从加拿大进口一台图形数字化器，从法国引进一台绘图机，从日本引进一台计算机，组成从数字、计算到出图的一套自动化制图系统。在原中国科学院地理所成立了制图自动化研究组，培养软硬件人才。与此同时，中国科学院设立了计算机制图设备研制项目，组织全院力量从三个方面开展研制：（1）研制图形数字化器和电子分色扫描机系统；（2）研制自动绘图机；（3）研制地图自动植字机。

在“文化大革命”并没有完全结束的情况下，中国科学院能调动全院的有关单位和人员进行这样一个大协作攻关项目是十分不易的。该项目的研究成果虽然没能正式进入市场，但它培养了一批人才，对我国地理与资源科学的信息化发

展产生了深远影响，为后期学术带头人的培养奠定了基础。同时，成立了中国科学院遥感应用研究所，为地理与资源科学领域信息资源的获取与应用提供了支撑。

（二）全面发展阶段（20世纪80年代）

进入80年代，基于前期工作积累，在1978年科学大会精神的引领下，地理与资源科学领域的信息化工作在我国逐步展开。随着计算机科学、数据库技术、遥感技术及地理信息科学在国际上的迅速发展，我国政府和学者着重抓了以下两个方面的建设：其一，由当时的中国科学院地理所和遥感所主持，重点瞄准地理信息系统和遥感的理论方法和实践研究，以及如何在中国建立地理信息系统的研究机构和队伍以及标准规范。在陈述彭院士的带领下，全国相关领域的专家为此开展大量调查研究，在1984年提出了“资源和环境信息系统规范”报告，被称为“蓝皮书”①。并于1989建立了国内第一个地理信息系统国家重点实验室，取名“资源与环境信息系统国家重点实验室”，主要开展地理信息的机理、信息系统的理论、软件等方面的研究。相关遥感研究机构也先后成立，包括1981年成立的国家遥感中心，1986年成立的中科院遥感地面卫星站，1989年于原武汉测绘科技大学成立的测绘遥感信息工程国家重点实验室等。其二，主要由当时的中科院自然资源综合考察委员会重点针对资源科学的信息化研究和建设，从两个方面开展调查研究——第一，在李文华先生的积极倡导和支持下，从国外引进资源科学系统分析方法；第二，孙九林先生积极引进国际上的数据库概念和技术，开展国土资源数据库建设和应用的调研，1983年向原国家计委提交了“国土资源数据建设”调研报告。孙九林先生提出了统计型空间信息系统的概念，为资源信息系统的建设奠定了理论和技术方法的基础。他带领的团队在1986年出版了《国土资源信息科学管理概论》和《国土资源信息系统的研究与建立》，被应用部门称为“国土资源信息系统建设的百科全书”。1987年，在当时的国家计委国土局的领导下，孙九林先生主持完成了我国《国土资源信息系统建设的总体方案》。在原国家计划委员会的支持下，1985年建成了国内第一个国土资源数据库——西南地区国土资源数据库，并由原国家计划委员会主持在全国进行了推广

① 国家科委基础研究和新技术局：《资源与环境信息系统国家规范》，1984。

应用。应国家国土规划需要，在国土资源数据库基础上，开始建立国土资源信息系统，1987 年在河南省洛阳经济区建成了国内首个区域性国土资源信息系统。在 1980 年代的 10 年中，我国在地理信息系统和国土资源信息系统两个方面获得了重大进展，成为地理科学和资源科学信息化建设的两大分支。在地理科学相关领域的科研和工程项目中几乎均有地理信息系统研究和建设的内容，而在资源科学领域相关的研究与工程项目中几乎均有资源信息系统的研究和建设内容①。

1980 年代，在国家层面上实施了“国家经济信息系统”专项建设，国家基础地理信息系统与国土资源信息系统均被列为国家经济信息系统建设的子系统。“七五”（1986～1990 年）期间，在国家攻关专项中将遥感和地理信息系统列为重大攻关项目。在中国科学院遥感所童庆禧先生的主持下，在资源信息化领域，配合“七五”公共项目——黄土高原综合科学考察，将遥感应用和国土资源信息系统作为支持综合科学考察的两项信息化支持项目。1990 年，我国首个自然资源综合信息系统和首个区域性国土资源信息系统在当时的综合考察委员会建成，使资源科学家能在数据库、模型库、图形等信息技术的支持下开展科学研究，将资源信息化向前推进了一大步②。同样，地理信息系统和遥感应用、软件开发以及在自然灾害、洪水预报等方面的应用取得重大进展。各个单位纷纷建立相应的机构和开设相应课程，南京大学率先开设了地理信息系统专业③。

（三）应用与提高阶段（20 世纪 90 年代）

20 世纪最后十年，我国在地理信息系统和资源信息系统、遥感技术等方面所取得的成果被广泛应用在其他科学领域。同时，我国科研工作者深入探索地球信息科学的理论、方法和应用，把地理科学和资源科学信息化的建设和应用推向新阶段。在国家“八五”（1991～1995 年）攻关项目中，仍然将遥感技术列为重大项目，使地理与资源科学信息化成果向环境、农业、灾害、工程建设等

① 孙九林、孙晓华：《自然资源信息分类体系》，《自然资源》1989 年第 2 期，第 62～69 页。

② 孙九林主编《国土资源信息系统的研究与建立》，能源出版社，1986。

③ 孙九林：《广泛开展资源信息科学研究和应用》，《自然资源学报》2000 年第 1 期，第 11～16 页。

各领域渗透，大大缩短了我国在地理与资源领域信息化方面与国际先进国家的距离[①]。我国先后推出了拥有自主产权的地理信息系统产品，包括中国地质大学的 MapGIS、中国科学院地理科学与资源研究所的 SuperMap 等。1999 年我国自主发射了“中巴资源一号卫星”，为地理与资源领域应用提供了重要支持。

回顾 20 世纪后三十年我国在地理与资源科学领域信息化方面的进展，应看到成绩很大，但也有值得深思的方面：如有自主知识产权的软硬件系统产品不多，特别是地理信息系统软件产品的绝大部分市场被美国产品所占领；地理信息系统和资源信息系统技术几乎在各行各业获得广泛应用，但在推动地理科学和资源科学的发展方面还有很长的路要走。这就成为进入 21 世纪后这个领域的科学家们为之奋斗的目标[②]。

三　发展趋势与关键技术

21 世纪以来，全球变化、区域可持续发展问题日益引起广泛的关注。同时，《国家中长期科学和技术发展规划纲要（2006～2020）》中将“地球系统过程与资源、环境和灾害效应”列为基础研究中的科学前沿问题，将“人类活动对地球系统的影响机制”和“全球变化与区域响应”作为面向国家重大战略需求的两大基础研究[③]。

为应对这些复杂问题，新的研究模式与研究思维开始快速发展，这促使地理与资源学科的发展进入了一个新的历史时期，即“地球系统的科学”时期[④]，并对地理与资源科学研究提出挑战：第一，研究对象的地理范围往往超出国家行政范围，需要洲际乃至全球的研究视野；第二，要全面且准确地了解地理现象的状态和变化过程；第三，单个学科难以独立支撑，必须打破传统学科的界限，从单一过程、单一要素的研究向多圈层、多过程、多要素的耦合研究发展；第四，少数科学家无法独立承担，需要在更多科学家之间展开协作；第五，研究成果能够

① 孙九林：《加强信息资源开发利用与共享　提高信息化建设效率》，《数码世界》2007 年第 11 期，第 3～4 页。

② 孙九林：《资源信息学的发展与展望》，《资源科学》2005 年第 3 期，第 2～8 页。

③ 中华人民共和国国务院：《国家中长期科学与技术发展规划纲要（2006～2020）》，2006。

④ 陈泮勤：《地球系统科学的发展与展望》，《地球科学进展》2003 年第 6 期，第 974～979 页。

与其他研究和社会及时共享。面对这些挑战，必须更深层次地利用信息化技术，构建全面且综合的地理与资源科学信息化环境[①]。

（一）地理和资源领域 e-Science 环境

e-Science 作为科学研究的下一代基础设施，使得全球性的、跨学科的、大规模合作研究和资源共享成为可能[②]。英国科学家 John Taylor 提出该概念后，已经引起了各国科技界的广泛关注。中科院副院长江绵恒指出：e-Science 的实质就是“科学研究的信息化”，是信息时代科学研究环境和科学研究活动的典型体现[③]。在地理与资源领域开展 e-Science 研究和应用，构建地理与资源 e-Science 信息化科研环境，能够提供新的研究方法和组织形式，对现代地理与资源科学的发展具有重要意义。首先，它有助于形成跨领域、跨组织、跨国家的紧密合作研究模式，满足现代地理与资源科研活动开展的需要；其次，它有机整合大量科研资源，有助于提高地理与资源研究和应用的效率，增强科研和应用的原始创新能力（见图 1）。

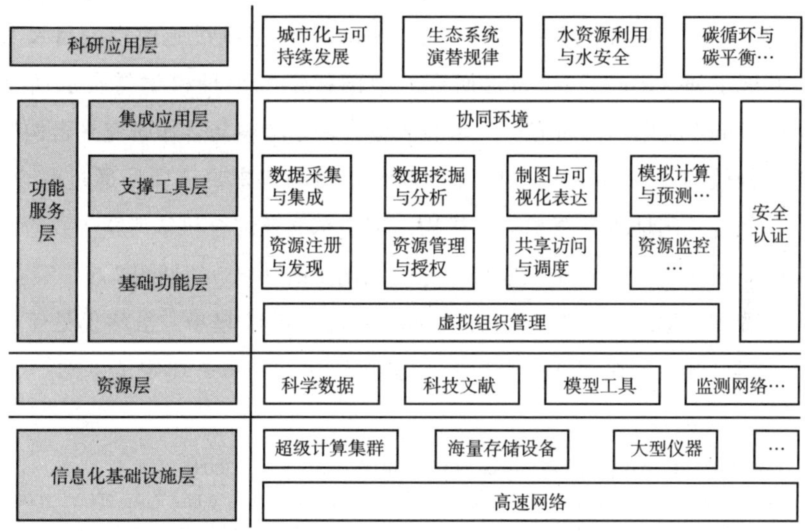

图 1　地理与资源信息化科研环境的体系结构

---

① 黄鼎成、林海、张志强主编《地球系统科学发展战略研究》，气象出版社，2005。

② 桂文庄：《什么是 e-Science?》，《科研信息化技术与应用》2008 年第 1 期，第 1 ~7 页。

③ 江绵恒：《科学研究的信息化：E-Science》，《上海信息化》2002 年第 2 期。

21世纪以来，主要发达国家纷纷规划和投巨资构建e-Science科研环境。欧盟成立了“欧洲信息化基础设施咨询工作组”（e-Infrastructure Reflection Group，e-IRG），总结和指导欧盟e-Science基础设施建设①。2009年e-IRG公布的白皮书中，全面分析了今后e-Science建设还需要着重加强的措施，包括：全球合作、网格与云计算、远程观测设施等②。澳大利亚公布了《澳大利亚研究基础设施战略路线图2008》，将在未来5~10年内重点开展e-Research建设。与此同时，国际上已经开始尝试将e-Science应用到地理与资源科学研究领域，如：美国国家基金会资助的GEON（Geosciences Network）项目正在开发支持地学集成研究的网络基础设施；德国地球科学研究中心启动了eGEOS项目，通过研究数据、模型、协同工作模块，尝试构建适合于地学研究的e-Science体系；日本国家高级工业科技所发起了GEO Grid项目，旨在联合日本本国和其他国际组织，开展地学e-Science研究；英国e-Science计划的Discovery Net项目则对遥感海量数据的传输开展了研究等③。

我国非常关注e-Science及其在地学上的应用。中国科学院在“十一五”（2006~2010年）期间陆续启动了一批e-Science的基础设施建设项目及其典型应用，开展了e-Science的探索性研究。中国科学院地理科学与资源所承担的“地学e-Science应用示范研究——东北亚综合科学考察与合作研究平台构建”是首个地学领域的e-Science示范项目。2008年启动以来，该项目通过联合中国、俄罗斯、蒙古三国地理与资源科研机构，围绕东北亚综合科学考察主要阶段和关键环节的需要，尝试性构建地理与资源信息化科研环境④（见图2）。

可以看到：地理与资源领域的e-Science建设已经起步，虽然仍处于初步探索阶段，但已开展的探索性工作为未来逐步实现e-Science奠定了基础⑤⑥。可以

① 孙坦主编《数字化科研：e-Science研究》，电子工业出版社，2009。

② e-Infrastructure Reflection Group. e-Infrastructure Reflection Group White Paper 2009. 2009.

③ 诸云强、孙九林：《面向e-GeoScience的地学数据共享研究进展》，《地球科学进展》2006年第3期。

④ 诸云强、孙九林、宋佳等：《地学信息化科研环境研究与应用示范》，《科研信息化技术与应用》2009年第4期。

⑤ 侯西勇、吴晓青、高猛等：《面向海岸带陆海相互作用研究的e-Coastal Science平台研发与设计》，《科研信息化技术与应用》2009年第2期。

⑥ 张耀南、肖洪浪、李新等：《内陆河流域综合集成研究所需的e-Science环境》，《科研信息化技术与应用》2009年第2期。

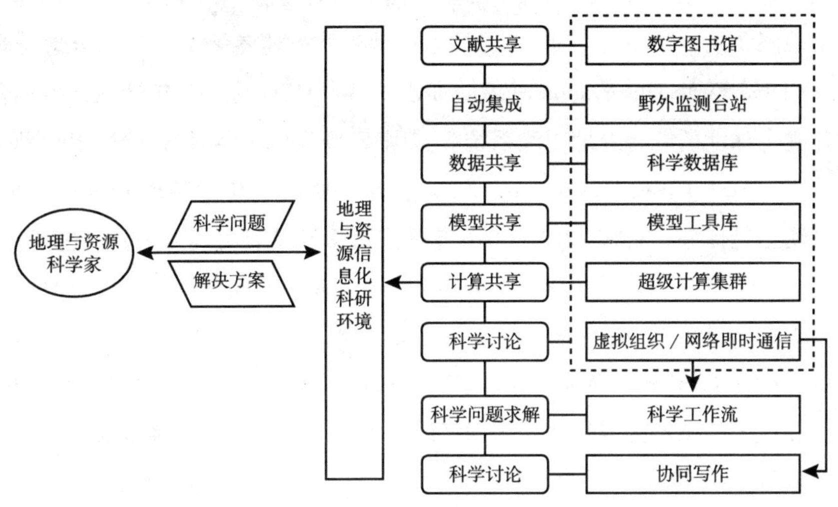

图 2　基于 e-Science 的地理资源科学研究模式

预见，2010 年以后，地理与资源领域将围绕全球变化、区域可持续发展等重大问题，从体系和关键技术上开展深入研究，并紧密结合国家和国际层面的重大项目开展实践和应用。还需要进一步认识到：科研信息化建设必将导致传统科学研究模式的变革，需要加强政策、法规、教育等软环境建设①。面向 e-Science 的地理与资源信息化科研环境建设，必须得到政府、科研院所、教育单位和相关企业的全面配合。

（二）全方位观测体系和数据同化与融合

面对未来“地球系统科学”的研究趋势，如何构建全面且综合的观测体系，将成为今后地理与资源科学研究的关键。新的观测体系将综合多种观测技术、观测平台，对地球的状态和过程进行持续而全方位的观测②。在观测方法上，除可见光传感器以外，热红外、微波雷达以及激光等观测手段将逐步构建，并应用到地理与资源研究中。

---

① 于贵瑞、何洪林、黎建辉：《中国陆地生态系统碳收支集成研究的 e-Science 环境建设探讨》，《科研信息化技术与应用》2009 年第 2 期。

② 周秀骥：《对地球系统科学的几点认识》，《地球科学进展》2004 年第 4 期。

国际组织和欧美等发达国家瞄准全球问题的研究需要，提出并着手构建庞大的对地观测体系。2005 年，近 60 个国家的政府和欧盟签署了全球综合地球观测系统（Global Earth Observation System of Systems，GEOSS）10 年计划，推动各国协调建立全球性的综合对地观测系统。美国于 20 世纪 80 年代开始规划“地球观测系统”（Earth Observing System，EOS），并计划在 2010 ~ 2020 年间投资 17 项地球观测卫星任务，将在 2013 ~ 2016 年间发射多颗重要的观测平台，包括：“地表形变、生态结构和冰动力学”（Deformation，Ecosystem Structure，and Dynamics of Ice，DESDynI）、区域绝对辐射与折射率观测（Climate Absolute Radiance and Refractivity Observatory，CLARREO）等。以 DESDynI 为例，该项目将发射同时搭载雷达和激光传感器的卫星，采用两者结合的观测手段，更准确地获取地表和生态系统资料。

我国也于“十一五”（2006 ~ 2010 年）期间启动了“高分辨率对地观测系统专项”，将在 2010 年以后的 10 年时间内，重点发展基于卫星、飞机和平流层飞艇的高分辨率先进观测系统；形成时空协调、全天候、全天时的对地观测系统；建立对地观测数据中心等地面支撑和运行系统，提高我国空间数据自给率，形成空间信息产业链。

面对快速发展的全方位对地观测体系，地理与资源研究还需要加强多尺度、多层次观测数据的反演和融合方法研究，提高对新观测手段和观测体系的适应能力，为全面而准确地了解地理现象的状态和变化过程提供必要支持，这将成为今后支撑地理与资源研究的重要保障。此外，地理与资源科学的研究具有明显的学科交叉和区域集成特征，其研究对象和研究方法决定了需要多学科、多来源和多尺度的数据反演、不确定性分析以及融合和同化手段①。因此，结合计算机模拟、数值分析等技术，开展卫星观测、地表观测、统计分析等不同来源数据的不确定性分析和同化方法研究也是重要的内容。多源数据在时间、空间和要素上融为一体，是研究地球形成演化、探讨人类生态环境及其变迁、减轻自然灾害、合理开发资源和促进社会可持续发展的重要基础。

---

① 冯敏、诸云强、张鸣之等：《多源遥感影像共享平台的设计与实现》，《地球信息科学》2008 年第 1 期。

（三）数据资源共享体系与关键技术

数据资源是地理与资源科学研究的关键。地理与资源领域的数据资源包括观测数据、科学研究数据、实验数据、科技文献等类型[①]。国际上，各国政府和科学界逐渐意识到“数据共享”的重要性，相继制订了一系列政策和措施。国际科技数据委员会（Committee on Data for Science and Technology，CODATA）、世界数据中心（World Data Center，WDC）等国际机构长期致力于推动包括地理与资源在内的科学数据共享，取得了很大成效。美国为首的发达国家也有政府组织实施了相应措施，包括美国航空航天局建立的“分布式最活跃数据档案中心群（Distributed Active Archive Centers，DAACs）”、美国“全球变化数据和信息系统”（Global Change Data and Information System，GCDIS）、美国国家科学基金（National Science Foundation，NSF）资助的 GEON 等[②]。

我国在地理与资源领域组织了不同规模、历时不等的观测、探测、监测、调查（考察）和试验研究工作；通过诸如科技攻关、高技术研究及产业化、重大基础研究和自然科学基金等一系列国家重大科技计划，支持了本领域的科学研究；并先后建设了一批大型科学工程、重点实验室、工程中心及野外观测研究站网等等，这些科技活动积累了大批宝贵的基本科学技术数据、资料。针对数据共享问题，我国也先后启动了相关项目和工程，推动国内科学数据共享。自 2001 年科学数据共享工程实施以来，科技部先后在资源环境、医药卫生、农业、基础与前沿、工程技术等领域启动了 18 个项目，整合和共享了大批科学数据资源，初步改变了我国科学数据资源部门独享、条块分割的局面，促进了相关行业内部数据的共享，带动了跨行业的数据交换，为科技创新和重大工程提供了大量数据共享服务，为科学数据共享工程的长期发展奠定了良好基础[③]。

在地理与资源领域，自科技部启动科学数据共享工程以来，“地球系统科学数据共享网”围绕人地关系研究，收集、整理和共享地理与资源领域的科学数据，构建数据共享的软硬件平台，通过网络连接全国的 13 家科研机构和大学，

---

① 孙九林：《分散数据资源整合策略和模式研究》，《中国科技资源导刊》2008 年第 3 期。

② 王卷乐、孙九林：《世界数据中心（WDC）中国学科中心数据共享进展》，《中国基础科学》2007 年第 2 期。

③ 徐枫：《科学数据共享标准体系框架》，《中国基础科学》2003 年第 1 期，第 44 ~ 49 页。

形成分布式的地理与资源数据、元数据交汇与共享体系①。此外，中国科学院地理科学与资源研究所长期承担“中国自然资源数据库”的建设工作②，并于“十一五”（2006～2010年）期间启动了“人地系统主题数据库”建设。

面向“十二五”（2011～2015年）科学数据的信息化，中科院部署开展了相应探索性研究。2009年启动的“人地系统科学数据网格示范”项目，尝试将网格计算等信息化技术与地理与资源数据结合，构建高效而方便的分布式数据访问环境，为“十二五”（2011～2015年）期间开展基于网格计算的地理与资源科学数据共享积累了经验。

从地球系统科学综合性和集成性的特点出发，结合信息化技术手段，特别是数据网格技术，研究和探索分散、多源地理与资源数据集成与共享中的关键理论和方法，构建能够从不同层次上支撑地理与资源科学研究的软硬件平台和数据库，是地理与资源领域的信息化的重要内容。结合版权跟踪技术、信息标识技术，研究地理与资源领域数据资源的标识和引用，有效保障科学数据共享过程中的数据生产者的积极性，将推动数据共享、大大提高数据的共享程度和流动性。此外，基于地理与资源数据的智能搜索、语义集成、多学科的信息空间和多维地球科学数据可视化方法，都将是今后地理与资源数据共享与集成研究的重要组成部分。

还需要认识到：虽然数据共享工程已经取得了可喜成绩，但我国在数据共享的政策、法规等方面还不完善，亟须从政策、法律和管理等方面采取相应措施，加快研究和制定科学数据共享条例、推广科技计划项目数据交汇，持续提高数据的规范化、标准化建设，大力开展数据共享服务。同时，加强国际合作，尤其与国际数据观测与数据共享相关组织之间建立长期、持续的合作，开展元数据、数据交换以及面向全球变化研究的高层次数据整合集成。

（四）数据与计算密集的地理与资源模拟环境

从定性分析向定量转变，是现代地理和资源科学研究的重要特征。地理信息系统和遥感观测等技术的使用，带动了地理与资源的数值定量分析和模拟研究，

---

① 孙九林、施慧中：《中国地球系统科学数据共享服务网的构建》，《中国基础科学》2003年第1期，第76～81页。

② 孙九林、李泽辉：《中国自然资源数据库》，《现代图书情报技术》1997年第4期，第9～14页。

出现了一系列地理空间分析算法和模型，并广泛应用于各地理与资源科学研究和应用中。在全球变化和区域可持续发展被日益关注的背景下，基于超级计算以及分布式计算技术，整合地理与资源领域的科学计算模型、开展综合模拟将成为重要的研究手段。

数据是模型模拟分析的必要条件，跨学科综合模拟必须基于多源的海量数据资源。我国及主要发达国家在空间数据基础设施、数据共享等方面已取得了重要进展。随着对地观测等数据获取手段的不断强化，以及政府和科学界对数据共享的逐渐重视，数据共享的方法和相关标准取得明显进展，通过网络共享的科研数据资源日益丰富，从而为在网络分布式计算环境中开展模型共享和跨学科综合集成提供了难得的基础①。

近年来，超级计算和网络设施得到了快速发展。2009 年 11 月发布的全球超级计算 500 强中，美国橡树岭国家实验室的 Jaguar 的峰值性能达到 1.75petaflop/s，标志着超级计算进入了千万亿次时代，并且将很快进入万万亿次。此外，高速网络环境下的资源共享和整合模式研究也取得了相当进展，网格计算、云计算等方法被相继提出。“十一五”期间（2006～2010 年），我国开展了多个网格计算研究和建设项目，包括：“国家网格”、“NSFC Grid”等②。在地理与资源科学领域，也结合超级计算和分布式计算环境，开展了相应研究，例如在“863 高效能计算机及网格服务环境”项目中，将数据同化模式移植到我国“国家网格”上，探索地学科研模型与网格计算的结合模式。

地理与资源领域的跨学科综合模拟要求海量的数据和计算资源，但目前已开展的研究和应用仍较为初步，且由于缺乏有效的模型共享与集成机制，严重限制了地理与资源研究领域的综合模拟，亟须从模型共享与集成的角度，研究地理空间模型交互过程中的元数据、数据结构和交互规则等关键环节，该问题也已被列为“下一代数字地球”的研究内容。随着以上研究的开展，可以预见：基于超级计算设施以及“网格计算”、“云计算”等分布式计算技术，逐步构建数据与计算密集的地理与资源模拟环境，将是未来地理与资源研究中的重要课题。

---

① 王桂凤、卢凡：《我国科技条件平台建设进展及其思考》，《科技进步与对策》，2006 年第 11 期。

② 周宏仁主编《中国信息化进程》，人民出版社，2009。

国土资源信息开发与利用

李晓波*

摘　要： 国土资源对促进我国经济社会稳定持续协调发展、科学技术进步和创新以及维护国家安全均极为重要。国土资源信息的合理开发和利用，既涉及地球表面又涉及地球内部，获取难度大、成本高。然而，国土资源信息却有着巨大的开发和利用价值。在长期的国土资源调查、监测、评价、管理、研究工作中，已经产生了海量的国土资源信息。本文阐述了我国国土资源信息开发利用的主要进展和工作部署。

关键词： 国土资源　信息资源　开发利用

一　概述

国土资源是国家的基础性和战略性资源，是人类生存与发展的物质基础，是促进经济发展、维护社会稳定的重要保障。作为国家信息资源中的基础信息资源之一，国土资源信息是其他类型专题信息的空间载体和定位基准，也是基本国情的最重要的反映，其内容涵盖地上、地下信息，涉及地理空间信息、地质信息（地质环境）、矿产资源信息、土地信息和海洋信息等五大类，具有时空动态性、复杂性、多尺度性、海量性等特点，它们涉及可持续发展必需的重要物质资源和能源资源，也是可持续发展的生产力要素和宝贵财富。

新中国成立以来，在长期的国土资源调查、监测、评价、研究和管理工作中，国家累计投入了数千亿元的资金。通过国土资源大调查和第二次全国土地调

* 李晓波，研究员，博士，国土资源部信息办副主任，主要从事国土资源管理与信息化研究与应用。

查的实施，获取了海量的国土资源基础信息，这些历史积累的和正在产生的国土资源数据，涉及地球表面及其内部信息，获取难度大、成本高，有着巨大的利用价值，具有时空动态性、复杂性、多尺度性、全覆盖、不确定性等特征，数据内容从微观到宏观，数据形式有栅格、矢量、影像、图片、文本、表格和数据库等多种形式，能在国民经济和社会发展中发挥重要作用。

国土资源部十分重视国土资源信息开发与利用，在建部之初就把“加强信息系统建设，实现信息服务社会化”确定为国土资源管理的五大目标任务之一。在新一轮国土资源大调查和“数字国土”工程建设中，开展了各类数据库建设，通过国土资源科学数据共享、国土资源政府信息开发与利用等重要举措，全面推动国土资源信息的开发与利用，初步建立了比较完善的“测绘为基，陆海相连”的信息共享服务体系，为资源管理相关部门提供了系列化、标准化的国土资源信息产品，促进国土资源信息的广泛应用，最大限度满足政府履职和百姓生活对于国土资源信息服务日益增长的需求。

二　国土信息资源建设情况

（一）土地信息资源状况

建立了全国土地详查汇总资料（1986～1995年）、全国土地利用动态遥感监测数据集（1996～1997年，1999～2005年）、全国县级1∶1万主比例尺土地利用数据库（1999～2005年）、全国土地利用变更调查数据集（1996～2005年）、西部大开发土地资源调查评价与耕地后备资源调查数据集（1999～2003年）、环北京生态环境遥感监测数据集（2002年）、国家级开发区监测数据集（2002～2005年）和全国城市地价监测数据集（1999～2005年）等。建设了1∶50万土地利用数据库、国家级土地利用规划数据库、土地利用遥感监测数据库、国家级建设用地数据库、1∶1万～1∶5万土地利用数据库、第二次全国土地调查成果数据。

（二）基础地质与矿产信息资源状况

基础地质涉及区域地质、矿产地质、水文/工程/环境地质、农业地质、海洋地质、基础地质、地球化学、地球物理、地学科研、地质资料、遥感等领域。建立了数字地质图系列（1∶5 万、1∶20 万、1∶50 万和 1∶250 万）、地层、矿产地、重力勘查、航空磁测、钻孔、地下水、同位素、岩石等一系列全国性数据库，与战略性矿产地质数据资源相关的有 12 大类 50 余种数据库，数据量达 10TB 以上。建设了全国矿业权管理数据库、全国矿产储量数据库、全国油气矿产储量数据库、矿产资源规划数据库、矿产资源开发利用数据库等专业信息库，有效支撑了对矿产资源的管理。

（三）基础地理信息资源状况

基础地理信息主要包括国家测绘基准数据、航空影像和卫星遥感数据、系列比例尺地形图以及在此基础上生产并维护更新的基础地理信息数据库。除此以外，还包括测绘档案资料以及在专题应用系统开发过程中积累的一些专题数据库。建成了全国 1∶400 万、1∶100 万、1∶25 万、1∶5 万基础地理信息数据库和国家大地测量数据库，全国有 29 个省（自治区、直辖市）开展了 1∶1 万基础地理信息数据库建设，部分大中城市已经建成大比例尺基础地理信息数据库，目前可供共享的数字化基础地理信息数据量超过 5TB。进行了重点区、七大江河流域重点防洪区 1∶1 万、1∶5 万基础地理信息的数字化生产和建库工作。

（四）海洋信息资源状况

海洋数据资源包括常规调查资料、专项调查资料、专题调查资料、国际合作资料和历史调查资料等 5 大类数据，数据量达 2TB 以上，时间跨度达 150 多年，资料覆盖区域广阔。建成 1∶50 万、1∶100 万和 1∶400 万海洋基础地理数据库、海洋台站、海洋温盐、海流、海洋浮标、海面气象、海洋地质、海洋地球物理和水深资料数据库，为政府决策、海洋开发和航海保障提供了重要依据。我国正在进行的“908”专项调查和其他海洋专项调查还将大大增加关于我国海洋资源状况的数据量。

三　国土资源信息开发与利用的主要进展

近年来，随着国土资源管理方式的变革和信息化的不断推进，信息资源总量不断增加，质量逐步提高。为进一步发挥其在国民经济和社会发展中日益突出的作用，在更广、更高、更深的层次上开发利用国土资源信息，国土资源部从不同方面、不同层次开展了国土资源信息的开发与利用工作。

（一）国土资源政府信息开发与利用

1. 建章立制，推动国土资源政府信息公开工作制度化、规范化

国土资源部高度重视政务公开工作，认真贯彻实施《中华人民共和国政府信息公开条例》，专门研究推进政府信息公开工作，明确要求建立工作制度和运行机制，坚持以制度建设带动政府信息公开，逐步推进政务公开工作。目前，已制定了《国土资源部政府信息公开指南》、《国土资源部政府信息公开目录》、《国土资源部依申请公开办法》等制度，建立健全了各项工作机制，确保了国土资源部信息公开工作规范、有序开展。

2. 精心策划，丰富政府信息公开内容

利用网络传播速度快、受众面广的优势，将国土资源部门户网站作为政府信息公开发布的主渠道，科学规划和整合栏目，丰富信息内容，拓宽公开形式。一是公开信息范围广泛。包括法律法规、国土规划等 45 类，内容涉及所有业务。2009 年，全年网站实际主动公开政府信息 23637 条，年度新增 14159 条。二是公开信息重点突出。针对社会广泛关注的土地、矿产市场等热点问题，集成全国各地的建设用地和矿业权行政审批结果、国土资源违法案件等信息，及时通过网站向社会公示公告，接受社会监督。三是公开程度越来越深入。从 2010 年起，部长办公会的主要会议内容通过国土资源报和部门户网站向全社会公开发布。通过视频、文字和图片等多种形式，实时网上视频直播全国国土资源工作会议、国土资源部土地卫片执法检查工作部署会等。

3. 加强政民互动，提高为民服务水平

国土资源部坚持以社会公众需求为主线，逐步拓展与公众交流的渠道，不断推进服务型政府建设，提高为民服务水平。一是加强政民互动，汇集民意民智。聚焦耕地保护、房价地价、土地开发整理、矿产资源开发利用等社会舆论热点，策划和制作在线访谈、网上调查、建言献策等栏目，广泛听取社会声音，及时解读政策，答疑解惑。2009 年围绕资源热点策划、制作专题 19 个，举办在线访谈 5 期。二是完善公众留言处理制度，保障社会公众的知情权和参与权。设置部长信箱和信访举报信箱，指定专人负责监督和催办，努力实现投诉举报事事有落实，件件有反馈，有效保障及时了解民意、化解矛盾，也极大地提高了政府部门的公信力。三是深度挖掘和整合各事项在线服务资源，提供“一站式”在线办事服务。2007 年 8 月启用政务大厅，受理建设用地预审和建设用地、采矿权、探矿权、地质勘查资质、地质灾害资质审批等 6 类 27 项审批事项。同时，在门户网站提供行政审批事项的办事指南、办事咨询、表格下载、网上申请、办事进度查询、结果公开等“一站式”服务，积极提高网站的在线处理能力。

4. 加强指导，推动国土资源系统政府信息公开

从 2004 年开始连续六年开展全国县级以上国土资源管理部门的政府信息网上公开检查，采取“以查促建”的方式，旨在通过找出问题，总结经验，引导方向，提出建议，激励和引导各地国土资源管理部门开展政务公开，整体提升应用和服务能力，成效显著。目前，所有省级、97% 的市级和 70% 的县级单位实现了不同程度的政府信息网上公开。大部分单位以“关注民生、聚焦资源”为切入点，主动公开行政审批结果、土地和矿权交易等社会关注的关键信息，规范行政审批行为，杜绝暗箱操作，保证交易市场良性持续发展。及时公告征地及补偿安置方案，切实保障被征地农民的切身利益，维护社会和谐稳定。

国土资源部高度重视政务公开工作。认真贯彻实施《中华人民共和国政府信息公开条例》，以国土资源部门户网站为主渠道深入推进政府信息公开，主动接受社会监督。

（二）国土资源科学数据共享

从满足国家科技进步与创新、社会发展、经济增长等多种需求出发，充分珍藏、挖掘、合理利用、增值应用各类国土资源科学数据资源，解决制约国土资源科学数据共享的关键技术问题，提高国土资源科学数据共享服务能力，2003 年、2004 年国土资源部承担了科技部国家科技基础条件平台的国家科学数据共享工程重点项目。通过对国土资源科学数据和元数据的标准化、规模化整合，实现科学数据资源的在线与离线相结合的多种共享服务。对于可以公开的数据，在互联网上免费提供方便快捷的数据查询、浏览、下载等服务。对于涉密数据，在遵循国家保密有关规定的前提下，最大限度地简化有关手续，通过离线方式提供数据复制服务，只收取复制工本费，为科技界和社会广大用户提供其所需的数据。

1. 构建了国土资源科学数据共享的总体框架

国土资源科学数据共享体系是由一个主中心和三个分中心构成的数据中心群，主中心设在国土资源部信息中心，三个分中心分别设在中国地质调查局、中国地质科学院、中国土地勘测规划院，分别管理不同类型的数据资源，采用分布式管理方式，数据资源通过镜像备份与主中心进行数据交换，通过互联网提供分布式信息服务，如图 1 所示。

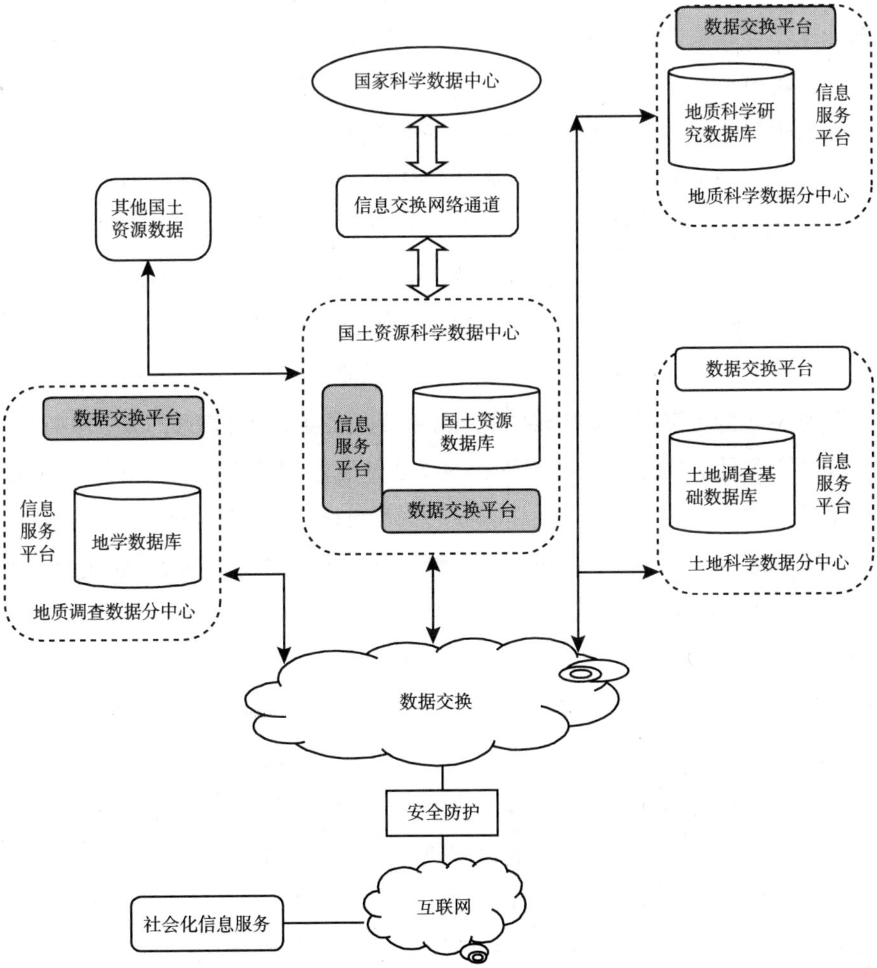

国家科学数据中心
信息交换网络通道
其他国土资源数据
国土资源科学数据中心
信息服务平台
国土资源数据库
数据交换平台
数据交换平台
地质科学研究数据库
信息服务平台
地质科学数据分中心
数据交换平台
信息服务平台
地学数据库
地质调查数据分中心
数据交换平台
土地调查基础数据库
信息服务平台
土地科学数据分中心
数据交换
安全防护
互联网
社会化信息服务

图 1　国土资源科学数据共享框架

2. 针对分散的、多源异构的各类国土资源数据库（集），完成了30个重要数据资源标准化整合

实施国土资源科学数据共享首先需要解决的问题是如何把分散的、数据内容多样的、标准不一致的各类国土资源科学数据或资料，经过客观、科学的处理与分析，形成一批能够直接为科学研究与其他公益性活动利用的数据库和数据集。因此，自2003年国土资源科学数据共享试点工作开展以来，在用户需求调研的基础上，重点选择了一批重要的、用户急需并且具有较好基础的数据资料进行整合，包括土地资源、矿产资源、系列基础地质图、地下水资源、地质科学研究和深部地球物理等数据。通过对不同格式、存储在不同介质上的数据资料进行规模化、标准化加工整理和统计，形成了一批具有统一元数据标准、统一分类编码、统一命名规则的标准规范的数据库或数据集产品。

目前，已整合1∶20万数字地质图数据库、1∶50万数字地质图空间数据库、1∶250万数字地质图空间数据库、1∶500万数字地质图空间数据库、全国1∶50万土地利用数据库、全国土地详查汇总数据库、深部地球物理数据库、青藏铁路沿线活动断裂数据库、特殊地学景观数据库等30个数据库，这些数据已经全部可共享，其中有24个数据库已实现网上在线共享。

3. 建立了国土资源科学数据共享服务平台，提供了便捷高效的数据服务窗口

国土资源科学数据共享服务平台不仅是开展数据共享研究与建设的重要内容，也是为用户提供便捷高效数据服务的主要窗口。鉴于国土资源科学数据的时空性和多源性，为了保证共享服务平台能够成为提供权威、一致、快捷的国土资源科学数据服务的主平台，必须在元数据、数据管理模型、用户管理策略和数据检索技术等方面开展大量的研究与技术适用性改造，建立统一的面向各个单位、部门和社会公众的信息共享服务平台，能够在国土资源科学数据共享主中心和三个分中心之间进行数据交换，并通过主中心的门户网站提供分布式的信息服务。目前国土资源科学数据共享服务平台主要具有元数据管理、数据汇交、数据发布、查询浏览、数据下载和用户管理等功能。数据汇交子系统具有元数据的编辑、数据打包、汇交信息填报、数据上传、数据审核、汇交日志管理等功能，能够支持文本、图片、多媒体和空间数据等多种数据类型的数据汇交。数据查询浏览和下载子系统具有提供国土资源科学数据共享空间数据集、多媒体数据集、文本数据集的查询浏览和下载服务的能力，并可按多种方式进行国土资源科学数据集的查询浏览。基于元数据的数据集查询能够提供国土科学数据共享数据集的元数据查询，以摘要、全文形式展示给用户，并提供关键字、空间范围、全文等多种查询方式。数据集浏览能够提供国土资源科学数据共享数据集的浏览功能。针对文本、多媒体、图表和空间数据和遥感影像缩略图等，分别实现浏览器方式的在线浏览功能。数据集下载能够提供国土资源科学数据共享数据集的下载功能。针对文本、多媒体、图表和空间矢量数据和遥感影像数据等，可以通过 ftp 或 http 协议向用户提供下载服务。数据发布子系统具有对数据共享网站信息的管理和发布能力，根据用户类型的不同，授予其不同模块的使用权；另外，无论是管理员、数据汇交人员还是普通查询用户通过记录相应的访问信息，能够对访问信息进行统计及网上查询。元数据目录服务子系统：提供元数据的目录服务功能，实现元数据的整理、建库、建立和维护目录服务，对现有国土资源科学数据集的元数据进行整理，添加相应数据服务、下载信息，提供国土资源科学数据集的目录服务。

总体来说，通过国土资源科学数据共享，盘活了国家投入十多亿元获取的重要国土资源科学数据资源，使长期分散或由单位、个人保存的具有获取难度大、成本高的数据资源得到了有效管理并可供社会公众共享使用。建立了比较完整的数据共享机制，增强了成果拥有者对科学数据的共享意识，理顺了数据管理的渠道，规范了服务方式。这些数据已广泛应用于科研、教育、气象、农业、水利、地质、林业、建筑、交通、环境等多个领域，为国家科技项目的开展、国家宏观调控和相关科学技术研究开发提供了高质量的数据服务，取得了显著经济效益和社会效益，并将极大地发挥数据的科学、经济和社会效益。

（三）国土资源基础信息共享

为了提高国土资源管理和决策能力，满足各部门和社会公众对国土资源信息的需求，促进国土资源信息开发利用和信息共享，按照中办发［2004］34 号文关于积极开展信息开发利用和信息资源共享工作的要求，国土资源部信息化领导小组第七次、第八次会议确定建立以“测绘为基，陆海相连，重点加强数据共享，建立顺畅的信息服务获取渠道，先把土地、矿产、地质调查方面数据统筹好，并加强与相关部委的信息交换和共享”的信息共享服务体系，全面推进信息资源深度开发和广泛利用，发挥国土信息资源的最大效益，为国土资源管理、国民经济建设和社会可持续发展提供信息支撑。

国土资源信息空间数据共享平台是基于网络的分布式数据管理与服务平台，通过对国土资源综合信息服务中心、土地资源数据管理中心、地质调查数据管理中心、海洋资源数据管理中心和基础地理数据管理中心管理的土地、地质矿产、海洋、测绘等信息资源的分布式管理，依托统一的电子政务网络和互联网，由国土资源一站式共享服务门户通过统一的信息共享服务平台为相关部门和社会公众提供信息服务，国土资源信息共享服务平台的技术架构如图 2 所示。

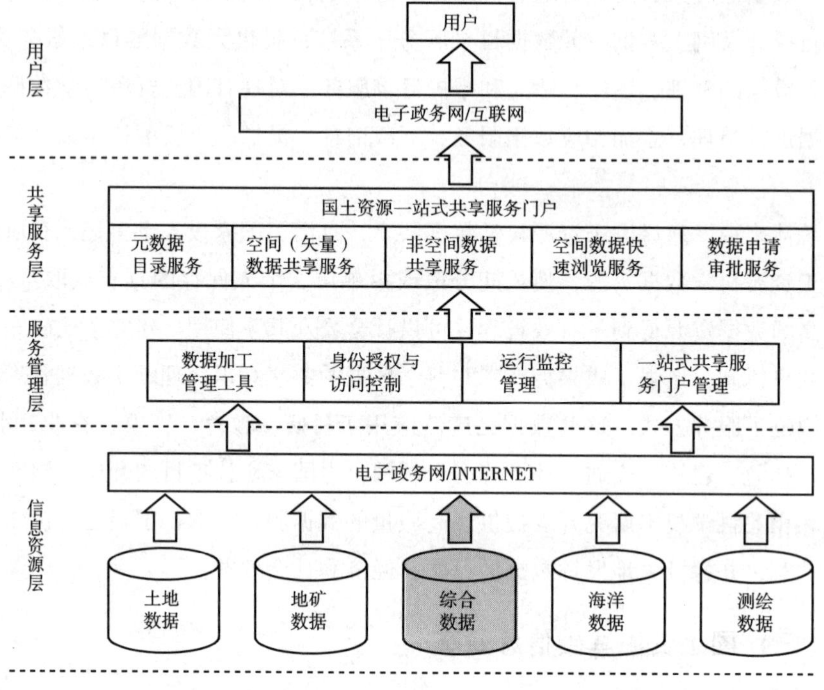

图 2　国土资源信息共享服务平台的技术架构

根据国土资源各类数据的特点，结合当前空间信息技术应用的趋势，国土资源空间数据主要采取元数据目录服务、空间（矢量）数据共享服务、非空间数据共享服务、空间数据快速浏览服务和数据申请审批服务等五种服务模式，这五种服务模式分别通过相应的服务系统来实现。

（1）元数据目录服务：元数据目录服务是在综合信息服务中心建立元数据

管理系统，网络用户通过访问该系统可以快速了解国土资源空间数据集的有关信息，为“在线”、“离线”索取数据提供信息服务。该系统还包括元数据“导航”服务。元数据目录服务系统目前已初步建立，随着各类国土资源元数据的不断建设，元数据库内容将更加全面。

（2）空间（矢量）数据共享服务：空间（矢量）数据共享服务是利用WebGSI技术，使用户可以对空间数据集（矢量数据或影像数据）进行浏览、编辑、分析、更新和下载等操作。

（3）非空间数据共享服务：非空间数据共享服务系统为网络用户提供国土资源法规、科学数据、目录数据、科技成果、相关文档等信息服务。非空间数据共享服务是利用适合于开发基于 Web 的分布式系统的 Web Services 技术并结合 XML、SOAP、WSDL、UDDI 等技术来实现不同系统之间的数据交换和集成，提供对非空间数据的浏览、下载等功能。

（4）数据申请审批服务：该服务模式是针对一些非公开或涉密的，不能直接在互联网上提供，需要通过规定程序办理手续后，到数据管理部门获取的国土资源空间数据。该系统是基于互联网建立一个网上数据申请、审批的流程，使用户与数据管理部门不直接接触而是通过网络来办理数据申请手续，然后，以“离线”方式去领取数据。

（5）空间数据快速浏览服务：该模式是基于图片的国土资源空间数据网上发布系统，以“空间换时间”的设计思想，预先对空间矢量数据和空间影像数据进行处理与制作，生成发布数据，应用金字塔和网格地图技术对其进行存贮、管理和发布，网络用户可以快速地访问到国土资源空间数据，并可对数据做相应的操作。

其中空间数据快速浏览系统作为目前国土资源信息共享的平台，已在部机关内网和国务院政府信息资源与办公业务网上正式开通运行。通过点击网站主页上的系统链接，部机关和国务院各部委的所有工作人员均可以使用浏览器自由地查询、浏览全国土地利用、土地利用规划、矿产资源规划以及近年来重点城市的遥感影像数据。该系统是一套基于图片的国土资源空间数据网上发布系统，集当前该领域多种先进的信息技术为一体，为国土资源管理部门和使用国土资源信息的政府管理部门以及社会用户提供一种全新的国土资源空间信息浏览与应用方式，使用户更加直观地了解、认识国土资源的实际状况，从而为政府宏观决策、区域规划、重大工程布局和科学研究提供科学、客观的信息支持，为国土资源信息共享与服务提供一个高效快捷的方式。

四　国土资源信息开发利用的部署

通过多年的努力，我国显然在国土资源信息开发与利用方面取得了一定进展，但与国土资源信息在经济社会发展中应该发挥的巨大作用相比，还存在较大差距。主要表现在：服务的主动性不强，信息共享服务制度不完善，服务的手段和方式比较单一，信息整合程度不高，信息产品深度加工不够，产业化的机制还没有建立。面对国土资源工作的新形势和新要求，今后国土资源信息开发利用要把信息技术全面、深入地应用到国土资源调查评价、规划、管理、保护与合理利用的各个工作环节，形成“天上看、地上查、网上管”的国土资源管理运行体系，加快推进国土资源基础数据库建设，建成一批支撑国土资源管理和社会化服务的基础性、战略性数据库。加强土地、矿产、地质、海洋、测绘信息资源的集成、整合、开发与共享；开展社会化增值服务。为此，国土资源部提出了加快推进国土资源信息服务集群化和产业化，积极主动服务于经济社会发展和拉动内需保增长，充分发挥国土资源信息的基础性、公益性作用。

（一）国土资源信息服务集群化和产业化的总体思路

推进国土资源信息服务集群化和产业化的总体思路是：深入贯彻落实科学发展观，以体制和机制创新为保障，以信息技术为依托，面向经济社会发展和社会公众对不同层次、不同形式国土资源信息的需求，围绕信息资源开发利用和共享服务这条主线，充分利用已有基础，试点先行，分步实施，构建与国土资源事业改革发展相适应的国土资源信息服务集群化框架，逐步推进信息服务的产业化。

1. 打破封锁，主动服务

全面梳理现有的国土资源信息，摸清资料家底，明确各类用户对不同类型、不同形式国土资源信息的需求，按照服务对象、数据类型、涉密性对国土资源信息进行分级分类。通过制度建设，打破各单位、各部门之间的信息封锁，疏通信息汇集、管理和服务的渠道，盘活各类信息资源，主动开展服务。

2. 适度集中，分布服务

利用现有各级、各类国土资源数据中心汇集、管理、集中发布服务信息的功能，进一步统一标准、统一数据目录服务，对各专业领域、各级国土资源数据中心通过制度、标准和技术手段进行有效整合与关联，充分发挥集群化服务的优势。同时，鉴于国土资源数据量大、类型多，以及大量数据来自基础调查和具涉密性等特点，各专业、各级数据中心相对独立提供信息服务，实现统一标准、统一数据目录的集群化服务。

3. 整体设计，分步实施

整体设计集群化服务的框架，以及国土资源信息产品，在总体框架下制定近期计划，分解工作内容，分级、分步实施。对于国家重大项目及社会公众需求迫切又有资料基础的信息服务，可以先行同步推进。服务形式多样化，对具备获取网络化服务手段的通过国土资源门户网站或内网提供服务，对不具备上网条件的，以电子数据产品或纸介质方式提供服务。对于产业化服务，以试点起步探索模式，按照服务外包的方式，在法律允许范围内引入企业参与国土资源信息的增值开发和产业化服务。

（二）目标与任务

总体目标是：充分利用现代信息技术，整合现有的国土资源信息共享服务内容，构建多级、分布式国土资源信息服务集群化框架，形成可持续的国土资源系列品牌信息产品，提高国土资源信息的共享服务程度，使国土资源信息的服务内容更加丰富，服务方式更加多元化，服务范围更加广泛，基本满足经济社会发展对国土资源信息日益增长的需求，培育和促进国土资源信息产业的形成和市场的繁荣发展。

1. 研究制定国土资源信息服务集群化和产业化相关政策

（1）制定国土资源数据汇交、管理和共享服务的制度。建立和完善数据汇交管理办法、政务信息公开办法、信息共享规定、土地登记资料公开查询办法等相关制度，进一步明确数据汇交与共享服务的义务、数据管理和安全保密的责任主体。

（2）开展国土资源信息分级分类工作。按照国家安全保密的要求，在现行的国土资源信息分类基础上，对国土资源信息进行梳理和分级分类，划分信息的安全级别，以明确信息服务的范围、对象和方式等。

（3）形成政府搭建基本平台、企业广泛参与的良性机制。引导和鼓励企业、公众和社团组织开发信息资源，开展公益性信息服务，或按有关规定投资设立服务机构和中介机构，开展信息服务产业化价格体系研究。

2. 国土资源信息产品设计与开发

以能够反映国土资源管理运行的信息指标为主要内容，通过系统汇集和整理归纳有关数据，分析国土资源管理的状况和资源形势及发展趋势，形成能为政府领导、专家学者、社会公众普遍认可的国土资源信息产品。主要包括几方面：

（1）基础地质信息。向各政府部门提供地质找矿方面的重大发现、区域地质调查及研究方面的工作部署、工作进展、重大成果、环境地质资料等信息；面向社会公开小比例尺地质图、地球化学专题图、地球物理专题图、矿产资源调查评价、地质工作程度等信息。

（2）土地调查与规划信息。向各政府部门提供各级土地利用现状、土地利用规划信息；面向社会公开小比例尺土地利用现状图、土地利用规划图等信息。

（3）地质灾害监测信息。向各政府部门提供重大地质灾害灾情险情速报、三峡库区以及受台风、强降雨影响严重地区的地质灾害风险性评估、预警预报等信息；面向社会公开突发性地质灾害危险性区划、突发性地质灾害应急预案、地质灾害预警预测、地质灾害灾情等信息。

（4）政务管理信息。面向各级政府部门和社会公众提供土地审批、土地供应、补充耕地、城市地价、探矿权审批、采矿权审批等信息（涉密项目除外）。

（5）资源形势信息。以储量统计快报、储量通报和矿情通报的形式向上级领导提供矿产资源储量年度统计信息和矿产资源形势信息；面向社会公布矿产勘查投入和成果、矿产资源勘查开发进展、矿产资源年度报告等信息。向各级领导和机关提供全国耕地保有量、变化量、土地利用变化、土地节约集约利用指标等信息；向政府和社会发布有关保障农业生产能力的国土资源指标信息，包括全国、省（区、市）、重点城市基本农田覆盖率（区域基本农田面积/区域土地总面积）、单位面积粮食产量（区域粮食产量/区域耕地面积）等。

3. 推进数字化、网络化的国土资源信息服务

（1）加快国土资源基础信息的数字化，加快数字积累，为数字化、网络化服务提供基础保障。

（2）建立国土资源信息元数据目录，利用门户网站在互联网统一发布，向全社会公告现有国土资源信息的基本情况，包括信息内容、获取方式等。

（3）建立由国土资源数据主中心、地质和土地专业分中心以及省级分中心构成的国土资源集群化网络共享服务系统，整合分布于不同单位、不同地区的不同类型非涉密电子数据，对外提供浏览、检索、下载等服务。

（4）涉密数据信息（绝密除外）通过空间数据快速浏览系统在国务院相关网面向各政府部门提供服务。

（5）在借阅、查阅等传统服务方式基础上，建立电子阅览室，进一步提高服务质量，拓宽服务领域和范围。

4. 开展国土资源信息服务集群化和产业化试点

（1）研究制定国土资源信息服务集群化和产业化试点方案。

（2）选择部分省级国土资源管理部门，以及中央、省级公益性地质调查机构，开展地质资料信息服务集群化试点，在点上取得经验，逐步向面上扩展。

（3）与相关行业一起开展土地登记等信息服务产业化试点，培育中介机构。

（4）总结试点经验，形成国土资源信息服务集群化和产业化运行机制，并全面铺开。

参考文献

孙枢：《地球数据是地球科学创新的重要源泉——从地球科学谈科学数据共享》，《地球科学进展》2003 年第 3 期。

王广华：《国土资源科学数据共享研究综述》，《测绘通报》2007 年第 4 期。

《国土资源信息服务集群化和产业化工作实施方案》国土资厅发〔2009〕53 号。

中国地震监测系统信息化的探索与实践

刘瑞丰*

摘　要：地震灾害具有突发性、毁灭性的特点，推进地震监测系统信息化，可以大大提高地震的监测能力和应急反应能力，对于防震减灾工作具有重要意义。从1996年起，在国家有关部门的大力支持下，中国地震局开展了地震监测系统信息化的探索与实践工作，对所有的地震台站进行了数字化、网络化改造，建成了由国家地震台网、区域地震台网和流动地震台网组成的中国地震监测系统，初步实现了地震台网数字化、数据传输网络化、数据处理实时化、数据服务多样化，显著提高了地震监测系统的总体效能。

关键词：地震　地震台网　地震监测系统　宽频带地震仪

地震是一种会给人类生命财产带来严重损害的自然现象，据统计，全球每年发生8级以上地震2~3次，7级以上地震20次左右，6级以上地震180次左右，5级以上地震2000次左右，2级以上地震100万次。一般而言，超过4.5级的地震，就可能造成灾害。

我国地处环太平洋地震带和欧亚地震带的交会处，由于地理位置特殊，我国的地震活动具有频度高、强度大、分布广、震源浅的特征，是世界上地震最多发也是地震灾害最为深重的国家之一。我国大陆约占全球陆地面积的1/14，但20世纪有1/3的陆上破坏性地震发生在我国，死亡20万人以上的大地震全球共两次，都发生在我国，一次是1920年宁夏海原8.5级大地震，死亡23万多人；另一次是1976年河北唐山7.8级大地震，死亡24万多人。进入21世纪，我国发生了

---

* 刘瑞丰，博士，中国地震台网中心总工程师，研究员。主要从事地震震级测定、地震矩张量反演、数字地震资料分析处理等方面的研究工作。

2次8级以上地震，一次是2001年11月14日昆仑山口西8.1级地震，另一次是举世瞩目的2008年5月12日四川汶川8.0级地震，死亡69227人，失踪17923人。

认识地球及其运动变化规律，减轻地震灾害，创造人类美好生存环境，一直是人类孜孜以求的目标。从20世纪70年代开始，随着微电子和计算机技术的发展，在地震监测系统中出现了数字地震仪，数字地震记录具有记录频带宽、分辨率高、动态范围大并且便于计算机进行资料处理等特点。数字地震仪从诞生的那天起就具有强大的生命力，世界各国相继建立了高质量的数字化地震台站、数字化台网和数字化台阵（陈运泰等，2000）。

我国从20世纪80年代开始建设数字地震台网，中美合作的中国数字地震台网（China Digital Seismograph Network，CDSN）是我国第一个国家级数字地震台网，该台网于1983年规划设计，1986年投入实际运行。1993～2001年，中美双方对CDSN进行了二期改造，使台网的硬件、软件系统符合美国地震学联合研究协会（Incorporated Research Institutions for Seismology，IRIS）建立的全球地震台网（Global Seismograph Network，GSN）的技术规范，目前CDSN是GSN的一个重要组成部分（周公威等，1995，1997）。

从1996年开始，在中央和地方政府的大力支持下，中国地震局（China Earthquake Administration，CEA）开展了地震监测系统信息化的探索与实践，并取得了很好的效果。到2000年建成了由48个数字地震台站组成的国家地震台网，由267个数字地震台站组成的20个区域地震台网，由100套流动数字地震仪器组成的流动地震台网。1999～2001年，在北京市、天津市和河北省政府的大力支持下，建设完成了由107个数字地震台站组成的首都圈地震台网。

从2003年起，中国地震局进行了“中国数字地震观测网络”项目建设，到2007年底完成了由国家地震台网、区域地震台网和流动地震台网组成的新一代中国数字地震监测系统。初步实现了地震仪器数字化、数据传输网络化、数据处理实时化、数据服务多样化。

一　地震仪器实现数字化

就总体布局和功能而言，中国地震监测系统由国家地震台网、区域地震台网和流动地震台网组成的（刘瑞丰等，2008）。从系统结构上讲，中国地震监测系统由地震台站、数据通信系统和台网中心组成，其总体结构见图 1，在地震台站中使用的宽频带数字地震仪器见图 2。

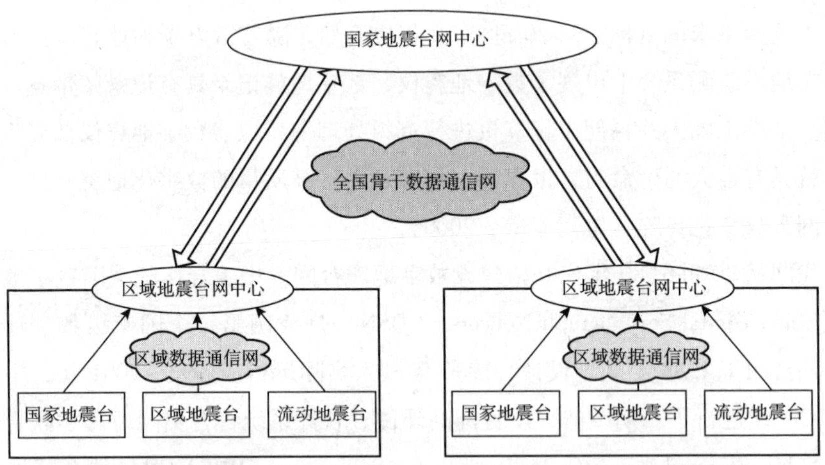

图 1　中国地震监测系统

图 2　数字化地震仪器

（一）国家地震台网

国家地震台网是一个覆盖全国的地震监测台网，台站布局遵循均匀分布的原则，已建成145个超宽频带和甚宽频带地震台站，为了提高对西藏和新疆的地震监测能力，在西藏那曲和新疆和田分别建设了2个小孔径地震台阵。

1. 国家地震台站

国家地震台站的建设是在原有48个台站的基础上，新增97个甚宽频带数字地震台站，使台站数量达到145个，除青藏高原部分地区外，全国大部分地区国家地震台站间距达到250km左右。

国家地震台站采用的是超宽频带观测系统与甚宽频带观测系统，观测场地相对比较好，大多数台站有观测山洞。有10个台站使用STS－1超宽频带仪器、STS－2甚宽频带仪器、GS－13短周期仪器和FBA－23加速度地震仪器，16个台站使用我国生产的JCZ－1超宽频带地震仪器，有119个台站使用CTS－1、KS2000和CMG－3ESPCB（井下仪器）甚宽频带地震仪器。

JCZ－1甚宽频带地震仪在360s～20Hz频带内采用速度平坦型设计，在360s～3000s频带内采用加速度平坦型设计。CTS－1、KS－2000和CMG－3ESPCB三种宽频带地震仪均采用速度平坦型设计，频带宽度均为120s～50Hz。STS－1甚宽频带地震仪采用速度平坦型设计，频带宽度为360s～8.5Hz；STS－2宽频带地震仪采用速度平坦型设计，频带宽度为120s～40Hz；GS－13短周期仪器的频带宽度为1s～30Hz。

2. 小孔径地震台阵

为了加强中国西部地震监测能力，在西藏那曲、新疆和田建设2个小孔径台阵，每个台阵均采用圆形阵列方式设计技术方案，台阵的孔径为3km，由9个子台组成，分为阵心（1个台）、内环（3个台）、外环（5个台），呈近均匀几何分布，内环半径为500m左右，外环半径为1500m左右。

两个台阵中心台站的仪器都采用CTS－1甚宽频带地震计，那曲台阵的其余台站采用DS－4D短周期地震计，和田台阵的其余台站采用CMG－40T－1短周期地震计。DS－4D和CMG－40T－1短周期地震计均采用速度平坦型设计，频带宽度都是2s～50Hz。

子台全部配备24位数据采集器，实现了IP数据传输和本地存储。台阵子台实时波形数据分别汇集到西藏地震台网中心和新疆地震台网中心，并转发到国家地震台网中心。

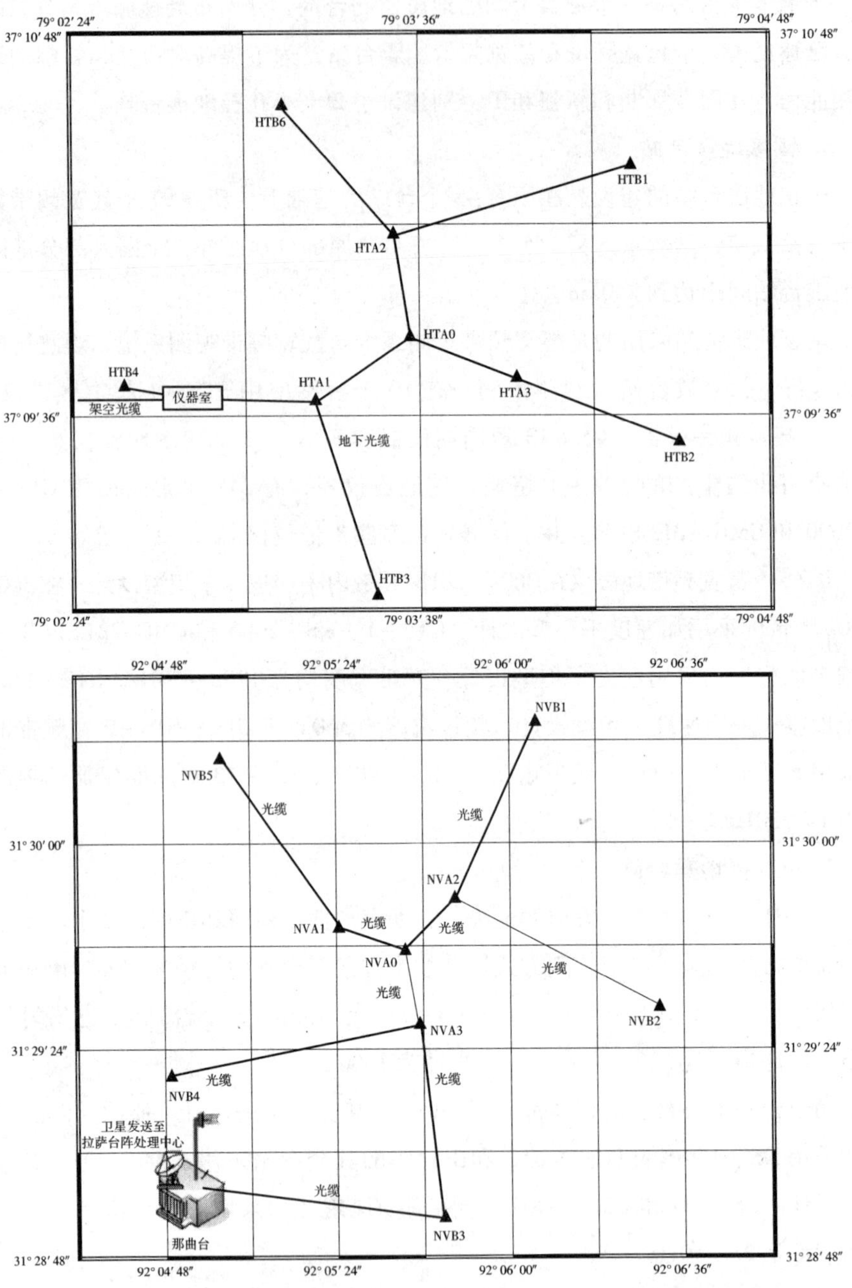

图3　台阵子台布局

（二）区域地震台网

1. 区域地震台站

区域地震台网是用于监视一个区域地震活动性的地震台网，“十五”项目完成后我国已建立了由685个地震台站组成的31个区域地震台网，基本覆盖了我国地震活动频繁地区、经济发达地区和人口稠密地区，使我国港澳台之外的31个省、自治区和直辖市都有一个区域地震台网，再加上已经建成的首都圈107个地震台站，区域地震台站总数达792个，大部分台站之间距离仅30～60km，新疆及青藏高原等部分地区的台站间距达到100～200km左右。目前首都圈的地震台站密度较高。

区域地震台站一般采用的是宽频带观测系统与井下短周期观测系统，观测场地主要有地表型与井下型两大类型。使用的宽频带仪器有CMG－3ESPC、CMG－3ESPCB、BBVS－60、KS－200M，频带宽度为60s～50Hz，使用的短周期仪器有JDF－2、FSS－3DBH和FSS－3B，频带宽度为2s～50Hz，这些仪器都采用速度平坦型设计。

2. 火山地震台站

“十五”项目完成后，我国共有6个火山地震台网，33个地震台站，其中吉林省长白山火山台网10个台站，吉林省龙岗火山台网4个台站，云南省腾冲火山台网8个台站，黑龙江省五大连池火山台网3个台站，黑龙江省镜泊湖火山台网4个台站，海南省琼北火山台网4个台站。

火山地震台站安装60s～40Hz的宽频带地震计或2s～50Hz的短周期地震计，采用无人值守、网络监控、准实时数据传输工作方式，对6个火山地区的地震监测能力达到ML1.0级。

（三）流动地震台网

流动地震台网建设分为地震现场应急流动台网和科学探测台阵两部分，地震仪器的数量为800套。

1. 地震现场应急流动台网

主要用于大震前的前震观测和震后的余震监测。在大地震前对可能发生的地震进行加密观测，进行高精度的地震定位，对可能发生大地震的区域的地震活动背景作动态跟踪监测，为开展区域地震活动性研究和地震预测研究服务。在大地震后用于现场的余震监测，记录大地震后的余震活动变化，为判断地震的发展趋势提供依据，也为进一步研究震源特征、探索地震的发生和发展过程积累基础资料。

购置200套流动数字地震仪器，组建19个地震应急现场流动地震台网。仪器采用60s～40Hz的宽频带地震计或2s～50Hz的短周期地震计。

2. 科学探测台阵

科学探测台阵可以根据不同科学目的在研究区域内开展不同方式、不同规模的观测。对于密集台阵，台站的间距可以达到公里级。高分辨率观测阵列的记录资料可以得到相应的高分辨率的研究结果。利用这种高分辨率台阵的记录可进行地震定位、震源机制、震源破裂过程和地震成像研究，并可以大大提高研究结果的精度。作为地球深部高分辨率探测的重要手段，科学台阵不但可用于地震科学研究，而且为地球科学研究提供了重要工具，在地球科学中得到了非常广泛的应用。科学探测台阵系统建设的总体目标是建成具有国际先进水平的地震科学探测台阵及其支持系统，为地震科学研究提供高水平观测平台和基础数据服务平台。

科学探测台阵系统由6个子系统组成，包括流动观测仪器系统、观测单元监控管理系统、可控震源系统、流动观测技术保障系统、流动观测数据中心和流动观测实验场。流动观测仪器系统是科学探测台阵系统的核心部分，由600台GüRALP地震计、600台REFTEK－130B数据采集器和600套太阳能供电系统组成，其中有10台CMG－3T甚宽带地震仪、500台CMG－3ESPC宽频带流动地震仪、90台CMG－40T短周期地震仪，甚宽频带地震仪的频带宽度为120s～40Hz，宽频带地震仪的频带宽度为60s～40Hz，短周期地震仪的频带宽度为2s～50Hz。科学探测台阵系统由中国地震局地球物理研究所运行与管理。

二　数据通信实现网络化

地震具有突发性，因此地震数据必须要实时传输，做到安全、可靠。“十五”期间中国地震局建立地震行业信息专网，地震监测数据传输依托于地震行业信息专网，其总体结构见图1。

（一）区域数据通信网

国家地震台站和区域地震台站原始观测数据通过各种通信网络（主要为SDH、DDN、ADSL 等有线信道及部分无线、无线与有线组合接力信道）实时传输到各区域地震台网中心。

执行流动观测任务的流动地震台网，各子台实时观测数据通过各种传输信道（主要为 CDMA、GPRS、扩频微波、超短波等无线信道）传输到本地应急流动台网中心和区域地震台网中心的流服务器上进行实时处理，同时通过区域地震台网中心流服务器转发到国家地震台网中心。

（二）全国骨干数据通信网

全国骨干地震数据通信网依托于中国地震系统行业专网，利用中国电信集团网络覆盖的优势，使用其 SDH 光传输网络连接全国 31 个区域地震台网中心和 10 个直属单位，各区域地震台网中心与国家地震台网中心之间通过 3 * 2M 信道进行互联，从而建成一个高速行业骨干网络。

从区域地震台网中心到国家地震台网中心分为上传数据流和下传数据流。

上传数据流是 31 个区域地震台网中心利用高速 SDH 行业数据专网，将本行政区国家地震台站、区域地震台站和流动地震台站的观测数据实时上传到国家地震台网中心。

下传数据流是国家地震台网中心通过全国流服务器向各区域地震台网中心转发其所需的相邻省市地震台站的观测数据。为了保证系统的可靠性，在国家地震台网中心核心机房区部署了 2 台互备的全国流服务器，31 个区域地震台网中心的流服务器同时向 2 台全国流服务器上传各自台网台站的实时波形数据，国家地震台网中心利用这 2 台流服务器向区域地震台网中心实时转发其所需的相邻区域台网台站的观测数据。

三　数据处理实现实时化

中国地震观测系统的数据处理主要在国家地震台网中心和 31 个区域地震台网中心进行，地震数据处理实现了实时化。国家地震台网中心和区域地震台网中心都配置了高性能的网络设备、服务器、工作站和大容量存储系统，作为地震数据接收与转发、数据存储、数据处理和数据服务的硬件基础。

（一）国家地震台网中心

国家地震台网中心是全国的地震数据汇集与转发、地震速报与编目、地震数据管理与服务、地震台网运行监控与技术管理中心。

国家地震台网中心通过国家数字地震台站和区域数字地震台站资料的联合应用，对中国大陆绝大部分地区的地震监测能力能够达到ML2.5级，其中对华北大部分地区、东北、华中、西北部分地区及东部沿海地区的地震监测能力达到ML2.0级，部分地震重点监视防御区、人口密集的主要城市达到ML1.5级；通过全球地震台网与国家地震台网数据的联合应用，大幅度提高了对我国边境地区和国外地震的速报速度和定位精度。国家地震台网中心承担国内及全球地震的速报任务。

为了确保国家地震台网中心的数据安全，在中国地震局地球物理研究所建立了国家地震台网数据备份中心，对国家地震台网中心所汇集的实时数据、准实时数据进行在线数据备份，并依托地球物理研究所地震学和地球内部物理学学科优势，通过系统集成构建高性能、高可靠性的地震数据平台和计算平台，实现面向地震科学研究、面向国家各个行业需求的科学研究产品开发与计算。

（二）区域地震台网中心

区域地震台网中心负责所属地震台站的运行、维护与维修，负责本行政区内有感地震、破坏性地震的参数快速测定，完成地震信息速报任务。负责地震数据的汇集、分析处理、编辑台网观测报告，为地震预报、科学研究提供数据服务。

四　数据服务实现多样化

国家地震台网中心已经建立技术比较先进、功能比较齐全、基本能够满足不同用户需求的地震数据管理与服务系统，为地震应急、科学研究和社会公众提供多样化的数据服务。

（一）地震速报信息服务

从地震应急响应的角度看，当有感地震或破坏性地震发生以后，要求地震台网在尽可能短的时间内把地震发生的时间、地点和震级向政府报告并向社会公布，完成地震速报信息服务，为抗震救灾提供最基本的信息。地震发生以后，区域地震台网中心首先要把地震速报信息以手机短信的方式发送给地震应急人员，同时向省委、省政府报告，并通过地震行业专网向国家地震台网中心报送。国家地震台网中心根据国家地震台网测定结果和区域地震台网中心报送的结果，将最终的地震速报信息向中国地震局报送，并以手机短信的方式发送给中国地震局领导和地震应急人员，以电子邮件的方式发送给核心用户，地震速报信息服务的流程见图4。为确保地震信息速报快速、准确，国家地震台网中心实行全自动速报和人机结合的分阶段速报模式。

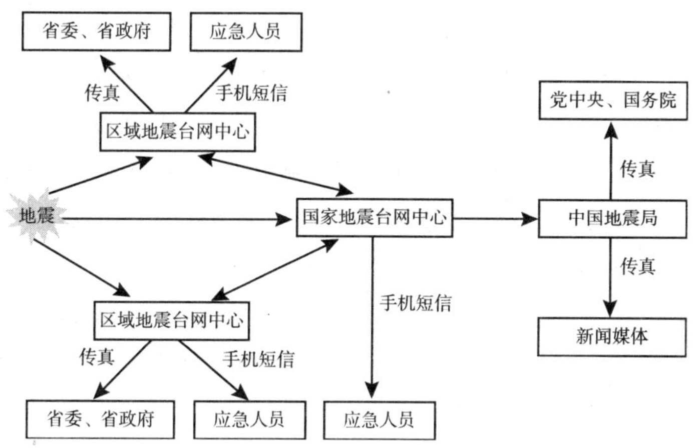

图4　地震速报信息服务流程示意

1. 全自动地震速报

在国家地震台网中心和区域地震台网中心安装全自动地震速报系统。除西藏、新疆和青海部分地区外，该系统能够在地震发生后1分钟内自动测定地震发生的时间、地点和震级，在2分钟内将地震速报信息以手机短信的方式发送给中国地震局领导和地震应急人员，为地震应急部署赢得宝贵的时间。

2. 人机结合地震速报

为确保地震速报信息的准确性，国家地震台网中心的值班人员通过人机交互的方式对地震发生的时间、地点和震级进行测定。在10分钟内完成首都圈地区（含北京市、天津市、河北省）3.0级以上地震的正式速报；在20分钟内完成黑龙江、吉林、辽宁、山西、山东、陕西、宁夏、河南、安徽、江苏、上海、湖北、湖南、江西、福建、浙江、广东、广西、海南、香港、澳门、重庆、贵州23个完整行政区以及我国沿岸近海地区（指我国海岸线外50千米范围内）4.0级以上地震的正式速报，完成四川、云南、甘肃3个完整行政区5.0级以上地震的正式地震速报；在30分钟内完成青海、新疆、内蒙古、西藏、台湾5个完整行政区5.0级以上地震的正式速报任务，并向各区域地震台网中心反馈正式速报结果。

（二）地震科学数据服务

地球是人类唯一的生存家园，强烈地震会造成大量人员伤亡和巨额财产损失，然而每一次地震却又为人类征服这种灾难和探索不可见的地球内部结构留下一份珍贵的数据。现代地震学的创始人之一伽里津有一句名言："可以把一次地震比作一盏明灯，它点燃的时间虽短，但可照亮地球的内部。"地震波的频率从几百赫兹到几千秒，只有地震波能够穿过地壳、地幔和地核。通过研究地震，可以探明地球的内部构造，了解地球运动的规律，从而造福人类。

地球科学是以观测为基础的科学，地球科学的基础理论研究离不开大量地球观测数据信息，如地球深部构造、地球动力学、地壳现今运动等研究均需要大量的地震观测数据。地震台网和流动地震台网可以对一些重点监视防御区和关键构造带进行高分辨率探测，同时为开展地球系统多圈层相互作用、壳幔结构、大陆动力学、地震孕育过程、地震震源破裂过程等重大科学问题的研究提供基础性观测资料。

地震科学数据是国家地球科学信息资源的基本组成部分，是国民经济建设不可缺少的基础数据，是国家可持续发展的重要资源之一，实现地震科学数据共享将产生巨大的经济效益和社会效益。在《国家中长期科学和技术发展规划纲要（2006~2020年）》中，已经明确把地球系统过程与资源、环境和灾害效应作为基础研究领域的科学前沿问题，把全球环境变化监测与对策作为重点领域优先主题，把地震等重大自然灾害监测与防御作为公共安全领域优先主题。

中国地震局非常重视地震科学数据共享，建立了专业的地震科学数据共享网站，网址是 http：//data. earthquake. cn，多年来为 973 项目、863 项目、国家自然科学基金项目和国家科技攻关等许多科研项目提供数据服务，取得了很好的效果（刘瑞丰等，2007）。

为了进一步推动中国地震科学数据在全球的应用与共享，国家地震台网中心于 2005 年正式开通了地震科学数据共享网站英文版，扩大了中国地震观测数据在全世界地球科学研究中的应用，提升了我国在全球地震监测中的地位和影响。

（三）公众地震信息服务

为使公众及时了解地震信息，掌握必要的地震知识，中国地震局建立了中国地震信息网，网址是 http：//www. csi. ac. cn，主要包括最新地震信息、地震百科、地震科技、行业动态、专家访谈、地震专题、灾害评估、地震救援、地震执法、重要通告等栏目，并为用户提供地震信息定制服务。

随着我国经济快速发展，人民生活水平在不断提高，全社会的防震减灾意识在不断增强，社会公众也特别关注中国地震信息网，特别是在有影响的地震发生以后，网站的访问次数会迅速增加。特别是 2008 年 5 月 12 日四川汶川 8. 0 级地震发生以后，中国地震信息网日访问量最低 24. 3 万次，最高 184. 6 万次，日点击量最低 340. 4 万次，最高 3207. 4 万次。为了提供更广泛的地震信息服务，中国地震信息网还提供 24 小时手机短信服务，仅汶川地震期间就收到订阅短信 10542 条，点播短信 2052 条，发出短信 245020 条，为灾区及其他地区的人心稳定起到了非常重要的作用。

六　结语

中国地震局非常重视地震监测系统信息化建设，目前已完成从模拟记录向数字记录的转变，实现了观测系统的数字化和网络化。“十二五”期间，要进一步优化观测台网布局，开展深井地震观测，扩大海域观测试验，构建布局更为合理、覆盖我国大陆及周边海域的立体地震监测系统，初步形成覆盖我国大陆及近海海域的地震活动图像、地球物理基本场、地下物性结构等地震背景场监测和探测能力，形成地震背景场数据产品加工能力，为地震预测、地球科学研究、国家经济建设和社会公众提供更加丰富的数据服务。

参考文献

1. 陈运泰、吴忠良、王培德、许力生、李鸿吉、牟其铎：《数字地震学》，地震出版社，2000。
2. 刘瑞丰、蔡晋安、彭克银、单新建、代光辉、田力、庞丽娜、张爱武：《地震科学数据共享工程》，《地震》2007 年第 2 期。
3. 刘瑞丰、高景春、陈运泰、吴忠良、黄志斌、徐志国、孙丽：《中国数字地震台网的建设与发展》，《地震学报》2008 年第 5 期。
4. 庄灿涛等主编《数字地震观测技术》，地震出版社，2003。
5. 周公威、陈运泰、吴忠良：《中国数字地震台网的数据在中国地震学中的应用》，《地震地磁观测与研究》1997 年第 5 期。

中国海关信息化建设展望

杨国勋　李小刚*

摘　要： 本文简要介绍了海关信息化发展过程、关键阶段和现状，分析了海关信息化面临的国际、国内形势以及在建设过程中遇到的困难与问题，抓住海关构建大监管体系的机遇，提出在海关信息化现有发展的基础上，整合创新，通过总体设计、优化整合实现海关信息化的第三次飞跃。

关键词： 海关　信息化　回顾　形势　飞跃

一　海关信息化简要回顾

海关信息化建设从 1978 年开始，经过 30 多年的发展，经历了两次大的飞跃。随着国际、国内形势的不断变化，中国海关正在推进现代海关制度第二步发展战略，构建大监管体系，提高海关监管与服务水平，海关信息化建设将以此为契机，实现第三次大飞跃。

（一）H883 系统的开发和应用实现了第一次飞跃

海关信息化应用起初主要是在征税、统计等部分海关业务中分别、单独使用计算机，只是单项应用。1988 年开始开发 H883 系统，1989 年开始在文锦渡海关投入试运行，1995 年完成了在全国海关的推广应用。H883 系统的开发应用初步实现了报关手续的自动化处理，并逐步扩大到运输工具监管、载货清单核销、加

---

* 杨国勋，毕业于上海交通大学，高级工程师。海关总署科技顾问，原海关总署总工程师，国家级有突出贡献专家，曾获国家科技进步一、二、三等奖；李小刚，毕业于北京化工学院，高级工程师。现任海关总署总工程师、海关总署科技发展司司长、中国国家电子口岸建设协调指导委员会办公室主任。

工贸易管理、许可证核销管理和税费减免等业务，实现了信息化建设的第一次飞跃。在H883工程建设中，创新地运用了“结构化分解”、“逻辑化综合”、“数字化表达”的三要素法，构架了数字化法律法规的通道，这一成果奠定了海关信息化应用的基础，大大提升了通关效率和业务规范化水平，适应了海关业务迅猛发展的需要。

（二）H2000系统的开发和应用实现了第二次飞跃

20世纪90年代中期，随着经济全球化不断加深，我国进出口业务以每年超过20%的速度增长，海关面临前所未有的压力和挑战。H883系统的局限性逐渐显露出来，一是分布式系统不能很好适应全国范围内的海关行政执法的统一性和规范性要求；二是早年选定的先进开发、运维技术，已逐渐落后，相关的软、硬件厂商被兼并，面临失去后续技术支持的局面；三是数据、系统、技术人员分散，管理和TOC成本居高不下，还影响全国范围的统计效率和质量。1996年海关总署党组决定开发H2000系统，以适应海关业务和IT技术的发展。经过几年的奋战，2001年，H2000系统通过开发测试并试运行，2004年完成了在全国海关全面推广应用，实现了海关信息系统的第二次飞跃。

作为H883系统的升级换代系统，H2000系统采用新老系统无缝连结和随需应变的体系结构、集中运行管理的数据库以及开放式标准化的软、硬件和网络技术，双运行（Active-Active）的容灾体系，从而较好地适应了全国范围海关通关作业要求，能为总署和海关各级领导的决策管理提供准确、及时、全面的数据和分析报告，是具备高性能、高可靠性、高可用性和安全性的新一代海关通关业务管理系统。

（三）海关信息化发展现状

目前，海关信息化建设已基本形成了“电子海关”、“电子口岸”和“电子总署”的应用格局，建成了以总署为中心、覆盖46个直属海关单位和800多个业务现场的海关内部网络和连接政府部门与企业的海关外部网络。海关总署统一组织开发的全国海关运行的应用项目210余个；各地海关登记应用的当地运行项目920余个，日均全程处理进出口货物通关近20万批，征收税款约30亿～40亿元。通过信息化系统的建设，海关的各项管理工作基本上实现了全国统一作业模式、作业流程和作业规范，提高了海关行政工作效率和执法水平，为海关监管、关税征收、进出口贸易统计和查缉走私任务的顺利完成作出了巨大贡献，促进了我国对外经济贸易持续、健康、快速发展，维护了国家政治、经济和社会安全。

近年来，海关业务不断改革，任务不断增加，信息化技术更是日新月异、突飞猛进，而2008年开始的全球金融危机更使海关面临既要依法行政，又要创新思路、简化手续、提高通关效率的严峻局面，海关的信息化面临着前所未有的挑战。正是这一挑战促使中国海关开始启动H2010工程建设，以实现海关信息化的第三次飞跃。

二　中国海关信息化面临的形势与要求

（一）国家宏观经济决策对海关统计分析的广度、深度和时效性提出更高要求

海关由于对通关全过程实施了信息化管理，因而实时收集了全面的进出口数据信息。海关作为国家进出口货物贸易统计数据的官方发布主管部门，掌握着重要的企业进出口信息，海关的重要职责之一就是及时分析、反馈国家对外贸易的发展形势、相关政策措施的执行情况及实际效果，为宏观经济决策服务。面对当前日益复杂多变的国际国内经济形势，党中央、国务院以及社会各界对海关统计工作提出了更高要求。一方面要提高时效性，为党中央、国务院动态化的宏观经济决策提供即时数据支持；另一方面，要求海关进一步加强对进出口数据的深度分析研究，提出相关政策、措施建议，并为企业开拓国际市场提供高效的信息咨询服务。这就要求海关必须在更高层次、以更高的标准加大统计信息服务产品的开发力度，即要建立“信息海关”系统，加强信息分析与数据挖掘，实现对进出口数据的实时审核和快速汇总上报，及时跟踪和反映我国进出口贸易动态，第一时间为党中央、国务院及各级领导提供准确、及时的进出口统计分析和预测信息，进一步提升海关参与国家宏观经济决策的服务能力。

（二）海关业务改革不断深化发展

当前国内外经济形势仍然严峻复杂，中国海关为应对国际金融危机，相继提

出综合治税、构建大监管体系、健全和完善海关内控机制、关警融合等多项改革措施。特别是构建海关大监管体系是现代海关制度第二步发展战略中的重大举措，基本思路是根据科学发展观的要求和海关实际，以有效监管为目标导向、以风险管理为中心环节、以综合监管为基本模式、以形成整体功能为根本要求，通过进一步统筹海关各项工作，优化通关模式和管理机制，提高队伍素质，形成耳聪目明、标准规范、运转高效的现代化海关业务管理体系。这对 H2000 系统的原有架构、处理流程、数据库等提出了更高层次的要求，要求更具可扩充性、灵活性和安全性，更快速地响应业务变化和发展，更好地支持海关现代化建设。

（三）海关反恐等非传统职业务繁重

1987 年通过的《海关法》规定海关承担监管、征税、打私、统计 4 大任务；2008 年国务院下发“三定”方案，海关增加了保税和加工贸易监管、海关稽查、知识产权海关保护、口岸管理等新任务。美国“9・11”事件后，贸易安全成为世界各国共同关注的课题，海关在边境口岸负责货物及人员行李物品检查，从而走上国际反恐第一线。当前面对经济全球化、国际金融危机及不断出现的贸易保护主义，海关承担或参与的维护贸易安全与便利、反倾销反补贴调查、自贸区谈判、协助解决国际贸易争端、实施贸易救济和贸易保障、反恐和防止核扩散等非传统业务越来越重。这些非传统业务提出了信息化建设新要求。

（四）国内、国际“大通关”合作不断深化发展

随着经济全球化深入发展，科技革命加速推进，区域经济合作不断加强，一方面我们国内正在全面建设小康社会，国民经济保持快速增长，改革开放有序推进，为了提高通关效率，增强我国企业的国际竞争力，管理部门之间的合作越来越多；另一方面国际上经济全球化和现代物流迅速发展，口岸物流成为国际贸易供应链整体的一个关键组成部分，世界海关组织（WCO）日益重视全球贸易安全与便利，制定了《全球贸易安全与便利标准框架》，并积极推动 WCO 标准数据元、全球发运货物唯一编码（UCR）等国际标准的实施和“单一窗口”建设，相继推出“集装箱安全倡议”、“海关—商界反恐伙伴关系计划”、“安全智能贸易航线试点计划”等国际海关合作项目。

这都要求中国海关进一步加强与世界海关和商界的合作，更全面地参与国际供应链安全管理，实现早期风险分析和控制，提高货物放行效率和安全水平。

（五）应用的长期发展和技术快速进步要求系统优化整合

中国海关的信息化发展起步早，覆盖面广，已经应用到海关工作的方方面面。但经过30多年的渐进式发展，由于应用项目开发的时间不同，采用的技术不同，也需要进一步统筹设计，提高数据共享水平以及网络、服务器、存储等系统资源利用率。新一代网络、通信以及信息技术日趋成熟，并迅速发展成为主流，不仅提供了更加优良的技术性能，而且可以开辟以往无法深入的应用领域，引发业务应用的新发展。H2000系统于20世纪末启动，采用的开发技术至今已趋于老化，或已经停止发展。技术支持停止后，可能影响到信息系统的安全运行。另外，H2000系统软件、数据库及核心设备大多依赖国外产品，作为国家重要信息系统之一，出于国家安全和长远利益考虑，需要积极探索使用具有自主知识产权的国产技术产品替代进口产品。为此海关需要在继续做好H2000系统安全稳定运行技术保障的基础上，谋划新一代系统，采用当今先进的设计理念和技术手段，构建能够灵活地按业务发展和改革要求随需应变的信息系统体系架构，推动海关信息系统优化整合。

总之，是国际、国内形势发展，海关自身的改革发展，信息技术的更新换代，客观上对海关信息化建设提出了新要求，促使海关启动第三代信息系统建设（H2010工程），以实现海关信息化应用的第三次飞跃。

三　整合创新，推动海关信息化应用实现第三次飞跃

按照信息化发展的普遍规律，经过对海关信息化发展现状的分析，海关信息化正处于从事务处理、业务管理向决策支持发展的时期。海关的H2010工程涵盖了海关全部业务与管理工作，但不是把原有系统全部推倒重来，而是在业务应用和技术架构总体设计的基础上，通过整合资源、完善架构、丰富应用、强化安全，实现海关信息系统全方位的升级和发展，与国际标准接轨，使之更具扩充性、灵活性和安全性，能够及时地响应业务变化和发展，更好地支持海关现代化

建设，并为国家宏观经济决策提供服务。

H2010 工程建设的指导思想、建设目标、建设内容和实施计划简述如下。

（一）指导思想

H2010 工程是现代化海关的支撑系统，按照构建海关大监管体系的规划要求，需要科学地确定各功能模块定位和布局，处理好与现有系统的整合、衔接关系，同时要满足国家发展战略对海关工作的要求。这些要求决定了 H2010 工程建设必须具有战略性、全面性、连续性、兼容性、前瞻性。因此 H2010 工程建设指导思想为：强化总体设计、优化整合方案、选准重点突破、坚持急用先上。

1. 强化总体设计

包括业务整体设计和技术架构设计。业务整体设计是以风险管理为中心环节，以构建大监管体系和综合治税为主线，对海关业务需求和运作规范进行整体设计，合理划分应用功能和数据结构。技术整体设计是根据 H2010 总体建设内容，统筹规划技术架构，加强互联互通、信息整合、标准规范以及信息安全等，合理布局各信息系统，提高海关信息系统的整体灵活性、适应性和可扩展性。

2. 优化整合方案

整合方案包括数据库整合、参数库（主数据）整合、应用项目整合三个方面。数据库整合是规划和整合海关数据库群，统一海关数据源、引入国际海关数据元标准，建立和完善海关元数据、主数据和生产数据管理体系，逐步建立起高层次的海关数据环境。参数库（主数据）整合是将海关业务参数统一纳入参数库标准化维护管理系统管理，以实现维护、更新和管理规范性、一致性、及时性、准确性。应用项目整合是根据大监管体系设计，按照业务管理与决策分析类系统、作业类系统、办公类系统、对外信息交换与服务系统四大类进行优化整合和规范化建设。

3. 找准重点突破

按照总体设计要求，集中力量选择与海关中心工作和业务改革密切相关的项目，例如：将内控管理、关警融合、综合管理平台、企业管理系统等作为重点建设，以此带动工程的全面建设。

4. 坚持急用先上

在总体设计的同时，为保障国家宏观经济政策执行，及时应对世界经济形势的变化，对于国家、海关下达的紧迫性任务采取急用先上的方法，按照H2010工程总体要求，组织紧急开发。例如综合治税、分类通关、信息海关等。首先保障国家政策、海关改革措施的顺利实施，之后将其合并到工程的整个体系中。

（二）建设目标

系统建设既要与构建海关大监管体系相适应、相同步，实现指挥、执行、反馈、监督等功能全面协调、快速有效，还要同时建立相配套的业务和技术管理制度、行业标准及管理运行机制，实现以风险管理为中心环节的综合监管模式，推动国产化技术应用，进一步提升海关信息系统安全运行保障能力。具体业务和技术目标分述如下。

1. 业务目标

（1）适应新形势需要，提高海关信息系统数据服务能力，为国家宏观调控及企业经营决策提供快速、准确的信息服务，并满足海关三级风险管理业务的需求。

（2）优化监管体系，整合单证处理、物流监控、风险管理，创新海关物流监控工作管理模式，强化海关实际监管，实现管得住与通得快结合。

（3）强化综合治税，充分利用信息技术手段提高税收征管能力，确保应收尽收。

（4）优化通关模式，构建以风险管理为中心，满足分类通关、区域化、无纸化、跨境管理等要求的新型通关模式，逐步涵盖执法类项目应用需求，实现全国海关统一执法。

（5）建立与大监管体系相配套的业务管理制度、行业标准及运行管理机制，健全海关业务管理量化指标体系，实现海关业务的标准化和规范化管理。

2. 技术目标

（1）建立可持续发展的系统架构，构建应用技术支撑平台，推动信息系统优化整合，提高快速响应业务变化和发展的能力。

（2）采用多维动态数据仓库、云计算、物联网、移动终端、虚拟化处理等新技术，开辟新型业务应用。

（3）全面完成系统及网络高效、高可用、安全性建设，实现海关核心业务连续性管理。

（4）建立海关科技管理量化指标体系，实现技术管理的标准化、规范化。

（三）建设内容

1. 工程总体设计

工程总体设计的核心是总体架构设计，适应新的发展形势和要求，参考业界先进设计方法，在海关已取得的建设成果基础上，H2010 工程的总体架构设计包括“四横两纵”，即业务架构设计、应用架构设计、数据架构设计、技术架构设计，以及组织与管理、标准化体系，具体见图 1。

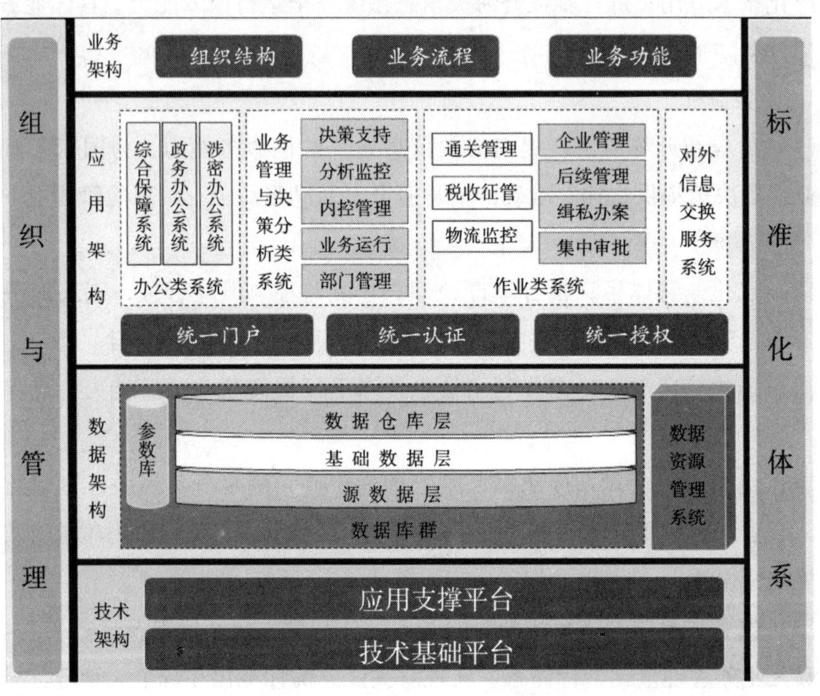

图 1　H2010 工程总体架构

图 1 中，业务架构设计指围绕大监管体系战略目标，针对组织结构、业务流程、业务功能的体制、机制、规程设计。应用架构设计指对未来海关信息化系统功能布局的总体规划，按照业务管理与决策分析类项目、现场作业类项目、办公类项目、对外信息交换与服务类项目，分别进行系统内的布局与关联设计。数据

架构设计指对海关业务主数据及生产数据库群的布局，及其生成与使用的相互关联关系进行的整体设计。通过设计统一的参数库和不同类应用的分级管理数据库群，对数据资源实现规范和有效管理。技术架构设计指对海关信息系统技术基础环境的总体设计，包括应用支撑平台的服务器、网络、安全运维等技术基础环境规划设计。组织和管理指根据工程建设的特点，结合海关的实际情况，建立工程组织管理机构和工作机制，既要保证工程建设按照方案设计不走样，又要保证新系统推广应用后，管理规范、运作高效。标准化体系指从信息化与标准化交叉推动的角度，逐步建立业务和信息系统的完整标准，健全标准化管理制度和手段，将制定、贯彻和实施标准贯穿于工程建设的全过程。

2. 新、老系统优化整合与长效管理

（1）数据库优化整合与长效管理

以核心业务应用和分析类应用为重点，规划和整合海关数据库群，统一海关数据源、数据标准和管理规范，建立和完善海关数据管理体系；引入动态数据仓库技术，逐步建立起高层次的海关数据技术环境，实现信息的共建、共享，有效支撑海关业务流程和应用功能。

建立数据模型体系。指导、规范新建项目的应用级数据模型建立，避免出现大的业务概念不一致，从根本上保证系统之间数据的共享，消除由于各个系统自行设计开发导致的信息孤岛现象，为海关业务需求提供全面、一致、完整的高质量数据。

建立统一的海关业务基础数据库。数据仓库要数出一门，并涵盖海关各业务门类以及各地方海关的主要业务数据，同步建立数据质量管理，保证数据的及时性、一致性和完整性。

建立数据资源综合管理系统。建立海关数据库底账，提供授权管理、流程审批、调度应用、运行管理、反馈联动、绩效评估、数据安全管理等功能，实现海关数据资源的长效规范化管理。

（2）参数库优化整合与长效管理

将海关内外网应用项目的参数或主数据统一进行登记管理，实现各业务应用系统与参数维护相分离及核心参数维护网络的一点接入，统一维护、统一发布、统一分发、及时同步和规范管理，保证各业务应用系统参数更新的统一性、及时性、准确性和完整性，实现对参数维护工作的自动处理、监督管理和登记备案，建立全面可查的参数维护底账系统，使业务参数的管理全面、有序。

（3）应用项目优化整合与长效管理

建立海关应用项目字典。以全国海关项目库为基础，进一步对海关业务和应用系统全面梳理分析，建立准确、全面的海关业务职能、业务功能与应用项目之间相互对应的海关应用项目字典，形成海关信息化系统对海关业务的覆盖度和支撑能力清晰全面的认识，为海关信息化建设的优化整合、统一布局提供科学决策的参考依据。

完善项目管理制度和项目管理系统。完善项目管理制度，参考海关应用项目字典提供的业务功能及应用项目分布信息，统筹考虑项目立项和业务需求论证，实行项目分类承办，使立项和交承办管理从传统的对单个项目的独立审查和承办向对同类项目的整体考虑转变，从顾及一点到顾及全局转变。完善全国海关科技应用项目管理系统，使之成为集项目管理、查询、辅助立项决策功能于一身的海关科技项目综合管理系统。

3. 重点项目突破

围绕海关中心工作和业务改革要求，根据 H2010 系统总体设计，重点保障内控管理、关警融合、综合管理平台、企业管理等项目的开发推广。

内控管理：通过构建统一的内控管理平台，实现对海关业务运行的监控、监督和处置，促成总署——直属海关——隶属海关三个层级“制度完善、责任明确、自控落实、监督到位、纠错及时、量化考核”的内控监督体系，为海关从源头上有效防范“两大风险”提供保障。

关警融合：通过建设海关缉私业务管理系统，促进缉私业务与海关监管、征税、统计等业务信息资源共享，推动海关一线监管、后续管理和缉私执法的有机互动，有效提升海关业务风险分析能力、布控查验能力、查发办案能力、实际监管能力和风险防控能力，建立统一高效的打私工作体系。

综合管理平台：主要是整合现有海关监控分析类、决策支持类、内部管理类信息系统，建立统一的综合业务管理平台，开展决策监控分析，实施业务管理，连接各个系统，支持业务运行。

企业管理：在现有监管、稽查、缉私等管理形成的企业基本信息和动态信息的基础上，通过整合现有的企业管理、报关员记分考核等子系统的功能和数据库，形成能够满足海关各业务部门共用需求的 H2010 企业管理系统。

4. 急用先上项目开发

在 H2010 工程建设期间，对于国家、海关下达的紧迫性任务，采取特事特办的方式，组织力量，优先保障，开发技术和标准要符合 H2010 工程的总体要求。H2010 工程建设启动以来，主要开发了以下三类急用先上项目：

综合治税类：按照 2009 年海关为应对金融危机提出的综合治税措施的要求，确定开发完善归类系统二期、估价系统二期、原产地业务管理系统等 21 个综合治税项目，已经完成上线 18 个，其余 3 个正在开发测试。

分类通关类：为配合出口分类通关改革，提高通关效率，确定开发并完善选择查验三期系统、舱单系统、运输工具系统、世博会展览品管理系统及 H2000 系统相关功能修改完善。

“信息海关”类：为应对当前国际金融危机，第一时间为党中央、国务院及各级领导提供准确、及时的进出口统计数据，为国家宏观调控及企业经营决策提供快速、准确的信息服务，先行开发“信息海关 2010”进出口日报系统。

（四）工程实施

H2010 工程是海关的第三代信息系统建设，既要保障海关战略目标的实现，又要保障与现有信息系统的兼容和连续，实现平稳过渡，工程管理必须精心组织、周密安排。

一是系统总体设计与业务优化整合密切结合，工程建设按照构建大监管体系的规划设计总体框架，各具体业务需求和技术设计必须在总体框架指导下进行。总体方案中反复对各个业务领域业务需求，特别是综合部门之间交叉的业务需求进行了多层次整合。

二是兼顾常规工作流程和应急项目急用先上的需求，为此，采取总体设计与急用先上项目开发双线安排、并行推进工程总体设计和综合治税、分类通关以及“信息海关 2010”等业务急需项目的开发。

三是技术选型、测试先行。为保证总体设计的进度和质量，提前安排了有关的技术准备工作，以选择先进、开放、成熟、稳定、可持续支持的技术，测试其在新系统开发、升级软硬件支撑平台、提供统一的应用集成、数据集成、系统管理、安全管理等方面的功能和效率。

四是工程总体设计论证通过后，及时建立与之相配套的后续管理及标准规范

体系，保障后续开展的项目符合工程总体框架要求，形成科技管理规范，保障优化整合成果持续有效，发挥实际作用。

（五）工程进展情况

H2010 工程计划从 2009 年至 2012 年用三年多时间，分总体设计、重点项目建设、完善推广、总结验收四个阶段组织实施。目前已经基本完成系统总体设计和急用先上项目开发，主要包括：

1. 成立工程组织机构，建立工程管理机制。

2. 完成业务现状梳理和业务调研，针对梳理出的问题，提出了初步解决方案，明确了工程建设思路。

3. 在现状梳理、业务调研的基础上完成“H2010 工程业务总体设计方案”的编写；在分析总体业务需求的基础上，完成了“H2010 工程业务解决方案”、“H2010 工程技术总体设计方案”的编写、论证和修改完善。

4. 完成 2010 年项目需求设计和任务书编写。

5. 先行开展技术基础建设，着手构建技术基础平台和应用支撑平台，完成选型、测试和应用原型编写。

6. 完成“信息海关 2010”进出口日报系统开发并投入应用，为国家领导和社会各界应对金融危机、准确分析判断宏观经济和进出口贸易趋势作出积极贡献。

7. 完成归类系统二期、估价系统二期、原产地业务管理等 18 个急用项目的开发和推广应用。

H2010 工程的实施是海关深化改革的需要，是海关不断提升把关与服务能力，构建以大监管体系为基本标志的现代海关制度的需要，该工程直接关系到现代海关第二步发展战略目标的实现，是建设让中央放心、让人民满意海关的重要保证。H2010 工程是海关新世纪发展过程中的一个重要项目，意义重大、影响深远，中国海关正在举全国海关之力做好工程建设。

中国教育信息化的现状分析和预测

冯吉兵*

摘　要： 教育信息化是国家信息化的重要组成部分，是推动教育改革与发展的关键环节之一。本文简要回顾了我国教育信息化的开端和发展历程，总结概括了我国教育信息化的发展现状，分析了我国教育信息化的总体发展水平、发展瓶颈和面临的历史机遇，并结合《国家中长期教育改革和发展规划纲要》的制定，展望了今后一段时期中国教育信息化的发展前景。

关键词： 教育信息化　现代远程教育　中国教育和科研计算机网　精品课程　数字图书馆

教育信息化是国家信息化的重要组成部分，是构建现代国民教育体系、形成学习型社会、促进科技创新和社会和谐的内在要求。

“教育信息化”的概念是20世纪90年代随着信息技术迅速发展和广泛应用而提出的，是指全面深入地利用信息技术，开发利用教育资源，促进知识创新和共享，推动教育思想、观念、模式、内容和方法等深刻变革的历史进程。教育信息化的技术特点是数字化、网络化、智能化，基本特征是开放、共享、交互、协作，建设内容涉及基础设施、信息资源、重大应用、标准规范、法律法规、人才培养、技术攻关、国际交流等各个层面，渗透各级各类教育管理、教学、科研的各个环节，影响和决定着教育改革与发展的全局与走向。

教育信息化有利于优化教育结构、合理配置教育资源、缩小东西部及城乡教

* 冯吉兵，工学硕士，教育部科技司信息化处副处级干部，工程师，参与统筹组织和统一协调各级各类教育信息化的共性问题，并组织高校承担国家信息领域重大项目。

育差距、提高教育质量和管理水平、提高教育投资效益、推进素质教育和培养创新人才。教育信息化是教育现代化的重要标志，以教育信息化带动教育现代化，已成为我国教育事业发展的战略选择。

本世纪头二十年是我国现代化建设的战略机遇期，教育信息化是教育现代化的重要标志，为在2020年初步实现教育现代化，教育信息化发展必须走在国民经济与社会信息化发展的前列，成为率先实现现代化的突破口。

一 我国教育信息化简要发展历程

（一）序幕

教育信息化建设始于1994年中国教育和科研计算机网（CERNET）的筹建。20世纪90年代初，互联网（Internet）在发达国家迅猛发展，对经济、社会、政治和文化产生了巨大影响，逐步成为国家信息基础设施的重要组成部分。面对国际发展新形势，我国政府决定建设自己的计算机互联网络。

根据发达国家的经验，全国性互联网首先要从具有科研实力的大学建起。1994年7月，国家计委批复了国家教委组织清华大学等高校提交的“中国教育和科研计算机网CERNET示范工程”项目建议书。自此，在国家教委领导下，在清华大学、北京大学、东北大学、西安交通大学、东南大学、上海交通大学、华中理工大学、电子科技大学、华南理工大学和北京邮电大学等高校的共同努力下，开始了CERNET的建设历程，拉开了我国教育信息化建设的序幕。

CERNET示范工程于1995年12月通过验收，主干网用64Kbps DDN专线联结八大城市，联网高校108个，覆盖除港澳台和西藏以外的所有省（自治区、直辖市），用户3万多人，是当时中国最大的互联网；用128Kbps线路实现了国际联网；建成了CERNET全国网络中心、八大地区网络中心和两个主节点，初步形成主干网、地区网和校园网三层管理结构，以及由管理委员会、专家委员会、全国网络中心、地区网络中心和主节点组成的网络管理和运行体系；开发研制了一批网络资源和应用系统，包括中国第一份电子期刊《神州学人》，中国第一个BBS站点“水木清华”等。CERNET示范工程是我国第一个覆盖全国的计算机网络，对推动我国计算机互联网络及其应用发展起到了重要的示范作用。

（二）现代远程教育的开端与初步发展

20 世纪末，我国教育需求不断增长与教育资源短缺、学校容量不足的矛盾日益突出，迫切要求扩大教育规模，提高教育质量，消除人才短缺与人口素质不高对各项事业发展的制约。同时，信息技术飞速发展，促使我国的开放教育由单向非实时的函授和广播电视教育，向以网络技术为基础的双向实时现代远程教育过渡。

为顺应世界教育发展新趋势，1996 年前后，清华大学、湖南大学等高校开始自行探索现代远程教育的发展模式。1997 年 9 月，清华大学初步建成远程教育卫星电视传输网，在全国 20 多个省（自治区、直辖市）建立了 40 多个远程教育校外站，通过卫星开始远程教育试播。1997 年 10 月，湖南大学成立多媒体信息教育学院，由院本部和 16 个网上教学点组成，初步形成网上大学的组织结构模式。1997 年前后，浙江大学、南京大学、哈尔滨工业大学、北京医科大学等高校也在不同部委的领导和组织下，开展了现代远程教育实验。

高校开展远程教育实验的初步探索，以及各自为战、多头管理的弊病，引起了教育部重视，对现代远程教育的统一规划和组织成为必要。1997 年底，时任教育部副部长的韦钰同志召开专家会议，第一次讨论在小范围进行现代远程教育试点的问题，并开始研究现代远程教育试点的技术方案。

1998 年春，九届政协一次会议上，全国政协委员游清泉在其提案《面向 21 世纪构建我国现代远距离教育的开放体系》中，建议加快发展远程教育，得到了党中央、国务院的高度重视。时任国务院副总理的李岚清同志当即将此提案批转教育部阅研。同年 5 月，教育部起草了《关于发展我国现代远程教育的意见》，涉及专家组成、技术方案和试点工作等方面，报国务院审批。7 月 10 日，李岚清同志批示："远程教育是利用现代信息技术，发展高素质教育的一种教育方式，是一件很大的事。我们应作为一项重大工程来研究实施，请你们组织一些同志进行周密地研究，提出方案。"从而把我国现代远程教育的统一规划和组织建设提上议事日程。

1998～1999年，教育部编制了《全国现代远程教育发展规划》，提出了我国现代远程教育的发展模式与目标：以CERNET和卫星电视教育网为基础，初步建立现代远程教育网络；一批高校和地区利用网络开展远程教育；继续开发教育软件和进行资源信息建设，培育软件产业；通过试点，探索适应我国国情的现代远程教育教学模式、管理体制和运行机制；到2010年，基本形成多规格、多层次、多形式、多功能，具有中国特色的多元化的现代远程教育体系，为社会成员的终身学习提供更好条件。

1998年8月，教育部召开“启动高校远程教育试点工作会议”，清华大学、浙江大学、北京邮电大学和湖南大学汇报了试点工作准备情况，并研究了远程教育教学和管理有关政策。9月，教育部制定了《关于启动现代远程教育第一批普通高校试点工作的几点意见》，高校现代远程教育试点工作正式启动。

1998年10月，教育部在中国人民解放军陆军参谋学院召开了全国多媒体教学网络应用现场会，学习和总结该院在多媒体教学网络应用方面的经验。此次会议后，教育部开始尝试大规模地将网络应用于教学，现代远程教育进入了快速发展的阶段。

现代远程教育的出现和初步发展，使得我国教育在体制、思想、手段、内容、方式方法等方面开始发生变革，为解决我国教育所面临的一系列难题提供了有效的解决途径。

（三）教育信息化建设的全面铺开

“十五”期间，教育部成立了由部长任组长的教育信息化领导小组，并在《面向21世纪教育振兴行动计划》、“985工程”、“211工程”等重大规划和建设中，对教育信息化建设给予了重点支持，使教育信息化建设有了体制与经费上的初步保障，走上了快速发展轨道。

1999～2003年，教育部组织实施了《面向21世纪教育振兴行动计划》、“现代远程教育工程”，共投资4.6亿元，设立了基础设施建设、资源建设、标准化研究与制定、关键技术攻关、远程教育试点等重大专项，取得了巨大成绩，我国教育信息化建设由此全面铺开：（1）CERNET和卫星教育网络扩展扩容、升级改造与互联互通，使“天地合一”的现代远程教育网络粗具规模。（2）各级各类教育资源开发成果丰富，其中，大学数字博物馆高起点、高质量，走在了国内前列。(3) 解决了阻碍远程教育发展的多项难题，为现代远程教育的全面、深入发展提供了强劲的技术支撑，探索了网络联合办学新模式。(4) 构筑了完善的教育信息化技术标准体系，为各种应用系统互联互通和教育资源共享奠定了基础。(5) 陆续开展了视频会议、网上合作研究、网上招生以及远程教育试点等多项重大应用，初步发挥了“天地合一”的现代远程教育网络的投资效益。

2002~2005 年，国家投入 9 亿元实施西部大学校园计算机网络建设工程，在我国西部 12 个省（自治区、直辖市）及湖南、湖北、吉林的民族地区的 143 所高校建成了技术先进、性能稳定的校园网，全部接入 CERNET，并在西安、成都等 11 个省会城市建成了高速教育城域网，大大缩小了东西部教育数字鸿沟，为西部高等教育发展乃至西部经济腾飞和社会进步奠定了坚实基础。

2003~2006 年建设的中国教育科研网格 ChinaGrid 通过自主研发的网格公共支撑平台 CGSP，集成了全国 13 个省市 20 所重点高校的计算、存储、数据、软件等资源，建立了聚合计算能力逾 16 万亿次、存储能力逾 180TB 的网格环境，开发部署了一系列有重要影响的网格应用，成为高校公共服务体系的重要基础设施，为科研和学科建设提供了先进技术手段和重要基础平台。

2003 年以来，为支持教育信息化长远发展，教育部组织清华大学、北京大学等上百所高校，承担建设了我国下一代互联网起步工程——中国下一代互联网示范工程 CNGI 中规模最大的核心网 CNGI—CERNET2、国际/国内交换中心和 100 个高校 IPv6 驻地网，完成了相当一大批研发、试验、应用示范及产业化项目，取得了一系列成果。尤其是立足国产关键设备和自主研发，设计并建成了世界最大的纯 IPv6 下一代互联网主干网 CNGI—CERNET2，首次推出了“真实 IPv6 源地址网络寻址体系结构”、“IPv4 over IPv6”等创新技术，为我国互联网领域摆脱对国外技术及产品的依赖作出了贡献。CNGI - CERNET2 是我国第一个、世界最大的纯 IPv6 互联网，它以 2.5~10G 连接分布在 20 个城市的 25 个核心节点，并高速连接全球下一代互联网，已接入 200 多所大学和科研单位，支撑着我国下一代互联网科研、技术试验、应用示范和试商用等众多课题，成为推动我国下一代互联网技术研究与产业发展的关键基础设施。

2003~2007 年实施的“农村中小学现代远程教育工程”，为中西部农村

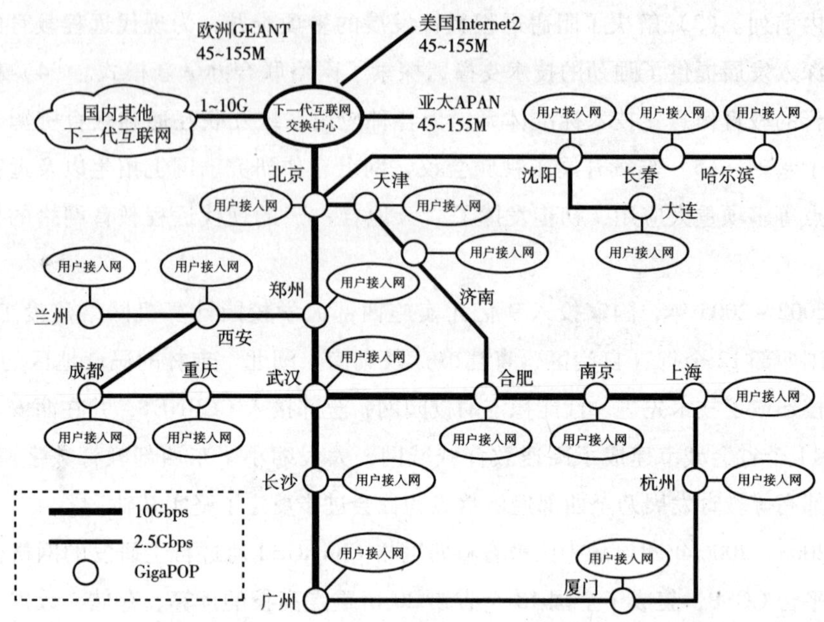

图1　中国下一代互联网示范工程 CNGI—CERNET2 主干网拓扑图

中小学配备了40.2万套教学光盘播放设备、27.9万套卫星教学收视系统、4.5万间计算机教室，覆盖中西部地区36万所农村中小学，初步构建了一个惠及全国农村中小学的远程教育网络，1亿多农村中小学生得以共享优质资源。

二　我国教育信息化发展现状

20世纪90年代以来，为满足教育改革与发展对教育信息化建设的巨大需求，各级教育行政管理部门及各级各类学校多渠道筹措资金，组织开展了多项信息化建设工程，取得了巨大成就，主要体现在以下方面。

（一）基础设施有了较快发展

中国教育和科研计算机网与中国教育卫星宽带传输网CEBSat覆盖全国、互联互通，初步形成“天地合一”的现代远程教育传输网络，成为教育信息化基础设施和构建学习型社会的重要平台。CERNET是世界最大的学术网，通达全国31个省（自治区、直辖市）的200多个城市，接入2000多个大学、教育机构、科研单位，用户超过2000万人，支撑着网上高招、远程教育、网上就业服务、数字图书馆、数字博物馆、教育科研网格等多项教育信息化应用。CEBSat覆盖全国，拥有终端站点65万多个，其中约23%的站点同时接入因特网，是全球最大的公益性卫星远程教育专业服务网、广大西部及农村偏远地区主要的教育信息化基础传输体系，承载着农村中小学现代远程教育工程、农村党员干部现代远程教育工程、军队远程教育等四大国家级卫星远程教育工程。

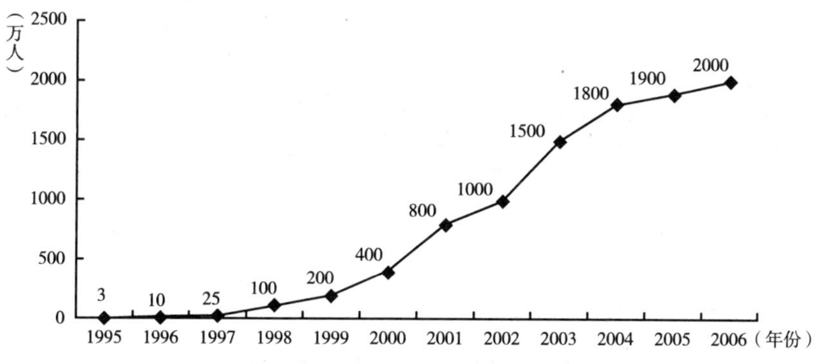

图2　CERNET历年用户人数

各级各类学校信息化设施持续发展。绝大多数高校、逾60%的中职学校、70%的普通高中、39%的初中和12%的小学建成不同程度的校园网。多数高校校园网已覆盖校内主要办公楼、教学楼、实验楼、图书馆、教师住宅和学生宿舍，大多数高校校园网主干带宽达1000M。70%以上的中职学校建有信息化教学和实习场所。中职学校和普通高中每百名学生拥有计算机台数超过11台，初中超过6台，小学超过4台①。

（二）数字资源体系雏形基本形成

开发了各级各类教育信息资源，初步建成基本满足农村中小学教育教学需要的国家基础教育资源库、新世纪网络课程（300多门）、高等教育精品课程资源

① 教育部发展规划司：《2008全国教育事业发展简明统计汇编》，2009年3月。

库（3000 多门）、国家职业教育资源库（130 多门网络课程，非学历成人继续教育资源 1804 门次）、网络教育课程资源建设（20834 门）、国家教师教育课程资源库、政务信息资源库、教育管理基础数据库等，形成了一批职业教育资源建设基地（10 个）。初步建成了中国大学数字博物馆、中国高等教育文献保障体系、中国高校人文社科文献中心、高等学校仪器设备和优质资源共享系统等资源共享服务体系，形成了资源建设的有效机制。

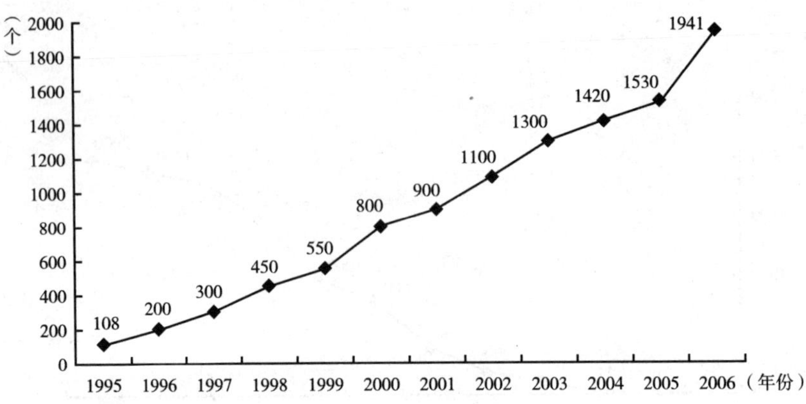

图 3　CERNET 历年联网单位数

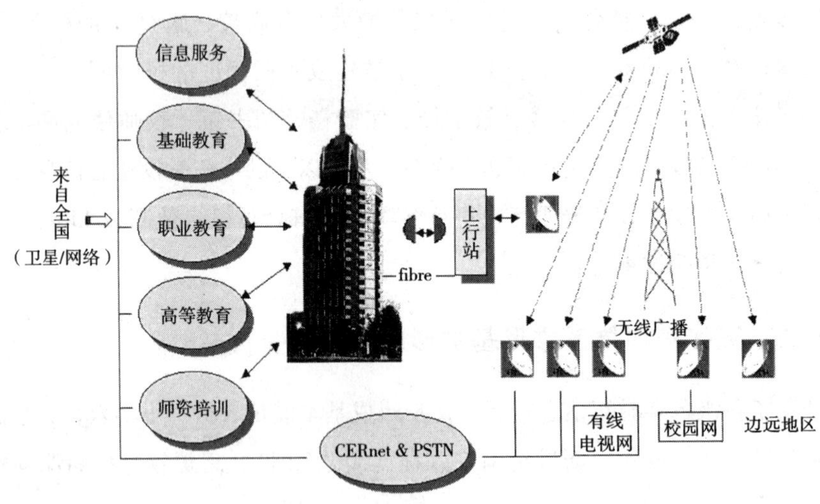

图 4　中国教育卫星宽带传输网 CEBSat 示意

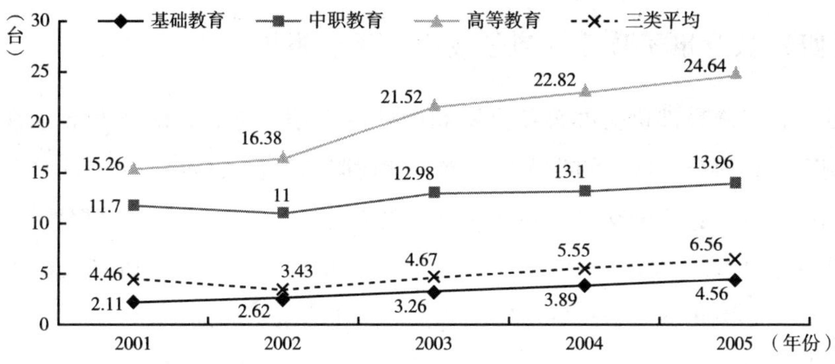

图 5　各类学校历年每百人计算机台数

注：数据来源于中国教育统计网。

（三）信息化教育教学取得长足进步

高校普遍采用信息技术以改进教学方式。中小学和中职学校学科常规教学中应用信息技术已较为普遍。中小学教师每周平均使用计算机的时间由 2005 年的不足 7 小时①，上升为 9 小时。

网络教育已成为职业教育、高等教育和终身学习体系的重要组成部分。设立国家级远程职业学校 2 个、省级分校 50 多所、地级分校 660 多所、县级分校（站点）5300 个，每年学员达 80 多万人次。教育部共批准 68 所高校和中央电大开展现代远程教育试点，网络高等学历教育共开设 11 个学科、299 种专业、1560 个专业点，年招生规模 100 万人左右。高校网络教育学院设立校外学习中心 4580 个，中央电大设立开放教育教学点 3175 个。

积极利用现代远程教育手段，促进优质资源服务社会。“一村一名大学生计划”面向农村招收网络教育学员 15 万人。中央电大八一学院通过网络培养士官 9 万人。现代远程教育试点高校与 20 多个行业合作开展专业技术人才继续教育。“西部远程培训计划”为西部 100 个县的 30 万名初中小学教师进行了专题性培训。面向社区和学习型社会，初步建成“数字教育公共服务体系”（2 个），开展了“数字化学习港”项目实践。

---

① 王珠珠、刘雍潜、黄荣怀、赵国栋、李龙：《中小学教育信息化建设与应用状况的调查研究》（上），《中国电化教育》2005 年第 10 期。

（四）教育电子政务（电子校务）蓬勃发展

基本建成教育部机关办公信息网和内外政务信息平台；陆续开展了视频会议、网上合作研究、网上招生录取、网上就业服务等重大应用，初步实现部门和学校间的政务信息联网交换。各级教育行政部门基本都建立了门户网站，不同程度地建立了人事、教师、学生、财务、设备、招生、学历、科研等数据库和文件、文献、档案等教育信息资源库，业务信息化程度不断加深。

高校高度重视业务应用系统建设，开展了教务、办公、财务、图书、后勤、保卫、科研等一批信息化综合应用，数字化校园网络服务体系初步形成。部分大学借助信息化系统，实现了学生注册、选课、学习、考试、答疑、作业以及教学过程的一体化管理。中职学校中55%建立了学校主页，25%建有校级电子邮件系统，27%建有校园卡系统，32%建有集成各种信息资源的内部信息门户。基础教育学校开始引入电子校务。

（五）信息化人才培养得到较大发展

所有高中、80%以上的初中（其中：城市初中95%以上，农村初中60%左右）以及20%左右的小学开设了信息技术必修课①。高校基本建立信息类专业人才培养体系，办学条件和办学质量不断提高，信息类专业人才培养已有相当规模，并呈逐年增长态势。已开设计算机科学与技术、软件工程、信息与计算科学、信息安全、通信工程、电子信息科学与技术、微电子学、集成电路设计等多个本科和研究生专业。2007年，全国各类信息技术相关专业在校生人数达700万，毕业生达200万人。设立了37所示范性软件学院、180个国家计算机技术与软件应用技能紧缺人才培养培训基地和20个国家集成电路人才培养基地。成立了40个国家LINUX技术培训与推广中心，并在数字媒体与动漫、信息服务、电子政务、电子商务、数字化制造等新兴信息产业领域积极推动信息人才培养。

“全国中小学教师教育技术能力培训计划”在全国26个省、自治区、直辖

① 中国与联合国儿童基金会合作项目研究课题组：《中小学教育信息化发展现状及趋势》，中央广播电视大学出版社，2008。

市培训教师1628084人次①。教育部还通过国际合作项目对中小学教师进行信息技术或教育技术培训。其中，“英特尔未来教育项目”培训中小学教师1056211人次，“微软‘携手助学’信息技术师资培训项目”为中西部地区培训中小学教师111625人次②。

（六）标准化建设与关键技术研究取得明显进展

2002年底成立的“全国信息技术标准化技术委员会教育技术分技术委员会（CELTSC）”，负责教育信息化相关标准的规划、引进、研究、编制、评审及推广应用工作，发布了40多项标准，构建了教育信息化技术标准体系（CELTS）。提交了10个国家标准送审稿，其中3项成为国家标准。举办多次学术研讨会和各类标准培训班，启动了标准化测评与认证工作。颁发了《中小学教师教育技术能力标准（试行）》，颁布实施了《全国现代远程职业教育资源开发指南》。2003年颁布的《教育管理信息化标准》在指导教育电子政务建设中已卓有成效。在天地网结合、互联互通、资源共享、网络教学等方面，解决了阻碍现代远程教育发展的多项技术难题，为现代远程教育的全面、深入发展提供了有效的技术支撑。

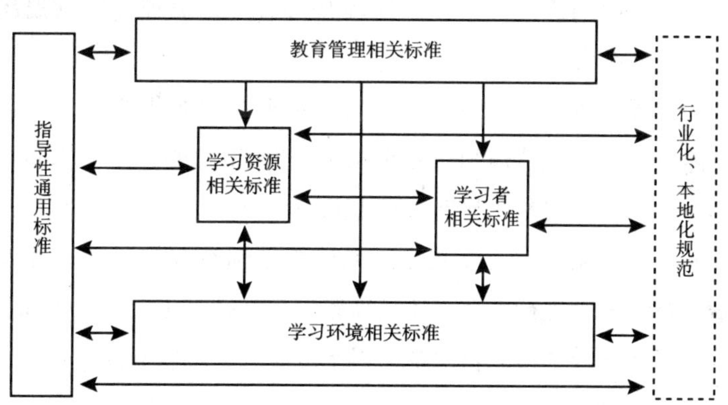

图6　教育信息化技术标准体系（CELTS）

① 全国中小学教师教育技术能力培训计划项目办公室：《全国中小学教师教育技术能力培训计划统计报告》，2008。

② 教育部—微软“携手助学”项目评估组：《教育部—微软“携手助学”项目评估报告》（FY2008），2008年10月。

三　我国教育信息化总体水平和制约瓶颈

我国教育信息化始于20世纪90年代，在这一阶段，基础设施建设的任务摆在了第一位。世纪之交，国家行政部门把教育信息化作为教育改革和发展的"制高点"，支持了现代远程教育、教育科研网格、数字图书馆、数字博物馆、电子政务、教师信息技术培训、教育技术标准研制等一系列项目，缓解了教育信息化发展中突出的"车"、"货"不足和失调的矛盾，使全国较发达地区率先进入了信息技术学习环境，信息技术在各级各类学校中得到了越来越广泛的应用。通过"西部大学计算机网络建设工程"、"农村中小学远程教育工程"等项目，缩小了东西部学校间的"数字鸿沟"。我国教育信息化总体水平正处于从"推广普及"向"应用提高"发展的过渡阶段。

为进一步促进教育和信息化的融合协调发展，还需重点突破以下制约发展的瓶颈问题：

——信息化观念薄弱。正确认识信息化仍然是教育信息化发展中的最大挑战。有关方面对教育信息化的支持力度不够，对教育信息化建设和发展规律认识不深，推进不力，部门或地区甚至小团体是形成"信息孤岛"的温床，阻碍了教育信息化的深入顺利开展。

——人才资源准备和支持不足。缺乏高水平的职业化的教育信息化人才队伍，并且当前队伍的知识结构和年龄结构不符合IT发展的需要的问题始终没有得到较好的解决。这一问题在基础教育中尤为突出。

——优质教育信息资源明显缺乏。无论是基础教育中对学生开展信息化教育、采用信息技术手段进行教育，还是高等教育鼓励基于信息技术和平台的创新性学习，其优质教育教学信息资源都显得十分匮乏，难以支撑教育改革和教育创新。

——信息化在建设和应用方面面临着诸多挑战。如低水平资源泛滥、培训考核脱离学科教学实际、信息化标准滞后、信息交换和共享困难、项目完成后难以可持续发展。

——资金投入不能持续保障。没有经费保障机制，投入总体不足。资源建设、基础设施、信息系统及重大应用工程的运行、维护和可持续发展，没有根本

保证。特别是广大农村中小学校，缺乏教育信息基础设施维护与升级、更新的投入机制，有些地方现有设备的使用面临经费短缺问题。

四　我国教育信息化发展的历史机遇

进入新世纪以来，尤其是近几年以来，我国教育信息化发展环境出现新局面和新变化，对教育信息化建设提出了更高要求，教育信息化有了更大的发展空间和更强的发展动力。主要体现在以下方面。

——信息化在国家层面的战略地位不断提升。从十六大报告提出“以信息化带动工业化，以工业化促进信息化”的战略思想，到十六届五中全会确定“推进国民经济和社会信息化，切实走新型工业化道路”的战略举措，再到十七大报告将“信息化”与“工业化、城镇化、市场化、国际化”并称为“奋力开拓中国特色社会主义”的五大战略任务，信息化在国民经济和社会发展中的战略地位不断提升，大力推进信息化与各行各业的融合已成为贯彻科学发展观、构建和谐社会、建设创新型国家、解决经济社会发展瓶颈问题、保障国家长治久安的迫切需要。

——“教育信息化”成为教育改革和发展重点。教育部门越来越重视教育信息化建设，“加快教育信息化进程”已被列为正在制定的《国家中长期教育改革和发展规划纲要（2010~2020年)》的建设重点，成为推进教育改革和发展的重要举措之一。

——现代远程教育成为促进教育公平的重要手段。现代远程教育能在短期内为师资力量较弱的地区提供信息化教学环境和优质教学资源与课程，已成为消除“信息贫困”、促进教育公平的重要手段。

——数字化学习成为提高教育质量的有效途径。加快开发网络课程，发展多媒体教学、混合式学习和在线学习，共享优质教学资源，进一步推动信息化与教学的融合，已成为提高教育质量、促进人的自由全面发展的有效途径。

——信息技术专业人才成为国家发展的必需资源。国民经济和社会信息化的快速发展，特别是传统产业的信息化改造，对信息技术人才培养的数量和质量提出了更高要求。信息技术专业人才已成为国家发展的必需资源。

——信息化平台成为构建学习型社会的重要载体。我国的知识和技术主要集中在教育科研机构和大型企业，集中在城市。要构建学习型社会，方便全民学习、终身学习，必须借助信息化平台，促进知识的传播与辐射。必须不断完善信息化学习环境，推广低成本信息化设备，采用更新更实用的教育技术，实现更好、更便捷的学习。

——电子政务成为“办让人民满意的教育”的有力工具。教育电子政务能为社会提供高效的信息服务与沟通平台，能将教育行政部门和学校的信息与公众需求紧密结合起来，是教育行政部门和学校转变工作职能和工作方式，提高管理效率，实现政务、校务公开的重要手段，已成为办好让人民满意的教育、促进社会和谐的有力工具。

五　我国教育信息化下一步发展展望

2008 年以来，国务院组织教育部、财务部、发改委等有关部委，调动专家、师生和社会各界力量，调研起草《国家中长期教育改革和发展规划纲要（2010～2020 年）》，已形成“公开征求意见稿”，正在面向全社会征求意见。其中“加快教育信息化进程”被单列为一章，并在“重大项目和改革试点”中专门设置了“国家教育信息化工程”，为进一步提升我国教育信息化的建设水平提供了难得的历史机遇，必将掀起教育信息化建设的新高潮。2020 年前，我国教育信息化建设的基本框架如下。

（一）指导思想

以邓小平理论、“三个代表”重要思想和科学发展观为指导，贯彻落实十七大精神，根据《2006～2020 年国家信息化发展战略》的总体部署，加大统筹规划与资源整合力度，以信息化促进教育改革、创新与科学管理和决策，为提高教育质量、推进素质教育、促进教育公平提供重要保障，为完善现代国民教育体系、建立终身教育体系提供重要支撑，为构建学习型社会、建设人力资源强国和创新型国家奠定重要基础。

（二）总体目标

到 2020 年，整合现代国民教育服务体系与社会各类教育和培训资源，形成支持我国初步实现教育现代化的知识共享渠道和机制，推动教育观念、教育方法、学习方式、管理模式的深刻变革，建成覆盖所有学校、遍及城乡的先进信息基础设施和应用体系，支持全民随时、随地、个性化学习，为实现教育现代化和构建学习型社会奠定重要基础。

（三）建设重点

——加快教育信息基础设施建设。把教育信息化纳入国家信息化发展整体战略，超前部署教育信息网络。到2020年，基本建成覆盖城乡各级各类学校的数字化教育服务体系，促使教育内容、教学手段和方法现代化。充分利用优质资源和先进技术，创新运行机制和管理模式，整合现有资源，构建先进、高效、实用的数字化教育基础设施。加快终端设施普及，推进数字化校园建设，实现多种方式接入互联网。重点加强农村学校信息基础建设，缩小城乡数字化差距。加快中国教育和科研计算机网、中国教育卫星宽带传输网升级换代。制定教育信息化基本标准，促进信息系统互联互通。

——加强优质教育资源开发与应用。加强网络教学资源库建设。引进国际优质数字化教学资源。开发网络学习课程。建立数字图书馆和虚拟实验室。建立开放灵活的教育资源公共服务平台，促进优质教育资源普及共享。创新网络教学模式，开展高质量高水平的远程学历教育。继续推进农村中小学远程教育，使农村和边远地区师生能够享受优质教育资源。

强化信息技术应用。提高教师应用信息技术的水平，更新教学观念，改进教学方法，提高教学效果。鼓励学生利用信息手段主动学习、自主学习，增强运用信息技术分析、解决问题的能力。加快全民信息技术普及和应用。

——构建国家教育管理信息系统。制定学校基础信息管理要求，加快学校管理信息化进程，促进学校管理标准化、规范化。推进政府教育管理信息化，积累基础资料，掌握总体状况，加强动态监测，提高管理效率。整合各级各类教育管理资源，搭建国家教育管理公共服务平台，为宏观决策提供科学依据，为社会公众提供公共教育信息，不断提高教育管理现代化水平。

参考文献

国家中长期教育改革和发展规划纲要工作小组办公室：《国家中长期教育改革和发展

规划纲要（2010～2020年）》（公开征求意见稿），2010年2月28日。

教育部教育信息化工作办公室（设在教育部科技司）在日常工作中积累的有关数据与资料，来自教育部办公厅、科技司、基础教育司、高等教育司、师范教育司、职业教育与成人教育司、教育管理信息中心、科技发展中心、中国教育电视台、中央电化教育馆、中央广播电视大学、中国教育和科研计算机网网络中心、赛尔网络有限公司等有关单位。

教育部在中国教育统计网上公布的2001年以来全国教育事业发展统计公报，以及历年高等教育、基础教育、职业教育与成人教育等专项统计数据。

教育部教育信息化领导小组办公室：《面向21世纪教育振兴行动计划——现代远程教育工程项目进展报告》，高等教育出版社，2004。

教育部教育信息化领导小组办公室：《2002中国教育信息化绿皮书》，高等教育出版社，2003。

教育部科技司：教育部教育改革和发展战略与政策研究重大课题——“教育信息化建设与应用研究”课题研究报告（初稿），2009年4月。

教育部发展规划司：《2008全国教育事业发展简明统计汇编》，2009年3月。

王珠珠、刘雍潜、黄荣怀、赵国栋、李龙：《中小学教育信息化建设与应用状况的调查研究（上）》，《中国电化教育》2005年第10期。

教育部—微软“携手助学”项目评估组：《教育部—微软“携手助学”项目评估报告》（FY2008），2008年10月。

中国与联合国儿童基金会合作项目研究课题组：《中小学教育信息化发展现状及趋势》，中央广播电视大学出版社，2008。

全国中小学教师教育技术能力培训计划项目办公室：《全国中小学教师教育技术能力培训计划统计报告》，2008。

比较研究篇

PART Ⅴ

中国信息化发展的区域比较研究

张彬　李潇*

摘　要：提出并使用具有多级指标体系的信息化水平指标测度了我国31个地区（港澳台除外）2002～2008年信息化水平的总体情况。我国整体信息化水平逐年提升，但地区间信息化水平和信息化水平提升程度差异较大。文章还从技术、经济、政府、教育、社会五方面对各地区信息化水平进行了全面展示。运用距离测度聚类和相关测度聚类的层次聚类分析方法对我国31个地区2002～2008年的信息化水平指数进行了聚类分析，根据信息化水平促进因素的不同将各个地区进行了分类，为提出相关政策和策略建议提供了参考。

关键词：信息化水平指数　层次聚类　指标体系　距离测度　相关测度

* 张彬（1961～），博士，北京邮电大学经济管理学院教授、博士生导师，主要研究方向为信息产业政策和信息社会测度；李潇（1984～），北京邮电大学经济管理学院在读博士研究生，主要研究方向为信息产业政策和信息社会测度。

信息化对于人类社会和国家民族发展的重要性不言而喻。信息化推进生产力的发展、促进生产关系的变革，其所触发的经济、社会转型和由工业社会向信息社会的转变，不仅将重绘全球政治的版图，而且将影响每一个国家在人类历史长河中的重新定位，不论他们在工业化的历史竞争中曾经处于上游、中游或者下游。因此，认识信息化，驾驭信息化，以信息化谋发展，也成为每一个国家在信息时代必须关注的重大主题。① 对于中国来说，千方百计地加快信息化进程是我国加快实现工业化和现代化的极为重要的战略选择。信息化没有固定的模式，世界各国都是根据自身情况确定发展策略和优先领域的。就中国的信息化推进而言，最重要的是必须结合我国的实际情况进行思考。②

《中国数字鸿沟报告 2008》指出，我国信息技术扩散已经进入快速扩张期，数字鸿沟进一步缩小，但城乡、地区间数字鸿沟仍然突出，不同群体在拥有和使用现代信息技术方面仍然存在一定差距，这仍然是困扰中国信息化发展的重大难题。③

鉴于我国地区间信息化发展水平差异的客观存在，客观描述不同地区信息化的发展现状与变化趋势，将信息化发展水平相近或类似的地区聚合在一起进行分析，对于正确认识信息化发展水平，制定有针对性的信息化发展战略和衡量政策效果就显得极为必要。本文通过引入信息化水平指数，对中国 31 个地区（港澳台除外）2002～2008 年 7 年间的信息化发展水平进行了定量测度和聚类研究。

一　信息化水平指数和层次聚类分析法介绍

（一）信息化水平指数及计算方法

信息化水平指数（ILI，Informatization Level Index）从技术、经济、政府、教育和社会五个角度综合地测量和反映一个国家或地区的信息化发展总体水平。ILI 由 5 个一级指标、11 个二级指标和 29 个三级指标构成。④ 指标体系如图 1 所示：

① 周宏仁：《信息化论》，人民出版社，2008，第 2 页。

② 周宏仁：《信息化论》，人民出版社，2008，第 220 页。

③ 张新红：《中国数字鸿沟报告 2008》，《电子政务》2009 年第 11 期。

④ 张彬、李潇、Richard D. Taylor：《数字鸿沟测度理论与方法》，北京邮电大学出版社，2009，第 270 页。

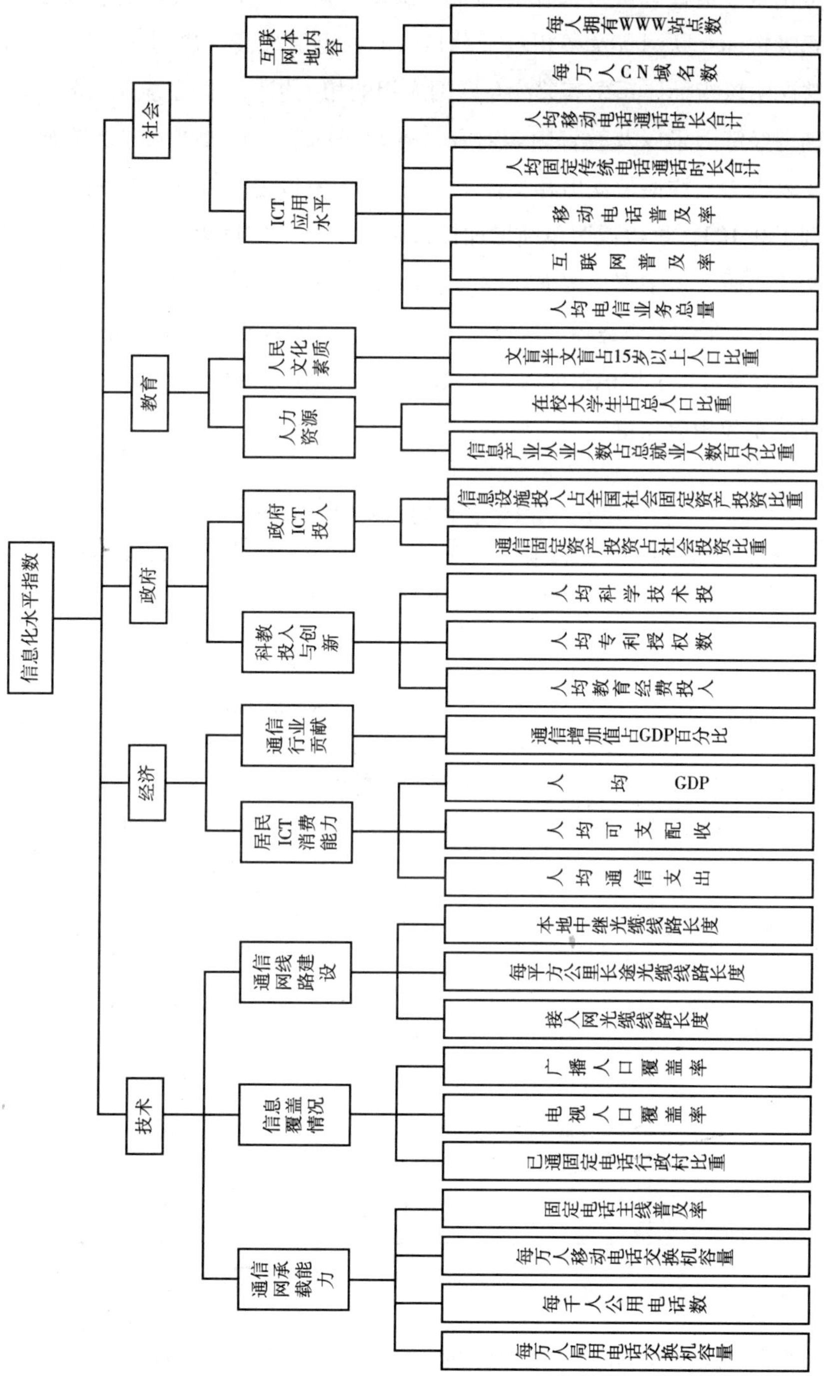

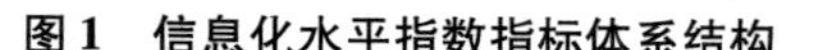

图1 信息化水平指数指标体系结构

信息化水平指数着重考察社会因素，权重占37%，其中代表信息通信技术应用的三级指标互联网普及率相对于总指数的权重值最高，达到0.147，如表1所示。这说明该指标体系尤其关注互联网应用的相关指标。除了应用之外，该指标体系确定经济因素以及教育因素对我国各地区的信息化发展水平也有较大影响，主要表现为人均通信支出和文盲半文盲占15岁以上人口比重这两项指标的权重达到了0.103。这也说明单纯增加接入不等于提升信息化水平，只有真正提高全民文化素质、识字率，增强获取信息的意识以及提高他们的信息应用程度才是提升信息化水平的有效途径。从技术角度来讲要着重考察信息覆盖情况，从经济角度来讲要着重考察居民消费能力，从政府角度来看国家的投入状况非常重要。

指标体系和相应权重如表1所示。①

表1　信息化水平指数各级指标权重

总指数	一级指标 (I_1^i)	权重 (w_1^i)	二级指标 (I_2^j)	权重 (w_2^j)	三级指标 (I_3^k)	权重 (w_3^k)	相对于总指数的权重(w^k)
信息化水平指数	1. 技术	0.11	1. 通信网承载能力	0.2	1. 每万人局用电话交换机容量	0.09	0.002
					2. 每千人公用电话数	0.27	0.006
					3. 每万人移动电话交换机容量	0.16	0.003
					4. 固定电话主线普及率	0.48	0.011
			2. 信息覆盖情况	0.6	5. 已通固定电话行政村比重	0.63	0.042
					6. 电视人口覆盖率	0.26	0.017
					7. 广播人口覆盖率	0.11	0.007
			3. 通信网线路建设	0.2	8. 接入网光缆线路长度	0.60	0.013
					9. 每平方公里长途光缆线路长度	0.20	0.004
					10. 本地中继光缆线路长度	0.20	0.004

① 张彬、李潇、Richard D. Taylor：《数字鸿沟测度理论与方法》，北京邮电大学出版社，2009，第271页。

续表 1

总指数	一级指标 (I_1^i)	权重 (w_1^i)	二级指标 (I_2^j)	权重 (w_2^j)	三级指标 (I_3^k)	权重 (w_3^k)	相对于总指数的权重(w^k)
信息化水平指数	2. 经济	0.21	4. 居民 ICT 消费能力	0.83	11. 人均通信支出	0.60	0.103
					12. 人均可支配收入	0.20	0.034
					13. 人均 GDP	0.20	0.034
			5. 通信行业贡献	0.17	14. 通信增加值占 GDP 百分比	1	0.034
	3. 政府	0.11	6. 科教投入与创新	0.25	15. 人均教育经费投入	0.57	0.016
					16. 人均专利授权数	0.14	0.004
					17. 人均科学技术投入	0.29	0.008
			7. 政府 ICT 投入	0.75	18. 通信固定资产投资占社会投资比重	0.50	0.041
					19. 信息设施投入占全国社会固定资产投资比重	0.50	0.041
	4. 教育	0.21	8. 人力资源	0.5	20. 信息产业从业人数占总就业人数百分比重	0.25	0.026
					21. 在校大学生占总人口比重	0.75	0.077
			9. 人民文化素质	0.5	22. 文盲半文盲占 15 岁以上人口比重*	0.103	0.103
	5. 社会	0.37	10. ICT 应用水平	0.83	23. 人均电信业务总量	0.055	0.055
					24. 互联网普及率	0.147	0.147
					25. 移动电话普及率	0.055	0.055
					26. 人均固定传统电话通话时长合计	0.019	0.019
					27. 人均移动电话通话时长合计	0.031	0.031
			11. 互联网本地内容	0.17	28. 每万人 CN 域名数	0.031	0.031
					29. 每人拥有 WWW 站点数	0.031	0.031

*该指标在参与信息化水平指数计算时被转化为“15 岁以上人口识字率”，即 15 岁以上人口识字率 = 1 - 文盲半文盲占 15 岁以上人口比重。

信息化水平指数的计算方法：先对三级指标的具体指标数据进行标准化，再加权可计算出二级指标值，通过类似的再加权可计算出一级指标值，最终加权计算出总指数。在计算出三级指标相对于总指数的权重后，信息化水平指数的计算公式可简单地表示如下：

$$ILI = \sum_{k=1}^{29} I_3^k w^k$$

其中 I_1^i 代表标准化后的第 i 个一级指标，I_2^j 代表标准化后的第 j 个二级指标，I_3^k 代表标准化后的第 k 个三级指标；w_1^i 代表第 i 个一级指标相对于 ILI 的权重，w_2^j 代表第 j 个二级指标相对于相应一级指标的权重，w_3^k 代表第 k 个三级指标相对于相应二级指标的权重，w^k 代表第 k 个三级指标相对于 ILI 的权重。其中 $i=1$，2，3，4，5；$j=1$，2，…，11；$k=1$，2，…，29。

29 个三级指标的原始数据来源于中国国家统计局的《中国统计年鉴》、《通信统计年鉴》、《信息统计年鉴》、《通信统计年度报告》、《互联网统计报告》等。

（二）层次聚类分析法介绍

所谓聚类，是将一个数据单位的集合（数据源）分割成几个被称为类或类别的子集，每个类内的对象之间是相似的，但不同类的对象间区别相对较大。简单地说，聚类就是分类。聚类分析依据的原则是使同一类中的对象具有尽可能大的相似性，而不同类中的对象具有尽可能大的差异性。

层次聚类①（hierarchical clustering）有时也称为系统聚类法②，它是一种常用的聚类方法。它不会在一步以内将数据分成 n 类，而是由一系列的划分多步完成分类，实际上是产生一个嵌套的簇集。

图 2 描述了一个凝聚式层次聚类方法 AGNES 和一个分裂的层次聚类方法 DIANA 在一个包含五个对象的数据集合 $\{a,b,c,d,e\}$ 上的处理过程③。

根据聚类分析中相似性测度方法的不同，可以分为距离测度层次聚类分析和

① Everitt, B. S., Landau, S. & Leese, M. (2001). *Cluster analysis*. London: Arnold.

② 侯景新、尹卫红：《区域经济分析方法》，商务印书馆，2004。

③ 吾守尔·斯拉木，吴启南：《基于层次聚类方法》，第六届全国计算机应用联合学术会议论文。

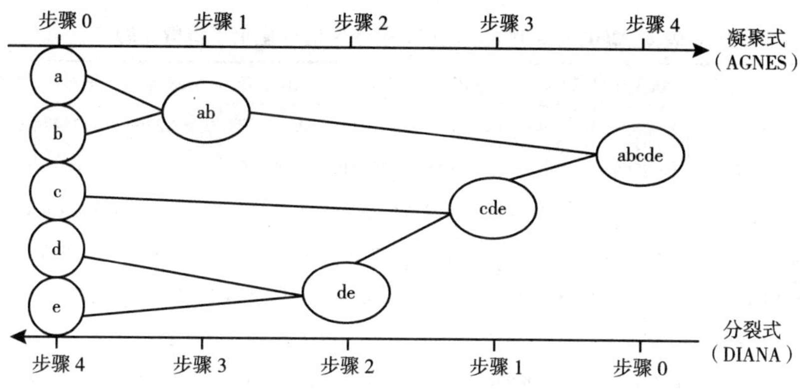

图 2　在数据对象集合 $\{a,b,c,d,e\}$ 上的凝聚和分裂层次聚类

相关测度层次聚类分析。距离测度衡量的是样本之间综合的距离远近程度，而相关测度是衡量样本之间结构上的相似程度。因此，当研究问题关注的是结构方面时，就需要根据样本之间的结构上的相似程度分类，使用相关测度方法。当研究问题关注的是总体方面时，就需要根据样本之间的综合的距离远近程度分类，使用距离测度方法。本文将综合使用这两种方法对我国 31 个地区的信息化水平进行分析。

二　我国 31 个地区 2002 ~ 2008 年信息化水平指数测算

我国 31 个地区 2002 ~ 2008 年的信息化水平指数值如表 2 所示。从表中可以看出，我国和各地区信息化水平整体上呈逐年上升的趋势，因此这里的极差就表示了我国整体和各地区 2002 ~ 2008 年信息化水平指数增长的绝对值，离散系数则表明了 2002 ~ 2008 年这 7 年间信息化水平指数的波动情况，离散系数越大，波动越大，信息化水平指数增长越明显，反之亦然。

如图 3 所示，全国多数地区 2008 年的信息化水平指数低于全国平均水平，北京、上海、广东、天津、浙江、江苏、辽宁的信息化水平指数高于全国平均水平，其中北京和上海的表现尤其突出，两地的信息化水平指数遥遥领先于其他各地区并且远高于全国平均水平。2002 ~ 2007 年的情况与 2008 年的情况也基本类似，这说明虽然我国整体信息化水平在不断提升，但区域间的差异较大，区域间信息化发展不平衡问题仍然十分严峻。

表2　2002~2008年中国31个地区信息化水平指数比较

	2002年	2003年	2004年	2005年	2006年	2007年	2008年	极差	离散系数
安　徽	0. 486429	0. 505987	0. 579071	0. 63873	0. 7039	0. 811777	0. 900276	0. 413847	0. 234038
北　京	1. 675385	2. 029698	2. 156197	2. 35615	2. 692191	3. 902359	5. 085855	3. 41047	0. 4286752
福　建	0. 760297	0. 865213	1. 041814	1. 13027	1. 238784	1. 561338	1. 947721	1. 187424	0. 3383136
甘　肃	0. 531048	0. 562454	0. 640337	0. 649559	0. 710311	0. 79621	0. 923564	0. 392516	0. 1985479
广　东	0. 973332	1. 156282	1. 392293	1. 42969	1. 539895	1. 957086	2. 339402	1. 36607	0. 3038087
广　西	0. 549573	0. 65203	0. 726438	0. 742573	0. 762948	0. 874778	1. 026513	0. 47694	0. 2015353
贵　州	0. 47008	0. 506758	0. 582208	0. 606557	0. 690976	0. 760926	0. 879657	0. 409577	0. 2252947
海　南	0. 639044	0. 64119	0. 80435	0. 859109	0. 995481	1. 122917	1. 364255	0. 725211	0. 2874928
河　北	0. 548594	0. 608722	0. 70812	0. 756511	0. 837301	0. 9374	1. 14346	0. 594866	0. 2568011
河　南	0. 518216	0. 556459	0. 623014	0. 671821	0. 762373	0. 869251	0. 987064	0. 468848	0. 2391135
黑龙江	0. 652786	0. 719923	0. 864541	0. 895157	0. 955653	1. 065991	1. 251961	0. 599175	0. 2220428
湖　北	0. 549519	0. 63926	0. 764348	0. 805107	0. 892208	0. 997607	1. 200025	0. 650506	0. 262542
湖　南	0. 569429	0. 5791	0. 664182	0. 733835	0. 802185	0. 931198	1. 121006	0. 551577	0. 2588824
吉　林	0. 636678	0. 71143	0. 790206	0. 839883	0. 939988	1. 086555	1. 177724	0. 541046	0. 2227007
江　苏	0. 63669	0. 742655	0. 834578	0. 945169	1. 093264	1. 376711	1. 593188	0. 956498	0. 3366849
江　西	0. 560562	0. 595217	0. 68461	0. 73475	0. 791437	0. 940809	0. 999609	0. 439047	0. 2182817
辽　宁	0. 773728	0. 782216	0. 851653	0. 906375	1. 01879	1. 222897	1. 509738	0. 73601	0. 2678857
内蒙古	0. 524401	0. 555723	0. 642083	0. 689473	0. 786436	1. 001502	1. 150645	0. 626244	0. 305721
宁　夏	0. 572194	0. 640321	0. 704622	0. 729152	0. 826492	0. 941838	1. 142875	0. 570681	0. 246412
青　海	0. 521626	0. 571817	0. 573773	0. 602641	0. 691941	0. 815642	1. 109494	0. 587868	0. 2951555
山　东	0. 545319	0. 636231	0. 727965	0. 807227	0. 911891	1. 050514	1. 257376	0. 712057	0. 2909141
山　西	0. 600108	0. 618447	0. 757997	0. 804862	0. 904057	1. 046448	1. 323928	0. 72382	0. 2951098
陕　西	0. 608776	0. 69135	0. 804783	0. 878121	0. 958354	1. 083553	1. 247538	0. 638762	0. 2477317
上　海	1. 36549	1. 588644	1. 733462	1. 895831	2. 093979	3. 659668	3. 677035	2. 311545	0. 4241726
四　川	0. 490972	0. 570861	0. 642985	0. 698207	0. 765441	0. 868332	0. 983436	0. 492464	0. 2377999
天　津	0. 957076	1. 101377	1. 277458	1. 415596	1. 565861	1. 752454	2. 229865	1. 272789	0. 2917089
西　藏	0. 649683	0. 637361	0. 740716	0. 848735	0. 799757	1. 004098	1. 154952	0. 517591	0. 2269073
新　疆	0. 611461	0. 735513	0. 753638	0. 7943	0. 866887	1. 064687	1. 307934	0. 696473	0. 2690747
云　南	0. 567743	0. 596738	0. 689831	0. 704345	0. 746344	0. 817204	0. 92284	0. 355097	0. 1707001
浙　江	0. 820931	0. 969375	1. 145192	1. 293849	1. 45863	1. 8378	2. 236757	1. 415826	0. 3575588
重　庆	0. 546405	0. 654778	0. 759286	0. 825252	0. 91269	1. 036506	1. 204514	0. 658109	0. 2650685
平均值	0. 674631	0. 755585	0. 860056	0. 925446	1. 023111	1. 264389	1. 496781	0. 82215	0. 2909678

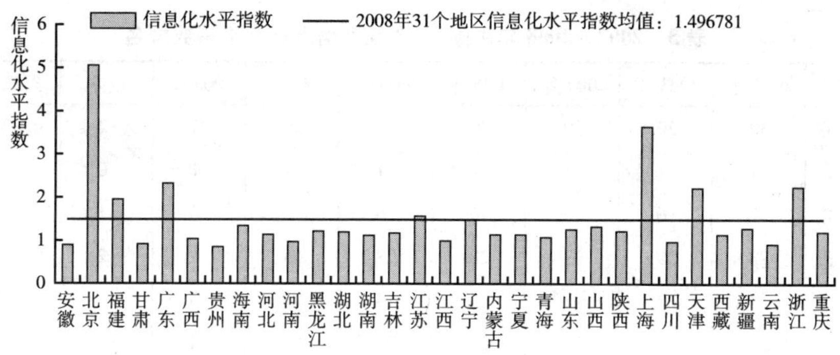

图 3　2008 年全国 31 个地区信息化水平指数与全国均值比较

从信息化水平指数极差与极差均值的比较来看，全国多数地区的信息化水平指数极差小于均值，这说明多数地区信息化发展水平低于全国平均水平，这主要是因为北京、上海、广东、浙江、福建、天津等地区的信息化发展极为迅速，尤其是北京和上海，这些地区信息化水平指数较大的极差将极差均值拉升到一个较高的水平，由此我们也可以看出 31 个地区在信息化水平增长方面也存在着较大的不平衡。

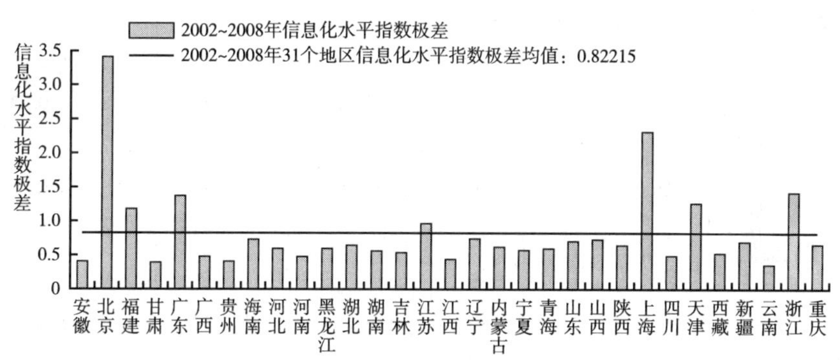

图 4　2002～2008 年 31 个地区信息化水平指数极差与极差均值比较

从 2002～2008 年 31 个地区信息化水平指数的排名和排名变动情况来看，如表 3 所示，海南、吉林、山西、新疆、重庆的排名极差都达到了 8 以上，说明其在这 7 年中最高排名和最低排名之间的差别较大；海南、新疆和吉林 2002～2008 年排名的离散系数较大，说明其在这 7 年中信息化水平指数的排名波动较大，北京和上海的排名则最为稳定，7 年中一直保持在第一和第二的位置。

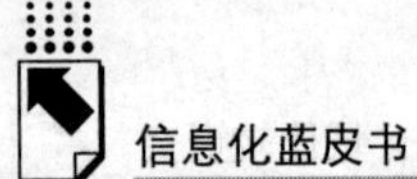

表3　2002~2008年中国31个地区信息化水平指数排名

	2002年	2003年	2004年	2005年	2006年	2007年	2008年	极差	离散系数
安　徽	30	30	30	29	29	30	31	2	0.023112
北　京	1	1	1	1	1	1	1	0	0
福　建	7	6	6	6	6	6	6	1	0.061529
甘　肃	28	29	27	28	28	29	29	2	0.026725
广　东	4	3	3	4	4	3	3	1	0.155902
广　西	24	18	21	20	25	24	24	7	0.117909
贵　州	31	31	31	31	31	31	30	1	0.012249
海　南	11	19	12	11	9	9	9	10	0.310829
河　北	18	21	19	19	19	22	20	4	0.070007
河　南	25	28	28	27	26	26	27	3	0.041652
黑龙江	10	10	9	9	10	10	12	3	0.1
湖　北	20	15	14	17	16	18	17	6	0.118225
湖　南	19	26	24	22	21	21	21	7	0.104973
吉　林	9	11	10	12	12	13	19	10	0.264647
江　苏	8	8	8	7	7	7	7	1	0.071955
江　西	21	22	23	23	22	20	25	5	0.071955
辽　宁	6	7	7	8	8	8	8	2	0.105915
内蒙古	26	27	25	26	23	19	22	8	0.117851
宁　夏	17	16	20	21	18	23	18	7	0.128921
青　海	27	24	29	30	30	28	23	6	0.103041
山　东	16	13	13	14	13	17	15	4	0.112163
山　西	15	20	15	16	14	14	10	10	0.199775
陕　西	14	12	11	10	11	11	13	4	0.117816
上　海	2	2	2	2	2	2	2	0	0
四　川	29	25	26	24	24	25	26	5	0.067194
天　津	3	4	4	3	3	5	5	2	0.233265
西　藏	12	17	18	13	20	15	14	8	0.184857
新　疆	13	9	17	18	17	12	11	9	0.25147
云　南	22	23	22	25	27	27	28	6	0.102378
浙　江	5	5	5	5	5	4	4	1	0.103505
重　庆	23	14	16	15	15	16	16	9	0.182125

三　层次聚类分析法在测度区域信息化水平中的应用

（一）距离测度应用

1. 对7年总数据进行距离测度聚类

将2002～2008年7年间31个省的信息化水平指数共217个样本进行聚类，将样本分为24类，并根据样本间距离对样本进行排名。分类及排名结果如表4所示。从表4中可以看出各地区在各年的信息化水平差异：北京、上海在信息化水平上处于绝对的领先地位。广东、天津、浙江、福建紧随其后。甘肃、安徽、贵州省信息化水平较低，其余各省处于中间水平。从全部数据分类排名表中我们也可以近似地对各地区的信息化水平情况做时间距离上的分析。例如第5类中包括“北京5，广东8”，我们可以近似地认为广东2008年的信息化水平达到了北京2005年的水平，即广东与北京的信息化水平的差距近似为3年。

表4　2002～2008年31个地区信息化水平指数层次聚类分类排名结果

分类排名	地　　区
1	北京8
2	北京7
3	上海7，上海8
4	北京6
5	北京5，广东8
6	天津8，浙江8
7	北京4，上海6
8	北京3
9	上海5，广东7，福建8
10	浙江7
11	上海4，天津7
12	北京2
13	上海3，广东6，天津6，福建7，江苏8，辽宁8
14	上海2，广东4，广东5，天津5，浙江6，江苏7，海南8
15	天津4，浙江5，福建6，黑龙江8，山东8，山西8，陕西8，新疆8
16	辽宁7，湖北8，吉林8，重庆8

续表 4

分类排名	地　区
17	广东3,天津3,浙江4,福建5,江苏6,海南7,吉林7,陕西7,河北8,湖南8,内蒙古8,宁夏8,青海8,西藏8
18	福建4,辽宁6,黑龙江7,山东7,山西7,新疆7,重庆7,广西8
19	广东2,天津2,浙江3,海南6,黑龙江6,陕西6,湖北7,内蒙古7,西藏7,河南8,江西8,四川8
20	黑龙江5,江苏5,辽宁5,湖北6,吉林6,山东6,山西6,重庆6,河北7,湖南7,江西7,宁夏7,安徽8,甘肃8,云南8
21	浙江2,福建3,辽宁3,海南4,黑龙江4,吉林4,江苏4,辽宁4,陕西4,海南5,湖北5,吉林5,山东5,山西5,陕西5,西藏5,新疆5,重庆5,河北6,湖南6,江西6,内蒙古6,宁夏6,西藏6,新疆6,安徽7,甘肃7,广西7,河南7,青海7,四川7,云南7,贵州8
22	福建2,辽宁2,黑龙江3,吉林3,江苏3,陕西3,新疆3,广西4,河北4,湖北4,江西4,宁夏4,山东4,山西4,西藏4,新疆4,云南4,重庆4,广西5,河北5,湖南5,江西5,内蒙古5,宁夏5,四川5,云南5,安徽6,甘肃6,广西6,贵州6,河南6,青海6,四川6,云南6,贵州7
23	海南2,黑龙江2,吉林2,江苏2 山西2,陕西2,西藏2,新疆2,广西3,海南3,河北3,湖北3,江西3,宁夏3,山东3,山西3,西藏3,云南3,重庆3,甘肃4,河南4,湖南4,内蒙古4,四川4,安徽5,甘肃5,贵州5,河南5,青海5
24	安徽2,甘肃2,广西2,贵州2,河北2,河南2,湖北2 湖南2,江西2,内蒙古2,宁夏2,青海2,山东2,四川2,云南2,重庆2,安徽3,甘肃3,贵州3,河南3,湖南3,内蒙古3,青海3,四川3,安徽4,贵州4,青海4

注："北京2"代表北京2002年，"上海6"代表上海2006年，其他类推。

各地区每年所属分类排名如表5所示，从中我们可以清晰地看出各地区在7年中分类排名的变动情况。从地区分类排名来看，各个地区大体上都呈上升趋势，因此这里的极差就显示了各地区2008年分类排名比2002年分类排名上升的情况。由于多数地区集中在分类排名较为靠后的部分，因此北京、上海、广东、江苏、福建、天津等地区的极差较大，并且分类排名的波动也较大（即离散系数较大）。

2. 分年距离测度聚类

在按照信息化水平指数对31个地区进行聚类时，笔者从中找出将各省分为12类时的分类情况，并且按照各地区的排名将每3个类别合并为一类，并最终将31个地区划分为如下4类地区：

一类地区：信息化水平很高

表 5　31 个地区 2002～2008 年 24 类排名变动

	2002 年	2003 年	2004 年	2005 年	2006 年	2007 年	2008 年	极差	离散系数
安　徽	24	24	24	23	22	21	20	4	0.0716989
北　京	12	8	7	5	4	2	1	11	0.6783978
福　建	22	21	18	17	15	13	9	13	0.2763977
甘　肃	24	24	23	23	22	21	20	4	0.0674077
广　东	19	17	14	14	13	9	5	14	0.3635243
广　西	24	23	22	22	22	21	18	6	0.0870313
贵　州	24	24	24	23	22	22	21	3	0.0531556
海　南	23	23	21	21	19	17	14	9	0.1675047
河　北	24	23	22	22	21	20	17	7	0.1075223
河　南	24	24	23	23	22	21	19	5	0.0807455
黑龙江	23	22	21	20	19	18	15	8	0.1364681
湖　北	24	23	22	21	20	19	16	8	0.12988
湖　南	24	24	23	22	21	20	17	7	0.1162247
吉　林	23	22	21	21	20	17	16	7	0.1290994
江　苏	23	22	21	20	17	14	13	10	0.2128051
江　西	24	23	22	22	21	20	19	5	0.0796539
辽　宁	22	21	21	20	18	16	13	9	0.1737375
内蒙古	24	24	23	22	21	19	17	7	0.1230477
宁　夏	24	23	22	22	21	20	17	7	0.1075223
青　海	24	24	24	23	22	21	17	7	0.1149281
山　东	24	23	22	21	20	18	15	9	0.1518197
山　西	23	23	22	21	20	18	15	8	0.1443233
陕　西	23	22	21	21	19	17	15	8	0.1455903
上　海	14	13	11	9	7	3	3	11	0.5211277
四　川	24	24	23	22	22	21	19	5	0.0800624
天　津	19	17	15	14	13	11	6	13	0.3122018
西　藏	23	23	22	21	21	19	17	6	0.1051468
新　疆	23	22	22	21	21	18	15	8	0.1385971
云　南	24	23	22	22	22	21	20	4	0.0586816
浙　江	21	19	17	15	14	10	6	15	0.3562841
重　庆	24	23	22	21	20	18	16	8	0.1370832

二类地区：信息化水平较高

三类地区：信息化水平中等

四类地区：信息化水平较差

同时，我们还将每类地区中的地区分为三类，分别代表在这类地区中信息化水平的三个等级：高、中、低。

根据2002～2008年各年的数字鸿沟情况，我们可以得到这7年分类的总表，如表6所示。

由表6可以看出，北京、上海作为信息化的领先地区，7年中长期处于一类地区，并且信息化水平指数排名稳居第一和第二。

广东、天津仅次于以上两地，在一类地区低端和二类地区高端徘徊。广东2002年位于二类地区高端，自2003年起一直位于一类地区低端，信息化水平指数排名变化不大，总体呈平稳上升趋势。天津信息化水平指数排名总体呈下降趋势。

浙江、福建紧随天津之后，长期处于二类地区，浙江整体表现优于福建，信息化水平指数排名较为稳定，2007年略有上升，2008年保持稳定。福建2002～2003年信息化水平指数排名上升，以后各年基本呈现平稳态势。

辽宁地区分类排名呈下降趋势，2004年起稳定在三类地区高端，2008年升至二类地区低端。信息化水平指数排名整体呈下降趋势。

除2004年略有下降外，江苏的地区分类排名一直呈平稳的上升趋势，多数时间位于二类地区的低端。信息化水平指数排名变动较小，较为平稳。广东、天津、浙江、福建、江苏、辽宁六个地区2002～2008年间的信息化水平指数排名变动情况如图5所示。

海南2002～2008处于三类地区内部，从低端稳步向高端振荡上升，从信息化水平指数排名来看，海南波动较大，总体呈先下降后上升的趋势，尤其是2002～2003年下降8位，下降幅度较大。

除2002年位于三类地区低端外，黑龙江一直位于三类地区的高端和中端，信息化水平指数排名除2008年降至12位以外，总体变动不大，在第9、第10名间波动。

吉林在地区分类上在三类地区内部波动，2008年跌至四类地区高端，信息化水平指数排名呈下降趋势，这说明吉林相较同类地区信息化水平发展缓慢，因

表 6　2002～2008 年数字鸿沟情况分类表

分类	类别内细分	2002 年	2003 年	2004 年	2005 年	2006 年	2007 年	2008 年
一类地区	高	北京	北京	北京	北京	北京	北京	北京
	中	上海	上海	上海	上海	上海	上海	上海
	低	天津	广东,天津	广东	天津,广东	天津,广东	广东	广东
二类地区	高	广东	浙江	天津	浙江	浙江	浙江,天津	浙江,天津
	中	浙江	福建	浙江	福建	福建	福建	福建
	低	辽宁	辽宁,江苏	福建	江苏	江苏	江苏	江苏,辽宁
三类地区	高	福建	新疆,黑龙江,吉林	辽宁,江苏	辽宁	海南,辽宁	辽宁	海南
	中	江苏	陕西	黑龙江	黑龙江,陕西,海南	陕西,黑龙江,吉林	海南,黑龙江	山西,新疆,黑龙江,陕西
	低	吉林,黑龙江,海南,西藏,新疆,陕西,山西	山东,重庆,湖北,宁夏,西藏,广西,海南	吉林,陕西,海南,山东,湖北,山西,重庆,新疆,	吉林,西藏,山东,重庆,山西,湖北,新疆	山东,山西,湖北,重庆	陕西,新疆,吉林,山西,西藏	西藏,山东,重庆,湖北
四类地区	高	山东,宁夏,河北,湖南,湖北,江西,云南,重庆	山西,河北	西藏,河北,宁夏,广西	河北,广西,宁夏,湖南,江西,四川,云南,内蒙古	新疆,河北,宁夏	重庆,山东,湖北,内蒙古	宁夏,吉林,河北,湖南,内蒙古
	中	广西,河南,内蒙古,青海,甘肃,四川,安徽	江西,云南,青海,四川,湖南,内蒙古,河南,甘肃	云南,江西,湖南,内蒙古,四川,甘肃,河南	河南,甘肃,安徽	湖南,内蒙古,西藏,广西,四川,江西,云南,河南	江西,湖南,河北,宁夏	青海,广西
	低	贵州	安徽,贵州	青海,安徽,贵州	青海,贵州	甘肃,青海,安徽,贵州	广西,四川,河南,云南,青海,甘肃,安徽,贵州	江西,四川,河南,云南,甘肃,贵州,安徽

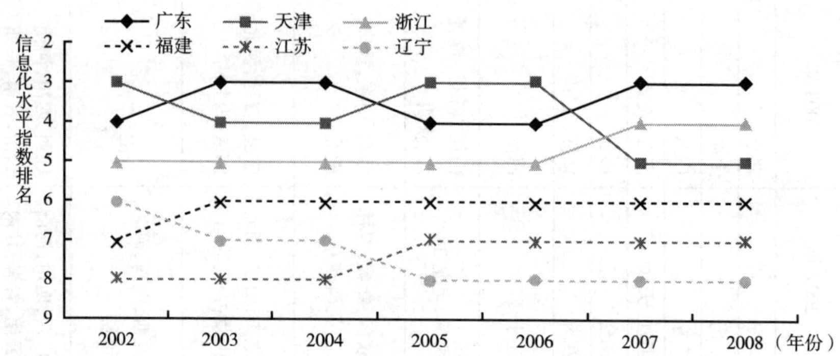

图5　广东、天津、浙江、福建、江苏、辽宁等地区信息化水平指数排名变动情况

此虽然在地区分类上呈波动趋势，但信息化水平指数排名却有下降。

陕西一直在三类地区中低端徘徊，信息化水平指数排名总体呈先上升再下降的趋势，但整体排名在第10～14名间变动。

新疆除2006年降至四类地区高端外，始终位于三类地区，从信息化水平排名来看，新疆经历了排名上的大起大落，排名变化较大，最低和最高排名相差9位，目前排名呈上升趋势。

山东2002年和2007年位于四类地区高端，其余各年均位于三类地区低端，信息化水平指数排名变动情况与地区分类变动情况类似，2002～2003有较大幅度提升（3位），2006～2007有大幅下降（4位），2008年又上升2位，其余各年较为平稳。海南、黑龙江、吉林、陕西、新疆、山东六省区2002～2008年间的信息化水平指数排名变动情况如图6所示。

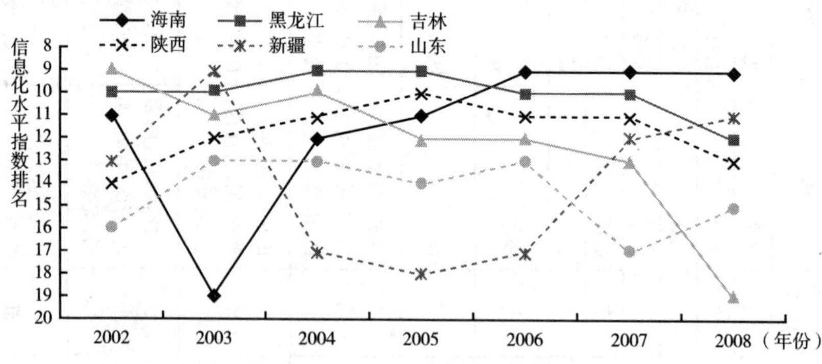

图6　海南、黑龙江、吉林、陕西、新疆、山东六省区信息化水平指数排名变动情况

湖北 2003 年从四类地区高端升至三类地区低端，在三类地区低端停留四年后，2007 年降至四类地区高端，2008 年回归三类地区低端。信息化水平指数排名变动趋势也是先上升后下降，2008 年呈现上升趋势，排名最大落差为 6 位。

山西除 2003 年降至四类地区高端外，其余各年处于三类地区的低端，2008 年上升至三类地区中端。从信息化水平指数排名来看，2002～2003 年排名下降明显，下降了 5 位，2003～2008 年又呈稳步的上升趋势，2007 年排名比 2002 年高 1 位，2008 年又有较大幅度上升，排至第 10 名。

西藏 2006 年降至四类地区中端，其余各年长期在三类地区低端和四类地区高端徘徊。信息化水平指数排名起伏较为剧烈，呈 W 形，最大排名差距为 8 位。

重庆的地区分类变动情况与湖北一致。信息化水平指数排名先大幅上升再缓步小幅振荡下降。最大排名差距为 9 位。

河北 2002～2006 年一直处于四类地区高端，2007 年降至四类地区中端，2008 年又回升至四类地区高端。从信息化水平指数排名来看，河北 2002～2007 整体呈下降趋势，2008 年又有回升，但差别不大，最大差值为 4 位。

湖北、山西、西藏、重庆、河北等五个地区 2002～2008 年间的信息化水平指数排名变动情况如图 7 所示。

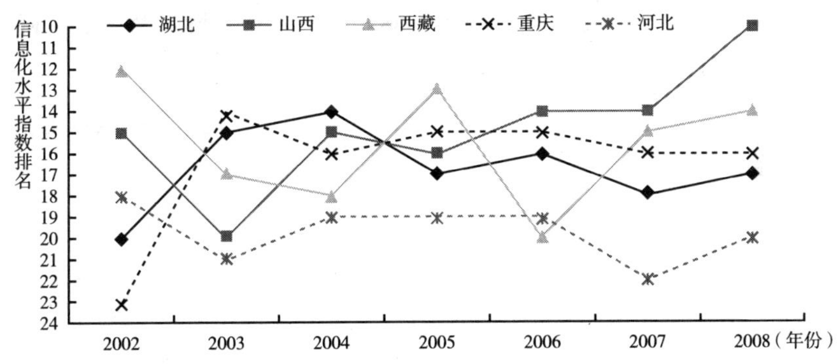

图 7　湖北、山西、西藏、重庆、河北五省区信息化水平指数排名变动情况

宁夏 2002～2003 年从四类地区高端升至三类地区低端，其后便呈下降趋势，逐渐落入四类地区高端（2004～2006 年和 2008 年）和低端（2007 年）。从信息化水平指数排名来看，除 2002 年和 2006 年与前一年相比有所上升、2008 年大幅上升 5 位，其余各年环比排名均下降，排名差距最大为 7 位。

广西 2002～2003 年从四类地区中端跃升至三类地区低端，之后在地区分类上呈下降趋势，2007 年降至四类地区低端，2008 年又略有回升至四类地区中端。其信息化水平指数排名变动与地区分类变动基本类似，2002～2003 年有所上升，之后总体呈下降趋势，2007 年和 2008 年略有回升。6 年间最大排名差值为 7 位。

湖南 2002～2007 年始终在四类地区高端和中端波动。从信息化水平指数排名情况看，2002～2003 年降幅较大，达到 7 位，之后一直呈稳步上升趋势，2006～2008 年回升且稳定在 21 位，但仍低于 2002 年的第 19 位。

内蒙古 2002～2008 年一直徘徊在四类地区中端和高端，并自 2005 年起在地区排名上呈振荡上升趋势。信息化水平指数排名截至 2007 年整体呈上升趋势，2008 年下降 3 位。

江西 7 年间大部分时间都在四类地区高端和中端徘徊，2008 年降至四类地区低端。从信息化水平指数排名来看，呈先下降再上升再大幅下降（2008 年）的态势，排名最大差值为 5 位。

云南 2002～2006 年在四类地区高端和中端徘徊，2007 年和 2008 年降至四类地区低端。从信息化水平指数排名变动来看，整体趋势与地区分类变动类似，呈下降——上升——再下降的态势，2004～2008 年一直呈下降趋势，且下降幅度较大（下降 6 位）。

宁夏、广西、湖南、内蒙古、江西、云南六省区信息化水平指数排名变动情况如图 8 所示。

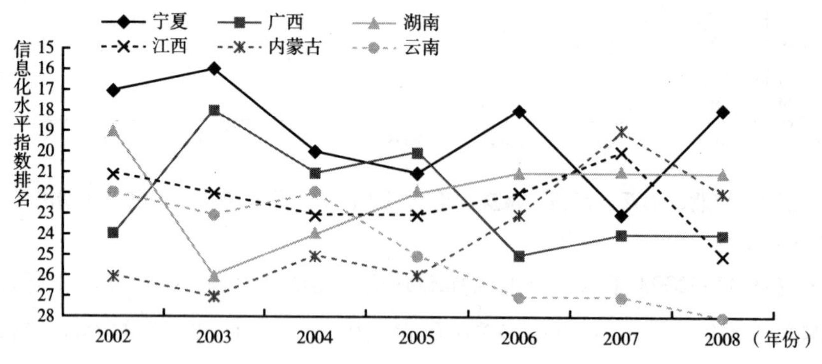

图 8 宁夏、广西、湖南、内蒙古、江西、云南六省区信息化水平指数排名变动情况

安徽2002~2007年在四类地区中端和低端徘徊，信息化水平指数排名2005年和2006年略有上升，随后又降至31位，信息化水平不容乐观。

甘肃2002~2005年稳定在四类地区中端，2006~2008年下降至四类地区低端。从信息化水平指数排名来看，在28位附近振荡，整体变动不大，最大排名差距2位，自2004年起信息化水平指数排名开始呈下降趋势。

贵州常年位于四类地区低端，信息化水平指数排名常年位于31位，2008年略有上升至30位，信息化方面存在严峻的问题。

河南2000~2006年在四类地区中端保持五年后，2007年和2008年降至四类地区低端。从信息化水平指数排名来看，2002~2003年下降幅度较大，之后一直呈稳步上升趋势，2008年又较前一年略降1位，排名仍比2002年低2位。

青海2002~2003年连续两年位于四类地区中端，自2004年起降至四类地区低端并一直保持至2007年，2008年又回升至四类地区中端。信息化水平指数排名变化较大，2002~2003年有明显上升，之后大幅下降，2007年和2008年有较大幅度上升，最大排名差值为7位。

四川2002~2004年保持在四类地区中端，2005年升至四类地区高端，2006~2008年又逐渐降至四类地区中端和低端。从信息化水平指数排名情况来看整体呈上升趋势，2004、2007和2008年与前一年相比稍有下降，分别下降1位。

安徽、甘肃、贵州、河南、青海、四川六省区信息化水平指数排名变动情况如图9所示。

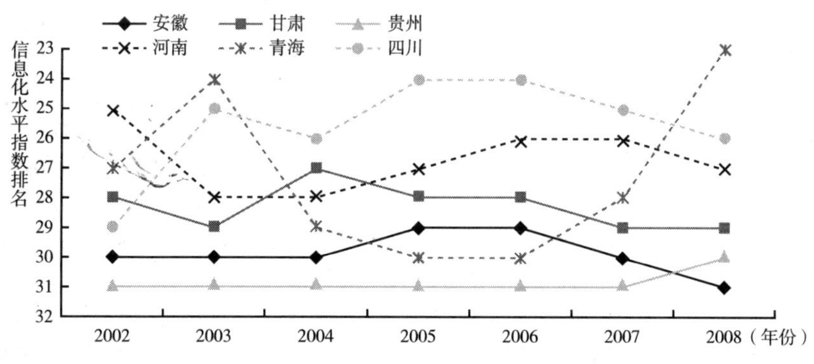

图9　安徽、甘肃、贵州、河南、青海、四川六省区信息化水平指数排名变动情况

（二）相关测度应用

1. 各地区 2002～2008 年一级指标排名情况

为了更清晰地展示各地区信息化水平指数历史情况和现状的形成原因，笔者对 31 个地区 2002～2008 年一级指标，即技术指标、经济指标、政府指标、教育指标、社会指标的排名情况进行了分析，如表 7、8、9、10 和 11 所示。极差显示出了各地区在各表所示指标下最高排名和最低排名的差值，离散系数反映了指标排名的波动情况，离散系数越大，排名波动越明显。

从技术指标排名变动来看，31 个地区呈现整体无规律的变动情况。如表 7 所示，海南的技术指标排名波动最大。技术指标的平均离散系数也相对较小，这是因为技术指标主要包括通信网承载能力、信息覆盖情况和通信网线路建设等，其中信息覆盖情况在各地区已经达到较高的水平，因此变动不大，通信网承载能力和通信网线路建设受主观因素影响相对较大，且存在发展空间，因此可变性较强。

表 7　2002～2008 年中国 31 个地区技术指标排名

	2002 年	2003 年	2004 年	2005 年	2006 年	2007 年	2008 年	极差	离散系数
安　徽	17	14	12	10	10	9	10	8	0. 2450178
北　京	2	2	2	2	2	2	2	0	0
福　建	8	7	7	7	7	7	7	1	0. 052915
甘　肃	28	28	28	27	26	24	25	4	0. 0609055
广　东	5	4	5	6	6	6	6	2	0. 1449361
广　西	21	19	22	19	17	19	22	5	0. 0938934
贵　州	29	29	29	29	30	28	29	2	0. 0199086
海　南	11	13	11	12	23	23	13	12	0. 3585319
河　北	12	12	13	13	13	17	16	5	0. 1440868
河　南	10	10	10	11	11	12	12	2	0. 0828704
黑龙江	16	17	15	21	21	21	20	6	0. 140411
湖　北	13	11	16	16	16	13	14	5	0. 1380061
湖　南	20	21	21	22	20	22	21	2	0. 0388808
吉　林	15	15	14	17	18	18	19	5	0. 1147988
江　苏	6	5	6	5	3	4	4	3	0. 2360267
江　西	14	16	17	15	19	16	18	5	0. 1045891
辽　宁	9	9	9	9	9	10	9	1	0. 0413399

续表 7

	2002 年	2003 年	2004 年	2005 年	2006 年	2007 年	2008 年	极差	离散系数
内蒙古	26	26	25	28	28	29	27	4	0. 0523783
宁　夏	24	23	23	24	27	26	24	4	0. 0618889
青　海	30	30	30	30	29	30	30	1	0. 0126591
山　东	7	8	8	8	8	8	8	1	0. 0481046
山　西	19	20	18	20	15	15	15	5	0. 1360096
陕　西	23	22	20	18	14	14	17	9	0. 196455
上　海	1	1	1	1	1	1	1	0	0
四　川	27	27	27	25	24	25	28	4	0. 0559943
天　津	3	6	4	4	4	5	5	3	0. 2203645
西　藏	31	31	31	31	31	31	31	0	0
新　疆	25	25	26	23	22	20	23	6	0. 0883621
云　南	22	24	24	26	25	27	26	5	0. 0674319
浙　江	4	3	3	3	5	3	3	2	0. 2294821
重　庆	18	18	19	14	12	11	11	8	0. 2409645
平均值	—	—	—	—	—	—	—	—	0. 110555244

经济指标主要反映了居民 ICT 消费能力和通信行业对 GDP 的贡献，从原始数据来看，近年来我国国民经济和通信行业一直保持较为稳定的发展和增长趋势，但是各地区的增长情况不同，因此总体排名波动性较强（见表 8），其中西藏的经济指标排名波动性较强，且排名呈下降趋势，需要引起高度重视。

表 8　2002～2008 年中国 31 个地区经济指标排名

	2002 年	2003 年	2004 年	2005 年	2006 年	2007 年	2008 年	极差	离散系数
安　徽	30	31	31	29	23	27	23	8	0. 1262273
北　京	2	1	2	2	2	2	2	1	0. 2035193
福　建	6	6	5	5	5	5	5	1	0. 0923149
甘　肃	29	30	29	28	29	30	31	3	0. 0331617
广　东	3	3	3	3	4	3	3	1	0. 1202614
广　西	25	26	24	21	31	28	11	20	0. 2707941
贵　州	27	25	26	23	15	16	27	12	0. 2255107
海　南	14	23	20	20	17	14	13	10	0. 2208329
河　北	18	22	21	22	25	22	19	7	0. 1075223
河　南	21	19	25	19	18	18	22	7	0. 1263687
黑龙江	22	20	23	27	27	29	29	9	0. 1420691
湖　北	20	21	22	26	26	23	24	6	0. 1011166

续表 8

	2002年	2003年	2004年	2005年	2006年	2007年	2008年	极差	离散系数
湖　南	10	14	13	12	13	15	14	5	0. 1256149
吉　林	19	16	19	15	21	19	26	11	0. 1862684
江　苏	11	11	11	9	8	7	8	4	0. 1835439
江　西	24	28	28	30	28	24	28	6	0. 08355
辽　宁	9	9	10	11	11	8	7	4	0. 1611105
内蒙古	31	17	15	14	12	12	17	19	0. 3896462
宁　夏	15	12	14	18	20	26	15	14	0. 2744945
青　海	23	27	30	31	30	31	30	8	0. 1008897
山　东	16	15	12	13	9	10	9	7	0. 2357023
山　西	28	24	16	17	16	21	18	12	0. 2291288
陕　西	17	18	17	16	14	20	20	6	0. 1233146
上　海	1	2	1	1	1	1	1	1	0. 3307189
四　川	26	29	27	25	22	17	21	12	0. 1718539
天　津	7	7	7	7	6	6	6	1	0. 0813404
西　藏	4	5	6	6	19	11	10	15	0. 5989031
新　疆	8	13	18	24	24	25	25	17	0. 347617
云　南	12	10	9	10	10	13	16	7	0. 2134781
浙　江	5	4	4	4	3	4	4	2	0. 1443376
重　庆	13	8	8	8	7	9	12	6	0. 2464742
平均值	—	—	—	—	—	—	—	—	0. 193473738

比较5个指标离散系数的均值，其中政府指标的离散系数均值最大，这说明相对于其他指标，政府指标的排名变动最明显，这主要是因为政府指标主要涉及政府对科教和ICT的直接投入，因此主观可控性最强。如表9所示，在31个地区中，海南、上海、西藏、广西的离散系数较大，即政府指标排名波动较大；安徽、河北、江苏和山东的离散系数很小，即政府指标排名波动较小。

表9　2002～2008年中国31个地区政府指标排名

	2002年	2003年	2004年	2005年	2006年	2007年	2008年	极差	离散系数
安　徽	29	31	29	27	29	29	27	4	0. 0480643
北　京	2	2	1	2	1	1	1	1	0. 3741657
福　建	12	21	6	7	9	11	10	15	0. 4556762
甘　肃	10	22	11	16	12	15	14	12	0. 2820756
广　东	4	4	2	3	4	6	6	4	0. 3533431

续表 9

	2002 年	2003 年	2004 年	2005 年	2006 年	2007 年	2008 年	极差	离散系数
广　西	13	1	9	14	22	22	23	22	0. 5487794
贵　州	17	13	14	9	7	7	7	10	0. 3856287
海　南	3	16	5	6	6	5	5	13	0. 650723
河　北	30	27	26	26	28	28	24	6	0. 0709205
河　南	26	19	25	28	25	30	30	11	0. 1455372
黑龙江	11	8	3	5	5	4	4	8	0. 4920196
湖　北	27	25	17	19	13	18	19	14	0. 2427626
湖　南	25	29	24	18	16	17	15	14	0. 2615638
吉　林	22	15	21	23	21	27	26	12	0. 1776636
江　苏	28	26	28	25	23	26	25	5	0. 0685617
江　西	20	14	19	15	20	16	28	14	0. 2495404
辽　宁	21	17	20	24	17	23	20	7	0. 1326239
内蒙古	15	30	30	30	30	25	29	15	0. 2073192
宁　夏	14	20	23	22	26	21	17	12	0. 1934592
青　海	7	9	27	29	27	19	22	22	0. 4444097
山　东	31	28	31	31	31	31	31	3	0. 03709
山　西	5	23	18	20	18	14	12	18	0. 3795386
陕　西	16	11	13	12	14	12	21	10	0. 2429848
上　海	9	6	7	4	3	2	2	7	0. 5706847
四　川	23	12	22	21	24	24	16	12	0. 2253888
天　津	6	7	8	8	8	10	9	4	0. 1613743
西　藏	1	5	4	1	2	3	3	4	0. 5511677
新　疆	18	3	15	11	11	9	8	15	0. 4531372
云　南	8	10	12	13	15	13	13	7	0. 1924501
浙　江	19	18	10	10	10	8	11	11	0. 3539038
重　庆	24	24	16	17	19	20	18	8	0. 1623037
平均值	—	—	—	—	—	—	—	—	0. 294027786

教育指标的离散系数均值最小，这主要是因为教育指标所包含的二级和三级指标，如信息产业从业人数占总就业人数百分比、在校大学生占总人口比重、文盲半文盲占 15 岁以上人口比重等指标相对来说较为稳定，不如政府指标等的直接效用明显。31 个地区中，北京、江苏、云南的教育指标排名 7 年中一直维持在同一水平，但北京、江苏排名靠前，云南的排名却几乎垫底。江西、广东、新疆的排名波动均较大（见表 10），区别在于江西的排名是在波动中上升，而广东和新疆的教育指标排名则是在波动中有较大幅度的下降。

表 10　2002～2008 年中国 31 个地区教育指标排名

	2002 年	2003 年	2004 年	2005 年	2006 年	2007 年	2008 年	极差	离散系数
安　徽	27	26	26	27	25	26	26	2	0.026396
北　京	1	1	1	1	1	1	1	0	0
福　建	18	17	19	18	14	15	17	5	0.1051667
甘　肃	24	23	25	25	28	27	25	5	0.0674031
广　东	12	11	12	13	13	13	21	10	0.2475363
广　西	28	28	27	24	24	25	27	4	0.0678124
贵　州	30	30	30	30	30	31	30	1	0.0125391
海　南	22	21	21	21	21	20	14	8	0.1354006
河　北	14	14	14	16	17	19	18	5	0.1301041
河　南	23	24	23	22	22	22	22	2	0.034858
黑龙江	7	7	7	8	8	8	7	1	0.0719549
湖　北	8	8	8	7	4	7	6	4	0.2134781
湖　南	15	16	17	14	16	18	19	5	0.1045891
吉　林	5	5	5	6	7	6	8	3	0.1924501
江　苏	9	9	9	9	9	9	9	0	0
江　西	19	15	13	11	10	10	11	9	0.2597264
辽　宁	4	4	4	5	5	4	4	1	0.113855
内蒙古	20	20	15	20	19	14	12	8	0.1976131
宁　夏	21	22	22	26	26	24	23	5	0.0848562
青　海	26	27	28	28	27	28	28	2	0.0286853
山　东	16	19	18	15	15	16	15	4	0.0984647
山　西	13	12	10	10	11	11	10	3	0.1049728
陕　西	6	6	6	4	6	5	5	2	0.1449361
上　海	2	2	3	3	3	3	3	1	0.1797711
四　川	25	25	24	23	23	23	24	2	0.0377135
天　津	3	3	2	2	2	2	2	1	0.2134781
西　藏	31	31	31	31	31	30	31	1	0.0122488
新　疆	11	13	16	17	20	21	20	10	0.225706
云　南	29	29	29	29	29	29	29	0	0
浙　江	10	10	11	12	12	12	16	6	0.1716603
重　庆	17	18	20	19	18	17	13	7	0.1276866
平均值	—	—	—	—	—	—	—	—	0.1100343

社会指标反映了地区信息资源的掌握和信息技术的应用情况，31 个地区社会指标排名的离散系数均值在 5 个一级指标中排在第三位，说明社会指标排名的稳定性在 5 个指标中居中。31 个地区中北京和上海的社会指标排名无波动，一

直位于前两位，贵州的指标排名也无波动，但一直位于31个地区的末位，这一现象需要引起足够的重视（见表11）。

表11　2002～2008年中国31个地区社会指标排名

	2002年	2003年	2004年	2005年	2006年	2007年	2008年	极差	离散系数
安　徽	30	29	30	30	30	30	30	1	0.0126591
北　京	1	1	1	1	1	1	1	0	0
福　建	7	6	6	6	6	6	5	2	0.096225
甘　肃	29	26	28	29	29	29	29	3	0.0398857
广　东	4	3	3	3	3	3	3	1	0.1202614
广　西	26	23	20	20	21	22	24	6	0.0993762
贵　州	31	31	31	31	31	31	31	0	0
海　南	11	14	14	10	8	9	9	6	0.2267973
河　北	12	18	18	16	16	21	18	9	0.162875
河　南	27	30	29	28	28	27	25	5	0.0578607
黑龙江	10	10	11	13	15	18	22	12	0.3199539
湖　北	21	17	17	15	19	20	20	6	0.1166231
湖　南	18	28	26	26	25	24	23	10	0.1317525
吉　林	9	11	10	12	11	11	21	12	0.3308791
江　苏	8	7	7	7	7	7	7	1	0.052915
江　西	20	27	27	27	26	25	27	7	0.1006104
辽　宁	5	8	8	8	9	8	8	4	0.1624993
内蒙古	22	22	21	21	20	14	19	8	0.1407329
宁　夏	17	12	15	19	12	17	16	7	0.1708996
青　海	25	21	25	24	23	23	13	12	0.1910533
山　东	16	13	9	9	10	15	12	7	0.2357023
山　西	14	20	16	14	14	13	11	9	0.1935292
陕　西	15	16	13	11	13	12	14	5	0.1279547
上　海	2	2	2	2	2	2	2	0	0
四　川	28	24	23	22	22	26	26	6	0.0941139
天　津	3	4	4	4	4	5	6	3	0.2219443
西　藏	23	19	22	23	24	19	15	9	0.1544684
新　疆	13	9	12	18	17	10	10	9	0.2788691
云　南	19	25	24	25	27	28	28	9	0.1245688
浙　江	6	5	5	5	5	4	4	2	0.1420723
重　庆	24	15	19	17	18	16	17	9	0.1635511
平均值	—	—	—	—	—	—	—	—	0.137762375

2. 各地区 2002～2008 年一级指标排名相关测度聚类分析

（1）信息化水平促进情况分类及命名

笔者将 31 个地区 2002～2008 年每年的技术、经济、政府、教育、社会 5 个一级指标的指标值排名数据合并为一组数据，对 7 年的总数据进行聚类，这里我们采用相关测度，并由此可将 31 个地区的排名情况划分为多种类型。在 SPSS 软件的聚类结果中，笔者选择 18 类聚类结果，根据实际情况进行微调，并总结每一类的特点，如表 12 所示。

表 12　2002～2008 年 31 个地区数字鸿沟指数相关测度层次聚类结果

类别	名　称	特　点	包含地区
1	技术促进型	技术指标排名表现突出，其他指标排名表现较为平均	安徽 2，河南 2，江西 2 安徽 3，河南 3 安徽 4，河南 4 安徽 5，河南 5 安徽 6，广西 6，河南 6 安徽 7，广西 7，河北 7，河南 7 安徽 8，河北 8，河南 8
2	经济促进型	经济指标排名表现突出，其他指标排名表现较为平均	重庆 3 重庆 5 重庆 6 四川 7 广西 8
3	政府促进型	政府指标排名表现突出，其他指标排名表现较为平均	甘肃 2，广西 2，贵州 2，内蒙古 2，青海 2，四川 2 贵州 3，广西 3，青海 3，四川 3 甘肃 4，广西 4，贵州 4，四川 4 甘肃 5，广西 5，贵州 5，四川 5，新疆 5 甘肃 6，西藏 6，新疆 6 甘肃 7，青海 7， 海南 8，甘肃 8，贵州 8，四川 8，西藏 8
4	教育促进型	教育指标排名表现突出，其他指标排名表现较为平均	湖北 2，黑龙江 2，吉林 2，陕西 2 湖北 3，吉林 3，山西 3 湖北 4，吉林 4，江西 4，山西 4，陕西 4 湖北 5，吉林 5，江西 5，山西 5，陕西 5 湖北 6，吉林 6，江西 6，辽宁 6，山西 6，陕西 6 湖北 7，吉林 7，江西 7，陕西 7，天津 7 湖北 8，吉林 8，江西 8，陕西 8，天津 8

续表 12

类别	名　称	特　点	包含地区
5	社会促进型	社会指标排名表现较为突出，其他指标排名表现较为平均	青海 4 青海 5 宁夏 6，青海 6 宁夏 7 青海 8
6	经济—政府促进型	经济和政府指标排名表现突出，其他指标排名表现较为平均	宁夏 2，西藏 2，云南 2 西藏 3，云南 3 西藏 4，云南 4，重庆 4 西藏 5，云南 5 贵州 6，云南 6 贵州 7，西藏 7 湖南 7，云南 7 湖南 8，云南 8
7	经济—教育促进型	经济和教育指标排名表现突出，其他指标排名表现较为平均	重庆 2 湖南 3 湖南 4 湖南 5 湖南 6
8	经济—社会促进型	经济和社会指标排名表现突出，其他指标排名表现较为平均	宁夏 3 宁夏 4 宁夏 5 宁夏 8
9	政府—教育促进型	政府和教育指标排名表现突出，其他指标排名表现较为平均	甘肃 3，江西 3，陕西 3 黑龙江 7 黑龙江 8
10	政府—社会促进型	政府和社会指标排名表现突出，其他指标排名表现较为平均	新疆 3 海南 6 海南 7，新疆 7 新疆 8
11	技术—经济—社会促进型	技术、经济和社会指标排名表现突出，其他指标排名表现较为平均	福建 2 福建 3 浙江 4 浙江 5 福建 6，浙江 6 福建 7，浙江 7 福建 8，浙江 8

续表 12

类别	名称	特点	包含地区
12	技术—政府—社会促进型	技术、政府和社会指标排名表现突出，其他指标排名表现较为平均	海南 3 海南 4 海南 5
13	技术—教育—社会促进型	技术、教育和社会指标排名表现突出，其他指标排名表现较为平均	天津 2 河北 3，天津 3 河北 4，天津 4 河北 5，天津 5 河北 6，天津 6
14	经济—教育—社会促进型	经济、教育和社会指标排名表现突出，其他指标排名表现较为平均	湖南 2，新疆 2 内蒙古 3 内蒙古 4 内蒙古 5 内蒙古 6 内蒙古 7 内蒙古 8
15	政府—教育—社会促进型	政府、教育和社会指标排名表现突出，其他指标排名表现较为平均	山西 2 黑龙江 3 黑龙江 4，新疆 4 黑龙江 5 黑龙江 6 山西 7 山西 8
16	技术—经济—政府—社会促进型	技术、经济、政府和社会指标排名表现突出，教育指标排名表现相对较弱	广东 2，海南 2 广东 3 福建 4，广东 4 福建 5，广东 5 广东 6 广东 7 广东 8
17	技术—经济—教育—社会促进型	技术、经济、教育、社会指标排名表现突出，政府指标排名表现相对较弱	河北 2，江苏 2，辽宁 2，山东 2，上海 2，浙江 2 辽宁 3，江苏 3，山东 3，上海 3，浙江 3 辽宁 4，江苏 4，山东 4，上海 4 辽宁 5，江苏 5，山东 5，上海 5 江苏 6，山东 6 江苏 7，辽宁 7，山东 7，重庆 7 江苏 8，辽宁 8，山东 8，重庆 8

续表 12

类别	名　称	特　点	包含地区
18	均衡型	各指标排名表现较为均衡	北京 2 北京 3 北京 4 北京 5 北京 6，上海 6，四川 6 北京 7，上海 7 北京 8，上海 8

注："北京 2"代表北京 2002 年，"上海 6"代表上海 2006 年，其他类推。

这里的聚类结果可供划分类型时参考。值得注意的是，这里描述每类的特点时，所谓在某项分指标上"表现突出"是指排名相对于其他指标较靠前，而某项分指标"表现较为平均"是指比"表现突出"的指标排名差一些，但较少，当某项分指标"表现相对较弱"则是指比"表现突出"的指标排名差得较多，具体差多少视聚类结果而定。

根据各地区每年不同的"促进型"分类，可以在技术、经济、政府、教育、社会这个层面得出促成该地区信息化水平现状的主要促进因素和削弱因素。结合相关测度得出的"促进型"分类、信息化水平指数值和层次聚类的其他结果，可以为促进信息化水平发展找到突破口，也可为制定相关政策提供依据。

（2）2008 年各地区聚类结果及对应"促进型"分类

由于将所有数据放在一起聚类，不同年份的数据间会互相影响，不利于根据每年的表现制定相应的政策，因此笔者对 31 个地区每年的数据分别进行了相关测度聚类。表 13 展示了 2008 年 31 个地区的聚类结果及对应指标排名。

表 13　2008 年各地区一级指标排名及相关测度聚类结果

地　区	聚类结果			指标排名						6 年总数据分类排名	与上年相比分类排名变动
	18 类	12 类	6 类	技术	经济	政府	教育	社会	信息化水平指数排名		
安　徽	1	1	1	10	23	27	26	30	31	20	↑1
河　北	1	1	1	16	19	24	18	18	20	17	↑3
河　南	1	1	1	12	22	30	22	25	27	19	↑2
重　庆	1	1	1	11	12	18	13	17	16	16	↑2
湖　北	9	8	1	14	24	19	6	20	1	16	↑3

续表 13

地 区	聚类结果			指标排名						6 年总数据分类排名	与上年相比分类排名变动
	18 类	12 类	6 类	技术	经济	政府	教育	社会	信息化水平指数		
吉 林	9	8	1	19	26	26	8	21	10	16	↑1
江 西	9	8	1	18	28	28	11	27	6	19	↑1
陕 西	9	8	1	17	20	21	5	14	4	15	↑2
天 津	17	8	1	5	6	9	2	6	29	6	↑5
内蒙古	13	11	1	27	17	29	12	19	30	17	↑2
北 京	2	2	2	2	2	1	1	1	3	1	↑1
山 西	2	2	2	15	18	12	10	11	24	15	↑3
海 南	7	2	2	13	13	5	14	9	9	14	↑3
新 疆	7	2	2	23	25	8	20	10	11	15	↑3
青 海	15	2	2	30	30	22	28	13	12	17	↑4
甘 肃	4	4	2	25	31	14	25	29	17	20	↑1
贵 州	4	4	2	29	27	7	30	31	19	21	↑1
广 西	6	6	2	22	11	23	27	24	25	18	↑3
湖 南	10	6	2	21	14	15	19	23	13	17	↑3
四 川	10	6	2	28	21	16	24	26	21	19	↑2
云 南	10	6	2	26	16	13	29	28	26	20	↑1
宁 夏	14	6	2	24	15	17	23	16	28	17	↑3
福 建	3	3	3	7	5	10	17	5	7	9	↑4
浙 江	3	3	3	3	4	11	16	4	15	6	↑4
上 海	16	3	3	1	1	2	3	2	8	3	→
广 东	5	5	3	6	3	6	21	3	22	5	↑4
黑龙江	8	7	4	20	29	4	7	22	18	15	↑3
江 苏	11	9	5	4	8	25	9	7	23	13	↑1
山 东	11	9	5	8	9	31	15	12	2	15	↑3
辽 宁	12	10	5	9	7	20	4	8	5	13	↑3
西 藏	18	12	6	31	10	3	31	15	14	17	↑2

2008 年按照分为 12 类的聚类情况分析每个类别内的相似性，具体如表 14 所示。

结合 5 项一级指标排名的雷达图，能够更清晰地看到不同地区所属的不同“促进型”，如图 10 所示，其中湖北属于“教育促进型”，新疆属于“政府—社会促进型”，内蒙古属于“经济—教育—社会促进型”，广东属于“技术—经济—政府—社会促进型”，上海属于“均衡型”。

表 14　2008 年各地区相关测度聚类结果分析

类别	省　份	相似性分析	所属“促进型”类别
1	安徽，河北，河南，重庆	技术指标排名表现突出，重庆的技术、经济、教育指标表现也较好。	1：技术促进型
2	1）北京，山西 2）海南，新疆 3）青海	整体看来社会指标排名表现都较好，按照 18 类细分还可再分为三类： 1）北京、山西政府和教育指标排名表现也较好。 2）海南、新疆的政府指标排名表现也较好。 3）青海省除社会指标外的指标排名表现均较差。	1）15：政府—教育—社会促进型 2）10：政府—社会促进型 3）5：社会促进型
3	1）福建，浙江 2）上海	技术、经济、政府和社会指标排名表现突出，鉴于上海教育指标排名与其他指标相差 2 位以内，因此也可细分为均衡型。	1）16：技术—经济—政府—社会促进型 2）18：均衡型
4	甘肃，贵州	政府指标排名表现突出，其他指标排名表现相对较差且较为平均。	3：政府促进型
5	广东	技术、经济、政府和社会指标排名表现突出。	16：技术—经济—政府—社会促进型
6	1）广西 2）湖南，四川，云南 3）宁夏	整体看来无明显共同特征，因此按照 18 类细分再进行划分： 1）广西经济指标排名较好。 2）湖南、四川、云南经济和政府指标表现相对较好。 3）宁夏经济、政府和社会指标表现相对较好。	1）2：经济促进型 2）6：经济—政府促进型 3）8：经济—社会促进型
7	黑龙江	政府和教育指标排名表现突出，其他指标表现相对较弱。	9：政府—教育促进型
8	1）湖北，吉林，江西，陕西 2）天津	教育指标排名表现突出，按照 18 类划分还可分为两类。 1）湖北、吉林、江西、陕西教育指标表现尤为突出，其他指标排名与教育指标排名差距较大。 2）除教育指标外，天津技术、经济和社会指标表现也较好。	1）4：教育促进型 2）17：技术—经济—教育—社会促进型
9	江苏，山东	技术、经济、教育和社会指标表现较好。	17：技术—经济—教育—社会促进型
10	辽宁	技术、经济、教育和社会指标表现较好。	17：技术—经济—教育—社会促进型
11	内蒙古	经济、教育和社会指标表现相对较好。	14：经济—教育—社会促进型
12	西藏	政府指标表现尤为突出，经济和社会指标表现也相对较好，但与政府指标排名差距仍较大。	3：政府促进型

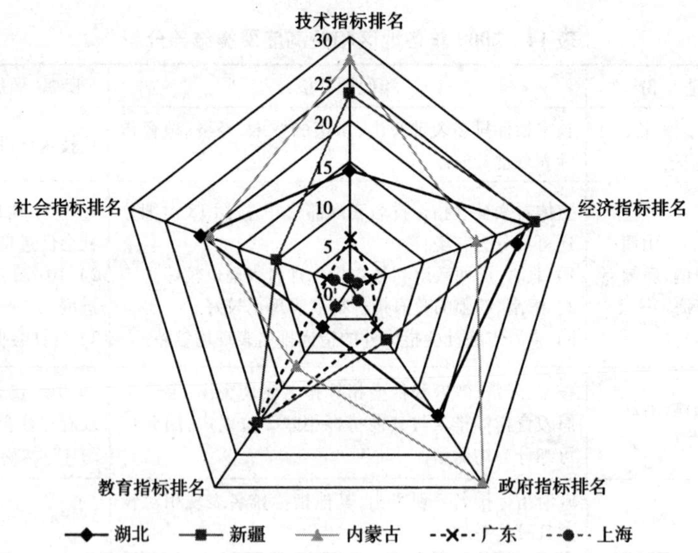

图 10　2008 年湖北、新疆、内蒙古、广东、上海 5 项指标排名情况

四　结论

本文提出了一种测度信息化水平的新的多级指标体系——信息化水平指标，并使用该指标测度了中国 31 个地区 2002 ~ 2008 年的信息化水平。测度结果显示我国整体信息化水平在稳步提升，但地区间信息化水平发展不平衡的情况较为严重，各地区信息化水平提升程度之间也存在较大的差距。

层次聚类分析是依据某种方法及准则对一组样本或变量进行分类的多元统计方法。本文应用层次聚类法对我国 31 个地区的信息化水平指数进行了聚类，这种分类便于政府及相关政策制定者了解整体情况并有针对性地制定政策和策略。应用层次聚类法不仅可以对各地区进行区域间横向比较还可对各地区分类情况和排名情况进行时间距离上的纵向比较，从而便于我们对各地区信息化水平在 2002 ~ 2008 年这 7 年内的变动情况有更清晰的了解和认识，为进一步寻找影响信息化水平的因素及了解影响程度提供了依据。

需要说明的是笔者给出各种聚类结果的目的在于分析各地区信息化水平变化情况、变动原因，以作为相关政策策略建议的一种重要依据。但应该注意的

是上文所得到的聚类结果在很大程度上与笔者建立的指标体系及其结构有关，与专家建议的指标权重及其计算方法有关，与实际计算时分类的多少有关。因此具体到实际操作中仍然需要进一步结合实际情况，对具体问题作具体分析处理。

附录1　2002～2007年31个地区信息化水平与全国均值比较

以图的形式展示2002～2007年31个地区信息化水平与全国均值间的比较，见附图1、附图2、附图3、附图4、附图5和附图6。

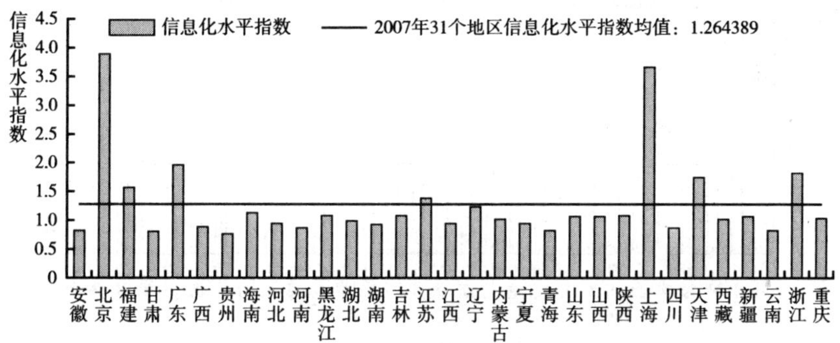

附图1　2007年全国31个地区信息化水平指数与全国均值比较

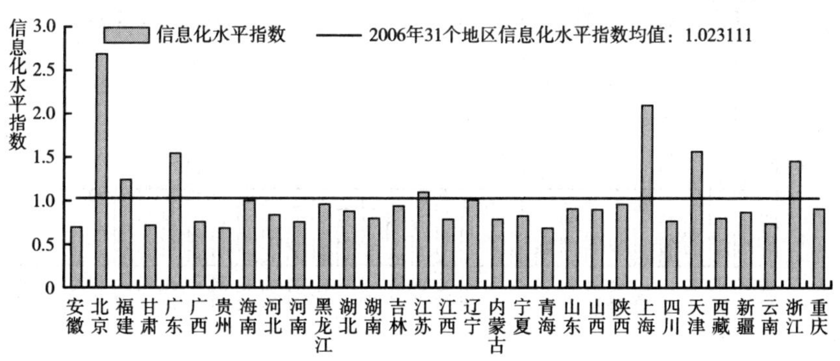

附图2　2006年全国31个地区信息化水平指数与全国均值比较

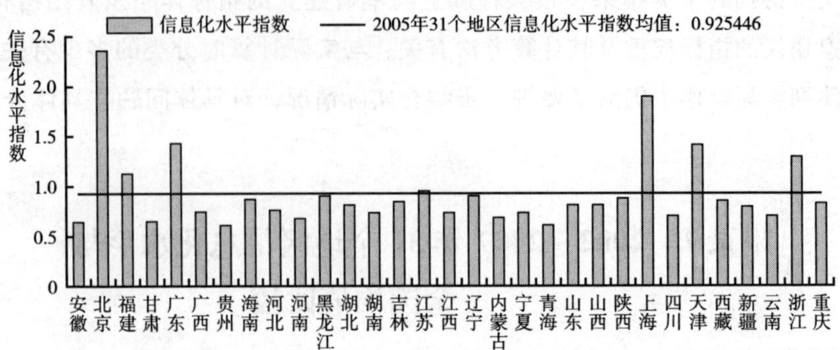

附图 3　2005 年全国 31 个地区信息化水平指数与全国均值比较

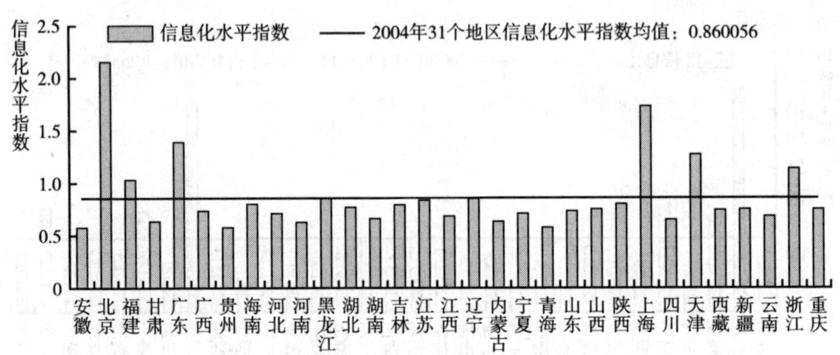

附图 4　2004 年全国 31 个地区信息化水平指数与全国均值比较

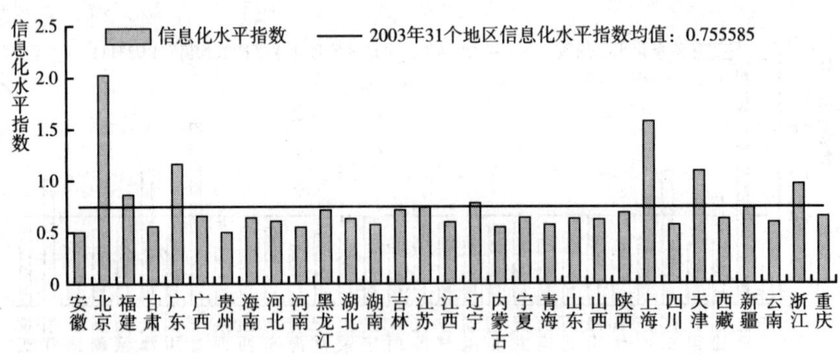

附图 5　2003 年全国 31 个地区信息化水平指数与全国均值比较

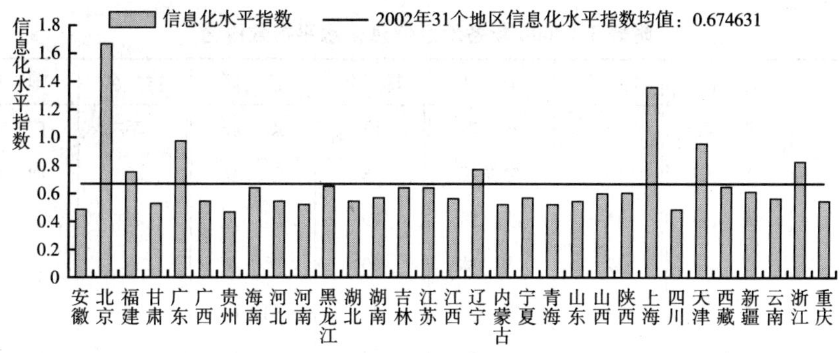

附图6　2002年全国31个地区信息化水平指数与全国均值比较

附录2　2002～2008年各年地区信息化水平指数排名情况

2002～2008年各年地区信息化水平指数排名情况见附表1、附表2、附表3、附表4、附表5、附表6和附表7。

附表1　2008年各地区信息化水平指数排名

排　名	地　区	排　名	地　区	排　名	地　区	排　名	地　区
1	北　京	9	海　南	17	湖　北	25	江　西
2	上　海	10	山　西	18	宁　夏	26	四　川
3	广　东	11	新　疆	19	吉　林	27	河　南
4	浙　江	12	黑龙江	20	河　北	28	云　南
5	天　津	13	陕　西	21	湖　南	29	甘　肃
6	福　建	14	西　藏	22	内蒙古	30	贵　州
7	江　苏	15	山　东	23	青　海	31	安　徽
8	辽　宁	16	重　庆	24	广　西		

附表2　2007年各地区信息化水平指数排名

排　名	地　区	排　名	地　区	排　名	地　区	排　名	地　区
1	北　京	9	海　南	17	山　东	25	四　川
2	上　海	10	黑龙江	18	湖　北	26	河　南
3	广　东	11	陕　西	19	内蒙古	27	云　南
4	浙　江	12	新　疆	20	江　西	28	青　海
5	天　津	13	吉　林	21	湖　南	29	甘　肃
6	福　建	14	山　西	22	河　北	30	安　徽
7	江　苏	15	西　藏	23	宁　夏	31	贵　州
8	辽　宁	16	重　庆	24	广　西		

附表3　2006年各地区信息化水平指数排名

排　名	地　区	排　名	地　区	排　名	地　区	排　名	地　区
1	北　京	9	海　南	17	新　疆	25	广　西
2	上　海	10	黑龙江	18	宁　夏	26	河　南
3	天　津	11	陕　西	19	河　北	27	云　南
4	广　东	12	吉　林	20	西　藏	28	甘　肃
5	浙　江	13	山　东	21	湖　南	29	安　徽
6	福　建	14	山　西	22	江　西	30	青　海
7	江　苏	15	重　庆	23	内蒙古	31	贵　州
8	辽　宁	16	湖　北	24	四　川		

附表4　2005年各地区信息化水平指数排名

排　名	地　区	排　名	地　区	排　名	地　区	排　名	地　区
1	北　京	9	黑龙江	17	湖　北	25	云　南
2	上　海	10	陕　西	18	新　疆	26	内蒙古
3	天　津	11	海　南	19	河　北	27	河　南
4	广　东	12	吉　林	20	广　西	28	甘　肃
5	浙　江	13	西　藏	21	宁　夏	29	安　徽
6	福　建	14	山　东	22	湖　南	30	青　海
7	江　苏	15	重　庆	23	江　西	31	贵　州
8	辽　宁	16	山　西	24	四　川		

附表5　2004年各地区信息化水平指数排名

排　名	地　区	排　名	地　区	排　名	地　区	排　名	地　区
1	北　京	9	黑龙江	17	新　疆	25	内蒙古
2	上　海	10	吉　林	18	西　藏	26	四　川
3	广　东	11	陕　西	19	河　北	27	甘　肃
4	天　津	12	海　南	20	宁　夏	28	河　南
5	浙　江	13	山　东	21	广　西	29	青　海
6	福　建	14	湖　北	22	云　南	30	安　徽
7	辽　宁	15	山　西	23	江　西	31	贵　州
8	江　苏	16	重　庆	24	湖　南		

附表 6　2003 年各地区信息化水平指数排名

排　名	地　区	排　名	地　区	排　名	地　区	排　名	地　区
1	北　京	9	新　疆	17	西　藏	25	四　川
2	上　海	10	黑龙江	18	广　西	26	湖　南
3	广　东	11	吉　林	19	海　南	27	内蒙古
4	天　津	12	陕　西	20	山　西	28	河　南
5	浙　江	13	山　东	21	河　北	29	甘　肃
6	福　建	14	重　庆	22	江　西	30	安　徽
7	辽　宁	15	湖　北	23	云　南	31	贵　州
8	江　苏	16	宁　夏	24	青　海		

附表 7　2002 年各地区信息化水平指数排名

排　名	地　区	排　名	地　区	排　名	地　区	排　名	地　区
1	北　京	9	吉　林	17	宁　夏	25	河　南
2	上　海	10	黑龙江	18	河　北	26	内蒙古
3	天　津	11	海　南	19	湖　南	27	青　海
4	广　东	12	西　藏	20	湖　北	28	甘　肃
5	浙　江	13	新　疆	21	江　西	29	四　川
6	辽　宁	14	陕　西	22	云　南	30	安　徽
7	福　建	15	山　西	23	重　庆	31	贵　州
8	江　苏	16	山　东	24	广　西		

本研究尚包括：各地区 2002 ~ 2008 年 5 项指标排名变动情况，及 2002 ~ 2007 年各地区相关测度聚类结果及“促进型”分类。有兴趣进一步了解的读者可直接与作者联系。

信息化发展水平的国际比较研究

杨京英　熊友达　姜 澍*

摘　要：随着信息化的发展，国际社会要求对信息化进行监测和定位的呼吁在不断加强，以便为制定经济社会发展战略提供数据支持。在此背景下，中国国家统计局继续深入开展从1996年开始的在信息化综合指数测评方面的探索和研究；同时以国际电信联盟（ITU）为主导的，联合国贸发会议、联合国教科文组织、世界经济论坛等多个国际组织参与的对信息化综合评价指数的研究也不断深入。各机构公布了从不同角度测算的信息化综合指数，为相关部门决策提供了重要量化参考依据。

关键词：信息化指数　指标体系　测算评价　比较分析

20世纪末到21世纪初，国民经济和社会信息化在全世界，特别是发达国家迅速发展。信息通信技术（ICT）作为一种可持续发展的手段，已经并将对经济社会发展产生巨大和深刻的影响，信息化发展水平已经成为衡量国家综合国力和国际竞争力的重要标志。2003年，信息社会全球高峰会议提出，国际社会需要确定一套共同的核心信息通信技术指标，以提供更多的具有国际可比性的ICT统计数据，对于全球在使用ICT方面取得的进展进行跟踪比较，以便为制定经济社会发展战略提供数据支持。随着信息化的发展，国际社会要求对信息化进行监测和定位的呼吁在不断加强。

在此背景下，中国国家统计局继续深入开展从1996年开始的在信息化综合

* 杨京英，国家统计局科研所正司级干部、高级统计师，研究方向为区域经济统计与竞争力比较、信息化统计调查与评价等，被首届中国信息界学术大会评为中国信息化百名学术与管理带头人。熊友达，硕士学位，国家统计局科研所高级统计师。姜澍，硕士学位，国家统计局科研所统计师，研究方向为宏观经济统计与研究等。

指数测评方面的探索和研究；同时以国际电信联盟为主导的，联合国贸发会议、联合国教科文组织、世界经济论坛等多个国际组织参与的对信息化评价综合指数的研究也不断深入，并公布了从不同角度测算的信息化综合指数，以进行信息化水平的国际比较。

一　信息化水平综合指数的指标体系研究

（一）中国信息化发展指数（IDI_{CN}）

中国国家统计局从1996年开始研究信息化综合评价指数，推出了信息化水平总指数（II）、信息化水平评价指数（II_E）等，测评了中国各地区信息化发展水平和进程，进行了信息化水平的国内外比较。2004～2005年国家发改委研究制定国家"十一五"信息化发展规划，国务院信息办研究制定2010年和2020年国家信息化发展战略。为了做好这方面的工作，国家发改委和国务院信息办要求全面地、科学地、量化地把握中国信息化发展水平及发展趋势，并分别委托国家统计局进行了信息化统计调查和中国各省信息化水平的测算评价，以及中国与世界主要国家信息化水平的测算评价的研究工作。国家统计局为此制定了信息化发展指数（IDI_{CN}）来进行测算和比较研究。国家发改委在《国民经济和社会发展信息化"十一五"规划》中，在我国到2010年信息化发展的总体目标中首次引入了国家统计局研究制定的信息化发展指数（IDI_{CN}）指标体系和数据，同时指出，这一指标体系从信息化基础设施、使用、知识、环境与效果和信息消费五个方面诠释了国家信息化的总体水平，对发展状况作出了综合性评价。该指标设定有两个突出特点：第一，希望通过指标设定，使社会各界对信息化有更全面、更深刻的认识，树立和倡导科学的信息化发展观。第二，力求从定性和定量两个角度设定目标，使指标更具代表性。信息化发展指数成为国家信息化"十一五"规划中的综合性规划指标，能够量化地评价中国各省市区信息化发展水平，以及进行信息化水平的国际比较。

中国信息化发展指数（Informatization Development Index，简称IDI_{CN}）由5个分类指数和10个具体指标构成（见表1）。

表 1 中国信息化发展指数（IDI_{CN}）指标体系

总指数	分类指数	指标
信息化发展总指数	基础设施指数	1. 电视机拥有率(台/百人)
		2. 固定电话拥有率(部/百人)
		3. 移动电话拥有率(部/百人)
		4. 计算机拥有率(台/百人)
	使用指数	5. 每百人互联网用户数(户/百人)
	知识指数	6. 教育指数(国外:成人识字率 * 2/3 + 综合入学率 * 1/3 国内:成人识字率 * 2/3 + 平均受教育年限 * 1/3)
	环境与效果指数	7. 信息产业增加值占国内生产总值(GDP)比重(%) *
		8. 信息产业研究与开发经费占国内生产总值(GDP)比重(%) **
		9. 人均国内生产总值(GDP)(美元/人)
	信息消费指数	10. 信息消费系数(%)

注：* 用第三产业增加值占 GDP 比重代替。** 用全部研究与开发经费占 GDP 比重代替。

信息化发展指数的计算公式为：

$$IDI_{CN} = \sum_{i=1}^{n} W_i \left(\sum_{j=1}^{m} W_{ij} P_{ij} \right)$$

其中，IDI_{CN}为国家或地区信息化发展指数的数值（$_{CN}$表示中国），P_{ij}为第 i 类指数的第 j 项指标标准化后的值，W_{ij}为第 j 个指标在第 i 类指数中的权重，W_i 为第 i 类指数在总指数中的权重，n 为信息化发展指数分类的个数，m 表示信息化应用水平第 i 类指数的指标个数。

（二）国际电信联盟（ITU）信息化发展指数

国际电信联盟在全球电信和信息通信技术统计数据的收集和传播方面发挥着主导作用。近年来该机构一直在积极研究建立新的统计工具以进行信息化发展水平测算，探索和制订信息化综合评价指数的统计方法和指标体系，使得各国能够在全球和区域范围内评估和定位各自信息社会发展进程。国际电信联盟单独或与其他国际组织合作推出了五个主要的信息化综合评价指数：①2003 年国际电信联盟发布数字接入指数（DAI）；②2003 年联合国教科文组织（UNESCO）发布数字鸿沟指数（DDIX）；③2005 年国际电信联盟将数字接入指数（DAI）和数字鸿沟指数（DDIX）合并发布了信息化机遇指数（ICT－OI）；④2005 年国际电信联盟发布数字机遇指数（DOI）；⑤2007 年国际电信联盟将数字机遇指数（DOI）和信息化机遇指数（ICT－OI）合并，在日内瓦举行的第 6 届世界电信和信息通信技术指标会议（WTIM）上推出信息化发展指数（IDI_{ITU}）（见图 1）。

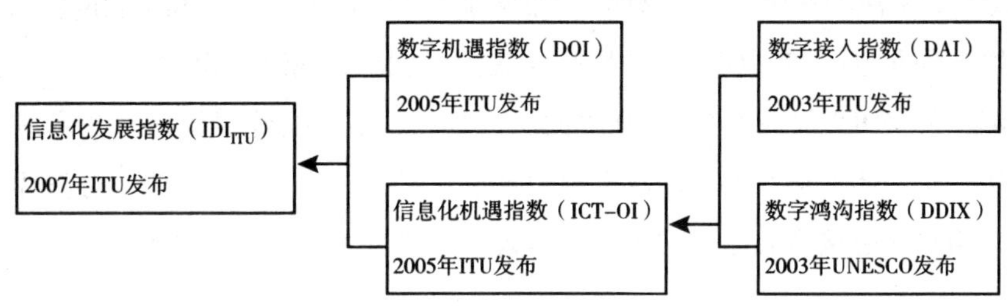

图 1　信息化综合评价指数

1. 数字接入指数（DAI）

数字接入指数（Digital Access Index，简称 DAI）是 2003 年由国际电信联盟构建的，旨在衡量各国接入数字信息产品的能力。DAI 指数中评价指标的选取注重国际可比性，没有选用定性指标。DAI 指数不仅能使各国发现信息化接入能力建设的长处与不足，同时也提供了公开透明的统计方法来追踪提高信息化接入能力的发展之路。DAI 指数由五个基础分类指数和 8 个具体指标构成（见表 2）。

表 2　数字接入指数（DAI）指标体系

总指数	分类指数	指　　标
数字接入指数	基础设施指数	1. 每百人固定电话用户数 2. 每百人移动电话用户数
	支付能力指数	3. 因特网接入费用占人均国民收入的比重
	知识指数	4. 成人识字率 5. 小学、中学和高等院校入学率
	质量指数	6. 人均国际互联网带宽 7. 每百人宽带用户数
	使用指数	8. 每百人因特网用户数

2003 年 ITU 发布 DAI 测评研究报告。根据信息化发展水平，将世界 181 个国家（地区）划分为高水平、较高水平、中等水平和低水平等四个类型。报告结果发现，欧洲国家信息化接入能力最高。

2. 数字鸿沟指数（DDIX）

数字鸿沟指数（Digital Divide Index，简称 DDIX）是 2003 年由联合国教科文组织推出的。数字鸿沟指数（DDIX）从性别、年龄、受教育程度、收入差别四个方面考察数字鸿沟状况，并从这四个方面测量弱势群体在计算机和互联网应用方面与平均水平的差距，其中互联网应用又分成总体情况和在家上网两类。

测算的 DDIX 值应在 0 ~ 100 之间，值越大，表明弱势群体信息技术应用水平越接近于总体平均水平，即数字鸿沟越小；反之，值越小，表明弱势群体信息技术应用水平越偏离总体平均水平，即数字鸿沟越大（指标体系见表 3）。

表 3　数字鸿沟指数（DDIX）指标体系

	指　　标	独立变量
数字鸿沟指数	计算机普及率(50%)	1. 性别变量(女性) 2. 年龄变量(50 岁及以上人口) 3. 教育变量(受正规学校教育年限在 15 年及以下人口) 4. 收入变量(低收入人口组)
	互联网普及率(30%)	
	在家上网普及率(20%)	

注：用独立变量对每个指标进行计算。

2003 年联合国教科文组织发布了 DDIX 指数测评研究报告。报告指出，从分指数看，四类弱势群体中，女性的信息技术应用水平与总体平均水平最为接近，低收入群体的信息技术应用水平与总体平均水平相差最大。结论表明，收入因素是产生信息技术应用鸿沟的首要因素，而性别因素影响最小。近年来弱势群体信息技术应用水平与总体平均水平的差距有所缩小。

3. 信息化机遇指数（ICT-OI）

综合上述两项研究成果，国际电信联盟将数字接入指数（DAI）和数字鸿沟指数（DDIX）合并为信息化机遇指数（Information Communication Technology-Opportunity Index，简称 ICT-OI）。信息化机遇指数（ICT-OI）可以全面衡量个人和家庭的信息通信技术获得与使用的情况，其目的是解读在全球信息社会环境下获得和使用信息通信技术的状况，衡量发展中国家与发达国家的信息化发展差距，分析数字鸿沟自 21 世纪初以来的演变情况。信息化机遇指数（ICT-OI）由两个一级分类指数和四个二级分类指数及 10 个具体的指标构成（见表 4）。

表4 信息化机遇指数（ICT-OI）指标体系

总指数	分类指数		指 标
信息化机遇指数	信息密度指数	网络指数	1. 每百人电话主线长度 2. 每百人移动电话用户数 3. 国际互联网带宽(Kbps/人)
		技术指数	4. 成人识字率 5. 毛入学率(小学、中学、大专)
	信息应用指数	使用指数	6. 每百人互联网用户数 7. 拥有电视家庭比重 8. 每百人计算机数量
		密度指数	9. 每百人宽带互联网用户数 10. 国际呼出话务量(分钟/每人)

在指标体系中，信息密度分类指数主要指一国的信息化资本与劳动力的总体存量，可以显示信息化生产力，由信息资本指标和技术指标构成；而信息应用分类指数主要反映一国的信息化消费流通环节的情况，由信息使用指标和强度指标构成。将信息密度指数与信息应用指数加权汇总，就可知道信息化机遇指数的总体水平。

4. 数字机遇指数（DOI）

2005年国际电信联盟为响应信息社会全球峰会日内瓦行动计划的要求，创建了数字机遇指数（Digital Opportunity Index，简称DOI）。该指数的初稿在2005年信息社会全球峰会上发布，其完整版本于2006年发布，其更新版本于2007年发布。

数字机遇指数（DOI）的主要目标是衡量数字机遇或者说是衡量一个国家通过吸收信息通信技术而受益的潜力。数字机遇指数（DOI）的构建基于三大因素：机会、基础设施和利用水平，指标采用的是绝对数值，而不是相对数。一些国家用该指数来制作各自的信息化评估体系（指标体系见表5）。

5. 信息化发展指数（IDI_{ITU}）

随着国际电信联盟的信息化机遇指数（ICT-OI）和数字机遇指数（DOI）的各自发布，各国要求统一信息化指数、进一步发展和改善信息化评估体系开始成为信息社会全球峰会的议题。因此，国际电信联盟在2007年将ICT-OI指数和DOI指数合并，建立了信息化发展指数（Information Development Index，简称IDI_{ITU}）。

表5　数字机遇指数（DOI）指标体系

总指数	分类指数	指　标
数字机遇指数	机遇指数	1. 移动电话网覆盖的人口比例 2. 互联网接入费占人均收入的比重 3. 移动电话资费占人均收入的比重
	基础设施指数	4. 拥有固定电话的家庭比重 5. 拥有电脑的家庭比重 6. 接入互联网的家庭比重 7. 每百人中移动电话用户数 8. 每百人中移动互联网用户数
	使用指数	9. 使用互联网的人口比例 10. 固定宽带用户占总互联网用户的比重 11. 移动宽带用户占总互联网用户的比重

信息化发展指数（IDI_{ITU}）的主要目标是衡量四个方面：一是衡量和跟踪世界各国的信息通信技术的发展进程。二是对世界各个国家（地区）的信息化水平进行测算和比较，即指数是全球性的，既反映发达国家也反映发展中国家。三是衡量数字鸿沟，即反映不同信息化发展水平国家间的差距。四是衡量信息化发展潜力，反映一个国家能在何种程度上根据现有能力和技能来利用信息通信技术，以提高增长率和促进发展。为此，ITU 设置了包含三个分类指数、11 个具体指标的 IDI_{ITU} 指数指标体系（见表6）。

表6　信息化发展指数（IDI_{ITU}）指标体系

总指数	分类指数	指　标
信息化发展指数	ICT 接入指数	1. 每百居民固定电话线长 2. 每百居民移动电话用户数 3. 每个用户国际互联网带宽(bit/s) 4. 家庭计算机拥有率 5. 家庭接入互联网比重
	ICT 应用指数	6. 每百居民互联网用户数 7. 每百居民固定互联网用户数 8. 每百居民移动互联网用户数
	ICT 技能指数	9. 成人识字率 10. 初中毛入学率 11. 高中毛入学率

（三）联合国贸发会议信息化扩散指数（ICT-DI）

信息化扩散指数（Diffusion Index，简称 ICT-DI）是 2003 年联合国贸发会议在支持联合国人权委员会（UN Commission on Human Rights）的《科学技术促进发展》的背景下发展起来的。该指数是综合信息通信技术的接入、获取、政策和应用四个方面的影响因素而构成的一个综合指数，它可用来衡量、评价国家或地区信息通信技术应用发展状况。由于信息通信水平测量技术的飞速发展，该指数很快被其他信息化指数所取代，但该测评方法对后来建立的信息化指数仍有一定的借鉴意义。信息化扩散指数（ICT-DI）的指标体系包含四大分类指数和 14 个具体指标（见表 7）。

表 7　信息化扩散指数（ICT-DI）指标体系

总指数	分类指数	指　标
信息化扩散指数	连接指数	1. 人均互联网主机数
		2. 人均个人计算机拥有量
		3. 人均电话主线数
		4. 人均移动电话用户数
	获取指数	5. 互联网用户数
		6. 成人识字率
		7. 本地电话通话费
		8. 人均 GDP(根据购买力平价法折算成美元)
	政策指数	9. 互联网交换点
		10. 本地电信竞争程度
		11. 国内长途电话竞争程度
		12. 互联网服务提供市场竞争程度
	应用指数	13. 国际电话呼入(分钟/人)
		14. 国际电话呼出(分钟/人)

在指标体系中，连接指数反映一个国家的基础设施建设状况，它代表了获取和利用信息通信技术的基本“限制因素”，即基本的硬件设施；获取指数从人们的使用水平和制约因素方面描述信息通信技术的应用；政策指数主要侧重于描述电信市场的竞争环境；应用指数侧重描述一个国家与世界其他各国之间的国际通信交流程度。

（四）世界经济论坛网络就绪指数（NRI）

世界经济论坛与美国哈佛大学的国际发展中心（CID）合作，采用信息化指数的方式，开发了一套网络就绪指数（Networked Readiness Index，简称 NRI）。网络就绪指数（NRI）是指一个国家和地区为融入网络世界所做准备的程度，包含一个国家和地区加入未来网络世界的潜在能力。

网络就绪指数的指标主要从三方面来衡量各国和地区对信息科技的应用：(1) 总体宏观经济环境、监管和基础设施；(2) 政府、企业和居民应用信息技术的准备就绪程度；(3) 政府、企业和居民最新信息技术的应用情况。网络就绪指数指标体系包括三个大类的分类指数和九个中类的分类指数，共计 68 个具体指标（见表 8）

表 8　网络就绪指数（NRI）指标体系

总指数	分类指数		指标
网络就绪指数	环境指数	市场环境指数	总税率*、风险投资可获得性**等 14 个指标
		政治环境指数	强制执行合同的时间*、立法机构的效力**等 9 个指标
		基础设施指数	电话线长度*、科研机构的水平**等 7 个指标
	就绪指数	个人就绪指数	手机通话费用*、数学及其他理科教育的质量**等 9 个指标
		商务就绪指数	商务电话连接收费*、员工培训程度**等 10 个指标
		政务就绪指数	电子政务就绪指数*、政府对 ICT 的优先权**等 4 个指标
	使用指数	个人使用指数	移动电话用户数*、个人电脑*等 5 个指标
		商务使用指数	外国电信执照的发放**、企业的技术吸收**等 5 个指标
		政务使用指数	电子参与指数*、政府在 ICT 推广方面的成就**等 5 个指标

注：上标为 * 的为定量指标，上标为 ** 的为调查指标。

二　信息化发展水平的国际比较与分析

通过对不同信息化综合指数的测算与比较研究，各机构分析了世界及各国的信息化发展情况。世界信息化发展主要有以下特点。

（一）世界信息化快速发展，在全球范围都取得极大进展

进入 21 世纪以来，世界信息化快速发展，目前世界信息化水平达到了一个

前所未有的高度，截至2008年年底全球有超过40亿的移动电话用户、13亿固定电话线和近1/4的世界人口在使用互联网。2000年以来，世界上所有国家的信息化水平都有了不同程度的提高。

据中国国家统计局信息化发展指数（IDI_{CN}）的测算，2001～2007年世界信息化发展指数年均增长速度为7.71%，大大高于同期世界经济增长率。在信息化各个分类指数中，年均增长速度由高到低分别为：使用指数、基础设施指数、环境与效果指数、信息消费指数和知识指数，其年均增长速度分别为：18.18%、9.82%、3.59%、1.26%和－0.67%（见表9）。

表9 世界信息化发展总指数与分类指数增长速度比较

单位：%

	2001年	2002年	2003年	2004年	2005年	2006年	2007年	2001～2007年平均增长
总指数	9.05	8.16	7.54	9.83	5.80	8.90	6.07	7.71
基础设施指数	11.06	0.63	11.10	18.71	10.39	11.45	8.29	9.82
使用指数	23.04	35.83	14.89	16.88	10.75	14.77	12.87	18.18
知识指数	1.39	－5.74	1.32	0.84	－1.03	－0.65	－0.65	－0.67
环境与效果指数	0.36	0.08	3.60	2.83	3.13	12.13	3.97	3.59
信息消费指数	1.78	1.83	0.63	2.01	0.94	0.47	1.18	1.26

（二）北欧各国及美国引领全球信息化发展方向

北欧及美国在不同机构测算的信息化综合指数排行榜上始终名列前茅，凸显了其较高的信息化水平。据中国国家统计局信息化发展指数（IDI_{CN}）测算，2007年瑞典的信息化发展总指数达到1.097，位居所比较的57个国家（地区）之首。从1997年开始，瑞典超过美国已经连续十多年居世界第1位；英国信息化发展总指数为1.015，居第2位；荷兰为0.967，居第3位；挪威和丹麦分别居第4位和第5位（见表10）。

国际电信联盟的分析报告指出，北欧各国信息化进程中呈现的政府领导高效、通信高度自由化、规章制度一流、电子政府服务普及等特点，代表了世界信息化的发展方向。

表 10　2000～2007 年世界信息化发展总指数排名前十位国家

	2000 年	2001 年	2002 年	2003 年	2004 年	2005 年	2006 年	2007 年
瑞　典	0.896	0.949	0.962	0.986	1.006	1.031	1.054	1.097
英　国	0.832	0.853	0.871	0.888	0.916	0.943	0.962	1.015
荷　兰	0.851	0.853	0.855	0.870	0.902	0.925	0.941	0.967
挪　威	0.828	0.856	0.894	0.924	0.933	0.935	0.939	0.946
丹　麦	0.877	0.902	0.910	0.928	0.941	0.946	0.952	0.940
美　国	0.893	0.907	0.905	0.913	0.923	0.931	0.934	0.935
瑞　士	0.873	0.894	0.895	0.907	0.918	0.924	0.924	0.934
德　国	0.822	0.842	0.849	0.865	0.881	0.894	0.903	0.917
奥地利	0.822	0.847	0.838	0.855	0.872	0.887	0.900	0.910
加拿大	0.824	0.839	0.841	0.844	0.866	0.879	0.889	0.907

（三）发展中国家信息化排名迅速提升

近年来，随着发展中国家政府对信息化的重视，各国加快了信息化的发展步伐，据国际电信联盟信息化发展指数（IDI_{ITU}）的测算，2002～2007 年，巴勒斯坦、沙特阿拉伯、中国和越南等发展中国家信息化发展指数的排名迅速提升。从具体指标看，这主要得益于移动电话的迅速普及以及互联网用户的大幅度增加。虽然发达国家拥有更高水平的 ICT 应用强度，但发展中国家这五年间在 ICT 接入水平上有较大提高，从而使得它们能够在 ICT 接入水平上逐渐赶上发达国家。

——固定电话向移动电话转移的趋势明显。截至 2008 年年底，全球移动电话用户数达到 41 亿，比固定电话用户多出 3 倍，其中 2/3 的移动电话用户来自发展中国家。

——信息化水平的高低与国民收入有着密切的联系。发展中国家的 ICT 应用水平仍然很低，大多数人不是没有宽带可用，就是其成本太高而用不起。联合国贸发会议的报告指出，一国信息化水平的高低与国民收入有着密切的联系，并且这种联系随着时间的延续将显得更为重要。信息化扩散指数（ICT-DI）测算结果表明，信息化发展水平受收入因素影响明显，信息化扩散指数与各国人均 GDP 之间呈现较强的相关关系。但是，值得注意的是，当收入水平较低时，信息化扩散指数（ICT-DI）与各国人均 GDP 的相关性却有所减弱，在42 个人均 GDP 少于 2373 美元的国家分组中，其信息化扩散指数（ICT-DI）值小于 0. 231。

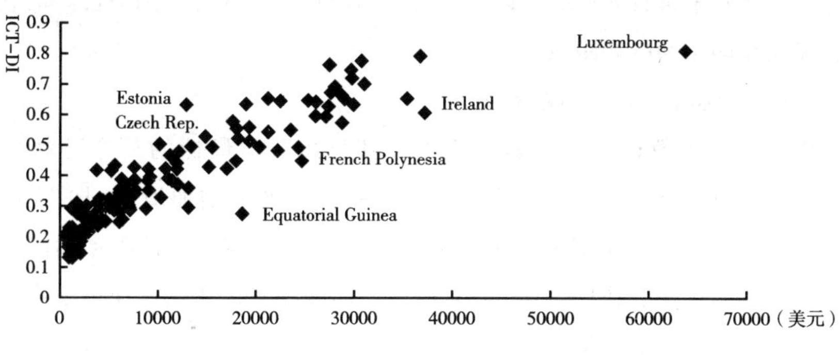

图 2　ICT－DI 和人均 GDP 的关系

（四）全球各区域信息化发展不平衡，数字鸿沟依然存在

全球分区域来看，信息化发展指数在北欧、西欧和北美的分值最高，这些地区的国家大部分都名列排行榜的前 20 名。2002～2007 年，在 ICT 应用方面（主要体现在互联网用户数、固定和移动宽带用户数上），北欧和西欧已经超越北美，成为增长最快的国家和地区，这主要得益于欧洲国家固定宽带网络的高普及率。低收入国家特别是最不发达国家，排名依然在信息化发展指数排行榜的末端。全球数字鸿沟仍然没有得到弥合。

据中国国家统计局信息化发展指数（IDI_{CN}）的测算，通过对 2007 年世界信息化每个分类指数进行国家及地区间的比较，可以看出国家和地区之间信息化发展水平差距较大。

1. 信息消费指数差距最大

2007 年信息消费指数最高的是挪威，与末位的孟加拉国相比为 100∶3。挪威用于通信、信息类商品和服务的支出占居民消费总支出的比重（即信息消费系数）达到 15. 78% 以上，而尼日利亚和孟加拉国等不发达国家则不足 0. 5% 。

2. 基础设施指数差距也较大

2007 年基础设施指数最高的国家是瑞典，与末位的尼日利亚相比为 100∶6。从具体指标来看，瑞典和挪威等北欧国家每百人电视机拥有率已达到 90% 以上，而尼日利亚每百人电视机拥有率还不到 10%；瑞士、德国等国家的固定电话普及率达到了每百人60部以上，而孟加拉国每百人还不到1部；英国的移动电话拥有率达到每百人150部以上，而印度每百人还不足20部；加拿大和荷兰的计算机拥有率达到了每百人100台以上，而巴基斯坦每百人还不到1台。信息化基础设施建设在国家间的差距巨大。

3. 2007年环境与效果指数差距大

环境与效果指数最高的国家是瑞典，其与指数值最低的阿塞拜疆相比为100∶38。从具体指标看，发达国家（地区）的信息产业增加值占国内生产总值的比重达到70%以上，而阿塞拜疆仅为21%；瑞典、芬兰、日本和韩国等国的研发经费占国内生产总值比重达到3%以上，而菲律宾、哥伦比亚、委内瑞拉等国还不足0.2%；挪威、冰岛等国的人均国内生产总值已经超过6万美元，而孟加拉国仅为431美元。

4. 使用指数差距大

使用指数最高的国家是挪威，其指数值与最低的孟加拉国相比为100∶38。2007年挪威、荷兰和瑞典每百人互联网用户达到80人以上，而孟加拉国平均每百人互联网用户不足1人，差距极大。

5. 知识指数差距较小

知识指数最高的是爱尔兰，与末位的巴基斯坦相比为100∶44。在联合国《2007/2008年人类发展报告》公布的教育指数中，发达国家教育指数基本都达到0.95以上，而巴基斯坦只有0.466。

（五）政策因素对加速信息化发展具有重要作用

据国际电信联盟关于信息化“价格篮子”的理论分析表明，各国信息通信（ICT）服务价格的差异很大。这种差异不仅体现在绝对数字上，而且体现在购买力所占人均国民总收入的百分比上。结果表明，高收入国家或者发达国家往往拥有相对较低的ICT服务价格，而低收入国家或发展中国家的ICT服务价格却往往很高。

然而，也有一些国家的ICT服务价格要低于那些与其收入水平相当的国家的平均价格。这些国家或者提供政府补贴（如固定电话），或者使运营国有化，更为成功的是吸引投资，以建成固定宽带和移动电话的市场竞争环境。一个简单的回归分析结果表明，ICT服务价格和信息化水平有着密切的联系。这说明了决策者在制定ICT服务价格上的重要性。

（六）中国信息化成效显著

2002～2007年，据国际电信联盟的测算和分析，中国信息化水平的排名从世界第90名上升到第73名，是全球信息化发展指数增长最快的十个国家之一。中国在信息化可接入性和应用方面，是全球进步最快的国家。全球固定线路的平均年增长率仅为3.4%，而中国为11%，这主要是由于中国对无线本地环路（WLL）的大量投入。中国固定宽带用户的普及率为5%，是亚太地区同等经济收入水平国家中最高的，特别是中国已开始提供光纤到户服务，截至2007年底，有1.5%的中国家庭拥有光纤，在世界排名第11位。

据中国国家统计局信息化发展指数（IDI_{CN}）的测算，由于近年来中国信息化以较快速度增长，因而从2006年起，中国信息化发展水平由中低水平跨入中等水平行列。

——中国信息化发展水平与世界的差距在缩小

2007年中国信息化发展指数（IDI_{CN}）在所比较的57个国家（地区）中由2000年的第44位上升至第42位，上升了2位。中国与世界平均水平及排名首位的瑞典相比差距有所缩小，2000年中国信息化发展指数（IDI_{CN}）比世界平均水平低17.3%，2007年差距缩小为比世界平均水平低4.1%。同期，与排名首位的瑞典相比，2007年中国信息化发展指数（IDI_{CN}）相当于瑞典的57%，而2000年为53%，差距缩小了4个百分点。

——中国信息化发展指数增长速度居所比较国家前列

2001～2007年，中国信息化发展指数（IDI_{CN}）年均增长速度为15.5%，居世界第14位，是世界平均增长水平的2倍。中国信息化发展指数（IDI_{CN}）的五个分类指数年均增长速度多数居世界前列，其中知识指数年均增长速度居所比较国家（地区）中的第7位，环境与效果指数年均增长速度居第12位，基础设施指数年均增长速度居第12位，信息消费指数年均增长速度居第13位，使用指数年均增长速度居第14位。2008年中国信息化发展指数（IDI_{CN}）继续较快增长，增长速度为14.5%。

尽管近年来中国信息化水平有了很大提高，但与发达国家比较仍存在较大差距。从信息化的各个分类指数来看，中国与最高水平国家和地区相比差距较大的是基础设施指数。2007年中国基础设施指数相当于该分类指数值最高国家瑞典的25%，环境与效果指数相当于瑞典的56%，信息消费指数和使用指数分别相当于挪威的70%和81%；知识指数相当于爱尔兰的88%。中国在整体经济发展实力、研究开发经费投入以及计算机人均拥有率等方面与发达国家比差距较大。

国际电信联盟的分析指出，尽管中国信息化发展取得了很大进步，但是也面临着一些挑战。中国在移动宽带业务方面比较落后，农村地区的信息和通信技术水平仍然很低。但中国在2009年初颁布3G许可证，并调整市场，增加提供有线和无线服务的运营商间的竞争，将可能推动移动宽带的发展，并进一步提高其在信息和通信技术领域的普及水平。

在信息化时代，提高国家综合国力的重要途径是提高国家的信息化水平。中国要提高国家综合国力和国际竞争力，还要进一步加快信息化发展，才能尽快缩小自己与发达国家之间的差距。

参考文献

1. ITU. Measuring the Information Society: The ICT Development Index. Geneva, 2009.
2. World Economic Forum, INSEAD. The Global Information Technology Report 2008 - 2009. Geneva, 2009.
3. ITU. World Information Society Report 2007 Beyond WSIS. Geneva, 2007.
4. UNCTAD. The Digital Divide Report: ICT Diffusion Index 2005. New York and Geneva, 2006.
5. ITU, Orbicom. From the Digital Divide to Digital Opportunities-Measuring Infostates for Development. Orbicom, 2005.
6. Hannes Selhofer, Tobias Hüsing. The Digital Divide Index-A Measure of Social Inequalities in the Adoption of ICT. Oxford, 2002.

图书在版编目（CIP）数据

中国信息化形势分析与预测. 2010/周宏仁主编. —北京：社会科学文献出版社，2010.8
（信息化蓝皮书）
ISBN 978-7-5097-1696-0

Ⅰ.①中… Ⅱ.①周… Ⅲ.①信息工作-研究-中国-2010 Ⅳ.①G203

中国版本图书馆CIP数据核字（2010）第142630号

信息化蓝皮书

中国信息化形势分析与预测（2010）

主　　编 / 周宏仁
副 主 编 / 徐　愈

出 版 人 / 谢寿光
总 编 辑 / 邹东涛
出 版 者 / 社会科学文献出版社
地　　址 / 北京市西城区北三环中路甲29号院3号楼华龙大厦
邮政编码 / 100029
网　　址 / http://www.ssap.com.cn
网站支持 /（010）59367077
责任部门 / 皮书出版中心（010）59367127
电子信箱 / pishubu@ssap.cn
项目经理 / 邓泳红　桂　芳
责任编辑 / 桂　芳
责任校对 / 刘佳雨
责任印制 / 蔡　静　董　然　米　扬
品牌推广 / 蔡继辉

总 经 销 / 社会科学文献出版社发行部
（010）59367080　59367097
经　　销 / 各地书店
读者服务 / 读者服务中心（010）59367028
排　　版 / 北京中文天地文化艺术有限公司
印　　刷 / 北京画中画印刷有限公司

开　　本 / 787mm×1092mm　1/16
印　　张 / 25
字　　数 / 428千字
版　　次 / 2010年8月第1版
印　　次 / 2010年8月第1次印刷

书　　号 / ISBN 978-7-5097-1696-0
定　　价 / 98.00元

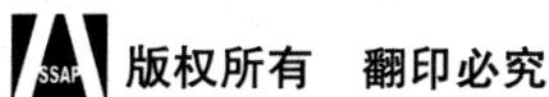

盘点年度资讯，预测时代前程

从“盘阅读”到全程在线，使用更方便

品牌创新又一启程

· 产品更多样

从纸书到电子书，再到全程在线网络阅读，皮书系列产品更加多样化。2010年开始，皮书系列随书附赠产品将从原先的电子光盘改为更具价值的皮书数据库阅读卡。纸书的购买者凭借附赠的阅读卡将获得皮书数据库高价值的免费阅读服务。

· 内容更丰富

皮书数据库以皮书系列为基础，整合国内外其他相关资讯构建而成，下设六个子库，内容包括建社以来的700余种皮书、近20000篇文章，并且每年以120种皮书、4000篇文章的数量增加。可以为读者提供更加广泛的资讯服务；皮书数据库开创便捷的检索系统，可以实现精确查找与模糊匹配，为读者提供更加准确的资讯服务。

· 流程更方便

登录皮书数据库网站www.i-ssdb.cn，注册、登录、充值后，即可实现下载阅读，购买本书赠送您100元充值卡。请按以下方法进行充值。

充值卡使用步骤：

第一步

· 刮开下面密码涂层
· 登录 www.i-ssdb.cn
点击“注册”进行用户注册

第二步

登录后点击“会员中心”进入会员中心。

第三步

· 点击“在线充值”的“充值卡充值”，
· 输入正确的“卡号”和“密码”，
即可使用。

（本卡为图书内容的一部分，不购书刮卡，视为盗书）

如果您还有疑问，可以点击网站的“使用帮助”或电话垂询010-59367071。

广视角·全方位·多品种